생산운영관리

개정판

이왕돈 | 윤영선 공저

박영사

개정판 머리말

지금 세계는 국경 없는 무한경쟁에서 이기기 위하여 자국의 제품과 서비스의 국제경쟁력 강화에 사활을 걸고 있다. 이러한 경쟁우위 확보노력은 생산전략과 운영관리에 기초를 두고 있다. 1980년대 이후 한동안 미국제품이 일본제품에 국제시장에서 경쟁력을 상실하게 된 것은 운영관리와 품질경영의 중요성을 소홀히 하였기 때문이라는 역사적 사실을 우리는 잘 알고 있다.

2009년 8월에 처음으로 본 교재가 나온 이후에 벌써 1년 6개월이라는 세월이 흘렀다. 많은 학생들이 본 교재를 교과서로 이용해 왔다는 데 가슴 뿌듯함을 느끼며 심심한 감사를 드리지 않을 수가 없다.

생산운영관리는 제조업과 서비스업 등 거의 모든 기업에서 가장 전략적이고 핵심적인 기능으로서 기술의 발전과 함께 이론이나 기법이 꾸준히 새롭게 연구·개발되어 왔다. 본 서는 이러한 시대적인 흐름에 발맞추어 새로운 이론과 개념을 소개하고자 노력하고 있다.

또한 본문의 내용 중 오·탈자를 바로잡고자 하였으며 Internet의 발전에 맞추어 기존의 여러 가지 생산운영관리 기법을 기술하고자 노력하였다.

이외에도 새로운 개념과 기법의 도입은 물론 더욱 쉽고 간결한 내용이 되도록 수정·보완하였다.

본 교재가 많은 사람들의 관심과 사랑을 받아 우리나라의 생산 및 서비스 분야의 운영관리 발전에 기여하고, 특히 다른 여러 교수님들과 학생들의 본 교재에 대한 지속적인 충고가 있기를 기원한다.

끝으로 보잘 것 없는 본 교재를 개정할 기회를 주신 박영사 안종만 회장님과 편집부의 홍석태 차장님, 정순정 님 이하 모든 분들께 심심한 감사의 뜻을 표한다.

2011. 1

이왕돈 · 윤영선 저자 일동

머 리 말

본 서는 생산 및 서비스의 운영기능을 포괄적으로 이해하고 생산 및 서비스 현장에서의 관리자가 직면하고 있는 여러 가지 의사결정문제를 윤리적 · 분석적해결에 필요한 기초지식을 습득시키는 데 그 목적을 두고 집필되었다. 특히 대학에서 생산운영관리를 수강하는 대학생이나 생산현장의 관리자들에게 생산운영관리에 대한 기본적인 과제를 이해시킴으로써 미래의 생산운영분야 경영자로서 그 기능과 역할을 다할 수 있도록 돕는 데에 그 목적이 있다.

이에 이론과 실무에 정통할 수 있도록 가급적 많은 사례를 제시하였으나, 생산운영관리를 처음 공부하는 학생들의 부담을 덜어 주기 위하여 지나친 수학 및 통계분석을 지양하면서 이해하기 쉽게 쓰려고 노력하였다. 아울러 생산운영관리라는 전통적인 개념 속에는 서비스보다는 생산 및 제조와 관련된 이론 및 기법을 포함하고 있는 것이 현실이다. 본 서에서는 점차 그 영역의 범위가 넓어지고 있는 서비스 분야의 운영관리 부분에도 관심을 가지고 여러 기법이나 사례 등을 첨부하려 노력하였다.

본 서는 1장의 생산운영관리의 기본 개념과 2장의 서비스운영관리의 기본 개념 그리고 3장의 수요예측 및 4장의 생산전략, 5장의 설비의 입지 및 배치, 6장의 제품 및 공정의 설계, 7장의 직무설계, 8장의 작업측정 및 보상, 9장의 생산능력계획, 10장의 총괄생산계획, 11장의 재고관리, 12장의 자재소요계획, 13장의 세부일정계획, 14장의 프로젝트의 일정계획, 15장의 품질경영, 16장의 보전관리, 17장의 JIT생산시스템, 마지막으로 18장의 서비스운영관리 기법까지 처음에는 생산 및 서비스의 전반적인 개념과 생산 및 서비스 운영관리의 장기적인 기능에서 단기적인 기능까지의 내용을 다루고 있다. 또한, 본 서의 내용은 국내외의 많은 저술에서 아이디어와 자료를 얻었음을 밝혀둔다.

본 서는 저자들의 계속적인 교육과 연구를 통해 앞으로 꾸준히 수정 · 보완될 것임을 약속드린다. 끝으로 본 서가 출간될 수 있도록 도와주신 여러분에게 무한한 감사를 드린다. 특히 본 서의 완성을 위해 자료수집, 내용수정에 많은 노력을 기울여준 이국용 교수님께 진심어린 감사를 드린다. 또한 박영사의 안종만 회장님과 김양형 선생님을 비롯한 관련 직원들에게 심심한 감사의 뜻을 표한다. 그러나 아직도 많은 문제점과 보완사항이 있으며, 이는 많은 분들의 더 많은 지도와 편달을 통하여 지속적으로 시정·보완토록 하겠다.

2009. 8

저자 일동

차　　례

제 1 장　생산운영관리의 기본 개념

제 2 장 서비스운영관리의 기본 개념

제 3 장 수요예측

제 4 장 생산전략

제 5 장 설비의 입지 및 배치

제 6 장 제품 및 공정의 설계

제 7 장 직무설계

제 8 장 작업측정 및 보상

제 9 장 생산능력계획

제10장 총괄생산계획

제11장 재고관리

제12장 자재소요계획

제13장 세부일정계획

제14장 프로젝트의 일정계획

제15장 품질경영

제16장 보전관리

제17장 JIT(적시생산시스템)

제18장 서비스운영관리 기법

Chapter 01

생산운영관리의 기본 개념

제 1 장

생산운영관리의 기본 개념

생산관리(production management) 또는 생산운영관리(operations management)는 일상에서 우리들이 매일 구매하여 사용하는 제품이나 제공받는 서비스의 생산과 관련한 여러 의사결정문제를 다루는 학문을 말한다. 이는 특정기업이 제품이나 서비스를 창출하여 이를 고객에게 전달하는 시스템에서 발생하는 각종의 부가가치와 관련한 여러 내용을 다루는 분야를 말하는 것으로, 과거에는 유형의 재화인 '제품(product)'에 그 초점을 맞추어 왔으나, 단순한 제품의 가치창출에만 국한하기보다는 기존 제품의 부가가치 증대 또는 제품의 활용, 서비스의 창출 및 제공 등까지 그 범위가 점차 확대되어가고 있는 경영학의 한 분야로서 성장하여 왔다.

생산운영관리라는 용어는 공장관리(plant management)라는 용어로 처음 사용되기 시작하여 제조관리(manufacturing management), 생산관리(production management) 등으로 불리워 오다가 최근에 들어서 생산운영관리(production/operations management) 또는 운영관리(operations management) 등으로 그 용어가 변천하여 왔는데, 이는 생산(production)이라는 단어에는 유형의 재화인 '제품(product)'이라는 고정관념에 기초를 두고 있기 때문에 사용되어 오던 용어이며, 서비스의 창출 및 운영까지 그 범위가 확대되어 가면서 기존의 생산이라는 단어보다는 운영(operations)이라는 용어를 더 많이 사용하고 있는 추세이다.

이와 같은 추세로 인해 원칙론적인 관점에서 "생산관리"(production management)라는 용어를 여전히 사용하는 학자들도 있고, 절충적으로 "생산운영관리"(production/operations management)라는 용어를 선호하는 학자도 있으며, 최근에는 "운영관리"(operations management)라는 용어를 사용하는 학자들도 있다. 본서에서는 단순한 제품의 생산 및 부가기치 창출에만 초점을 두기보다는 서비스의 창출 및 운영까지 포함하는 의미에서 생산운영관리(production/operations management)라는 용어를 사용하기로 한다.

1.1 생산운영관리의 정의

전통적인 생산관리의 개념은 제품의 생산에만 초점을 두고 발전하여 왔으나, 최근과 같은 서비스 산업의 급속한 성장과 함께 그 개념적 범위가 확대되어 온 것이 사실이다.

생산이란 재화나 서비스가 산출되는 과정을 의미하는 것으로 우리 인간이 생활하는 기본적인 활동 중 가장 중요하게 여겨지고 있는 부분 중의 하나이다. 생산활동에는 원자재, 에너지, 기계설비, 인간 등의 여러 투입요소를 이용하여 유형의 제품만을 만드는 과정으로 이해할 수 있는데, 물리적인 변환에 의한 제품생산에서 공간적인 변환에 의한 물품의 이동과 수송, 로지스틱스, 시간적 변형인 물품의 저장, 보관 등을 모두 포함하게 된다.

이러한 생산활동을 살펴보고 연구하는 학문분야가 바로 생산운영관리이며 단순히 자원의 물리적 · 시간적 · 공간적인 변환을 통해 가치 있는 제품의 생산만 다루는 것이 아니고 고객을 위한 정신적 · 육체적 노무의 제공이라 정의되는 서비스의 생산과 활용까지 그 범위가 확대되어 가면서 현대 산업에서 생산운영관리가 차지하는 비중이 점차적으로 커지고 있다.

생산운영관리는 경영활동의 한 분야로서 기업의 목표를 효과적으로 달성하기 위하여 인적 · 물적 · 정보 자원 등을 이용한 효율성의 극대화를 위한 일련의 경영활동이라 정의할 수 있다. 다시 말하면, 제품의 제조와 서비스 산업에 있어서 생산능률을 최고로 발휘하기 위한 제 경영활동의 궁극적인 목적인 고객만족을 경제적으로 달성할 수 있도록 생산활동이나 생산과정을 효율적으로 관리하는 것을 의미하는 것이다.

그러나 본서에서는 생산운영관리의 개념을 시스템적 관점에서 접근해 보기로 한다. 시스템이란 "투입 → 변환 → 산출"이라는 과정을 통해 부가가치를 창출해 가는 과정을 말하는데, 생산시스템은 '투입물들을 원하는 산출물로 변환시키는 생산활동을 하는 조직'으로 정의할 수 있다. 생산활동은 효용(效用; utility)이 있는, 부가가치(附加價値; value added)의 증대를 가져오는 제품/서비스를 창출하는 조직화된 활동으로 정의할 수 있다. 이러한 시스템적 접근방법에서 생산운영관리를 정의해 보면, '투입을 산출로 변환하는 생산시스템의 효율적인 관리'라 할 수 있는 것이다.

① **투입**: 사람(man), 자재(materials), 자금(money), 기계(machines), 방법(methods), 즉 기술, 경영(management), 그리고 시장(market) 등, 조직의 목표가 무엇인가에 따라 투입요소는 변할 수 있다.

② **변환**: 투입을 정의해 보면 '투입물들을 효과적 · 능률적으로 결합하여 효용이 있는, 증대된 부가가치를 갖는 산출물(제품/서비스)을 낳는 기능'으로 정의할 수 있다.

- 변환의 유형 – 제조업에서의 실체적 변환; 운송업에서처럼 장소적 변환; 창고업의 시간적 변환; 도소매업에서의 거래적 변환(소유권의 변환); 그리고 정부기관, 교회, 병원, 교육기관, 금융기관, 정보 · 통신기관, 숙박업, 법률기관, 위락시설 등에서처럼 상태의 변환 등이 있다.

③ **산출**: 산출을 정의해 보면 '소비자의 욕구를 충족시켜 줄 수 있는 힘', 즉 효용(utility)이 있고, 부가가치(added value)의 증대를 가져오는 유형 또는 무형의 재화나 서비스. 부가가치도 화폐적 가치뿐만 아니라 인간

| 그림 1-1 | **생산시스템의 주요 역할**

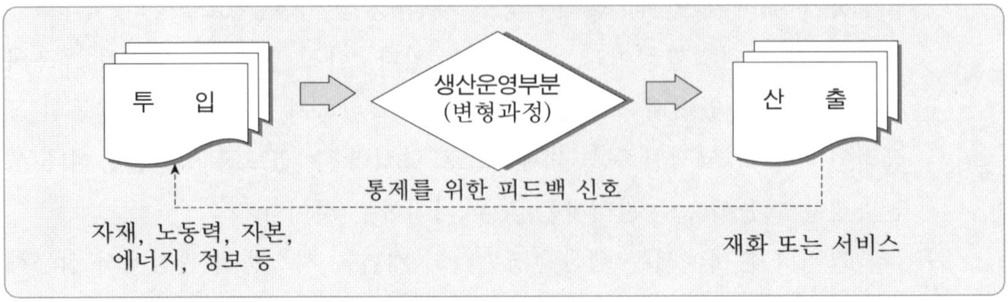

적 · 비물질적 가치도 포함한다.

- 산출의 유형 – 제조업은 실체적 변환을 통하여 형태효용(form utility)을, 운송업은 장소적 변환을 통하여 장소효용(place utility)을, 창고업은 시간적 변환을 통하여 시간효용(time utility)을, 도소매업은 거래적 변환으로 소유효용(possession utility)을, 기타 서비스업들은 상태의 변환으로 상태효용(state utility) 등이다. 따라서 오늘날의 모든 유형의 조직은 생산시스템임을 알 수 있으며 생산운영관리의 대상임을 알 수 있다.

| 표 1-1 | **생산시스템의 예**

생산시스템	투 입 물	산 출 물
제조공장	원자재, 장비, 설비, 노동력, 에너지	완제품
은 행	직원, 컴퓨터 장비, 설비, 에너지	각종 금융서비스
병 원	의사, 간호사, 직원, 의료장비, 설비, 에너지	의료서비스 및 완쾌된 환자
항 공 사	비행기, 설비, 조종사, 승무원, 정비사, 에너지	지역간 여객 및 화물수송
레스토랑	요리사, 웨이트리스, 식품, 장비, 설비, 에너지	식사, 고객의 즐거움 및 만족감
대 학	교수, 직원, 장비, 설비, 에너지, 지식	교육받은 학생, 연구실적물 등

1.2 생산운영관리의 목표

대부분의 기업들은 나름대로의 생산운영관리활동을 수행하고 있으며, 대부분의 기업은 보다 양질의 제품을, 보다 낮은 가격으로, 보다 빠르게 소비자에게 제공하는 나름의 목표를 가지고 있다. 기업이 수행하게 되는 생산운영관리의 목표를 품질, 원가, 납품, 유연성 등의 네 가지 관점으로 구분하여 살펴볼 수 있다.

품질(quality)

조직의 이미지와 신용도 및 경쟁력의 중요한 결정요인으로서 제품이나 서비스의 가치, 탁월성, 규격일치성, 고객이 느끼는 유용성 등을 의미한다. 품질은 보통 고객만족도(제품만족률), 불량률, 폐기물 및 재작업의 비율 등으로 표시된다.

- 설계품질 – 고객의 욕구를 충족시켜 줄 수 있는 제품의 설계
- 생산(적합)품질 – 설계에 적합한 제품의 생산
- 사용(시장)품질 – 사용자의 요구를 만족시키는 정도

원가(cost)

원가절감은 다방면에서 추구 가능하다. 생산원가에는 재료비, 노무비 및 간접비가 포함된다. 생산원가는 통상 매출액의 백분율(%)이나 제품의 단위당 원가로 표시된다. 만약 생산운영관리의 목표가 원가 또는 비용 최소화라면 신제품을 신속히 도입할 수 있는 유연성을 희생하고서라도 고도의 자본집약적인 대량생산이 이루어져야 한다. 설비는 가능한 오래 사용되어야 하고, 낮은 비용으로 유지되어야 하며, 완제품과 원자재의 재고는 최소화되어야 한다.

납품(delivery)

납품이란 고객이 원하는 시간과 장소에 제품과 서비스를 인도할 수 있는 생산의 능력을 말한다. 납품의 좋고 나쁨은 다양한 방법으로 측정될 수 있다. 재고생산(혹은 계획생산)의 경우, 납품은 재고로부터 바로 충족되는 수요의 비율(즉, 서비스 수준)이나 재고를 보충하는 데 걸리는 시간으로 측정된다. 주문생산의 경우에는 주문을 받은 후 실제 제품을 인도할 때까지 걸리는 시간과 약속한 납기에 인도된 주문의 비율(즉, 납기준수율)로 측정된다.

유연성(flexibility)

유연성이란 제품 및 서비스 설계의 변경이나 수요의 변동에 신속하고 쉽게 적응할 수 있는 능력을 말한다. 즉, 수요의 변동에 따라 생산수량을 신속히 조절할 수 있고, 소비자의 요구나 취향에 맞추어 신속하게 신제품을 개발하거나 제품디자인을 다양하게 변경할 수 있는 능력을 말한다.

위에서 말한 생산운영관리의 4가지 목표, 즉 낮은 원가, 높은 품질, 신속한 납품 및 높은 유연성을 동시에 달성하는 것이 가장 이상적이다. 그러나 낮은 원가를 추구하다 보면 품질, 납품 및 유연성에 상당한 손실을

그림 1-2 생산운영관리의 목표

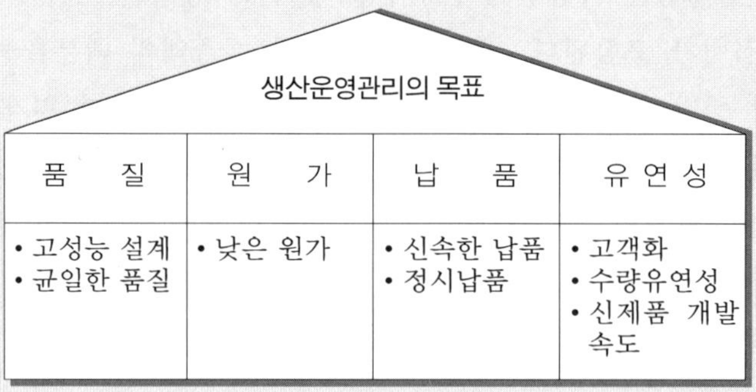

| 그림 1-3 | 생산운영관리 목표의 상대적 우선순위

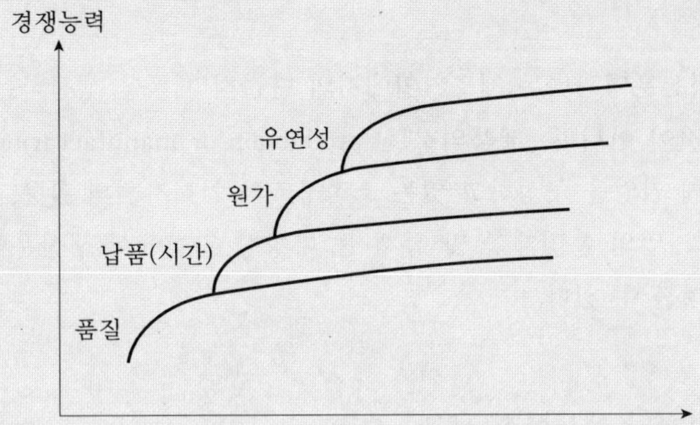

가져올 수도 있다. 또한 유연성은 보통 상당한 비용증가를 수반하는 것으로 인식되고 있다. 예를 들어, 제품이나 생산량을 번번히 바꾸면 비용이 많이 들게 된다. 마찬가지로 우수한 납품 서비스를 제공하는 데에도 비용이 많이 든다. 왜냐 하면 신속한 납품을 위해서는 많은 재고와 여유생산능력을 유지해야 하기 때문이다. 이와 같이 네 가지 생산목표는 상충할 수도 있다.

경우에 따라 다르기는 하지만 일반적으로 네 가지 생산목표를 동시에 모두 최적화하기는 어렵다. 따라서 생산전략(operations strategy)에 따라 네 가지 생산목표의 상대적 우선순위가 결정되어야 된다. 이러한 우선순위에 따라 생산운영관리자는 생산공정, 생산능력, 재고, 노동인력 및 품질의 5대 생산의사결정 분야에 있어 일관성 있는 일련의 의사결정을 해야 한다. 만일 낮은 원가가 생산의 주요 목표라면 또 다른 일련의 생산의사결정이 선택되어야 한다. 즉, 생산의사결정은 생산목표의 상대적 우선순위에 따라 전략적으로 이루어져야 한다.

1.3 생산운영관리의 기능

생산운영관리는 제조기업에서의 단순히 제품을 생산하는 것에만 국한되는 것이 아니다. 제품의 생산(production or manufacturing)이라는 기능과 함께 기업을 구성하고 있는 조직구조와 인적자원의 활용, 생산시스템의 설계, 기업의 운영계획 및 통제 등 다양한 관점에서 생산운영관리의 기능을 살펴볼 수 있다.

조직가치의 생산목적으로의 전환

생산운영관리의 가장 중요하고 어려운 기능 중 하나는 조직의 가치체계로부터 나온 광범위한 일반적인 조직목적에 사업적 의미를 부여하여 생산운영관리 상의 특성과 연관시키는 것이다.

조직구조와 인적자원의 활용

인간중심의 경영이념과 창조적 리더십이 필요하다. 즉, 인적자원은 조직의 가장 가치 있는 자산이므로 생산운영관리는 바람직한 형태의 조직구조와 생산공정에의 인력배치에 세심한 관심을 기울여야 한다.

생산시스템의 설계

고객만족과 경제적 생산이라는 목표의 달성을 위한 생산시스템의 전반적 효과는 조직의 인적자원의 질 및 활용뿐만 아니라, 조직이 사용하는 물적자원(시설, 설비 등) 및 제품 · 서비스의 특성들에도 달려 있다. 생산시스템의 설계는 그 조직의 기술적 및 운영적 특성들을 결정하는 다음과 같은 다수의 중대한 장기적 의사결정사항들을 포함한다.

① 제품설계(product design)
② 생산능력계획(capacity planning)
③ 공정설계(process design)
④ 작업설계 및 측정(work design and measurement)
⑤ 시설입지(facilities location) 및 설비배치(facilities layout)
⑥ 경영정보시스템(management information system)

운영계획 및 통제

바람직한 조직구조, 필요한 인적자원 및 물적 시설의 구성 등이 결정되면 가까운 미래의 생산능력의 한계가 설정된다. 이러한 구조 내에서 생산(운영)계획은 예상되는 수요를 경제적으로 충족시켜 줄 수 있도록 현존자원들의 최적 활용을 결정해야 한다.

1) 총괄계획(總括計劃; aggregate planning)

계획기간은 생산능력이 비교적 고정되어 있는 1년이 보통이다. 계절적 변동(seasonal variation)을 나타내는 제품들에 있어서는 연간주기를 고려하고 최소비용으로 수요의 변동에 대응할 수 있는 적절한 전략을 개발하여야 할 필요성이 존재한다. 그러한 전략에는 재고의 이용, 잔업 및 조업단축, 고용 및 해고, 하청, 또는 후납(後納: backorder) 등이 있다.

2) 일정계획(日程計劃; scheduling)

1개월까지의 보다 짧은 기간에 대한 생산운영계획은 이미 수립된 총괄계획의 제약하에서 보다 상세히 작성. 여기서는 실제의 주문들을 구체적인 작업주체들(기계, 작업자, 작업장, 부서 등)에 할당하고 특정 기준들에 맞추어 작업순서를 결정한다.

1.4 생산운영관리의 발전

생산운영관리가 언제부터 시작되었는지 정확한 시기가 알려져 있지는 않지만, 18세기 후반 산업혁명을 전후하여 근대적 의미의 생산운영관리가 이루어져 온 것으로 알려져 있다. 지금으로부터 약 200여 년 전 영국을 중심으로 한 산업혁명 시기에는 주로 소규모 공장시설을 중심으로 공장관리(plant management)의 개념으로 주로 발전해 왔으며, 이후 20세기 Taylor의 과학적 관리법 등을 시초로 현대적 의미의 생산운영관리가 발전해 지금까지 이어오고 있다.

산업혁명(18C 후반, 영국)

수공업의 시대 → 기계공업 시대로의 전환 및 공장제 공업으로 발전하였다.

과학적 생산운영관리 시도

제임스 와트 2세(James Watt, Jr., 1769-1848)와 볼튼(M.R. Bouton, 1730-1809)은 소호주물공장(Soho engineering foundry)에서 증기기관 제조 시, 여러 가지 부품을 정확한 시기에 생산·조립하기 위한 계획과 조직의 필요성을 인식하고 공장입지 선정시, 시장조사를 통하여 수요예측을 하고, 교통기관을 고려하여 공장입지를 선정하고 기계배치 또한 생산의 흐름에 따라 설계하였다.

아담 스미스(Adam Smith, 1723-1790)

「국부론」(國富論)(*The Wealth of Nations*, 1776) - 분업(division of labor)을 통한 생산성 향상을 지적하여, 생산경제학 발전의 이정표가 되었다.

찰스 바베지(Charles Babbage, 1792-1871)

관리의 중요성을 인식하였다. 아담 스미스의 주장대로 분업을 실시하면 노동생산성이 자동적으로 향상될 것인가에 의아심을 갖고, 경영자의 노력 없이 노무비가 자동적으로 절감되고 노동생산성이 향상되는 것은 아니라는 점을 지적하였다. 아담 스미스는 생산에 있어서 관리의 역할을 인식하지 못하였지만, 바베지는 관리를 매우 중요시하였다.

근대적 생산운영관리

근대적 의미의 생산운영관리는 영국에서 출발했지만, 고도의 비밀주의로 기업간에 협력이 이루어지지 못했고, 영국 국내시장의 협소로 기술의 발달과 대규모의 기계화가 늦어짐으로써 생산운영관리의 본격적인 발전을 미국에서 보게 되었다.

테일러 시스템(Taylor system) 또는 테일러리즘(Taylorism)

테일러 시스템 또는 테일러리즘이란 테일러가 창안한 생산운영관리 및 경영관리의 방법을 말하는데, 테일러식 과학적 관리법이라고도 한다. 이러한 테일러 시스템은 다음과 같은 네 가지의 특징을 지닌다.

- 과업관리
- 직능식 직(조)장(functional foremanship) 제도
- 차별적 성과급제(differential piece rate system)
- 작업지도표제

① 과업관리(task management): 테일러 시스템의 기본이라고 말할 수 있다.

- 당시의 미국산업계에서는 성과급제나 할증급제 - 기업주의 마음대로 적용되어 결국 임률절하를 가져와 조직적 태업의 원인이 되었다.

• 이는 신뢰성 있는 정확한 표준과업량 혹은 표준시간이 없었기 때문이다.

• 테일러는 '공정한 일일 작업량'(a fair day's work)을 과학적으로 결정하여 합리적 임률설정 → 임률인하 및 조직적 태업의 근본문제를 해결하였으며, 아울러 작업의 능률증진을 도모하였다.

② 차별적 성과급제(differential piece rate system)

• 과학적으로 결정된 과업을 달성하기 위한 보조적 수단으로서, 성과급제의 일종이지만, 고·저 두 종류의 차별적 임률을 설정하였다.
• 일정한 과업을 달성한 경우 → 고율의 임금을 지불
• 미달성시 → 저율의 임금을 지불

③ 테일러는 고임금 · 저노무비(high wage, low cost)의 이념을 실현하기 위해서 과학적 관리법을 제의하였다. 그러나 그는 '과학적 관리는 하나의 능률증진을 위한 도구는 아니며, 또한 시간연구, 성과급제, 직능적 직장제도도 아니다. 이들 제도들은 과학적 관리의 유용한 부속물에 불과하다. 과학적 관리의 본질로 말하면, 첫째는 작업자 및 경영자 모두의 완전

| 그림 1-4 | Taylor의 과학적 관리법

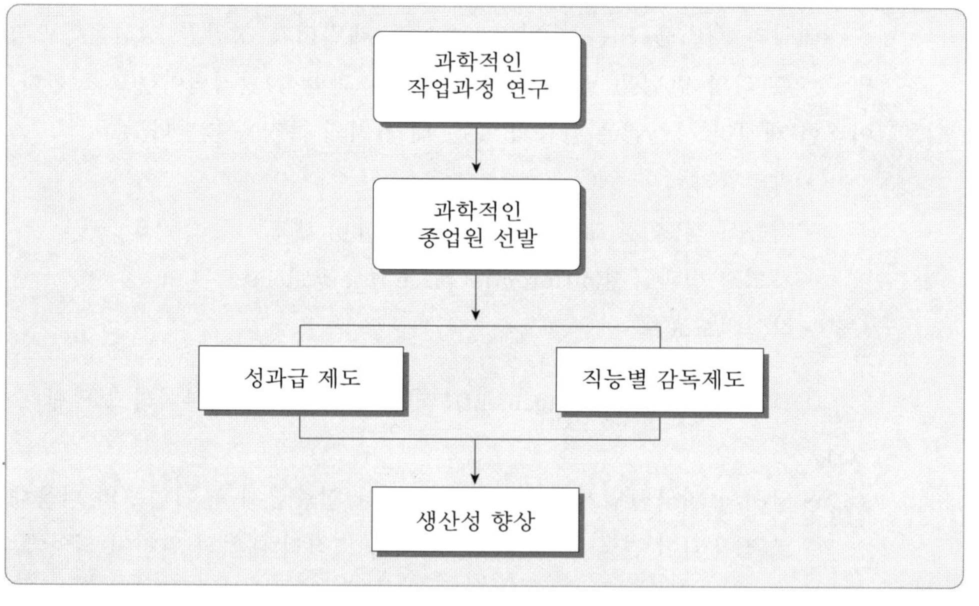

한 정신혁명(mental revolution), 즉 쌍방의 협력을 토대로 하고 있으며, 둘째는 작업자와 경영자 모두가 과학적 지식과 조사를 토대로 하여 사실을 판단하고 실행하는 것이다'라고 하였다.

포드 시스템(Ford system)

포드(Henry Ford)가 자동차의 대량생산방식으로서 이동조립법을 확립하였으며, 이동조립법(moving assembly method)은 컨베이어(conveyor)와 생산의 표준화를 주축으로 한 것으로서, 조립라인을 구성하는 컨베이어와 작업자의 동시작업을 기계적으로 가능하게 한 것으로, 이를 가리켜 동시관리(management by synchronization)라 한다.

① **포디즘**(Fordism): 기업은 사회봉사기관, "저가격 · 고임금"(low price, high wage)의 실현을 경영이념으로 하였다. 즉, 그는 사회를 고객과 종업원을 가리키는 것으로 보았으며, 최저생산비를 실현하여 고객들에게 튼튼하고 좋은 차를 보다 싼 가격[低價格]으로 제공하고, 종업원들에게는 보다 높은 임금[高賃金]을 지불한다는 것이다.

② **이념 실현을 위한 방법**: 대량생산방식을 도입하여 다음의 3S를 추구하였다.

3S	제품 및 작업의 단순화(simplification) 부품의 표준화(standardization) 기계 · 공구의 전문화(specialization)

③ **컨베이어 시스템의 두 가지 일반원칙**(two general principles in all operations): ㉮ 작업자는 가능한 한 일 보 이상 움직여서는 안 된다. ㉯ 작업자는 허리를 굽힐 필요가 없다.

④ 포드는 이러한 원칙들을 공장 전체의 작업조직에 활용함으로써 전 공장의 생산활동은 하나의 움직임이 되고, 벨트 컨베이어의 진행속도에 의

해서 작업자의 작업속도가 간접적으로 control 되도록 하였다.

⑤ 포드 시스템의 단점: ㉮ 동시적 이동조립공정에 따른 작업속도의 강제성으로 인간을 기계처럼 움직이도록 하고 있다. 이는 작업자의 인간성을 무시한 비인간화를 낳고 있다는 것이다. ㉯ 한 공정의 중단이 모든 공정에 영향을 미친다. ㉰ 설비투자로 인한 고정비가 크므로 가동률(조업도)이 저하될 때는 제조원가에 미치는 영향이 크다. ㉱ 제품 단순화는 시장구조의 변화 내지는 다양한 수요에 대한 적응이 곤란하다. ㉲ 제품 및 생산설비의

| 표 1-2 | 현대적 의미의 생산운영관리 역사

연 대	개념 및 도구	창시자 · 개발자
1911	과학적 관리법 - 시간, 동작 연구	F. W. Taylor
1911	동작 연구	Frank & Lilian Gilbreth
1913	자동차 조립공정	Henry Ford
1914	일정계획법	H. L. Gantt
1917	경제적 주문량	F. W. Harris
1931	통계적 품질관리	W. Schwehart
1927-33	Hawthorn Research	Elton Mayo
1934	Work sampling	L.H.C. Tippett
1947	Linear Programming	G. Dantzig
1950-60년대	Simulation, 의사결정론, 수학적 계획법, PERT/CPM, 컴퓨터 활용	미국 및 유럽 학자
1970년대	컴퓨터에 의한 입지, 설비배치, 수요예측, 프로젝트관리, MRP, 서비스 품질 · 생산성	미국 및 유럽 학자
1980년대	경쟁무기로서 생산전략, JIT, TQC, 공장자동화(CIM, FMS, CAD/CAM, Robotics, etc)	Harvard 학자, Toyota, Deming, Juran
1990년대	TQM, Malcom Baldridge Prize, ISO 9000, Business Reengineering ERP, 6-Sigma	ISO M. Hammer, T. Davenport SAP, Motorola/GE

변경 · 개량이 곤란하다. 표준화의 특성(고정성)으로 말미암아 융통성이 결여되어, 신제품이나 부품개량에 따른 생산방법 또는 생산시설의 변경은 무척 어렵다.

1.5 생산운영관리의 연구방법

생산운영관리를 바라보는 관점에 따라 그 연구방법도 다양해지지만, 생산운영관리를 하나의 관리적 측면에서 바라본 연구방법과 '투입-변환-산출'이라는 일련의 과정으로 바라본 접근법으로 구분하여 살펴볼 수 있다.

생산시스템의 관리적 측면에 초점을 둔 분류

경영접근방법의 변천과 같은 맥락에서 본 접근법

① **고전적 접근법**(classical approach): 고전적인 접근법에서는 사람들의 일에 대한 성향을 합리적 · 경제적인 것으로 가정하고 있으며, 사람들은 최대의 경제적 이득을 얻기 위해서 그들이 이용할 수 있는 기회들을 모두 고려하고 무엇이 필요한가를 합리적으로 생각한다고 가정하고 있다.

② **행동과학적 접근법**(behavioral approach): 1930년대 인간이 경제적인 이익을 얻기 위해서만 일을 하게 된다는 가정에서 벗어나 인간을 사회인, 자아실현인 등으로 가정하고, 생산성 향상을 위해 인간적 요인을 보다 강조하는 행동과학적 접근법이 등장하였다.

③ **계량적 · 모형화 접근법**(quantitative/modeling approach): 의사결정문제를 과학적으로 분석하는 수단을 제공하는 접근방법으로, OR(operation research) 또는 경영과학(management science)이라고 부르게 되었다. 계량적 접근방법의 본질은 주로 의사결정 문제의 해결에 초점을 두고 있으며, 수학적 모형 등을 이용하거나 컴퓨터를 이용한 시뮬레이션 기법 등이 주로

이용되고 있다.

④ **시스템적 접근법**(systems approach): 시스템의 개념을 이용하여 부분으로 파악하기보다는 하나의 전일성(holism)의 인식을 기초로 하여 상호 유기적인 관계를 갖는 구성요소를 조정하고 통합하려는 데 주안점을 두는 접근방법이다. 이러한 시스템적 접근법에서는 어느 일부분의 최적화를 꾀하기보다는 전체 시스템의 목적달성에 기여하도록 각 부분들을 연결하고 협력하는 합력효과(合力效果; synergy effect)를 극대화하고자 하는 것이다.

⑤ **상황적응(적합)적 접근법**(contingency approach): 상황적응적 접근방법은 모든 상황에 최선인 하나의 접근법은 없다는 개념으로서 앞서 네 가지의 접근방법들을 독립적으로 또는 결합적으로 이용할 수 있는 가능성을 인정하고 있는 것으로, 경영자는 상황을 판단하고 이해해야만 하고 의사결정 이전에 어떤 접근법이 가장 성공적일 것인지를 결정할 수 있는 개념적 기술(conceptual skill)의 개발을 필요로 한다는 것을 의미한다.

생산시스템의 '투입－변환－산출'의 과정적 접근법

다음의 두 가지는 생산운영관리의 내용을 중심으로 한 접근법이다.

① **설계 접근법**: 산출로부터 시작하여 변환 · 투입의 순으로 접근하는 방법을 의미한다.

② **기술적 접근법**: 투입으로부터 산출까지 순서적으로 접근하는 방법을 의미한다.

1.6 생산시스템의 유형

다양한 생산시스템을 보다 쉽게 연구하려면 그것들을 의미 있는 범주로 분류하면 매우 효과가 클 뿐만 아니라, 또한 시스템의 분석, 설계, 계획 및 통제 등을 위한 적정한 방법을 선택하는 데 도움을 준다. 생산조직을 효

| 그림 1-5 | 생산형태(시스템)의 분류

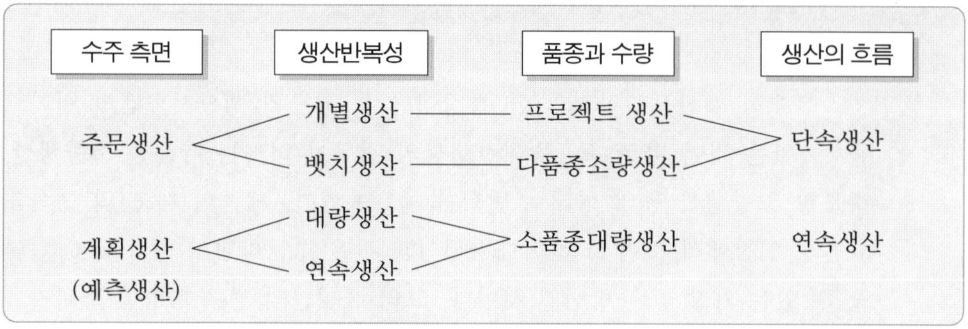

| 표 1-3 | 주문생산과 예측생산의 특징

특 징	주문생산	예측생산
제품 특성	고객이 제품시방을 결정 제품의 종류 다양 고가	생산자가 제품시방 결정 품종의 한정 저가
생산설비	범용설비 사용	전용설비 사용
수행목표의 중요도(순위)	① 납기 ② 품질 ③ 원가 ④ 생산능력의 이용도	① 원가 ② 품질 ③ 생산능력의 이용도 ④ 고객서비스
운영상의 주요 문제	생산활동의 관리 납기관리	예측: 계획생산 재고관리

율적으로 운영하기 위해서는 생산시스템이 어떠한 유형에 속하는지를 정확하게 이해해야 한다. 일반적으로 많이 이용되는 분류방법으로 자재 흐름의 패턴에 따라 분류하기도 하지만, 여기에서는 수주측면, 생산반복성 측면, 품종과 수량, 생산의 흐름의 관점에서 다음과 같이 분류하기로 하자.

생산활동을 전개하는 경우, 목표로 하는 시장 내지 고객의 성질과 생산하려는 제품 및 서비스의 특성, 수량, 그리고 생산공정의 흐름에 따라 생산시스템의 유형은 달라진다.

1.7 생산시스템의 추이와 대응

현대적 생산운영관리의 한 특징이면서, 최근의 생산시스템의 변화로 들 수 있는 것이 바로 소품종대량생산의 경향이 이제는 다품종 소량생산, 주문형 소량생산 등의 형태로 변화를 들 수 있다. 제품의 제조 및 생산의 효율성 입장에서 보면 소품종 대량생산과 같은 접근방법이 원가(cost)를 낮출 수 있는 가장 좋은 방법일 것이다. 그러나 최근의 경우 다양한 소비자들의 요구와 기호의 변화, 그리고 생산 및 제조과정에서의 다양한 정보기술(information technology)의 발전으로 인해 점차 주문화된 생산방식(customizing production)의 형태로 변모하고 있다.

다품종소량생산과 소품종대량생산의 접근

① 다품종소량생산시스템인 경우에는 경제적 생산을 위해 품종축소와 생산량 증대를 추구한다. 이에 모듈러(modular)설계 및 집단관리기술(group technology) 등이 등장한다.

② 소품종대량생산시스템인 경우에는 제품다양화로 다양한 고객의 욕

| 그림 1-6 | 생산시스템 환경의 변화

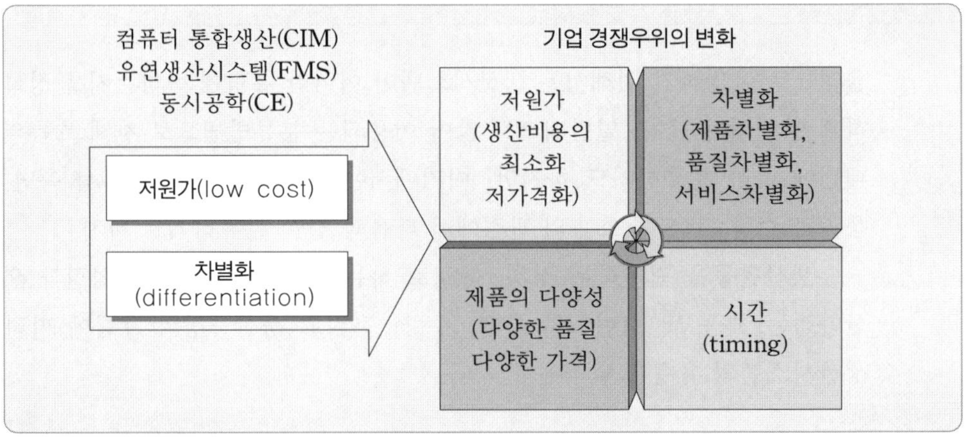

구충족을 추구한다. 이에 중점화 공장(focused factory), 셀제조방식(cellular manufacturing), 유연생산시스템(FMS: flexible manufacturing system) 등이 등장한다.

③ 품종을 다양화할 경우, 다양한 수요에 응할 수 있어 판매가 용이한 대신, 경제적 생산이 어려울 뿐더러 생산이 느린 단점이 있다. 생산을 전문화할 경우, 양산에 의한 경제적 생산과 품질향상이 가능한 대신 다양한 수요에 적응하기 어렵고 수요변동에 대한 탄력성이 적다는 단점이 있다. 그래서 양 시스템은 서로의 단점을 보완하기 위해서 상대방의 이점을 서로 추구하는 경향을 볼 수 있다.

다품종소량생산의 특징과 대응

오늘날 기업은 일정기간 중 생산하는 품종은 많고 생산량은 적은 다품종소량생산에 주력하고 있다. ① 소득수준의 향상과 소비자 의식의 다양화, ② 고학력화와 고령화, ③ 제약된 자원의 생산적 이용, ④ 국제분업 및 현지생산에 따른 제품 다양화와 같은 이유 때문이다. 그리고 다품종소량생산의 특징으로는 ① 생산품목의 다양성, ② 생산공정의 다양성, ③ 생산능력의 복잡성, ④ 수요의 불확실성, ⑤ 공정계획 및 일정계획의 곤란성, ⑥ 생산변동의 동태성 등이다.

Chapter 02

서비스운영관리의 기본 개념

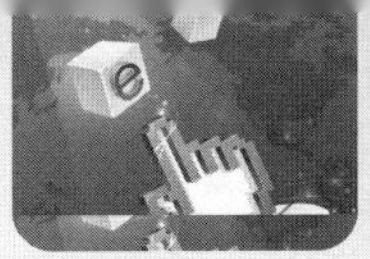

제 2 장

서비스운영관리의 기본 개념

생산운영관리의 대상은 주로 제품의 제조에 한정되지만, 최근에 들어와서 서비스업 분야까지 그 영역이 점차 확대되어가고 있다. 서비스 산업 분야의 중요성이 강조되고는 있지만, 아직까지 많은 생산운영관리에서는 서비스와 서비스 산업분야에 대하여 중요하게 다루어지지 않고 있으며, 서비스 산업에서의 운영관리의 기법 및 이론 등은 아직 미미하게 다루어지고 있는 것 또한 사실이다. 이에 우리는 다음과 같은 몇 가지 이유로 인해 서비스운영관리에 대해 관심을 가져야 할 당위성을 가지게 된다.

먼저, 서비스 기업은 선진국 경제에서 압도적으로 높은 비율을 차지하며 그 규모는 계속 증가하게 될 것이다. 그러므로 직업의 선택에 있어서도 제조업보다는 서비스업에 취업하게 될 가능성이 더 커질 것이다. 두 번째, 서비스업은 제조업과는 매우 다른 특성들을 가지고 있다. 따라서 전문적이면서도 제조업과 다른 관리방법이 사용되며, 제조업 환경에서 얻어진 지식과 경험이 항상 서비스에 적용될 수 있는 것은 아니다. 본 장에서는 서비스운영관리에 대한 기본적인 개념을 다루게 되고, 이후 18장에서 보다 자세한 서비스운영관리 기법들을 다루게 된다.

2.1 서비스의 개념

서비스라는 단어는 원래 14세기 말 라틴어인 'Servitium'과 'Slave'를 나타내는 프랑스어인 'Servus,' 다시 말해서 노예를 지칭하는 단어로부터 파생되었다는 것이 다수 학자들의 의견이다. 서비스는 상대방에게 무엇을 해 줄 수 있는지가 중요시되는 시대에서 계급과 신분의 차이에서부터 시작된 것으로 볼 수 있는 것이다. 현대적 의미에서의 서비스란 상대방에게 소유권의 변동 없이 제공해 줄 수 있는 무형적인 효용이나 활동을 통해서 만족을 주는 행위라 할 수 있으며, 최근에 들어와서는 이와 같은 서비스가 제품과 결합하여 상품화되는 경향을 보이고 있다.

서비스(service)란 눈에 보이지 않는 무형의 상품을 의미하며, 소리 없는 강력한 메시지라 할 수 있는데, 이는 경제의 서비스화 현상이 가속화되면서 기업이 제품의 제조에만 신경쓰는 것이 아니라 서비스 분야에 많은 투자를 하고 있으며 이와 같은 서비스 분야가 바로 기업의 얼굴이며 해당 기업의 경영철학을 대변해 주기 때문이다.

서비스는 공산품처럼 물건을 원하는 시기에 생산해 놓고 원하는 시기에 모두 파는 것이 아니라 고객과의 면대면(face to face) 커뮤니케이션이 이루어지는 인적(人的) 서비스의 비중이 크기 때문에 서비스를 수행하는 종업원의 옷차림, 언어, 표정, 고객을 대하는 태도, 마음가짐 등 하나하나가 바로 서비스의 품질을 결정짓는 중요한 요인이라 할 수 있다. 철저한 종업원에 대한 교육과 훈련만이 고객들에게 좋은 서비스를 제공할 수 있는 좋은 방법이지만, 무엇보다 중요한 것은 기업이 고객에 대하여 가지는 서비스 마인드라 할 수 있는 것이다.

서비스와 관련된 연구들은 지난 1960년대 초부터 서비스 산업의 중요성이 크게 인식됨에 다라 지속적으로 발전해 오고 있다. 그러나 서비스에 대한 정확한 정의는 학자에 따라 또는 관점에 따라 다양하므로 통일된 정의를 찾아보기가 매우 어려운 실정이다. 일반적으로 서비스라고 불리는 포괄적 의미의 용어에는 상호 이질적인 내용의 서비스가 내재되어 있을 뿐만 아니라 사

표 2-1 서비스의 정의

구 분	내 용	논 자
활동론적 정의	- 판매를 위하여 제공되는 또는 상품의 판매와의 관계에서 준비되는 제활동, 편익, 만족 등 - 소비자나 업무상의 이용자에게 어떠한 재화나 용역이 판매되어질 경우에 욕망에 대한 만족을 가져오는 무형의 활동이며 반드시 유형재나 타 서비스의 판매와는 결부하지 않고 독립적으로 인식되어지는 것 - 유형재의 형태에 물리적인 변화를 일으키지 않고 판매에 제공되는 활동	미국마케팅학회 (AMA) Stanton(1981) Blois(1974)
속성론적 정의	- 시장에서 판매되는 무형의 제품	Rathmell(1966)
봉사론적 정의	- 인간의 인간에 대한 봉사	Levitt(1976)
인간상호관계론적 정의	- 일방이 상대방에게 제공할 수 있는 활동이나 혜택으로서 무형적이며 소유될 수 없는 것 - 양자간의 상황에서 육체적 · 정신적인 면의 통합으로서 발휘되는 인간적 활동	Kotler(1991) 김성혁(1991)

자료원: 박오성(2008), 고객만족을 위한 서비스경영론, 한국학술정보, p.23.

회의 발전과 함께 서비스가 계속적으로 발전해 오고 있기 때문에 서비스에 대한 획일적인 정의를 내리는 것은 쉽지 않은 일이다.

결론적으로 서비스는 고객이 원하는 각종의 편익과 만족을 성취하기 위해 동원할 수 있는 유·무형의 자원을 활용하여 긍정적인 기대를 갖는 유용한 기능을 수행하는 과정, 노력, 행위 등을 모두 통합한 개념으로 볼 수 있다.

2.2 서비스업의 중요성

서비스(service)란 물리적으로 접촉할 수 없으며 생산과 동시에 소비되는 상품을 의미하는 것으로, 재화를 만들어내는 산업을 제조업으로, 용역을 만들어내는 산업은 서비스업으로 분류하기도 한다. 이러한 서비스의 특징으로 생산과 동시에 사라지는 서비스는 서비스를 받은 흔적이 남을 뿐이며 그 자체의 소유권 이전은 논의하기 힘들다고 할 수 있다. 이러한 서비스업의 범위는 단순노동에서부터 전문적인 지식이 요구되는 것까지 다양하며, 서비스업에는 도·소매업이나 음식·숙박업에서부터 유통, 금융, 교육, 의료 등 부가가치가 높은 부문까지 포함한다.

국내경제가 선진경제로 접어들면서 서비스 산업의 비중은 점차적으로 증가하고 있으며, 소비자들의 서비스에 대한 수요 역시 증가하는 이른바 서비스 경제화(service economy) 현상이 가속화되어 가고 있다. 이러한 서비스 경제화 현상은 고객의 욕구가 다양해지고, 여가시간의 증대 그리고 정보기술의 발달로 인해 서구유럽과 미국을 중심으로 하여 이제는 전세계적인 확산과정을 보이고 있다.

현재 우리나라의 경우, GDP에서 서비스 부문이 차지하는 비중이 약 70% 정도 되고, 서비스업의 종사자 비중 역시 65%를 넘어서는 등(한국표준협회 2005 자료 참조), 국내뿐만 아니라 대다수의 국가에서도 이와 같은 서비스 경제화 현상이 두드러지게 나타나고 있다.

서비스 경제화의 두드러진 현상으로 제조기업의 서비스 기업화 현상을 들 수 있는데, 예를 들어 밀가루와 설탕을 주로 제조하였던 기업인 제일제당의 경우 '생활문화 기업'으로 재포지셔닝을 추진하면서 기업명을 CJ로 변경하고, CJ엔터테인먼트, 복합영화관인 CGV, 패밀리 레스토랑은 VIPS, 택배서비스 전문업체인 CJ GLS 그리고 기존의 케이블 홈쇼핑회사인 39쇼핑을 인수하여 설립한 CJ홈쇼핑 등의 계열사를 거느리는 기업으로 변모하였다. 이와 같이 전통적인 제조기업들이 점차 서비스 기업으로 변모하게 되는 주된 이유로는 미래의 경쟁력에 바로 서비스가 있기 때문이다.

서비스업은 그 자체적으로 부가가치를 창출하는 것은 물론 정보통신, 물류, 경영컨설팅 등과 같이 제조업 부문의 부가가치 창출에 결정적인 영향을 미치고 있으며, 피터 드러커의 예언과 같이 '넥스트 소사이어티(next society)'에서 제조부문 생산성은 높아지겠지만 국민총생산과 고용에서 차

| 그림 2-1 | 경제활동에서의 서비스의 역할

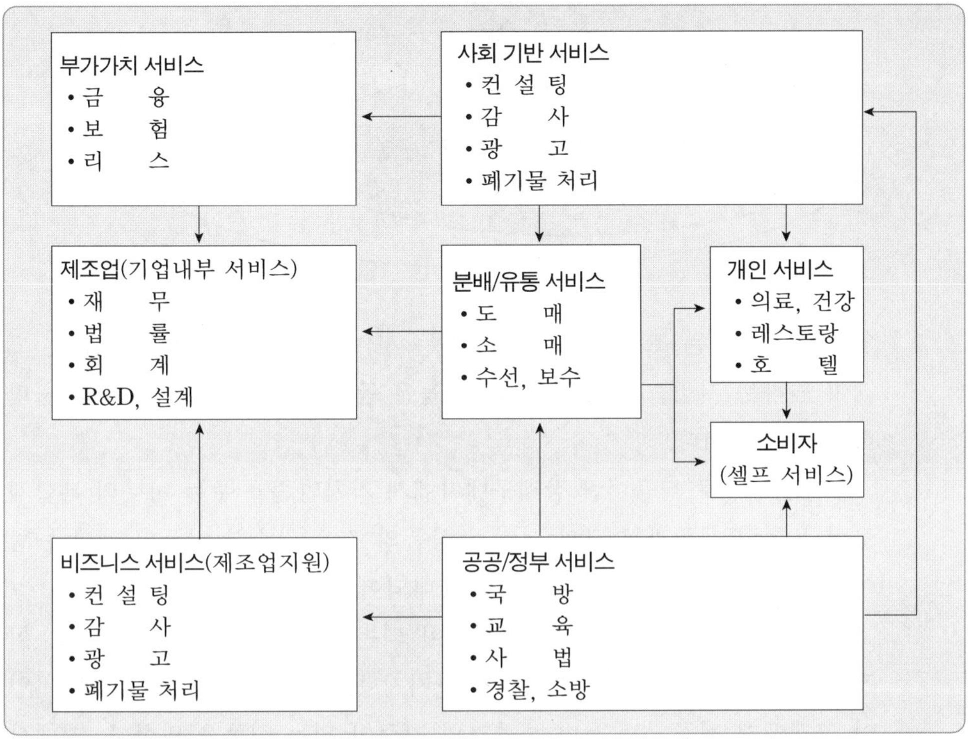

지하는 비중은 크게 줄어들어 산업혁명 이후 일자리와 부창출의 주엔진이던 제조업이 급속히 쇠퇴하리라 예언하고 있다. 또한 자본과 노동의 물적 투입증대를 통한 제조업 중심의 성장에 한계를 느끼는 최근 우리 경제의 추세에 비추어 볼 때, 21세기를 책임질 국가경제의 새로운 성장동력으로서 서비스산업의 육성 및 고부가가치화는 매우 시급한 과제로 등장하고 있다.

2.3 서비스 상품

값비싼 상품이나 서비스는 값비싼 만족을 제공할 것이라는 것이 일반적인 고객들의 마음이다. 일반적으로 고객들은 자신이 부담하게 되는 서비스 상품에 대한 가격에 비해 더 높은 서비스의 품질을 요구하게 되며, 기

| 그림 2-2 | 서비스 상품의 확장

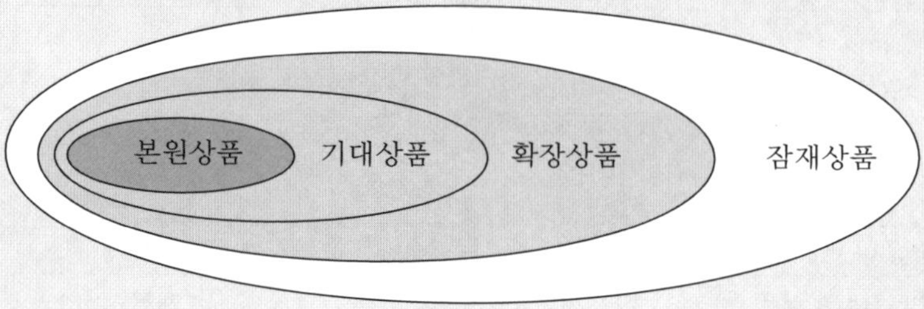

업의 입장에서는 고객들이 필요로 하는 서비스 상품을 제공함은 물론, 고객이 원하는 서비스 상품 이외에 더 높은 품질의 서비스를 제공하려 노력하게 되는 것이다.

일반적으로 상품이란 잠재구매자에게 가치만족을 주는 하나의 복합체로써 유형의 제품과는 달리 서비스 상품의 경우 단순한 상품의 개념을 넘어서 그 개념의 영역이 점차적으로 확대되어가고 있다.

본원상품이란 기본이 되고 본질이 되는 상품을 의미하는 것으로, 이것 없이는 시장에 참여할 기회조차 가지지 못하게 되며, 모든 서비스 기업이 고객에게 제공되는 서비스 평가의 기준이 되는 상품을 말한다. 기대상품은 상품의 구매로부터 고객이 얻고자 하는 기대하는 편익이나 가치를 포함한 개념으로 서비스 상품의 구매고객이 자신이 지불한 비용에 대한 반대급부의 개념으로 고객의 입장에서 평가된다는 특징을 지니게 된다.

확장상품이란 고객이 서비스 상품의 구매시 기대하는 편익이나 가치이상의 것을 포함한 것으로, 대부분의 서비스 제공기업이 지향하고 있는 서비스 상품의 수준이다. 이러한 확장상품의 개념으로의 확대가 기존 고객이 타 서비스 기업으로의 이탈을 막는 충성도를 강화하는 전략적 도구로서 사용되어진다.

마지막으로 잠재상품의 경우 실제 존재하기보다는 서비스 이용고객의 마음속에 존재하는 것으로, 우호적인 기업 이미지, 안정성과 높은 신뢰감과 같은 것으로 고객의 이탈행동을 막는 중요한 역할을 수행하게 된다.

2.4 서비스 산업의 시장동향

우리 경제는 앞으로 서비스 산업의 생산성 증대 없이는 경제 전체의 성장잠재력이 커질 수 없는 상황을 맞고 있다. 그러나 대다수 업종에서 규모가 영세하고 기술진보나 규모의 경제효과가 제조업에 비해 낙후해 정보통신 등 일부 특정업종을 제외하고는 생산성의 절대수준이나 증가 속도가 매우 저조한 형편이다. 그리고 제조업 노동생산성을 100으로 했을 경우, 2003년 현재 우리나라 서비스업의 노동생산성은 56.9에 그쳐 미국(72.3, 2001년 수치), 일본(92.9), 독일(101.9) 등 주요 선진국들에 비해 매우 낮은 수준을 기록하고 있다.

이와 같이 서비스 산업은 그 규모가 점차적으로 성장을 거듭하고 있는 실정이다. 이러한 서비스 산업의 성장동력을 삶의 질 및 편의성 중시, 즐거움의 추구, 정보화 및 네트워크화 지향, 아웃소싱 확산 등의 관점에서 살펴보도록 한다.

삶의 질·편의성 중시

전반적인 소비패턴이 다양화 · 세분화 · 고급화되면서 의식주 등의 필수적 소비보다는 교양, 외식, 교제 등 선택적 소비의 비중이 크게 증가하고 있으며, 물질적 풍요는 물론 정신적 만족감을 추구하는 소비패턴의 질적 고도화가 진행되고 있는 상황이다. 이러한 고령인구의 증가, 여성의 경제활동 참여 확대 및 핵가족화의 확산 등에 따른 사회구조와 라이프스타일의 변화에 맞춰 건강, 삶의 질 및 편의성 등을 중시하는 경향이 높아지고 있다.

특히 고령층을 대상으로 하는 식품, 건강관련 제품, 의료, 주택 등 다양한 실버관련 산업이 등장하고 있으며, 여성의 사회활동 참여 증가에 따라 각종 대행 서비스업, 홈쇼핑이나 택배업 등이 빠르게 성장하고 있다. 그리고 격주 토요 휴무제, 주 5일 근무제 등에 따른 노동시간의 단축으로 자기계발을 위한 어학, 자격증 취득 등 관련 교육 서비스업도 활성화되고 있다.

즐거움의 추구

과거에 비해 소득향상, 가치관의 변화, 노동시간의 단축 및 자동차 보급의 확산 등의 현상은 소비자들의 놀이문화(entertainment) 추구 경향을 더욱 강화하게 된다. 여가활동의 개념이 단순한 기분전환 혹은 휴식에서 자신의 개성과 자아를 실현하는 장으로 여겨지면서 여가를 적극적으로 활용하려는 사람들이 크게 증가하고 있다. 최근의 토요 휴무제 등으로 주말 여행문화가 정착되면서 각종 휴양 및 레크리에이션 시설과 숙박시설이 복합적으로 갖추어져 있는 복합 리조트의 빠른 성장이 예상되고 있으며, 문화 · 예술, 건강 · 학습, 농촌 체험 등 특정 이벤트와 연계한 가족 단위의 여행 수요가 확대될 것이다.

정보화 · 네트워크화 지향

최근의 인터넷과 같은 다양한 정보기술의 발전은 고용량의 정보가 전송가능하게 됨으로써, 온라인 교육, 원격 의료, 화상회의 등의 서비스가 점차적으로 일반화되어가고 있다. 특히 최근의 경향인 방송 · 통신의 융합과 같은 기술 융합화(technology convergence) 현상의 가속화로 인해 통신, 정보, 위치 추적 등을 함께 제공하는 텔레매틱스 등 다양한 복합형 서비스가 등장할 것으로 예상되고 있다. 또한 무선 네트워킹 기술의 진전 및 이동단말기의 보편화로 M-Commerce가 확산되면서 언제, 어디서나 상품거래 및 정보이용이 가능해질 것으로 전망된다.

기업들의 아웃소싱 확산

과거의 기업에서는 모든 기능을 기업 스스로 수행하는 것이 일반적인 모습이었다. 그러나 최근의 대다수 기업들은 기업 경영에 필요한 모든 기능이나 프로세스를 보유하고 경쟁활동을 수행하는 것이 이젠 더 이상 미덕이 될 수 없으며, 핵심역량에 집중하는 강한 조직만이 시장에서 생존 · 성장할 수 있다는 인식이 확산되고 있다. 특히 브랜드가 널리 알려진 서비스 기업은 입소문을 통해서 서비스 질을 간접적으로 홍보할 수 있지만, 새로 창업한 서비스 기업의 경우 고객에게 알리는 것이 가장 큰 과제가 되고 있다. 이러한 무형성에 따른 문제점을 극복하기 위해서 서비스 기업들은 강력한 이미지를 구축하고 종업원들로 하여금 고객들과 직접 접촉하도록 권장하며, 구매 후에도 고객들과 지속적인 커뮤니케이션을 갖도록 유도해야 한다.

2.5 서비스의 속성

서비스의 속성

서비스는 유형의 제품과는 다른 몇 가지의 고유한 특성을 지니고 있다. 먼저 서비스는 순간적 경험이며 재고로의 저장이 불가능하기 때문에 수요변화에 대한 완충장치를 도입하기가 어렵다는 특징을 지니고 있다. 이러한 일회성의 특징으로 인해 많은 서비스 제공자와 고객과의 불일치가 발생하게 된다.

둘째, 생산과 소비 간에 중간 유통단계가 없어 연결기능이 미비하며 생산과 소비의 동시성은 서비스 수요와 공급관리를 어렵게 한다는 특징을 지니고 있다. 특히 서비스의 제공자와 고객이 직접 접촉이 이루어지기 때문에 중간의 유통업과 같은 매개체가 없어 공급초과 혹은 수요초과에 대한 조정기능이 없게 된다.

셋째, 충분한 수용능력을 갖추지 못한 서비스 기업은 고객의 대기시간을 늘려 서비스의 질 저하를 가져올 수 있다는 특징을 지닌다. 특히 유형의 제품과는 다르게 고객의 수요가 적을 경우 이를 창고 등에 저장하여 고객의 수요에 대한 사전준비가 불가능하게 되어, 고객의 수요가 공급을 초과하는 경우 이에 적절하게 대응할 수 없게 된다.

넷째, 서비스 시설에 손님이 도착함과 동시에 서비스를 제공해야 하는 경우도 많아 고객요구에 대한 대응시간에 여유가 없다는 특징을 지니고 있다. 특히 서비스의 경우 고객의 도착패턴이 매우 불규칙하기 때문에, 서비스 시설의 수용능력과 수요를 일치시키기도 어렵게 된다.

다섯째, 서비스 질에 대한 일관성 유지 역시 쉽지 않은 일이다. 일반

표 2-2 서비스의 특징

제품 특성	의 미	문 제 점
무형성 (intangibility)	- 서비스의 형태를 눈으로 보거나 만져볼 수 없음 - 서비스의 내용 그 자체를 만질 수는 없으며 서비스가 어떠할 것이라 상상하기 어려움	- 유형의 제품과는 달리 저장이 불가능함 - 가치를 정확하게 파악하기 어려우며, 측정 및 평가 과정 역시 어려움
이질성 (heterogeneity)	- 유형의 제품과 같이 표준화하기 어려움 - 동일한 서비스 제공자가 수행한다 하더라도 매번 동일한 서비스를 제공하기가 어려움 - 서비스 수혜자인 고객이 다르기 때문에, 동일한 서비스를 제공받았다고 보기 어려움	- 서비스의 표준화와 정확한 관리가 어려움 - 서비스의 품질에 대한 정확한 측정, 평가 및 관리가 어려움 - 서비스를 제공받는 고객에 따라 만족의 기준이 다를 수 있음
소멸성 (perishability)	- 서비스가 고객에게 제공되자마자 곧바로 서비스는 소멸됨 - 서비스의 수요와 제공은 시간적인 한계가 있음	- 서비스는 유형의 제품과는 달리 보관이나 저장이 불가능함
비분리성 (inseparability)	- 서비스의 생산과 소비는 동시에 일어남 - 서비스의 생산 및 제공과정에 고객이 관여하게 됨	- 서비스 제공과정에 고객이 개입하면서 서비스의 내용이 변경될 수 있음 - 서비스의 구입 이전에 시험, 평가 등이 불가능함

| 표 2-3 | 제품과 서비스의 특성간 비교

기능별	제 품	서비스
형 태	유형성	무형성
내 용	동질성	이질성
저장(유지)	저장성	소멸성(시한성)
생산과 소비	분리성	비분리성(동시성)

적으로 서비스의 경우 유형의 제품과는 다르게 생산과 소비가 동시에 일어나며 고객과 종업원이 서로 접촉하면서 서비스를 제공하기 때문에 환경적인 변수들이 서비스 질에 영향을 미칠 가능성이 높게 된다. 또한 서비스를 제공하는 종업원들은 성격, 능력, 솜씨나 훈련 정도가 다양하기 때문에 동일한 서비스를 제공하더라도 차이가 날 수 있다. 서비스 제공 당시의 상황에 따라 같은 종업원이 서비스를 제공하더라도 질에 차이가 날 수 있으며, 이런 서비스 질의 가변성을 줄이기 위해서는 서비스 표준을 명확하게 설정하고 종업원에 대한 교육 · 훈련이 지속적으로 제공되어야 한다.

여섯째, 서비스 제공과정에 고객이 적극적으로 참여해야 한다는 특징을 지니고 있다. 서비스의 생산과 소비는 일반적으로 동시에 일어나므로 고객과 서비스 창출을 담당하는 직원간의 상호작용 및 접촉이 중대한 역할을 하게 되며, 고객입장에서는 서비스 상품이 거의 무형적이기 때문에 서비스 상품을 직원 등의 인적 요소와 결부시키려 하려는 특징을 지니게 된다.

일곱째, 서비스의 무형적 특성은 고객에게 서비스 질을 제대로 알리기 힘들게 만든다. 일반적으로 유형의 제품을 구매하는 경우 고객은 구매 전에 그것을 볼 수도 있고 느끼거나 시험해 볼 수 있으나, 서비스 상품의 경우 고객은 서비스 기업의 명성이나 브랜드에 의존할 수밖에 없다. 브랜드가 널리 알려진 서비스 기업은 입소문을 통해서 서비스 질을 간접적으로 홍보할 수 있지만 새로 창업한 서비스 기업의 경우 고객에게 알리는 것이 가장 큰 과제이다. 이런 무형성에 따른 문제점을 극복하기 위해서 서비스 기업들은 강력한 이미지를 구축하고 종업원들로 하여금 고객들과 직접 접촉하도록 권장하며, 구매 후에도 고객들과 지속적인 커뮤니케이션을 갖도록 유도한다. 마지막으로, 서비스는 제품에 비해 상대적으로 좁은 시장을 대상으로 한다는 특징을 지닌다. 따라서 고객이 서비스 시설로 오든지, 혹은 서비스 공급자가 고객에게 가야만 한다.

서비스 고객의 정의

서비스를 누군가에게는 이를 제공하는 산출물이라 생각한다면 서비스를 받고자 하는 고객을 외부고객으로 제한할 이유가 없다. 다른 부서에 근무하고 있는 직원들에게 정보를 제공하는 서비스를 맡고 있는 사람도 있고, 웹을 통해 들어온 문의사항을 직접 답변해 주는 비스를 제공하는 직원도 있다. 이러한 의미에서, 서비스를 필요로 하는 고객의 유형을 외부고객과 내부고객의 두 가지 형태로 구분해 볼 수 있다.

먼저 외부고객이란 다른 말로 조직 밖에 위치하는 일반적인 의미의 고객을 의미하는 것으로, 예를 들어, 은행의 고객은 은행과 거래함으로써 서비스를 받는 모든 사람들이 이에 해당하게 된다. 내부고객은 조직 안에 위치하면서 내가 하는 일을 절실히 필요로 하는 고객을 말하는 것으로, 예를 들어 은행에서 신용정보를 담당하는 부의 고객은 일선 지점에서 대출을 담당하는 직원이라 할 수 있다. 이러한 내부고객이 중요한 이유로는, 외부

| 그림 2-3 | 서비스 고객의 구분

서비스 고객의 정의

기업의 상품 중 서비스를 습관적으로 구매하는 소비자로부터 기업과 직·간접적으로 거래하고 관계를 맺는 모든 주변인

서비스 고객의 분류

- 내부고객: 종업원(동료, 상사, 타 부서)
- 외부고객: 거래처(회사, 대리점), 최종 소비자, 각종 단체, 기관, 주주, 일반적인 고객

고객에게 제공하는 서비스는 일반적인 의미의 서비스이지만, 내부고객에게 제공하는 서비스는 조직의 운영과정에서 창출되는 서비스라 할 수 있다. 따라서 조직을 제대로 운영하기 위해서는 내부고객에 대한 서비스가 제때에 충실하게 이루어져야만 하며, 고객만족이라는 표어는 조직구성원 모두에게 해당될 수밖에 없게 되는 것이다.

2.6 서비스의 분류에 따른 운영관리

산업 종사자의 구성비는 서비스 부문이 제조부문보다 빠른 속도로 성장하고 있다. 그러나 서비스 산업은 대부분이 노동집약적 산업이며, 생활수준 향상에 따라 서비스 비용은 계속 상승하는 추세에 있으며, 물가상승의 주요인이 되고 있다. 따라서 서비스의 생산성 향상은 매우 중요한 사안이라 할 수 있다.

서비스 생산의 분류

서비스 생산의 유형에 따라 경영문제가 달라지므로 서비스 분류방법을 찾는 것이 서비스운영관리에 있어 매우 중요하다. 서비스 생산의 분류를 위한 기준들을 살펴보면 다음의 [표 2-4]와 같다.

표 2-4 서비스 생산 분류를 위한 기준

고객접촉도	(예 병원 對 우편서비스)
서비스 고객화의 정도	(예 법률서비스 對 대중교통)
고객과 기업과의 관계의 정도	산발적 對 연속적, 공식적 회원제 對 공식적이 아닌 관계 (예 자동차 대여 對 보험, 자동차 클럽 對 경찰 보호)
노동집약도	(예 회계사무소 對 극장)
서비스의 대상: 사람 또는 사물	(예 음식점 對 건물관리 서비스)
서비스의 구체성	(예 이발 對 뉴스 방송)

| 표 2-5 | 제조 활동과 서비스 활동의 차이 비교

특 성	제조활동	서비스활동
산출물의 형태	유형의 제품	무형의 서비스
제품/서비스의 저장	재고로 저장	저장 불가능
생산/운영 시설규모	대 규 모	소 규 모
생산/운영 사업장 수	적 다	많 다
생산자원의 집약	자본집약적	노동집약적
생산과 소비	별도로 진행	동시에 진행
고객과의 접촉빈도	낮 다	높 다
고객의 역할 정도	낮 다	높 다
고객요구 반응시간	길 다	짧 다
품질/생산성 측정	용이하다	어 렵 다

고접촉 서비스 및 저접촉 서비스

변환과정에서 고객이 보내는 시간이 증가하면 운영통제의 어려움도 증가하고, 고객과 직접 접촉하는 종업원과 고객과의 관계가 매우 중요해진다. 또한 서비스의 공급과 그의 수요를 맞추어 나가는 것도 더욱 어렵게 된다.

① **고접촉 서비스**(high-contact service): 고객이 항상 서비스의 생산에 실질적으로 관여하고, 따라서 고객은 서비스의 유형 및 질뿐만 아니라 서비스를 받는 데 필요한 시간에 대해서도 직접적인 선택권을 갖는다. 이러한 고접촉 서비스의 예로서 주로 전문적 서비스를 들 수 있는데, 의사, 교사, 택시 운전사 등에 의해 제공되는 서비스를 들 수 있다.

이러한 고접촉 서비스인 경우에는 첫째, 약속시스템(appointment system)을 이용하지 않는 한, 고객의 수요는 매일매일 또는 심지어 매 시간마다 달라지고, 기업은 얼마나 많은 인원을 배정해 두어야 할지 결정하기가 어렵다. 이런 경우에는 고객 대기행렬(waiting lines)의 효과적인 관리가 중요하다. 둘째로, 종업원의 태도가 고객의 서비스에 대한 생각에 영향을 준다. 고객과 직접 접촉하는 종업원은 자동적으로 제품의 일부가 된다. 따라서 고접촉 서비스 시스템에서는, 종업원의 대인관계적 태도가 서비스 효과에 직접적으로 영향을 미치기 때문에 종업원의 교육 · 훈련과 동기부여(motivation)가 매우 중요하다.

② **저접촉 서비스**(low-contact service): 보험회사나 우체국 등에 의해 제공되는 서비스로서, 서비스를 받는 과정(변환과정) 중에 고객이 존재할 필요가 없다. 고객과의 실질적인 접촉은 고객이 서비스를 요구하는 곳의 서비스 창구에서만 일어난다. 고객이 서비스가 제공되는 과정에 강력한 영향을 주지 못하기 때문에, 서비스 절차가 표준화되기 쉽다. 표준화로 과정에 대한 관리통제가 비교적 일률적이 되고, 능률을 측정할 수가 있다. 저접촉 서비스 기업은 체계적이고 예측 가능한 운영을 하는 경향이 있어서 준제조업(準製造業; quasi manufacturing)으로 볼 수 있다. 고접촉 서비스 시스템에 비해, 저접촉 시스템에서는 수요가 비교적 안정적이므로, 서비스 제공 능력과 수요를 맞추기가 훨씬 쉽다. 종업원은 대인관계적 기능보다는 기술적 · 분석적 기능에 따라 평가된다.

제공되는 상품의 비중에 따른 운영관리: 서비스의 유형성 스펙트럼(tangibility spectrum)

제품과 서비스는 유형성이 우세한 한 쪽 끝에서 무형성이 우세한 다른 한 쪽까지의 스펙트럼을 이용해서 순위가 매겨질 수 있는데, 이처럼 서비스 기업의 유형이 분류기준에 따라 매우 다양하게 나뉘어질 수 있기 때문에 일률적으로 적용될 수 있는 운영원리를 구축하기가 쉽지 않다.

| 그림 2-4 | **서비스의 유형성 스펙트럼**

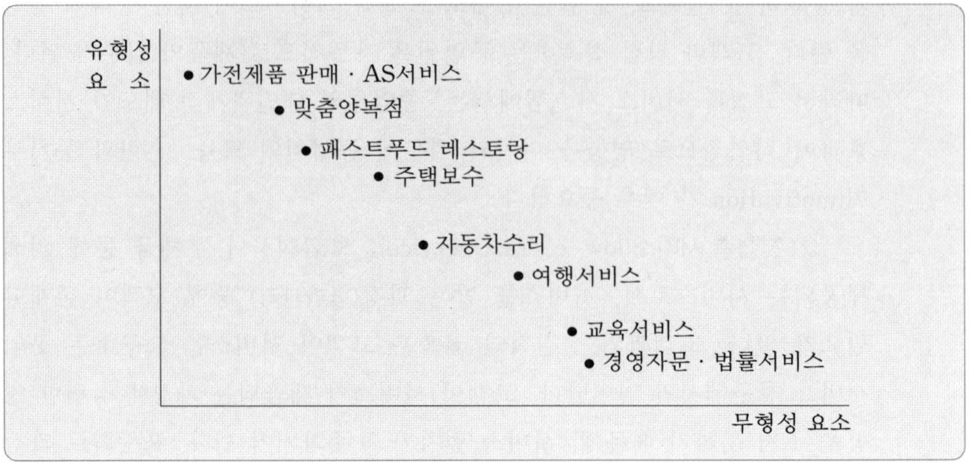

고객의 맞춤화 정도와 재량권 수준에 따른 분류

서비스의 맞춤화는 고객별로 서로 다른 니즈를 충족시켜 주는 정도를 말하는 것으로, 재량권은 조직구성원이 기업 내부에서 정해진 방침과 절차에 따라 수행하는 정도를 말하게 된다. 특히 서비스의 고객별 맞춤화 정도가 높고 재량권이 클수록 서비스 제공자의 관리능력, 교육과 훈련 등이 매

| 표 2-6 | 고객의 맞춤화 정도와 재량권 수준에 따른 분류

고객 욕구충족에 대한 서비스 제공자의 재량권	서비스의 고객별 맞춤화 정도	
	높 다	낮 다
크 다	예 법률서비스, 의료서비스, 건축디자인, 부동산중개인, 택시서비스, 미용원, 배관수리, 가정교사	예 대형 강의실에서 강의, 예방의료프로그램
작 다	예 장거리전화, 연극회원권, 정기승차권, 보험의료검진, 품질보증서에 따른 수리	예 대중교통, 영화관, 패스트푸드 레스토랑, 스포츠관람

우 중요하며, 서비스의 고객별 맞춤화 정도가 낮고 재량권이 작을수록 서비스 지원시설의 질과 자동화가 매우 중요하다.

Chapter 03 수요 예측

제 3 장

수요예측

3.1 서 론

조직의 모든 계층에서 이루어지는 대부분의 의사결정은 예측 혹은 그와 유사한 형태에 기초를 두고 있다. 이러한 예측은 조직과 그 환경을 연결하는 수단이라고 할 수 있으며, 특히 환경의 변화가 조직의 현재와 미래의 활동영역에 영향을 미치는 경우에는 예측이라는 작업이 더욱 중요성을 띠게 된다. 변화가 거의 없거나 변화를 예측할 수 있는 안정적인 환경에서는 미래의 상황을 예측할 필요가 없겠지만 환경이 점차 복잡해지고 동태적으로 변화해 감에 따라 미래 상황에 대한 예측은 조직에 있어 필수적인 것이다.

오늘날 사회적 · 정치적 · 경제적 및 기술적 환경은 빠르고도 다양하게 변화해 가고 있기 때문에 가까운 미래에 대한 예측도 용이하지가 않다. 이러한 환경하에서 인간활동의 대부분의 영역, 특히 제품과 서비스에 대한 다양한 욕구를 충족시켜야만 하는 생산활동의 영역에서 예측은 경영자의 가장 중요한 기능으로 인식되고 있다.

3.2 수요예측의 의의

예측(forecasting)이란 불확실한 상황하에서 통제가 불가능한 미래의 사건이나 활동의 발생시기(timing), 크기(magnitude) 또는 효과(effect)를 추정하는 작업이다. 다시 말해서 예측은 원하는 제품이나 서비스의 수량, 시기, 품질 및 입지 등에 대한 미래의 수요를 추정하는 과정이다. 따라서 예측은 불확실하고 경쟁적인 환경하에서 적용해야 할 논리적인 기준을 제공하는 것이므로 경영관리에 있어 이는 매우 중요한 기능이 아닐 수 없다.

생산 시스템에서 예측을 이용하는 목적으로는 두 가지를 들 수 있다. 관리자들이 생산 시스템의 설계를 계획할 때 이를 지원하자는 것이 첫째의 목적이며, 또한 이 시스템의 운용을 계획하는 데 이용하자는 것이 둘째의 목적이다. 생산 시스템의 설계를 계획하는 것은 생산해야 할 제품이나 서비스의 형태, 보유시설, 입지 등에 관한 장기계획을 수립하는 것을 주요 내용으로 하며, 시스템의 운용을 계획하는 것은 재고, 인력 수준의 계획, 구매, 제조계획, 예산 및 일정계획 등과 같은 중기 및 단기계획을 주요 내용으로 한다.

3.3 수요의 구성요소

일반적으로 제품이나 서비스에 대한 수요는 추세, 계절변동, 순환변동, 불규칙변동 등 네 가지의 변동요소로 구성되어 있는 것으로 본다. [그림 3-1]은 한 제품에 대한 4년간의 수요를 중심으로 평균수요, 추세, 계절변동 및 불규칙변동 등을 보여주고 있다.

이들 중 추세(trend)는 시간의 경과에 따라 발생하는 수요의 상향적 또는 하향적 움직임을 나타내는 것으로 성장이나 쇠퇴 등과 같은 수요의

| 그림 3-1 | 수요변동의 4가지 유형

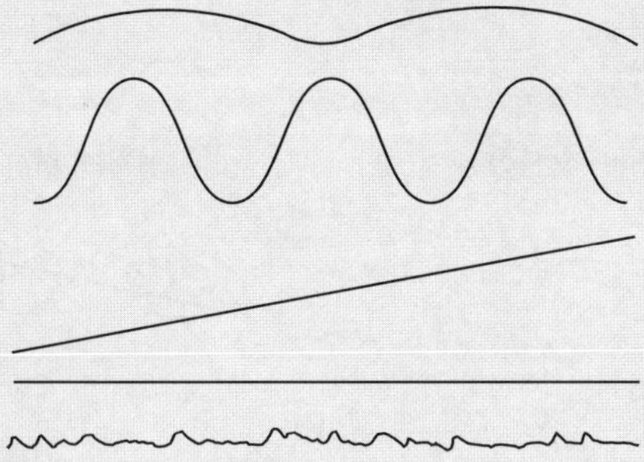

장기적인 패턴을 보여준다.

순환변동(cyclical fluctuation)은 추세선(trend line)을 중심으로 하여 수요가 상하로 움직이는 장기적 변동을 말한다. 이 변동은 선거, 전쟁, 경제상황이나 사회적 충격 등과 같은 여러 가지 상황이 복합되어 발생하기 때문에 그 순환주기가 일정하지 않다. 따라서 수요가 일정기간 후에 그 이전과 동일한 양상으로 변동하지 않을 수도 있으므로 수요의 구성요소 중 파악하기가 가장 힘든 변동요소이다.

계절변동(seasonal variation)은 단기적으로 일정한 시간간격을 두고 유사하거나 동일한 패턴이 반복되는 수요의 변동요소이다. 이 변동은 1년을 주기로 하여 월별 또는 분기별로 동일한 패턴이 나타나는 것이 일반적이나 경우에 따라서는 시간별 혹은 주별 패턴을 가질 수도 있기 때문에 자료의 시간구분이 적절하지 않을 경우 계절요소에 대한 정확한 파악이 불가능하다.

마지막으로 불규칙변동(random or irregular variation)은 자연발생적인 사건에 의해 발생하는 변동이다. 통계학적으로는 총수요에서 추세, 순환변동 및 계절변동 등과 같이 파악이 가능한 수요의 구성요소를 공제할 경우에 남는 부분으로서 총수요 중 설명되지 않는 부분이 곧 불규칙변동이 된다. 즉, 총수요 중 변동를 불규칙변동으로 처리하는 것이다. 일반적으로 이 변동은 단기적으로 지속되는 변동을 말하지만 변동기간의 폭이 너무 커

| 그림 3-2 | **수요변동의 특수유형**

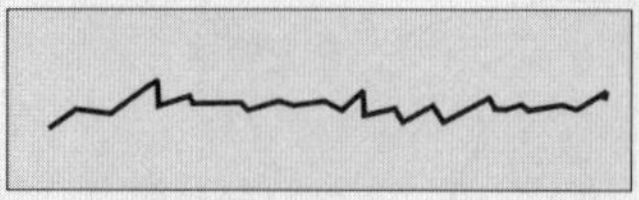

(a) 추세나 계절적 변동이 없는 경우

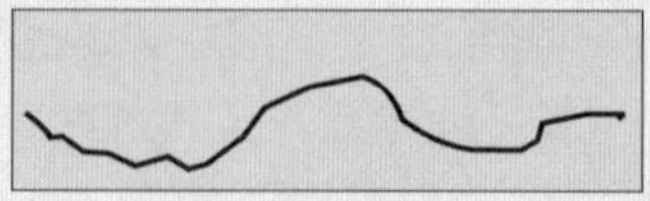

(b) 추세는 없고 계절적 변동만 있는 경우

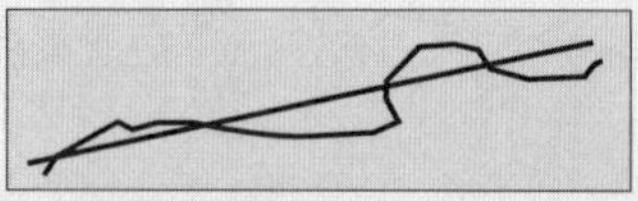

(c) 선형추세, 가법적인 계절적 변동

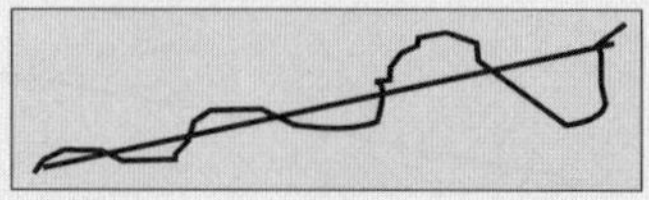

(d) 선형추세, 승법적인 계절적 변동

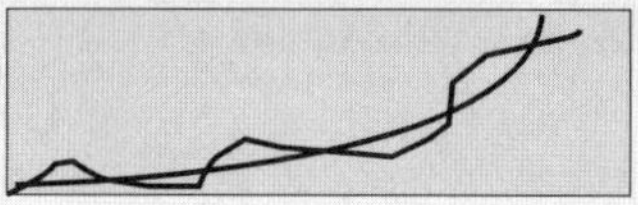

(e) 비선형추세, 가법적인 계절적 변동

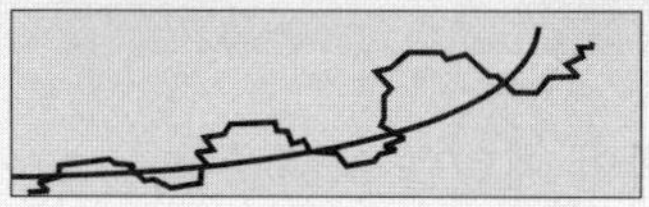

(f) 비선형추세, 승법적인 계절적 변동

지면 이것이 순환변동으로 변모될 가능성도 있다.

3.4 예측기법의 분류

예측기법은 예측대상이나 목적 등에 따라서 여러 가지로 분류할 수도 있지만 일반적으로 질적 또는 정성적 기법(qualitative technique)과 계량적 혹은 정량적 기법(quantitative technique) 등 크게 두 가지로 나눌 수 있다. 이 중에서 정성적 기법은 추측이나 경험, 개인의 견해에 기초를 둔 주관적 예측기법으로서 예측과정에서 객관적인 예측자료가 불충분할 때 인적요소나 주관적 의견, 육감 등과 같은 질적 자료를 이용하는 방법이다. 반면에 정량적 기법은 정성적 요인들을 계량화하기가 곤란하기 때문에 주로 객관적인 과거의 자료를 분석하여 예측을 하는 방법이다. 계량적 기법은 그 접근방법에 따라 다시 시계열분석(time-series analysis)과 인과형분석(causal method) 등 두 가지로 구분할 수 있다.

시계열분석은 수요와 관련된 과거의 자료를 분석하여 그 자료의 패턴

| 그림 3-3 | 예측기법의 분류

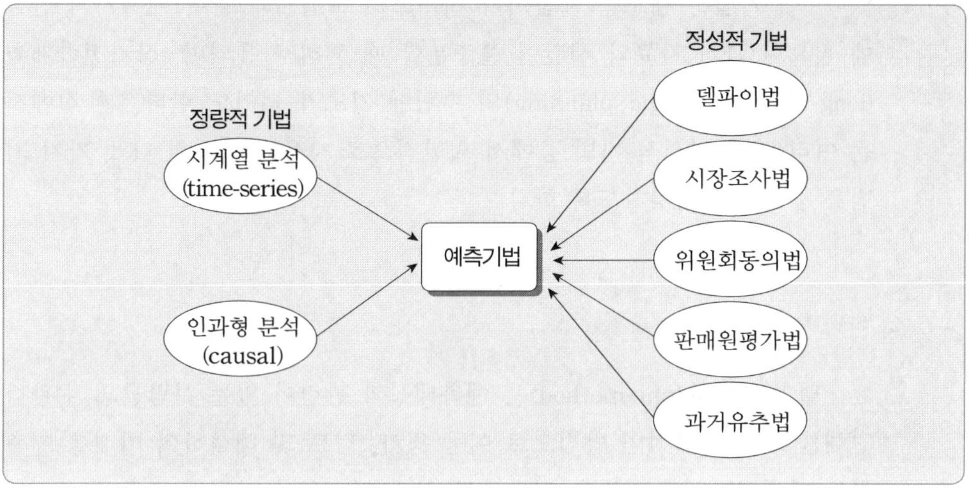

을 파악하고 이를 미래의 예측에 투영하는 방법이다. 이 기법은 과거의 수요 패턴이 미래에도 지속될 것이라는 가정을 토대로 수요에 영향을 미치는 모든 요인들에 대한 과거의 자료가 구해져 있는 것으로 가정하고 이를 이용하여 예측을 하는 것이 그 특징이다. 반면에 인과형 예측기법은 수요가 환경 내의 여러 요인들과 관계가 있다는 가정하에서 수요와 관련된 변수를 파악하고 수요와 이들 변수간의 인과관계를 나타내는 모형을 만들어 예측하는 방법을 말한다.

3.5 정성적 기법

정성적 기법은 주로 경영자, 종업원 혹은 전문가 등 조직 내외의 인간이 가진 경험과 이들의 견해에 의존하여 미래를 예측하는 방법으로서 예측자의 창의성, 직관, 판단력, 전문가와 일반대중의 의견 등을 바탕으로 하여 미래의 수요를 예측하고 그 정보를 가공하고 보충하여 예측업무를 수행하는 방법이다. 주로 과거의 자료에 기초를 두는 것이 아니라 일반대중이나 전문가들의 의견, 가치판단에 기초를 두고 있으며, 대표적인 기법으로는 델파이법, 시장조사법, 위원회동의법, 판매원평가법, 과거유추법 등이 있다. 이 기법은 새로운 제품이나 서비스의 도입시와 같이 예측치의 산출에 필요한 과거 자료와 시간이 불충분할 때 흔히 사용되며, 장기전략계획(long-range strategic planning)의 수립에 기초가 되기도 한다. 본 절에서는 여러 가지 정성적 기법 중에서 일반적으로 사용되는 위의 다섯 가지 기법을 중심으로 설명하도록 한다.

델파이법

델파이법(delphi method)은 예측대상과 관련이 있는 사람들의 주관적 견해를 모아 효과적인 방법으로 이를 평가, 검토 및 해석하여 미래를 예측하는 방법이다. 이 기법을 적용하기 위해서는 우선 전문가로 구성된 위원회를 설치하고 각 전문가들로 하여금 미래 수요에 관하여 설문지에 응답하도록 한다. 설문지에 나타난 각 개인의 응답내용을 요약하고 이를 다시 전문가에게 반송하여 응답자의 추정치를 수정할 수 있도록 한다. 이러한 과정을 반복하여 전문가들의 의견이 거의 일치하게 되면 이것을 미래의 예측치로 결론을 내리는 방법이다.

이 기법은 대부분의 전문가들이 인정하는 대표적인 추정치를 비교적 쉽게 얻을 수 있으며, 이때 전문가들간에 상호 영향을 미치지 않고 정보를 교환할 수 있으므로 다수의견의 지배효과(bandwagon effect)를 배제할 수 있는 장점이 있다. 그러나 이 방법은 반복시행의 횟수와 전문가 위원회의 구성에 따라 다소의 차이는 있겠으나 일반적으로 다른 예측기법에 비해 큰 비용이 발생한다는 결점이 있다.

델파이법은 원래 기술예측(technology forecast)에 주로 사용되었으나 신제품의 개발, 새로운 생산능력의 획득, 신시장의 침투, 기타 전략적 의사결정 등과 같이 과거의 자료가 불충분한 생산운영관리 분야의 장기예측에 매우 유용한 기법이기 때문에 현재는 이 기법의 이용범위가 점차 증가하는 추세에 있다.

시장조사법

시장조사법(market research)은 특정의 제품 및 서비스에 대한 시장의 규모나 구조 등에 관한 예측을 하기 위해 여러 가지 유용한 기법들을 종합적으로 이용하는 방법으로서 정성적 기법 중에서 가장 정교하고 수리적인 예측기법이다. 이 기법을 이용하기 위해서는 시장조사자가 우선 우편설문, 전화조사, 집단이나 개별 면접 등을 통하여 시장에 관한 정보를 수집하고 이 수집된 자료를 대상으로 통계적 검정을 시행하여 시장의 속성이나 동태에 관한 가설을 검정한다. 이 검정결과를 토대로 시장의 형태나 특성을 파악할 수 있기 때문에 정확한 수요의 예측이 가능한 것이다.

시장조사법의 장점은 특정 시장에 국한된 정보를 입수할 수 있다는 점이다. 그러나 타당성 있는 정보를 얻기 위해서는 조사의 실행과 결과의 해석에 매우 유의해야 한다. 이 기법은 일반적으로 비용이 많이 들고 예측하는 데 장시간이 소요되기도 하지만 적절하게 이용할 경우 정확한 예측치를 얻을 수 있다.

위원회 동의법

위원회 동의법(panal consensus)은 여러 전문가들의 종합된 견해가 한 전문가의 견해보다 우수하다는 가정을 전제로 한다. 이 기법은 전문위원회를 구성하고 전문가(panalist)들이 자신의 의견을 자유롭게 전달하는 과정에서 일치된 예측결과를 얻는 기법이다. 이때 전문위원회가 일치된 예측결과에 도달하면 전문가들의 임무는 끝나게 된다. 이 기법의 성패는 전적으로 전문위원회의 구성 여하에 달려 있으나 일반적으로 정확도에 있어 다른 정성적 기법들에 비해 뒤떨어지는 것으로 알려져 있다. 그러나 비교적 단기간 내에 저렴한 비용으로 예측결과를 얻을 수 있는 이점이 있다.

판매원 평가법

판매원 평가법(sales force assessment)은 시장수요와 가장 밀접한 관계에 있는 판매원들에게 개별 담당지역에 대한 수요를 문의하여 총수요를 산출하는 방법이다. 이 경우 전체적인 예측치는 개별적인 예측치를 합하여 산정된다. 이러한 유형의 예측기법은 그 정확성이 현장으로부터 산출된 개별 예측치의 타당성 여부에 달려 있다. 만일 개별 예측이 객관적으로 수행된 것이라면 판매원 평가법은 매우 효과적이다. 그러나 판매원이 예측에 많은 시간을 낭비한다면 그만큼 판매기회가 상실되므로 기회손실이 발생한다는 단점이 있다. 또 판매원이 수요예측을 할 때 최근의 판매실적에 지나치게 영향을 받을 가능성이 있다. 즉 최근의 판매량이 저조할 경우 비판적인 예측치를 제공하고, 판매량이 높을 경우 낙관적인 예측치를 제시하는 경향이 나타날 수 있다.

과거유추법

과거유추법(historical analogy)은 다른 정성적 기법과 마찬가지로 예측에 필요한 자료가 불충분할 경우에 사용되는 기법이다. 예를 들어, 한 기업이 수명주기(life cycle)에 있어서 기존의 제품과 아주 유사한 신제품을 도입할 경우에는 기존제품과 관련된 자료를 이용하여 신제품 도입의 성패여부를 예측할 수도 있다. 이와 같이 과거유추법은 신제품의 수요예측을 목적으로 그와 유사한 기존제품의 자료를 이용하는 방법이다. 이 기법은 비용이 저렴한 반면에 기존제품이나 서비스에 관한 자료의 입수 가능성에 문제가 있으며, 단기보다는 중·장기 계획기간을 갖는 예측에 적합하다.

3.6 시계열분석기법

시계열(time series)이란 시간 순으로 배열된 실제자료의 집합을 말하

그림 3-4 시계열 변화의 특성

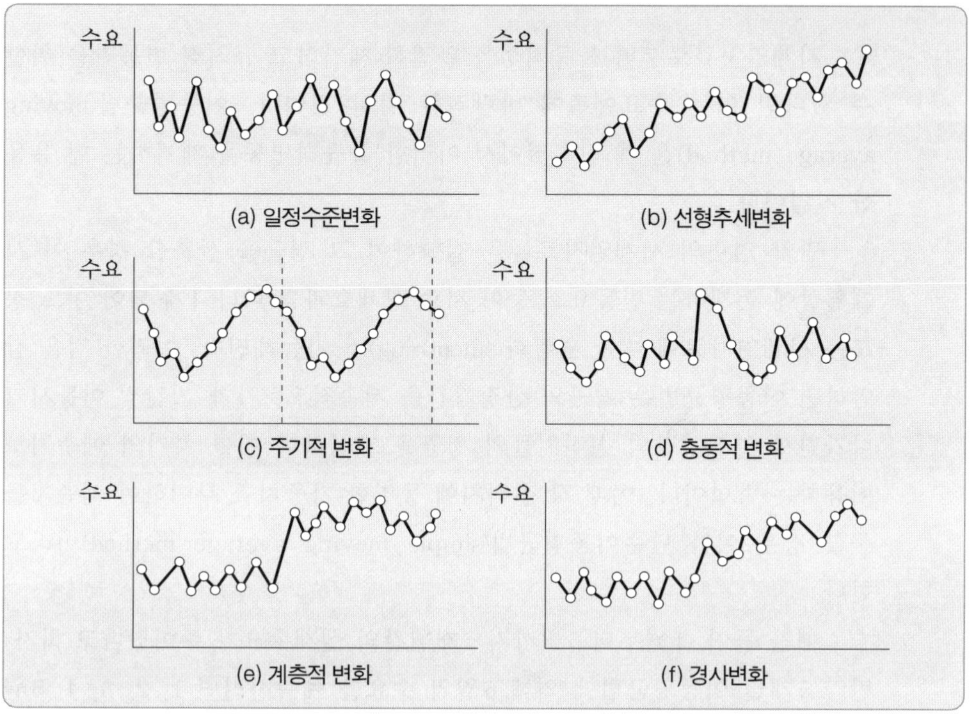

며, 월별 재고수준, 분기별 매출량 또는 연간 생산량 등을 나타내는 자료 등을 그 예로 들 수 있다.

시계열분석기법(time series analysis)은 이러한 시계열이 과거에 시간의 흐름에 따라 일정한 패턴을 가지고 변화해 왔으며, 미래에도 동일한 패턴으로 변화해 나갈 것이라는 가정하에서 과거의 패턴을 분석하여 이를 미래의 예측에 이용하는 방법이다.

여기에서는 다양한 시계열예측기법 중에서 가장 널리 이용되고 있는 이동평균법, 지수평활법 및 시계열분해기법 등에 대하여 설명하고자 한다. 그러나 앞에서 언급하였듯이 과거의 자료는 여러 가지의 변동요소를 포함하기 마련이므로 시계열분석기법을 이용할 경우에는 예측기법의 선정도 중요한 문제이지만 자료를 얼마나 깊이 있게 분석할 것인가를 결정하는 것이 예측당사자의 또 다른 과제임을 유의해야 할 것이다.

단순이동평균법

시계열자료로부터 불규칙성을 완전히 제거하고 규칙적 변동만을 취할 수 있다면 이는 수요예측에 바람직한 일일 것이다. 이동평균법(moving average method)은 예측에 있어서 이러한 불규칙변동을 제거하는 데 유용한 기법이다.

만약 일련의 시계열자료들을 결합하여 그 평균을 산출할 경우 이 시계열상에 존재하는 변동요소 등이 서로 상쇄효과를 나타나게 되어 어느 정도는 시계열자료에 대한 평활화(smoothing)가 가능해진다. 이러한 점을 감안하면 이동평균법은 평균의 산정기간을 계속적으로 1개 기간씩 이동시켜 나가면서 일정기간의 실적치들의 평균을 계산하여 이를 차기의 예측치로 이용하는 방법이다. 이때 각 실적치에 동일한 가중치를 부여하여 예측치를 구할 경우 이를 단순이동평균법(simple moving average method)이라고 한다.

예를 들어, 1월부터 5월까지 5개월간의 실제수요가 주어졌다고 하자. 만약 5개월 이동평균법에 의해 6월의 수요를 예측하려면 1, 2, 3, 4, 5월의 수요의 평균을 구해야 한다. 또한 6월의 실제수요가 주어지면 가장 오래된 1월의 자료를 제외한 나머지 5개월간의 실제수요의 평균값을 구하여 이를 7월의 예측치로 사용한다.

이러한 단순이동평균법을 수학적으로 나타내면 다음과 같다.

$$F_t = \frac{\sum_{i=1}^{n} A_{t-i}}{n}$$

단, $F_t = t$기의 수요예측치, $A_{t-i} = t-i$기의 실제수요, n=기간 수

가중이동평균법

단순이동평균법이 각 실적치에 동일한 가중치를 부여하여 평균을 산출하는 데 반해 가중이동평균법(weighted moving method)은 각 실적치에

상이한 가중치를 부여하여 평균을 구하고 이 평균값을 차기의 예측치로 이용하는 방법이다. 이때 이전의 실적치에 비해 최근의 실적치에 보다 높은 가중치를 부여하는 것이 일반적이다. 물론 가중치의 합은 1이다.

이와 같은 가중이동평균법을 수학적으로 나타내면 다음과 같다.

$$F_t = \sum_{i=1}^{n} W_{t-i} \cdot A_{t-i}$$

단, F_t=기간 t의 수요예측치, W_{t-i}=기간 $t-i$의 가중치,

A_{t-i}=기간 $t-i$의 실제수요, $\sum_{t=i}^{n} W_{t-i} = 1$

예를 들어, 4개월 가중이동평균법에 의한 예측치를 전월 실제매출량의 40%와 2개월 전 실제매출량의 30%, 3개월 전의 20%, 4개월 전의 10%를 합하여 산출한다고 가정하자. 또 실제매출량이 다음과 같다고 하자.

1월	2월	3월	4월	5월
100	90	105	95	?

이 때 5월의 예측치는 다음 식으로 구할 수 있다.

$$F_5 = 0.40(95) + 0.30(1.05) + 0.20(90) + 0.10(100) = 97.5$$

그런데 5월의 실제매출량이 110으로 판명되었다면 6월의 예측치는 다음과 같이 102.5가 된다.

$$F_6 = 0.40(110) + 0.30(95) + 0.20(105) + 0.10(90) = 102.5$$

가중이동평균법에서는 과거에 비해 최근의 시계열값에 더 큰 가중치를 부여하며, 가중치의 신중한 선택을 통하여 수요의 변화에 대한 대응성을 유지하면서 평균의 산정에 포함되는 대상기간의 수를 크게 할 수 있기 때문에 단순이동평균법보다 우수한 예측기법이라 할 수 있다.

지수평활법

이동평균법의 주된 결점은 방대한 양의 과거자료를 계속적으로 보유해야 한다는 점이며 이것은 후술하는 회귀분석기법에서도 마찬가지이다. 이러한 기법들은 계속적으로 새로운 자료가 추가되면 가장 오래된 자료를 차례로 제거해 가면서 새로운 예측치를 산출해 낸다는 것이 공통적인 특징이다. 이는 최근의 실적치가 과거의 실적치보다 미래의 예측에 더 크게 영향을 미친다고 보기 때문이다.

이처럼 과거로 거슬러 올라갈수록 자료의 중요성이 감소한다는 가정하에서 가장 논리적이고 이용하기가 편리한 예측기법이 곧 지수평활법(exponential smoothing method)이다.

지수평활법은 일종의 가중이동평균법으로서 그 명칭은 과거 자료에 가중치를 부여하는 방법에서 유래한다. 즉, 이 기법에서는 가장 최근의 실적치에 가중치의 대부분을 부여하며 과거의 자료를 거슬러 올라 갈수록 가중치가 지수적으로(exponentially) 감소한다고 가정한다.

다음 방정식은 가장 단순한 지수평활모형을 수식으로 나타낸 것이다.

$$F_t = F_{t-1} + \alpha(A_{t-1} - F_{t-1})$$

단, $F_t = t$기의 예측치, $F_{t-1} = t-1$기의 예측치,
$A_{t-1} = t-1$기의 실제수요, $\alpha =$ 평활상수

이 방정식은 전기의 예측치에 전기의 예측오차의 일정부분을 합한 값이 새로운 예측치임을 나타낸다.

지수평활법을 사용하는 경우에 미래의 예측에 필요한 자료는 전기의 예측치, 전기의 실제수요 및 평활상수(α: smoothing constant) 등이다. 이 중에서 평활상수는 평활수준, 즉 실적치와 예측치간의 차이에 대한 대응의 정도를 결정한다. 평활상수는 0과 1 사이의 값을 가지며 제품의 특성이나 관리자의 주관에 의해 결정된다.

만일 실제수요가 안정적이라면 α값을 낮게 부여함으로써 단기적 변동이나 불규칙변동의 효과를 줄일 수 있다. 그러나 실제수요가 급격히 증가

하거나 감소한다면 그러한 변화에 대응할 수 있도록 높은 α값을 부여해야 한다. 또한 예측방법을 단순이동평균법에서 지수평활법으로 전환시키는 경우 예측치를 거의 동일하게 유지하기 위해서는 지수평활상수를 $2/(n+1)$의 공식으로 추정할 수 있다(단, n은 이동평균의 산출에 포함되는 기간의 수이다).

가령 한 제품의 장기수요가 비교적 안정적이고, 따라서 평활상수를 0.05로 설정했다고 하자. 전기의 예측치가 만약 1,050 단위이고 실제수요가 1,000 단위였다면 당기의 예측치는 다음과 같다.

$$
\begin{aligned}
F_t &= F_{t-1} + \alpha(A_{t-1} - F_{t-1}) \\
&= 1{,}050 + 0.05(1{,}000 - 1{,}050) \\
&= 1{,}047.5(\text{단위})
\end{aligned}
$$

이 예에서는 평활상수가 작기 때문에 50단위의 오차에 대한 당기예측치의 반응수준은 당기예측치와 전기예측치의 차이인 2.5단위에 불과함을 알 수 있다.

지수평활법의 가중치 부여방법은 앞서의 지수평활모형을 다음과 같이 변형시킴으로써 보다 쉽게 이해할 수 있다.

$$F_t = \alpha \cdot A_{t-1} + (1-\alpha) \cdot F_{t-1}$$

추세조정지수평활법

앞에서 설명했듯이 지수평활법에서는 일정기간의 자료상에 나타나는 상승이나 하락추세가 예측치에 실제보다 늦게 반영된다. 그러나 지수평활법으로 구한 예측치에 추세조정치(trend adjustment)를 추가함으로써 이에 대한 수정이 어느 정도는 가능하다. 추세조정지수평활법(trend adjusted exponential smoothing)의 기본 개념은 단순지수평활법으로 예측치를 산출하되 추세의 지연효과를 제거하기 위하여 예측치를 조정하는 것이다.

수학적으로 추세조정모형을 다음과 같이 나타낼 수 있다.

$$F_t' = F_t + \frac{1-\beta}{\beta} \cdot T_t$$

단, F_t'=기간 t 동안의 추세조정예측치,
F_t=기간 t 동안의 단순지수평활예측치, β=추세평활상수,
T_t=기간 t 동안의 지수평활추세치

여기서 T_t는 다음 공식을 이용하여 계산한다.

$$T_t = T_{t-1} + \beta(t_t - T_{t-1})$$

단, $t_t = F_t - F_{t-1}$

추세조정예측치를 산출하는 절차를 구체적으로 설명하면 다음과 같다.

단계 1: 기간 t 의 단순지수평활예측치 F_t를 계산한다.

단계 2: 당기의 예측치 F_t와 전기의 예측치 F_{t-1} 간의 차이인 t_t 를 계산한다.

| 표 3-1 | 추세가 존재하는 시계열 자료

기 간	수 요
1	12
2	17
3	19
4	16
5	22
6	24
7	30
8	29
9	33
10	34
11	37
12	38

$$t_t = F_t - F_{t-1}$$

단계 3: 지수평활추세치를 계산한다.

$$T_t = T_{t-1} + \beta(t_t - T_{t-1})$$

단계 4: 마지막으로 다음 공식을 이용하여 당기의 추세조정예측치를 계산한다.

$$F_t' = F_t + \frac{1-\beta}{\beta} \cdot T_t$$

그러면 위의 [표 3-1]에 제시된 수요에 관한 자료를 이용하여 추세조정지수평활법에 의한 예측치를 산출해 보자.

평활상수 α와 β는 각각 0.3, 0.25로 하고 최초의 예측치 F_1은 11.5라고 하자.

먼저 제1단계로서 단순지수평활치 F_2를 계산해 보자.

$$\begin{aligned} F_2 &= F_1 + \alpha(A_1 - F_1) \\ &= 11.5 + 0.3(12 - 11.5) \\ &= 11.65 \end{aligned}$$

다음은 제2단계로서 F_2와 F_1의 차이, 즉 t_2를 계산하면 다음과 같다.

$$\begin{aligned} t_2 &= F_2 - F_1 \\ &= 11.65 - 11.5 \\ &= 0.15 \end{aligned}$$

제3단계는 지수평활추세치 T_2를 계산하는 작업이다. 만약 최초의 추세조정치가 0이라고 가정하면 T_2는 다음과 같이 계산된다.

$$\begin{aligned} T_2 &= T_1 + \beta(t_2 - T_1) \\ &= 0 + 0.25(0.15) \\ &= 0.0375 \end{aligned}$$

마지막으로 이상의 내용을 종합하여 제 2 기의 추세조정예측치를 계산하면 다음과 같이 11.7625가 됨을 알 수 있다.

$$
\begin{aligned}
F_2' &= F_2 + \frac{1-0.25}{0.25} \cdot T_2 \\
&= 11.65 + 3(0.0375) \\
&= 11.7625
\end{aligned}
$$

이와 같은 계산과정을 반복함으로써 나머지 기간에 대한 추세조정예측치도 구할 수 있다. 그리고 추세조정평활법에서 평활상수 β는 단순지수평활법에서와 마찬가지로 시행착오적인 방법에 의해서 추정되어야 한다. 이때 β의 크고 작음은 곧 추세의 반영 정도가 높고 낮음을 의미하기 때문에 특정의 추세가 나타나는 시계열자료에는 β값을 높게 설정하여 최근의 추세에 비중을 둠으로써 최근에 발생한 추세변동에 보다 민감하게 대응할 수 있도록 해야 한다.

시계열분해기법

지금까지 살펴본 예측방법들은 시계열자료에 중요한 변동의 패턴이 존재하는 경우에 과거의 실적치를 평균함으로써 그 패턴과 불규칙변동을 구분할 수 있다는 개념에 기초를 두고 있을 뿐 변동의 패턴을 구성하는 시계열의 각 구성요소들은 개별적으로 파악하지는 않았었다. 그러나 수요의 변동 패턴은 추세, 계절변동, 순환변동 및 불규칙변동 등의 각 구성요소별로 분해가 가능한 것이 보통이며, 시계열을 분해하게 되면 예측의 정확성을 향상시킬 수 있을 뿐만 아니라 미래의 시계열에 대한 방향을 예측하는데 도움이 되기도 한다.

분해법(decomposition method)은 시계열의 성분을 분해함으로써 시계열에 대한 정확한 분석을 함과 동시에 시계열의 과거 관측치로부터 미래의 예측치를 구하기 위한 방법이다. 따라서 이 기법에서는 전체적인 수요변동 패턴의 예측보다는 오히려 수요의 구성요소를 개별적으로 예측하기 위한 시도가 필요하다. 시계열을 분해하는 데에는 몇 가지 대체적인 방법들이 있으며 가능한 한 정확하게 시계열의 각 구성요소를 파악하여 분리하는 것을 목표로 한다. 그런데 시계열의 네 가지 구성요소 중 추세와 계절변동을 파악하는 것은 비교적 용이한 일이다. 즉, 추세는 각 실적치를 그래프에 표시함으로써 수학적 분석 없이도 그 시계열이동의 방향을 파악할 수 있으며, 계절변동은 매년 동일 기간들을 비교함으로써 파악이 가능한 것이다. 그러나 순환변동과 불규칙변동은 식별하기가 용이하지 않다.

분해법에서 시계열을 구성하는 요소들간의 관계는 가법모형이나 승법모형으로 나타낼 수 있다. 가법모형(additive model)은 다음과 같이 실제수요를 시계열 구성요소들의 합으로 보는 기법이다.

$$X_t = T_t + C_t + S_t + I_t$$

단, $X_t = t$기의 수요, $T_t = t$기의 추세, $C_t = t$기의 순환변동,
$S_t = t$기의 계절변동, $I_t = t$기의 불규칙변동

반면에 승법모형(multiplicative model)에서는 실제수요를 구성요소들의 누적으로 보아 당기의 수요 X_t가 다음 공식에 따라 결정된다.

$$X_t = T_t \times C_t \times S_t \times I_t$$

가법모형에서는 각 구성요소가 실제의 양으로 표시되는 반면에 승법모형에서는 추세만이 실제의 양으로 표시되고 다른 요소들은 추세에 대한 비율(%)로 표시된다. 따라서 이 두 모형 중에서 어느 모형에 의해 구성요소간의 관계를 규정할 것인가는 실제로 사용되는 분해법에 따라 달라진다. 그러나 어느 모형을 이용하든 간에 분해의 과정은 유사하며 일반적으로 다음과 같은 과정을 거친다.

단계 1: 시계열(X_t)에 대하여 계절변동의 주기 N을 평균 산정기간으로 하여 N기간 이동평균을 산출한다. 이동평균을 구하는 목적은 계절적으로 높은 값을 갖는 기간과 낮은 값을 갖는 기간을 평균함으로써 계절성(seasonality)을 제거하자는 데에 있다. 또한 불규칙변동은 체계적인 변동패턴의 산출을 모호하게 만드는 데 이동평균을 이용할 경우 이러한 불규칙

성이 감소될 수 있는 것이다.

단계 2: 단계 1에서 N기간 이동평균을 구한 결과 추세와 순환변동이 산출되므로 원래의 시계열자료로부터 이를 분리하여 계절변동(S_t) 및 불규칙변동(I_t)을 구한다.

단계 3: 계절변동주기를 구성하는 기간 N기간에 대해 각 기간별로 평균을 구하여 계절지수(seasonal index)를 산출한다.

단계 4: 추세변동의 패턴을 구하고 각 기간의 추세치(T_t)를 산출한다.

단계 5: 단계 2의 결과로부터 단계 4의 결과를 분리하여 순환변동지수를 산출한다.

단계 6: 추세 및 계절변동, 순환변동을 원래의 시계열로부터 분리하여 불규칙변동(I_t)을 산출한다.

여러 가지의 분해법 중에서 가장 널리 이용되고 있는 기법인 이동평균비율법(ratio-to-moving average method) 중 다음과 같은 형태의 승법모형을 가정한다.

$$X_t = T_t \times C_t \times S_t \times I_t$$

3.7 인과형 예측기법

이동평균법이나 지수평활법 등의 시계열분석기법은 수요가 마치 시간의 함수인 것처럼 가정하고 시간과 관련시켜 수요의 행태를 예측하였다. 이처럼 시간의 경과에 따른 수요의 예측이 유용하다는 점에 대해서는 재고의 여지가 없겠으나 한편으로는 수요와 인과관계가 있다고 생각되는 다른 변수와 수요와의 관계를 분석하여 수요를 예측하는 것이 보다 의의가 있는 경우도 많다.

인과형 예측기법은 수요가 특히 환경요인이나 기업의 내부요인과 관계가 있다는 가정하에 수학적으로 이들간의 인과관계를 나타내는 모형을 만들어 수요를 예측하는 방법이다.

인과형 예측기법을 이용하기 위해서는 수요와 관련이 있을 것으로 생각되는 변수들을 파악해야 한다. 일단 관련변수들이 파악되면 이 변수들과 수요간의 관계를 나타내는 통계적 모형을 개발한다.

여기서 개발된 통계적 모형을 이용하여 관심의 대상이 되고 있는 특정의 제품에 대한 수요를 예측하는 것이다. 예컨대 한 제품의 매출량은 제품의 가격, 판매촉진을 위해 투입된 광고비용, 경쟁제품의 가격 등과 관계를 갖는 것이 보통이다. 이 경우 제품들의 매출량은 종속변수가 되며, 다른 변수들은 독립변수가 되는데, 이들 독립변수와 종속변수간의 관계를 수학적 모형으로 나타낼 수 있다면 이를 이용하여 제품의 수요를 비교적 정확하게 예측할 수 있을 것이다. 이와 같이 수학적으로 규명된 인과모형을 이용한 대표적인 수요예측기법으로 회귀분석 과 계량경제모형을 들 수 있다.

단순회귀분석

회귀분석(regression analysis)이란 독립변수가 종속변수에 미치는 영향력의 크기를 측정하여 독립변수의 일정한 값에 대응하는 종속변수의 값을 예측하는 방법이다. 따라서 이 기법에서는 독립변수와 종속변수간의 인과관계를 방정식으로 표현하고 이를 이용하여 종속변수의 값을 추정한다. 이때 독립변수와 종속변수간의 관계를 수식으로 나타낸 것을 회귀방정식(regression equation)이라고 하며, 회귀방정식의 형태를 일반화하여 나타낸 것이 회귀모형(regression model)이다. 회귀분석모형 중 가장 간단한 것은 하나의 독립변수와 하나의 종속변수간의 관계를 분석하는 것인데, 이를 단순회귀분석(simple regression analysis)이라고 한다.

단순회귀분석에서 두 변수간의 관계는 두 변수에 관한 자료에 따라 직선, 포물선, 지수곡선 등 여러 가지 형태로 나타날 수 있다. 그러나 가장 단순하고 널리 사용되는 형태는 두 변수에 직선적인 비례관계가 있는 것으로 가정하는 경우이다.

[그림 3-5]는 특정자료상에 나타난 두 변수의 조합들을 그래프상에 표시한 것이다. 이 그림을 산포도(scatter diagram)라고 하는데, 이것만으

|그림 3-5| 산포도의 예

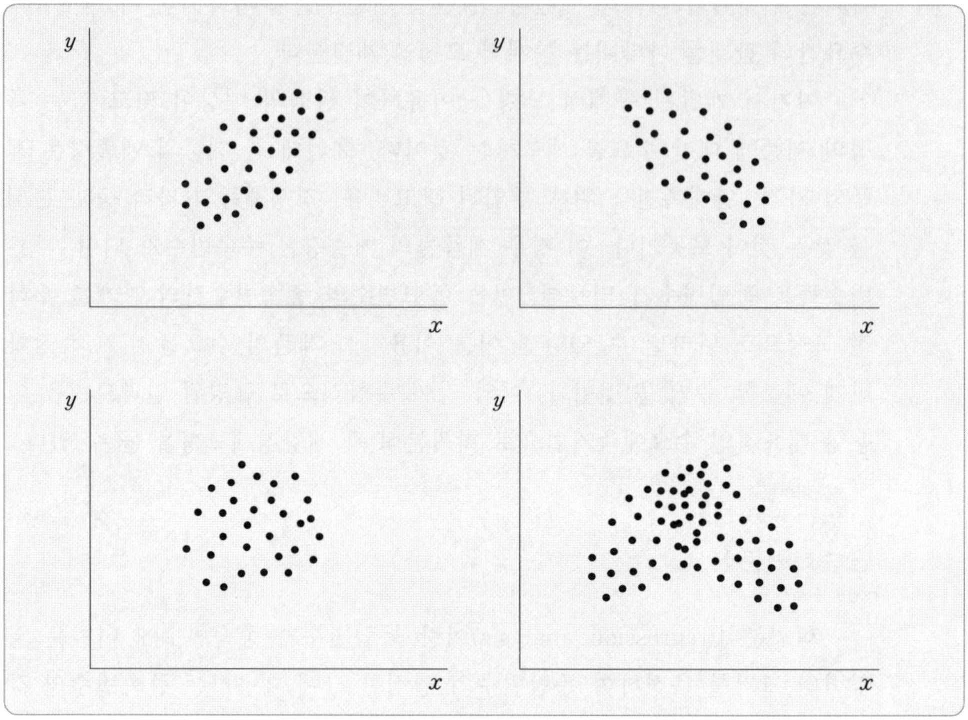

로도 두 변수 간에 선형적인 관계가 있음을 대략적으로 파악할 수 있다. 그러나 두 변수간의 관계를 정확히 파악하기 위해서는 독립변수가 종속변수에 미치는 영향력의 크기를 구체적인 수치로 나타내 주는 회귀방정식을 추정해야만 한다.

만일 독립변수와 종속변수를 각각 X, Y라 하고 이 두 변수의 관계가 선형이라고 가정하면 다음과 같은 1차 방정식을 가정하여 회귀모형을 추정할 수 있다.

$$Y=a+bX$$

단, Y=종속변수의 값, a=Y의 절편, b=직선의 기울기,
X=독립변수의 값

이 회귀방정식을 이용하여 주어진 X값에 대한 예측치 $\hat{Y}$를 구하기 위

| 그림 3-6 | 단순회귀분석의 회귀방정식

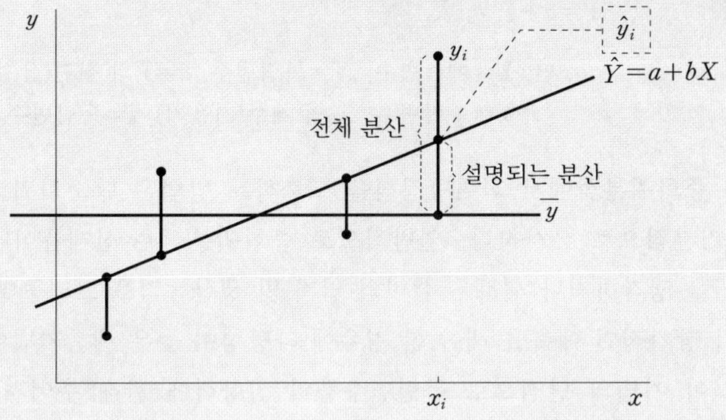

해서는 먼저 회귀방정식의 계수 a와 b의 값을 추정해야 한다. a와 b값을 추정하기 위한 가장 대표적인 방법으로서 최소자승법(least square method)을 들 수 있다. 이 기법은 자료상의 실적치와 회귀방정식으로부터 계산된 예측치와의 차이(오차; error)를 자승한 것들의 합, 즉 오차자승의 합(sum of squared errors)이 최소가 되도록 회귀방정식을 추정하는 방법이다.

중회귀분석

이상에서 설명한 단순회귀분석에서는 하나의 독립변수와 하나의 종속변수간의 인과관계를 분석하였다. 그러나 독립변수가 반드시 하나이어야 할 이유는 없으며, 오히려 복수의 독립변수들이 종속변수에 영향을 미치는 경우가 보다 일반적이라 할 수 있다. 이런 경우의 회귀분석, 즉 하나의 종속변수와 여러 독립변수들간의 인과관계를 분석하는 모형을 중회귀분석(multiple regression analysis)이라고 한다.

중회귀분석은 단순회귀분석의 연장에 불과한 것으로 보면 된다. 다만 선형방정식에서 하나의 독립변수 대신에 다수의 독립변수를 포함한다는 점에서 단순회귀분석과 차이가 있을 뿐이다. 중회귀분석모형의 일반적인 형태는 다음과 같다.

$$\hat{Y}=a+\sum_{i=1}^{n} b_i \cdot X_i$$

단, $\hat{Y}$=예측변수, X=독립변수, a=$\hat{Y}$의 절편(상수),
b_i=독립변수, X_i의 계수(기울기), i=독립변수의 수

중회귀분석에서 회귀방정식을 도출하는 방법은 단순회귀분석의 경우와 기본적으로 유사하다. 일반적으로 중회귀분석은 신제품이나 서비스의 도입을 생각하거나 새로운 설비의 입지 및 생산능력을 고려중일 때와 같이 보다 장기적인 예측을 해야 할 경우에 타당성이 높은 예측기법이다.

이 기법의 단점으로 독립변수들의 영향력에 관해 주어져 있는 여러 가정이 회귀분석과정에서 검정되어야 하는 관계로 시간과 비용이 다른 기법에 비해 많이 소요된다는 점을 들 수 있다. 그러나 오늘날 중회귀분석에 이용할 수 있도록 다양한 전산프로그램이 개발되어 있기 때문에 이 기법의 적용에 필요한 노력과 비용이 크게 절감되고 있다.

3.8 예측오차의 측정 및 통제

수요는 여러 가지 요인들의 상호작용을 통하여 발생하기 때문에 특정의 예측모형으로 정확한 예측을 기대하기는 매우 어렵다는 점에 유의해야 한다. 어떠한 예측이건 실제결과와 예측치간의 차이인 예측오차가 나타나기 마련인 것이다.

예측오차=실적치−예측치

일반적으로 예측오차는 위와 같이 정의되며, 이러한 예측오차를 측정하는 방법을 검토하고 예측오차에 관한 정보가 예측기법의 선정에 어떻게 적용될 수 있는가를 살펴보는 것은 예측에 있어서 매우 중요한 일이다. 또한 현재 사용되고 있는 예측기법의 성과를 평가하고 이를 통제하는 방법의 연구 역시 수요예측의 중요한 영역에 해당한다.

예측오차의 정의

예측기법을 결정하는 데 있어서는 두 가지 측면에서 예측의 정확성을 고려해야 한다. 첫째는 과거의 예측오차에 관한 실적이며, 둘째는 관련변수들의 변화에 대한 예측기법의 대응능력이다.

이 중에서 과거의 예측오차에 관한 실적을 측정하기 위해 일반적으로 사용되는 것은 표준오차(standard error), 평균오차자승(MSE: mean squared error) 및 절대평균편차(MAD: mean absolute deviation) 등이다. 또한 추적지표(tracking signal)를 사용하여 예측에 음이나 양의 편의(bias)가 있는가를 살펴볼 수 있다. 이들 중 표준오차는 본 장의 단순회귀분석에서 정의되었듯이 평균오차자승에서 그 제곱근을 취한 것이기 때문에 양자에는 사실상 차이가 없으며, 계산의 편의상 오히려 평균오차자승을 예측오차의 측정에 자주 사용하기도 한다.

평균오차자승(MSE)이란 자승한 예측오차의 합을 기간수 N으로 나눈 값으로서 다음과 같은 식으로 나타낼 수 있다.

$$MSE=\frac{\sum_{t=1}^{n}(Y_t-\hat{Y}_t)^2}{N}$$

단, $t=1$기간, $Y_t=t$기간의 실제수요,
$\hat{Y}_t=t$기간의 예측치, $N=$총기간 수

위 식에서 볼 수 있는 바와 같이 MSE는 실적치와 예측치간의 편차를 자승함으로써 작은 오차보다는 큰 오차에 더 많은 가중치를 부여하는 것이 특징이다. 따라서 이 척도는 재고나 생산능력의 과부족으로 발생하는 비용 등과 같이 오차의 크기가 오차의 발생으로 인한 비용에 큰 영향을 미치는 경우에 적합하다.

반면에 절대평균편차(MAD)는 평균오차자승이나 표준오차에 비해 단순하면서도 유용한 예측오차의 측정수단으로, 이는 예측오차들의 절대치를 취하여 그 평균을 구함으로써 산출된다.

$$MAD = \frac{\sum_{t=1}^{N} |Y_t - \hat{Y}_t|}{N}$$

여기서 $|Y_t - \hat{Y}_t|$는 기간 t의 예측오차에 대한 절대값이며, 이렇게 볼 때 MAD에서는 예측오차의 부호를 고려하지 않은 상태에서 오차의 총량이 얼마인가에 초점을 두고 있음을 알 수 있다. 따라서 이 측정치는 예측편차로 인하여 발생하는 비용이 오차의 누적효과(cumulative effect)에 따라 달라지는 시스템에 가장 적합하다.

만약 예측에서 발생하는 오차가 정규분포를 따르는 것으로 가정하면 이상의 MAD, MSE 및 표준오차(SE)는 다음과 같은 관계를 갖는다.

$$SE = \sqrt{MSE} = 1.25MAD$$

따라서 특정의 예측 결과 MAD가 60이었을 경우 SE는 75(=60×1.25)가 되는 것이다.

MSE와 MAD를 이용하면 상호 대체적인 여러 가지 예측기법들을 평가할 수 있다. 가령, 지수평활법에서 0.1, 0.2 및 0.3의 세 가지 α값들 중 어느 것을 사용할 것인가를 결정하고자 할 경우에는 각각의 α값을 사용한 결과에 대하여 MAD 혹은 MSE를 구하고 이것을 낮게 해 주는 α값을 선택하면 되는 것이다.

그러나 오차의 크기보다는 오히려 자료 패턴의 변화에 일치시키는 예측기법의 능력을 중심으로 예측기법을 결정하는 경우도 있다. 이때에는 변화에 신속하게 대응하지 못함으로써 발생하는 손실과 불규칙적인 변동에 대응하는 데 소요되는 비용을 비교하여 예측기법을 선정해야 한다.

결국 수요예측에 관한 생산운영관리자의 일차적인 역할은 과거의 예측성과를 측정하기 위해 MAD나 MSE 중 어느 측정치를 사용할 것인가, 과거의 예측실적은 어떤가, 관련변수의 변동에 대한 각 기법의 대응능력은 어떤가 등에 관한 정보를 입수하여 가장 적절한 예측기법을 선정하는 일이라 할 수 있다.

예측오차의 통제

예측이 적절하게 수행되고 있다는 것이 보장되기 위해서는 계속적으로 예측오차를 파악할 필요가 있다. 이때 사용되는 추정치가 추적지표(*TS*: tracking signal)이다. 추적지표는 예측오차의 측정뿐만 아니라 예측의 통제에도 사용된다. 즉 추적지표를 측정하여 이것이 미리 산정된 관리한계(control limit)의 범위를 벗어나는 경우에는 예측기법을 변경함으로서 예측을 통제할 수 있는 것이다.

추적지표는 특정의 예측기법이 어느 정도의 편의(bias)를 갖는지에 대한 측정척도로서 실적치와 예측치간의 차이를 집계하여 예측의 누적오차(*RSFE*: running sum of forecast errors)를 구한 다음 이를 *MAD*로 나눈 값이다.

$$TS=\frac{RSFE}{MAD}$$

다음의 [표 3-2]는 예측치가 1,000으로서 일정하고 실제수요가 이 표에 제시된 값과 같을 때 6개월 동안의 *MAD*와 *TS*가 어떻게 계산되는지를 보여주고 있다.

| 표 3-2 | *MAD, RSFE, TS*

월	수요 예측치	실제 수요	편차	*RSFE*	절대 편차	절대편차의 누적합	*MAD*	$TS=\frac{RSFE}{MAD}$
1	1,000	950	−50	−50	50	50	50	−1
2	1,000	1,070	+70	+20	70	120	60	.30
3	1,000	1,100	+100	+120	100	220	73.3	1.64
4	1,000	960	−40	+80	40	260	65	1.2
5	1,000	1,090	+90	+170	90	350	58.3	2.9
6	1,000	1,050	+50	+220	50	400	66.7	3.3

※ 절대평균편차(*MAD*)$=400\div6=66.7$, 추적지표(*TS*)$=\frac{RSFE}{MAD}=\frac{220}{66.7}=3.3MAD$.

이 예에서는 MAD가 66.7이므로 예측치와 실적치간에 평균 66.7단위의 차이가 있으며 추적지표, 즉 TS는 3.3MAD임을 알 수 있다.

그런데 예측치가 실제수요를 적절히 반영하고 있을 경우 예측오차는 평균이 0인 정규분포를 이루는 것으로 가정한다. 따라서 이상적인 예측모형의 경우 양(+)의 오차와 음(−)의 오차가 상쇄되어 누적오차 $RSFE$는 0이 될 것이다. 그 결과 TS도 또한 0이 되는데, 이는 이상적인 예측모형의 경우에 편의가 전혀 존재하지 않음을 의미한다. 그러나 TS가 정(+)의 값을 가질 때에는 예측치가 실제수요보다 낮게 추정되고 있음을 나타낸다. 반면에 TS가 부(−)의 값을 가질 때에는 예측치가 실제수요보다 높게 추정되고 있음을 의미한다. 이와 같은 편의는 중요한 변수가 모형에서 제외되거나 관련변수들간의 관계가 잘못 설정됨으로써 발생하는 것이 보통이지만 경제적 불황, 에너지 파동 및 정치적 위기 등과 같은 수요를 창출하는 환경에서의 변화가 원인이 되기도 한다. 따라서 주어진 자료에 대하여 추적지표의 값을 구해 본 결과 현재의 예측모형에 편의가 존재하고 그 편의가 클 때에는 편의의 발생원인이 어디에 있는지 살펴보고 필요한 경우 현재의 예측모형에 대한 수정이 뒤따라야 한다.

그러면 예측모형의 타당성을 통제하기 위해 추적지표가 어떻게 이용되는 것일까? 예측모형의 타당성을 통제하기 위해서는 앞서 언급되었듯이 TS에 대해 관리도(control chart)를 작성하여 그 추이를 살펴보는 것이 좋다. 즉 관리도에 계속적으로 TS의 값을 표시하고 이것이 미리 설정된 관리한계를 벗어나는지의 여부를 관찰하는 것이다. 만일 TS가 관리한계를 벗어나게 되면 예측기법에 편의가 존재하는 것이므로 수정조치가 취해져야 한다. 일반적으로 TS의 관리한계는 의사결정자의 판단과 경험에 기초를 두어 설정하지만 ±3MAD부터 ±8MAD까지를 관리한계로 사용하는 것이 보통이다.

가령 [표 3-2]에서 구한 TS의 변동추이를 살펴보기 위해 관리한계를 ±3 MAD로 정하고 관리도를 작성하면 [그림 3-7]과 같다. 여기서 TS는 −1MAD에서 +3.3MAD까지 변동하고 있음을 알 수 있다. 따라서 TS 관리한계를 벗어나기 때문에 예측기법에 대한 수정조치가 있어야 할 것이다.

| 그림 3-7 | 추적지표(TS)의 관리도

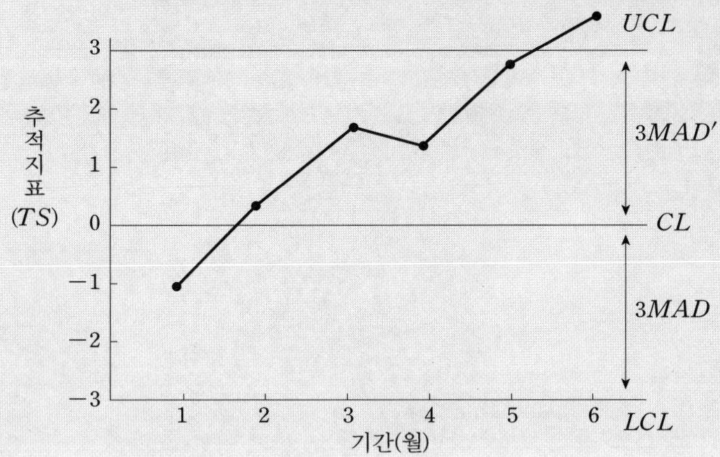

Chapter 04 생산 전략

제 4 장

생산전략

4.1 생산전략의 개념

생산전략이란 생산의사결정의 전반적인 방향을 설정하는 비전(vision) 또는 지침이다. 그리고 "생산전략은 기업전략이나 사업전략과 부합해야 하며, 생산전략의 결과는 일관된 생산의사결정과 경쟁우위의 달성으로 나타나야 한다"라고 Schroeder가 정의하고 있다. 따라서 스키너(Wickham Skinner)의 다음과 같은 지적에서 생산전략의 중요성을 잘 인식할 수 있을 것이다.

① 기업의 근본 존재이유는 인간에게 가치를 창출 · 제공하는 것이고,

② 생산은 가치창출에 있어 절대적이고 필수 불가결한 활동이고,

③ 기업은 생산기능과 연계된 경쟁전략을 가져야만 하고,

④ 매력적인 경쟁우위를 낳을 수 있는 전략의 기획, 의사소통 및 실행을 위한 명시적이고 잘 정립된 전략결정과정이 필수적이다.

생산전략(operations strategy) 혹은 제조전략(manufacturing strategy)의 개념이 본격적인 관심을 갖게 된 것은 1970년대 후반 미국이 일본에게 경쟁우위에서 밀리기 시작한 때부터이다. 마케팅전략이나 재무전략은 최고경영층이 담당하는 것으로 취급하고 생산전략은 보조적인 역할로 담당하게 되었던 1960-70년대 미국의 제조기업이 생산전략을 소홀히 한 결과 심각한 세계시장과 국내시장의 상실에 직면하게 되었다.

이에 반해 생산기능에 관한 관심을 높였던 일본은 품질과 디자인이 우수한 제품을 생산, 저가격화로 자동차, 오토바이, 전자 등 세계적으로 높은 시장점유율을 차지하게 되었다. 이때부터 생산전략이 세계시장에서는 경쟁력 무기, 전략적 생산성 무기가 될 수 있음을 인정하게 되었다.

우리나라의 경우는 1980년대 중반까지 자본과 기술이 해외의존형이었고, 풍부하고 저렴한 노동력을 이용한 노동집약적 대량생산방식을 채택하여 저임금(低賃金)에 따른 저가격(低價格)으로 경쟁우위를 누려왔다. 그러나 1980년대 후반 이후 급속한 임금상승을 겪어야만 했고, 국외적으로 개발도상국의 추격으로 노동집약적 산업의 저가격 경쟁우위는 매우 빠른 속도로 상실되었다. 또한 대량생산방식 생산전략에만 전념하다가 고유상품 개발과 기술축적에는 관심을 쏟지 못하였기 때문에 새로운 자유무역시장에서 많은 어려움에 부딪히게 되었다. 따라서 우리나라 기업 모두 새로운 생산전략의 전환점을 맞게 되었다.

1990년대에 들어서는 자유무역과 관세철폐 등으로 제품의 세계화가 이루어지고, 경쟁상대 역시 세계의 모든 기업이 되고 있다. 국제적 경쟁하에서, 생산전략은 경쟁력 강화를 위한 사업전략의 근간이 되어야 하며, 기업의 목표달성을 가능케 하는 관건이 될 것이다.

4.2 기능전략으로서의 생산전략

어떤 유형의 조직에서나 최고경영자는 환경의 변화를 고려하여 미래시점의 조직위상을 설정하고 조직의 모든 노력이 이를 지향하도록 하여야만 한다. 환경은 기업에 있어 성장의 기회로 작용할 수 있고 위협의 요소로 작용할 수 있다.

① SWOT(strengths-weaknesses-opportunities-threats) 분석: 급변하는 환경 속에서 존속과 성장을 위해, 기업은 면밀한 환경분석(environmental scanning)을 통해 환경이 주는 기회(opportunities)와 위협(threats)을 확인하고, 자신의 강점(strengths)과 약점(weaknesses)을 분석하여, 미래의 바람직한 위상을 달성하기 위한 경영전략을 수립해야 한다.

② 경영전략은 조직의 수준에 따라 다음의 [표 4-1]에서 보는 바와 같이 기업전략(corporate strategy), 사업전략(business strategy), 기능전략(functional strategy)으로 구분된다.

기업전략은 기업 전체적인 수준에서의 기업의 목적과 목표의 설정, 사업의 선택 및 이를 위한 자원의 획득과 배분에 관한 전략이다.

기업이 여러 사업단위로 구성되어 있는 경우(예를 들면, 삼성전자의 가전제품 사업부, 반도체 사업부 등)에는 기업전략의 하위전략으로서 사업전략이 수립된다. 사업전략이란 사업부 수준에서의 사업영역의 정의, 목표의 설정, 경쟁우위의 성취방안에 관한 전략이다. 물론 기업이 여러 사업단위를 가지고 있지 않으면 사업전략을 별도로 수립할 필요는 없다.

기능전략은 사업전략의 하위전략으로서 각 기능부분 수준에서의 목표의 설정과 경쟁력 제고 방안에 관한 전략이다. 이에는 생산전략, 마케팅전략, 재무전략 등이 포함된다. 물론 한 기업에 여러 사업부가 있으면 각 사업부마다 사업전략의 하위전략으로서 기능전략을 갖는다. 따라서 생산전

표 4-1 | 전략의 유형

기업전략	조직의 사명을 위한 전략. 참여 사업의 종류, 사업의 획득 및 처분 방법, 다양한 사업들간의 자원들의 배분, 그리고 이들 사업들을 관리하는 방법 등
사업전략	특정 산업이나 시장부문에서 한 기업의 제품이나 서비스의 경쟁력을 개선시키기 위한 전략. 경쟁전략
기능전략	기능영역(생산, 마케팅, 재무, 인사)별로 사업전략을 지원하기 위한 전략

략은 기업의 기능전략의 하나라고 볼 수 있다.

따라서 생산전략은 생산의 사명, 차별적 능력, 생산의 목표 및 생산정책의 네 가지 요소로 구성된다. 이 네 가지 요소는 생산이 달성해야 할 목표와 이들 목표를 어떻게 달성해야 할 것인가를 정의하며, 그 결과 비롯되는 생산전략은 모든 생산의사결정의 지침이 된다.

4.3 생산전략의 본질

① 조직의 성공 및 성장은 다양한 방법을 통해서 달성될 수 있으나, 성공에의 길은 소수의 기본적인 '정위화(定位化) 전략'으로 집약될 수 있다. 사업전략의 정위화는 기업전략인 제품계획전략, 즉 진입 · 이탈전략과 제품수명주기관리전략의 영향하에 결정되며, 기능별 전략의 하나인 생산전략은 기업전략 및 사업(경쟁)전략과의 연계하에 이를 지원하기 위한 생산시스템의 정위화(positioning; 위치선정)로 파악될 수 있다.

② 조직 성공의 요체라 할 수 있는 생산전략이란 사업전략 및 기업전략의 절대적인 부분으로서, 조직목적과 이념을 반영하고, 장기적 · 지속적 경쟁우위 및 조직성과에 기여하도록 하기 위한 생산역량(production capabilities)의 개발 및 전개에 관한 전략이다. 이를 정위화 전략의 관점에서 보면, 정위화(定位化; positioning)란 생산시스템이 최대의 경쟁우위를 달성하기 위하여 어떤 특성에 역점을 두는 정도를 설정하는 것으로, 차별적 역량(distinctive competences)과 주요 과업과의 적합과정이다. 즉, 조직이 차별적 역량으로 선정하여 강화해 나갈 경쟁우위의 요소를 결정하는 과정이다"와 같이 정의할 수 있다.

③ 생산역량: 경쟁전략 지원의 효과(effectiveness)에 관한 측면과 조직활동의 능률(efficiency)에 관한 측면의 관점에서 고찰해 보면, 특히 경쟁우위에 효과적으로 기여할 수 있는 생산역량의 개발 및 전개에는 생산시스템의 정위화가 수행되어져야 하는데 이것은 생산시설의 초점화, 생산구조의 정위화 그리고 생산과업의 정위화(경쟁우선순위의 정위화)로 구성되어

있다.

4.4 생산전략의 개발과 실행

생산의 집중화

집중화 생산(focused operation)이란 생산활동을 일련의 생산목표와 생산정책의 달성에 초점을 맞추어 수행하는 것이다. 집중화 생산전략을 처음으로 개발한 Skinner는 이를 '집중화 공장(focused factory)'이라 하였다.

집중화 공장의 핵심 개념은 각 공장이나 설비를 요건이 비슷한 하나 또는 두 개 정도의 특정 제품에 국한시킴으로써 생산활동을 단순화하는 데 있다. 이렇게 하면 요건이 다른 다수의 제품을 하나의 공장에서 동시에 생산할 때 발생하는 여러 가지 상충되는 문제들을 피할 수 있으며, 생산운영관리 업무도 제품에 따라 소수의 명확한 목표(예를 들면, 원가, 품질, 납품, 유연성)에 초점을 맞추어 수행할 수 있게 된다.

집중화 공장의 개념은 공장 내 공장이란 방법으로 구체화된다. 즉, 집중화된 공장은 설사 한 건물 내에 있더라도 각각의 제품에 대해 독자적인 하부조직, 설비와 공장정책, 인력관리정책, 생산통제방법 등을 가진 몇 개의 분리된 공장으로 구성된다. 이렇게 함으로써 각 공장 내 공장은 각자에 맞는 생산목표를 효율적으로 추구할 수 있게 된다.

그리고 집중화 생산전략은 서비스업에도 적용될 수 있다. 병원의 경우에는 심장센터, 암센터, 재활센터 등 특수질환별 특성에 초점을 맞추어 의료서비스를 제공할 수 있도록 조직할 수 있다. 백화점의 경우에도 제품이나 서비스의 특성, 고객의 유형에 따라 여성복 매장, 남성복 매장, 아동복 매장, 주방기구 매장, 고객서비스 등의 부서로 나누어 각각 특성에 맞도록 주문, 제품배열, 매장 내 흐름 및 판매전략을 갖도록 조직할 수 있다.

| 그림 4-1 | 생산전략 개발 및 실행

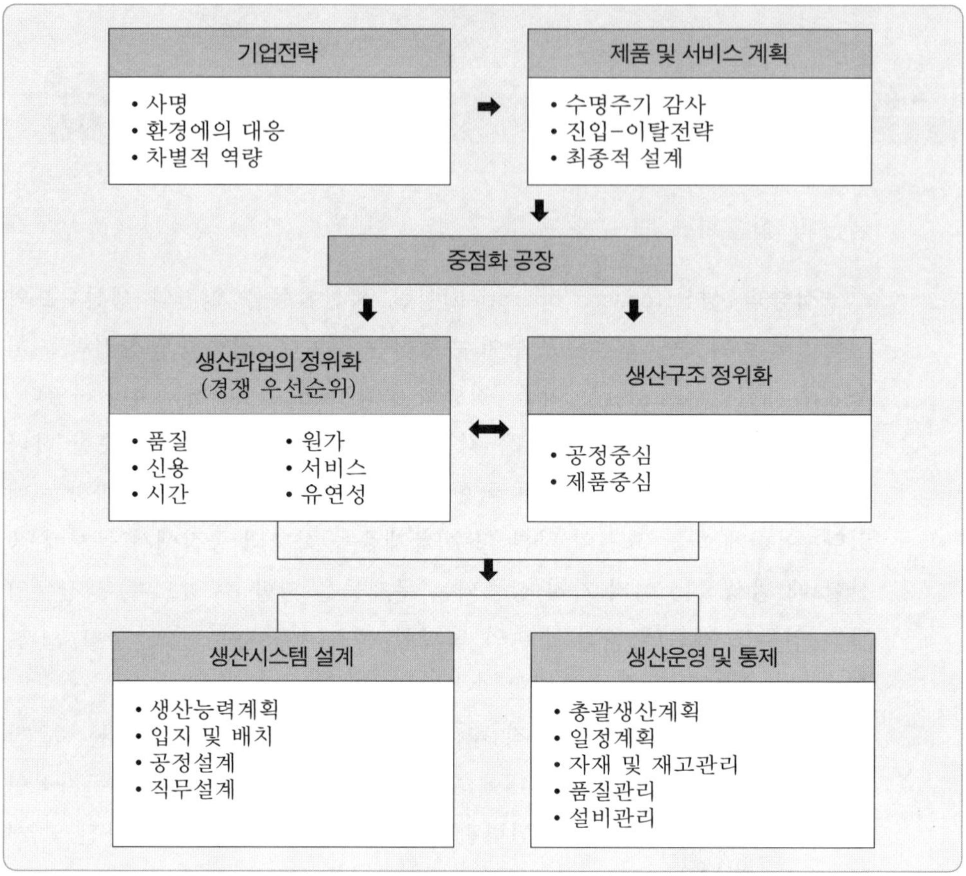

생산구조의 정위화

일반적으로 정위화전략은 생산구조의 정위화를 의미한다. 정위화전략 수립에는 주로 제품 · 공정수명주기행렬의 개념이 이용되고 있다. 생산구조의 정위화(positioning)는 [그림 4-2]와 같이 생산시스템의 유형을 공정중심(process focus), 제품중심(product focus) 또는 중간전략(intermediate strategy) 중 어느 하나를 결정하는 것이다.

① 공정중심(process focus): 다양한 주문품을 생산하는 시스템을 의미

그림 4-2 제품-공정구조의 정위화(positioning)

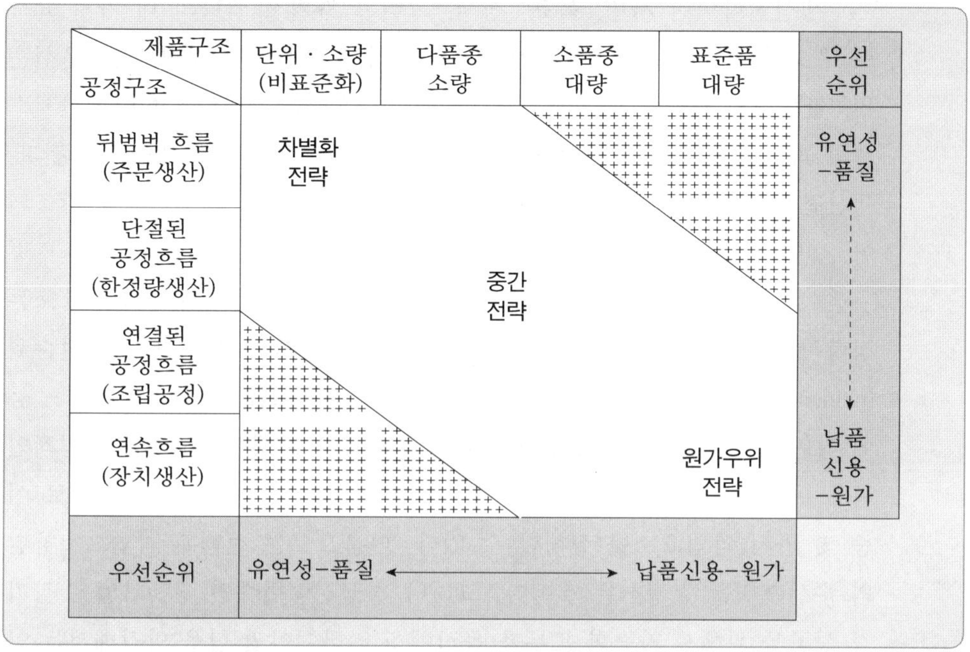

하며, 이러한 시스템은 융통성이 있어야 한다.

② **제품중심**(product focus): 규격화된 생산물을 비교적 대량으로 생산하는 시스템을 의미하며 이 시스템은 매우 비용-효과적이다. 경영자는 시스템을 필요에 따라 재고수준을 순조롭게 유지하기 위해 생산능력을 잘 조정해 나가야만 한다.

③ **중간전략**: 일부는 제품중심으로 하고, 일부는 공정중심, 집단관리기술(group technology), 셀제조방식(cellular manufacturing), 그리고 유연생산시스템(FMS: flexible manufacturing system) 등의 발전에 따라 가능성이 있는 전략을 선택하는 것을 말한다.

생산과업의 정위화

생산시스템의 정위화가 이루어지면 생산기능이 수행해야 할 임무가 확인된다. 생산기능이 수행해야 할 생산과업(manufacturing task)은 곧 생산운영관리의 목표이며 성과평가의 기준이 된다.

생산전략이란 사명, 목표, 정책, 그리고 차별적 역량의 네 가지 요소로 구성되는 것으로 정의하기도 하고, 가장 중요한 관심사항, 경쟁우선순위, 활동계획 등으로 파악하기도 한다. 이들의 공통적인 내용은 생산시스템의 과업이고 동시에 목표인 원가, 품질, 납품, 유연성 등으로 집약된다. 생산전략 내용변수에 관한 이론적 및 실증적 연구들에서 가장 널리 강조되어 온 변수들은 [그림 4-3]과 같다.

이러한 과제를 개발함에 있어서, 경영자는 우리 회사의 과업요소는 정확히 무엇인가에 대한 확인(identification) 문제와 이들간의 우선순위(priority)의 문제 — 과업 요소들간의 상대적 중요도를 결정하는 문제 — 등에 직면하게 된다. 확인(identification) 문제에서는 생산의 6가지 전형적인 목표, 즉 품질, 원가, 납품, 유연성, 시간 및 서비스 등에 관한 것으로 이 중 몇 가지 과업요소를 실행할 수 있다. 다음으로는 선택된 과업요소들간의 우선순위를 결정하는 것이다. 그러나 경쟁전략변수인 경쟁과업은 장기적 성공을 위해서 가능한 모두를 동시에 고려하여야만 함을 망각해서는 안 된다.

이러한 결정 문제는 생산시스템의 정위화와 밀접한 관계가 있다. 공

| 그림 4-3 | 생산전략 내용변수

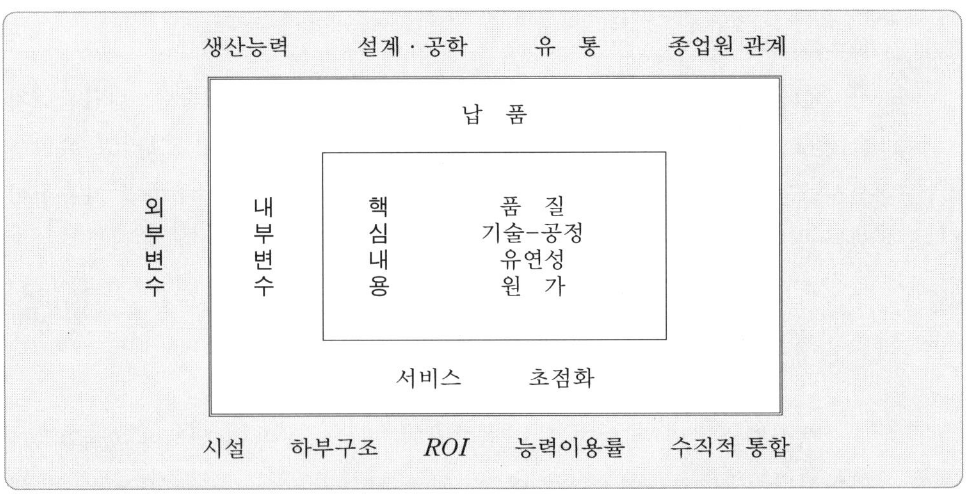

정 — 제품구조의 조합에 따른 생산시스템의 정위화와 생산과업 정위화의 정합(整合)을 나타내주는 앞의 제품 — 공정구조행렬이 가장 널리 이용된다.

생산과업 우선순위의 평가

모든 생산과업을 동시에 달성하기 어려운 경우, 이들의 우선순위(priority) 또는 상대적 중요도(relative importance)를 결정. 이는 특정 제품의 특정 시장에서의 경쟁력의 원천은 무엇인가를 결정하는 것으로 곧 경쟁전략이다.

과업요소의 우선순위를 평가하는 것에 대한 체계적인 접근방법은 [표 4-2]와 같다.

회사의 부서 내 제품별 · 시장별 전략사업단위를 확인함으로써 시작된다. 다음 단계는 과업요소를 토론이나 여러 사람의 해결책을 통하여 정의하는 것이다 (기준과 측정). 세 번째 단계는 회의를 통하여, 실제적 우선순위를 확인하고 요구되는 바람직한 우선순위를 결정하는 것이다.

예 [표 4-3]은 회사 간부들로 하여금 각각의 과업에 대한 중요도를 평가하도록 한 것이다. 총점을 100으로 하여 현재의 우선순위와 바람직한 우선순위 모두에 대해 각각의 과업에 상대적 중요도에 따라 배점하도록 한

| 표 4-2 | 과업 우선순위 평가 접근법

단계 1	전략사업단위의 정의	
단계 2	기준과 측정척도의 정의 • 비용 · 가격 • 품질 · 성능 • 융통성-양과 제품 • 신용-배달과 서비스	각각의 사업단위에 대하여
단계 3	실제적 우선순위 확인 요구된 우선순위 결정	
단계 4	요구된 우선순위를 이용하여 주요 운영결정 확인 및 평가	

| 표 4-3 | 부사장(VP)과 생산운영관리자(MM)에 의해 평가된 현재 우선순위와 요구되는 우선순위

	비용		품질		납품		유연성	
	VP	MM	VP	MM	VP	MM	VP	MM
제품 1								
현재의 중요도	42	44	17	15	25	26	16	15
요구되는 중요도	28	46	24	16	31	26	17	12
중요도의 증(감)	(14)	2	7	1	6	0	1	(3)
제품 2								
현재의 중요도	26	20	37	43	24	22	13	15
요구되는 중요도	26	30	36	38	26	20	12	12
중요도의 증(감)	0	10	(1)	(5)	2	(2)	(1)	(3)
제품 3								
현재의 중요도	34	36	27	28	23	19	16	17
요구되는 중요도	34	38	29	24	24	20	13	18
중요도의 증(감)	0	2	2	(4)	1	1	(3)	1
제품 4								
현재의 중요도	24	34	30	22	19	17	27	27
요구되는 중요도	39	44	20	25	23	15	18	16
중요도의 증(감)	15	10	(10)	3	4	(2)	(9)	(11)
제품 5								
현재의 중요도	45	37	21	14	18	31	16	18
요구되는 중요도	22	31	24	13	35	35	19	21
중요도의 증(감)	(23)	(6)	3	(1)	17	4	3	3

것이다.

절차의 마지막 단계는 평가훈련의 임무에서 결정할 때의 변화를 만드는 것이다. [표 4-3]에 나타난 결과를 정리해 보면 다음과 같은 결론을 유도해 볼 수 있다.

① 제품 1은 원가보다 품질과 납품의 중요도를 높여야 한다.

② 제품 2와 3은 현상을 그대로 유지시킨다.

③ 제품 4는 품질과 유연성보다 원가의 중요성을 크게 높인다.

④ 제품 5는 원가보다는 납품의 성과를 중요시한다.

최근에 와서 이와 같은 전통적인 견해는 변화가 일어나고 있다. 앞 장에서 언급하였듯이, 생산과업 요소 모두가 동시에 고려되어야 한다는 것이다.

4.5 서비스의 생산전략

서비스의 측정

서비스 측정의 대표적인 모형인 "SERVQUAL"은 고객이 기대한 서비스 수준(customer expected service level)과 고객이 지각한 서비스수준(customer perceived service level)의 척도를 포함하는 것을 말한다. 점수차의 평가는 지각치에서 기대치를 빼주는 것이다.

다음은 서비스 품질(SERVQUAL) 특성의 다섯 가지 차원이다.

① **신뢰성**(reliability): 약속된 서비스를 신용 있게 정확히 수행할 능력

② **확신성**(assurance): 고객에 대한 이해와 예우 및 신뢰와 확신을 전할 수 있는 능력

③ **유형성**(tangible): 실체적인 서비스 시설, 장비 및 서비스의 구체성

④ **공감성**(empathy): 고객에 대한 개인적인 관심과 배려의 제공

⑤ **반응성**(responsiveness): 고객을 돕고 즉각적 서비스를 제공하려는 의지

이들 서비스의 특성들에 대한 측정결과를 서비스 생산과업(목표)으로 삼아 그의 개선 노력을 경주할 수 있다.

뚜렷한 생산과업의 확인은 서비스생산시스템에 따라 매우 다를 것이나, 보편적인 전략의 변화라는 시각에서 서비스생산시스템의 요구는 최소한 몇 가지 파악될 수 있다.

그리고 [표 4-4]는 서비스 조직의 유형에 따른 전략적 변화와 생산시스템의 대응의 예를 나타낸 것이다.

| 표 4-4 | 서비스시스템 내 전략적 변화 결과로서의 생산시스템 조정

조 직	전략적 변화	생산시스템 조정
패스트 푸드점	건강식과 샐러드 코너 추가에 의한 폭넓은 제품	재훈련, 재배치, 증가된 재고조작
은 행	전화에 의한 지불회계와 신용의 자동화 선과 같은 추가 서비스	추가작업원, 컴퓨터의 재프로그램, 종이 흐름조정
병 원	화상센터 추가	특정장비 구매, 특정지원 추가
회계회사	경영서비스 등 광대함	새 분배와 새 직원 추가
자동차 대리점	수시서비스의 질 향상	새 검사기구 구매, 절차변화, 장려적 프로그램에 근거한 품질

Chapter 05 설비의 입지 및 배치

제 5 장

설비의 입지 및 배치

5.1 서 론

모든 조직에 있어 생산시설의 입지(location)에 관한 의사결정은 재무구조, 고용 및 유통 시스템에 장기적인 영향을 미치기 때문에 매우 중요하다. 따라서 입지결정문제는 생산시설을 직접 운용하는 생산운영관리자뿐만 아니라 재무, 인사, 마케팅 및 기타의 모든 관리자들에게 중대한 관심사가 된다.

그러나 노동력과 자재에 대한 수요가 변동하고 시장상태가 변화함에 따라 생산시설을 재입지(relocation)해야 할 필요성이 생기기 때문에 경영자들은 설비를 확대 혹은 폐쇄하거나 새로운 설비를 도입하는 문제를 끊임없이 검토해야만 한다. 이처럼 입지는 장기적 의사결정문제에 속하면서도 한 번의 결정으로 만족할 수 없는 동태적 의사결정문제인 것이다.

설비의 배치(layout)는 입지결정 이후 이루어져야 할 의사결정문제이다. 위치에 관한 의사결정은 도입해야 할 생산설비의 형태와 기술수준에 영향을 미치고, 작업흐름과 직무설계, 재고수준을 비롯한 기업의 모든 시스템 파라미터(parameter)에 영향을 미친다. 그러나 배치는 입지에 비해 변동가능성이 크기 때문에 능동적인 관점에서 경영자들의 보다 계속적인 진단을 요하는 분야이다.

5.2 입지결정의 성격

입지결정의 중요성

생산시스템을 설계할 때 입지결정이 중요시되는 데에는 크게 두 가지의 이유가 있다. 첫째는 입지결정의 결과가 기업에 장기적인 영향을 미치며, 입지를 잘못 선정함으로 인해 입게 되는 손실을 극복하기가 매우 어렵기 때문이다. 또 하나의 이유는 입지결정이 경영활동은 물론이고 기업의 비용과 수익에 영향을 미치기 때문이다. 가령, 입지결정이 잘못되었을 경우 수송비의 과도한 지출을 비롯하여 양질의 노동력 부족, 경쟁상의 우위 상실, 원자재의 부적절한 공급 등 기업활동에 해로운 영향을 미치게 된다.

입지결정의 목표

일반적으로 영리조직에서는 이윤극대화를 목적으로 의사결정이 이루어지는 반면에, 비영리조직에서는 고객에 제공되는 서비스 수준과 그에 따른 비용이 균형을 이루도록 하는 데 의사결정의 목적을 둔다. 입지결정에 있어서도 이와 같은 조직 고유의 목적을 달성할 수 있도록 최적입지를 선정한다는 것은 사실상 어려운 경우가 많다. 그리고 입지를 광범위하게 분산시킴으로써 성공을 거두는 조직도 많기 때문에 복수의 입지를 선정하는 것이 바람직한 경우도 있다. 단일의 최적입지를 선정하여 모든 생산시설을 이 지역에 집중시키는 것보다는 비교적 만족할 만한 다수의 입지들로 생산시설을 분산시킴으로써 생산활동의 위험을 분산시킬 수 있는 것이다.

입지결정의 대안

입지문제와 관련하여 경영자들이 고려할 수 있는 의사결정의 대안에는 기본적으로 네 가지를 들 수 있다. 그 첫째는 기존시설의 확장이다. 만약 기업이 시설확장에 필요한 여유공간을 확보하고 있고, 특히 현재의 입지가 다른 입지에서 찾아볼 수 없는 바람직한 속성들을 가지고 있을 경우에는 새로운 입지를 탐색하지 않고 기존의 입지를 그대로 두고 생산시설을 확장시키는 것이 바람직하다. 이 대안은 비용면에서도 다른 대안에 비해 이점이 있다.

두 번째의 대안은 특히 소매업 분야에서 자주 시행되고 있는 것으로서 기존의 입지는 그대로 두고 새로운 입지를 추가하는 방법이다. 이 방법을 실행할 때에는 새로운 입지가 시스템 전체에 미치게 될 영향을 반드시 고려해야만 한다. 새로운 입지의 추가는 시장점유율을 유지하거나 경쟁기업의 시장침투를 방지하는 데 목적을 두는 방어전략의 일환으로 활용될 수 있다.

세 번째의 대안은 기존의 입지를 폐쇄하고 새로운 입지로 이전하는 방법이다. 이 경우 기업은 설비를 이전할 때의 손익과 기존의 입지를 유지할 때의 손익을 비교 · 평가해야만 한다. 일반적으로 소비시장이 타 지역으로 이동하거나 원자재의 고갈 혹은 생산비의 증대 등이 발생할 경우 기업은 이 대안을 선택하게 된다.

입지결정의 마지막 대안은 아무런 조치도 취하지 않는 방법이다. 고려대상이 되고 있는 잠재적 입지들에 대한 상세한 분석결과 위의 세 가지 대안들 중의 어느 것도 바람직하지 못할 경우 단기적으로 현재의 상태를 그대로 유지시키는 방법이다.

5.3 입지계획

기업이 어떠한 분석기법을 적용한다 하더라도 모든 점에서 최적인 입지가 선정된다는 보장은 없다. 그러나 대부분의 기업이 있어 만족할 만한 수준의 잠재력을 갖춘 입지가 있는 반면에 지극히 불만족스러운 입지도 존재하기 마련이다. 기업경영을 하다 보면 녹지대 고시를 비롯하여 공업용수, 폐기물 처리, 가용인력, 수송비, 조세법, 지역사회와의 관계 등 예기치 못한 문제들이 수시로 발생하기 때문에 입지분석에 있어서 이상적인 입지를 발견하기보다는 불만족스러운 입지를 피하면서 바람직한 입지를 선정하기 위해서는 체계적인 의사결정절차를 따르는 것이 바람직하다.

입지결정과정

1) 입지목표와 제약요인의 정의

입지결정을 할 때에는 기업주, 종업원, 공급업자, 고객 등 기업과 이해관계가 있는 모든 집단의 목표가 반영되어야만 한다. 특히 이익극대화를 가능하게 하고 종업원들에게는 적절한 작업환경을 제시해 줄 수 있는 입지를 선정하는 것이 기업의 일반적인 목표가 된다.

입지결정시에는 기업 고유의 제약요인들도 고려되어야 할 것이다. 기업에 따라서는 예컨대 원자재의 조달가능성이 기업의 성패를 좌우하는 경우도 있고, 시장과 소비자 집단에의 접근성이 입지의 최대변수로 작용하는 경우도 있다. 혹은 재무구조상 지대와 설비조달비용을 중요시하는 기업도 생각할 수 있다. 입지를 선정할 때에는 이와 같은 조직 특유의 제약요인들을 고려해야만 하는 것이다.

2) 의사결정 기준의 확인

조직은 경제적인 이유와 비경제적인 이유의 두 가지를 고려하여 입지를 선정하는 것이 보통이다. 조직의 활동이 활력을 유지하기 위해서는 우선 노무비와 재료비 등의 경제적 측면에서 유리한 입지가 선정되어야만 한다. 또한 기업활동이 지역사회에 미치는 영향과 종업원의 작업환경 등을 포함한 비경제적 요인들도 입지결정에 관한 주요 기준이 된다.

일반적으로 입지결정은 단일의 의사결정기준으로는 해결이 불가능한 복잡한 문제에 속한다. 여기서 중요한 사실은 문제에 대한 모형화와 자료수집에 들어가기 전에 미리 주요 의사결정기준들을 신중하게 추출하여 객관적인 자료에 입각한 합리적인 입지결정이 이루어져야 한다는 점이다.

3) 입지결정모형의 설정

관련변수들을 추출하여 이들을 목표에 연결시키는 데 이용되는 편리한 도구가 곧 모형이다. 특히 입지의 경제적 변수를 평가하는 데에는 입지분기점분석과 수송계획법이 유용하게 이용된다. 또한 추상적인 요인들을 평가하여 입지를 선정할 때에는 질적 요인 분석의 유용한 도구가 된다.

입지결정과정에서는 체계적이고 계량적인 방법을 도입하는 것이 효과적이겠지만 복잡한 입지결정문제를 완전히 분석한다는 것은 사실상 불가능하다는 점에 유의해야 할 것이다. 특히 정성적인 요인들은 계량화하기가 어렵기 때문에 이때에는 책임 있는 관리자들의 판단에 의존하여 모형의 해를 구할 수밖에 없다.

4) 자료수집 및 입지대안의 평가

대기업의 경우에는 기업이 직접 수집한 일차적 자료를 이용하여 입지결정을 할 수가 있다. 이 자료 중에는 새로운 설비가 각 입지대안에 미치는 장기적 영향을 분석한 환경연구의 결과 얻어진 정보도 포함되어 있다. 한편, 행정관서를 비롯하여 학계, 연구소 등에서 제공하는 이차적 자료 역시 조직의 규모에 관계없이 언제나 입지결정에 유용하게 이용된다.

이와 같은 자료를 이용하여 각 입지대안들을 체계적으로 평가하기 위해서는 먼저 계량화가 가능한 요인들을 평가한 다음 계량화가 곤란한 나머지 요인들을 평가하는 것이 좋다. 경제적 비용은 계량화 가능성이 가장 큰 요인이다. 만약 어느 입지가 경제적 타당성이 없을 경우 이 입지는 고려대상에서 제외되어야 할 것이다. 경제성의 요건이 충족되었으면, 지역사회의 태도와 환경에 미치는 영향 등의 비경제적 요인들을 중심으로 각 입지대안들을 평가하게 된다.

5) 최적입지의 선정

이상의 절차에서 각 대안의 장단점이 평가된 다음에는 조직의 목표달성에 가장 유리한 최적입지를 선정한다. 최적입지를 선정한 다음에는 보다 구체적으로 생산설비가 위치할 부지(敷地)를 선정해야 하는데, 이때에도 조직 자체의 목표를 달성할 수 있는지의 여부와 새로운 지역사회에 제공하는 편익의 정도를 고려하여 결정하면 된다.

입지결정변수

입지결정에 영향을 미치는 요인은 무수히 많다. 그러나 실제로는 단 몇 가지의 중요한 요인들이 입지의 결정을 좌우하는 경우가 대부분이다. 특히 제조업에 있어서는 동력, 공업용수, 노동력 및 원자재의 조달가능성 등이 입지의 주요 결정변수로 작용한다. 예를 들면, 원자로의 경우 냉각용 용수가 충분해야 하며, 철강업 등의 중공업은 대량의 전력을 필요로 하기 때문에 이와 같은 요인들을 고려하여 입지를 선정해야 할 것이다. 입지결정에 있어서는 수송비도 주요 결정변수가 되며, 서비스업의 경우는 시장여건이 기업의 성패를 좌우하기 때문에 시장에의 접근성이라든가 교통편의, 입지환경 및 경쟁회사의 입지 등이 주요 변수가 된다. 예를 들면 렌트카회사는 장거리 여행자들과 긴급한 용무를 수행하고자 하는 사람들이 주요 고객들이라는 점을 감안하여 공항 근처나 도심지 부근에 입지하는 것이 바람직하다.

입지결정변수는 크게 경제적 요인, 환경적 요인 및 부지관련 요인의 세 가지로 나눌 수 있다.

1) 경제적 요인

경제적 요인은 특정의 지역 자체의 경제적 타당성에 관한 변수이기 때문에 이를 지리적 요인이라고도 한다.

① **원재료**: 기업이 생산활동에 필요한 원재료의 생산지 근처에 입지해

야 하는 이유에는 크게 필연성, 부패성, 수송비 등 세 가지가 있다. 먼저 필연성이란 생산활동의 성격상 어쩔 수 없이 원재료가 부존되어 있는 지역에 입지해야 하는 것이다. 다음으로 부패성이란 야채와 과일의 포장이나 냉동, 우유 제품의 가공처리, 제과업 중에서 볼 수 있는 바와 같이 부패나 변질의 방지가 최우선과제가 되는 업종들에 대한 입지조건이 된다. 마지막으로 현장에서 가공처리함으로써 원재료의 부피가 크게 줄어드는 업종으로서 가공처리 후 완제품이나 원재료를 수송하는 것이 경제적인 경우에는 수송비가 입지결정의 주요 변수가 된다. 알루미늄 제품, 치즈, 종이 등이 그 대표적인 업종이다.

② **노동력**: 노동력과 관련하여 입지문제를 검토할 때에는 노무비, 이용가능 한 노동력의 양, 노동생산성, 지역 주민들의 노동에 대한 태도, 그리고 노사문제의 발생가능성 등을 고려해야만 한다. 이들 중 노무비는 노동집약적 산업의 경우에 특히 중요시되는 요인이다. 가령 미국의 경우 섬유산업이 뉴잉글랜드에서 남부지역으로 이동하던 시대가 있었는데, 이는 노무비의 절감에 큰 목적이 있었던 것이다.

기업에 따라서는 과거의 경력이 화려한 종업원을 채용하기보다 경험이 없는 노동력을 신규 채용하여 이들을 훈련시키는 데 주력하는 경우도 있지만 일반적으로 잠재적 노동력의 숙련도가 입지선정의 주요 요인이 된다. 특히 대부분의 산업에 있어 전문화가 가속화함에 따라 종업원들의 숙련도가 더욱 중요시되고 있다. 마지막으로 입지결정에 있어서 기후와 조세 역시 고려요인이 된다.

2) 환경적 요인

환경적 요인은 주로 기업의 환경을 구성하고 있는 지역사회의 여건과 관련된 입지결정기법이다. 그런데 대부분의 지역사회가 기업활동을 새로운 직장에의 취업기회 및 소득원으로 만족할 뿐만 아니라 미국과 같은 연방국가에서는 이를 주 정부의 새로운 조세원으로 보기 때문에 자신들이 거주하는 지역에 기업이 입지하기를 희망한다. 그러면서도 기업활동으로 인한 공해문제를 비롯하여 자원고갈, 생태계의 악영향, 문화적 · 논리적 혹은 교육적 차원에서의 생활의 질 저하 등은 원하지 않기 때문에 입지의 선정시에는 이와 같은 지역사회의 태도에 유의해야만 한다.

3) 부지관련 요인

입지를 선정할 때에는 부지(site)와 관련된 요인들도 검토되어야 한다. 이에는 토지, 수송 및 법적 규제 등이 포함된다.

부지를 선정할 때 고려해야 할 요인으로서 우선 지대(地代)를 들 수 있다. 그러나 기업이란 일반적으로 영속성을 전제로 하기 때문에 지대는 그렇게 중요한 요인이 되지 못하며, 미래의 설비확장에 대비한 여유공간을 비롯하여 배수능력, 미래의 성장에 대한 제약요인의 존재여부 및 종업원과 고객을 위한 주차장 등과 같은 요인들이 더욱 중요하다 할 수 있다.

5.4 입지선정기법

잠재적 입지대안들을 평가하여 최적입지를 선정하는 데 이용할 수 있는 주요 기법에는 입지분기점분석, 수송계획법 및 질적 요인분석 등이 있다.

입지분기점분석

입지대안들의 경제적 타당성을 상호 비교하는 데 편리하게 이용되는 기법이 입지분기점분석이다. 이는 손익분기점분석을 입지결정에 원용하는 기법으로서 특정의 입지대안이 다른 대안들에 비해 경제적으로 유리한 조업도의 범위를 살펴보는 데 유용하다. 입지분기점분석의 기본 가정은 다음과 같다.

① 고정비는 생산량에 관계없이 일정하다.
② 변동비는 생산량에 정비례하여 증가한다.
③ 기업은 단일의 제품만 생산한다.
④ 기업이 필요로 하는 조업도를 정확히 예측할 수 있다.

이와 같은 분기점분석을 수행하기 위해서는 먼저, 각 입지대안에 관한 고정비와 변동비를 추정하고, 모든 대안들의 총비용을 동일한 그래프 위에 도시한 다음, 마지막으로 특정의 예상조업도에 대하여 총비용이 최소인 입지를 결정한다.

예 1-1 A, B, C, D 네 개의 입지에 대한 고정비와 변동비가 다음과 같다고 하자.

입 지	연간 고정비	단위당 변동비
A	₩250,000	₩11
B	100,000	30
C	150,000	20
D	200,000	35

a) 각 입지의 총비용을 그래프상에 표시하라.
b) 각 대안이 다른 대안보다 유리한 생산량의 범위를 구하라.
c) 이 기업의 연간생산량이 8,000단위일 것으로 추정되었다면 총비용을 최소로 하는 최적대안은 어느 것일까?

풀이 a) 총비용함수를 그래프 위에 도시하기 위해서는 먼저 예상조업도(8,000/년)와 비슷한 수준의 조업도(예: 10,000/년)를 선정하여 이 조업도에 대한 각 대안의 총비용을 계산한다.

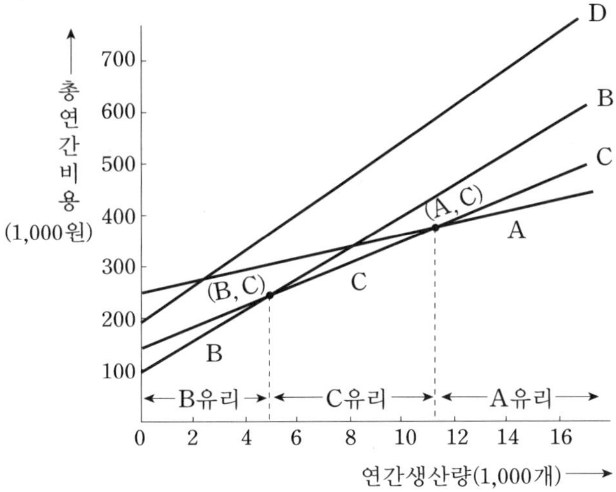

	고정비	변동비	총비용
A ……	₩250,000＋	₩11(10,000)＝	₩360,000
B ……	100,000＋	30(10,000)＝	400,000
C ……	150,000＋	20(10,000)＝	350,000
D ……	200,000＋	35(10,000)＝	550,000

다음에는 각 대안에 대하여 조업도 0에서의 고정비와 조업도 10,000/년에서의 총비용을 그래프 위에 두 점으로 표시하고 이 두 점을 연결하여 직선으로 나타낸다.

b) 각 대안이 다른 대안들보다 유리한(즉, 총비용이 최소인) 조업도의 범위가 앞의 그래프 위에 표시되어 있다. 이 그림을 보면 D는 어떠한 조업도하에서도 B, C에 비해 경제적으로 유리하지 못하다. 각 입지가 유리한 조업도의 정확한 범위는 직선 B와 C가 교차하는 점과 직선 A와 C가 교차하는 점을 구해 보면 알 수 있다. 직선 B와 C가 교차하는 점은 입지 B의 총비용함수와 입지 C의 총비용함수를 등식으로 놓고 생산량 Q에 대한 해를 구하면 된다.

(B)　　　　　　　(C)

₩100,000＋₩30Q＝₩150,000＋₩20Q

Q＝5,000단위/년

직선 A와 C가 교차하는 점도 마찬가지 방법으로 구하면 된다.

(A)　　　　　　　(C)

₩250,000＋₩11Q＝₩150,000＋₩20Q

Q＝11,111단위/년

이상과 같은 계산결과는 연간생산량이 5,000단위 이하일 경우 B가 가장 유리한 입지이고, 5,000단위와 11,111단위 사이의 경우 C가 가장 유리한 입지임을 의미한다. 또 연간생산량이 11,111단위 이상일 때에는 A가 가장 유리한 입지이다. 이 문제의 경우는 연간생산량이 8,000단위일 것으로 추정되었기 때문에 C가 최적입지임을 알 수 있다. ❖

입지분기점분석은 상이한 입지대안들에 대한 모든 관련비용들을 비교하여 특정의 조업도하에서 총비용을 극소화하는 입지를 선택하기 위한 기법이다. 여기서의 관련 비용에는 수송비 혹은 유통비용도 포함시키는 것이 바람직하다. 그러나 수송비가 차지하는 비중이 매우 크거나 동일한 제품을 상이한 지역에서 생산하여 여러 지역의 수요처로 배분하는 경우에는 수송계획법을 이용하여 최적입지를 선정하는 것이 좋다.

수송계획법

1) 수송계획법의 특성

입지선정문제를 수송비 등의 주어진 비용에 대한 최소화 문제로 모형화할 수 있다면 수송계획법(transportation programming)이라는 일종의 LP(linear programming)모형을 이용하여 효과적인 의사결정을 내릴 수 있다. 이는 공급량과 수요량에 관한 특징의 제약조건하에서 총비용을 최소화하고자 할 때 유용하게 이용되는 기법이다. 따라서 제품의 부피가 크고 단위당 가격이 낮은 제품의 경우와 같이 총비용 중에서 수송비가 차지하는 비중이 클 때에는 이 기법을 사용하여 최적입지를 산정하는 것이 좋다.

수송계획법은 제품 믹스에 관한 의사결정을 내릴 때 주로 이용되는 표준 LP 모형의 변형이라 할 수 있다. 이 기법을 포함한 모든 LP모형들은 주어진 제약조건(constraints)하에서 특정의 목적함수(objective function)를 최소화하거나 최대화해 주는 해를 구하기 위한 수리적 기법이다. 수송계획문제에서는 일반적으로 각 공급지(공장)의 생산능력을 초과하지 않는 범위 내에서 상이한 수요지(창고)의 수요를 충족시키는 데 필요한 총수송비를 최소화하는 데 목적을 둔다.

수송계획문제의 해는 수요량을 충족시키기 위해 공급량을 할당하는 과정에서 총비용이 최소화되도록 산출된다. 이러한 해의 산출을 위해서 수송계획법에서도 일반 LP모형의 경우와 마찬가지로 최초실행가능기저해의 산출을 위해서는 북서코너법(northwest-corner method), 보겔추정법(Vogel's approximation), 러셀법(Russel method), 최소비용법(least cost method) 등의 기법이 개발되어 있으며, 최종최적해의 산출기법에는 디딤돌법(stepping stone method), MODI법(modified distribution method) 등이 있다.

예 1-2 동양가구주식회사는 인천, 수원 및 안양의 세 지역에 위치한 생산공장에서 식탁용 의자를 생산하여 서울, 부산 및 광주의 세 지역에 위치한 창고에 수송하고 있다. 그러나 최근에 이르러 식탁용 의자에 대한 소비자들의 수요가 급증하고 있어 이 회사는 새로운 공장을 세워야 할 입장이다. 이 회사의 공장장이 해결해야 할 문제는 연간 4,000개의 생산능력을 가진 새로운 공장 하나를 설립하여 기존의 세 창고에 대한 총수송비와 총생산비가 최소가 되도록 입지를 선정해야 한다는 점이다. 주요 입지결정변수들을 토대로 잠재적인 입지후보지역들을 평가한 결과 공장장은 대전과 창원의 두 지역 중 어느 하나를 최적입지로 선정하기로 하였다. 기존의 입지에 대한 수요, 공급 및 비용자료, 그리고 대전과 창원의 새로운 두 입지에 대한 관련자료 등은 다음과 같다.

경제적인 관점에서 대전과 창원의 두 지역 중 어느 곳이 최적입지로 선정되어야 할까?

입 지	생산능력	단위당 생산비(1,000원)	단위당 수송비(1,000원)		
			서울	부산	광주
대 전	4,000	6.9	4.0	3.0	5.0
창 원	4,000	6.2	6.0	4.5	5.0

풀이 이 문제에서는 먼저 두 입지대안에 대하여 각각 최초실행가능기저해와 최종최적해를 구하여 각 대안의 최소 총수송비를 추정하고, 여기에 총생산비용을 더하여 최소 총시스템 비용을 산출한 다음, 두 대안의 최소 총시스템 비용을 비교함으로써 최적입지를 선정하는 3단계를 거쳐야 한다. 수송문제의 최적해를 구하는 단계에서는 북서코너법과 디딤돌법을 사용하기로 한다.

1. 최초실행가능기저의 산출

먼저 대전에 입지하는 수송계획에 대한 최초실행가능기저해의 산출절차는 다음과 같다.

i) 수송표에서 북서코너에 해당하는 제1행 제1열, 즉 (1, 1)란에 가능한 최대의 수송량을 할당한다. 이를 위해서는 생산능력(공급량)과 수용량을 비교하여 그 중 최소치를 할당해 주면 된다. 여기서는 제1행(인천)의 공급량이 2,000이고 제1열(서울)의 수요량이 6,000이므로 (1, 1)란에의 수송량은 2,000이 된다.

ii) 제1열(서울)의 수요량이 완전히 충족될 때까지 제2행(수원)으로부터의 공급량을 (2, 1)란에 추가로 할당한다. 이 경우 추가로 할당되어야 할 수송량이 제2행의 생산능력을 초과할 때에는 정확히 제2행의 생산능력만큼만 (2, 1)란에 할당해야 한다. 이 문제에서는 (2, 1)에 할당되어야 할 수송량이 4,000이고 이것이 제2행(수원)의 생산능력 6,000을 초과하지 않으므로 해당란에 4,000을 할당하면 된다.

ⅲ) 제 2 행(수원)의 공급량 중 제 1 열(서울)에 의해 흡수되지 않은 나머지 공급량은 바로 오른쪽 열, 즉 제 2 열(부산)의 수요량으로 흡수시킨다. 즉 수원의 총공급량 6,000 중 4,000이 서울의 수요에 의해 흡수되었으므로 나머지 공급량 2,000을 부산, 즉 (2, 2)란에 할당한다. 이 때에도 추가로 흡수되어야 할 때에는 초과분을 또다시 오른쪽 창고의 수요로 흡수해야 할 것이다.

ⅳ) 계속해서 아래로 그리고 오른쪽으로 이동하면서 마지막으로 수송표의 남동코너, 즉 (4, 3)란에 이를 때까지 해당란들에 수송량을 적절히 할당해 나간다.

ⅴ) 수송표상의 수송량들이 모든 공급량과 수요량의 조건을 충족시키고 있는지 검토한다.

이상의 내용을 토대로 새로운 공장이 대전에 입지할 경우의 수송계획에 대한 최초실행가능기저해를 구하면 아래 표와 같다. 또, 이 때의 총수송비는 다음과 같다.

$$2{,}000(5.0)+4{,}000(7.0)+2{,}000(4.0)+3{,}000(7.0)+2{,}000(3.0)+4{,}000(5.0) = 93{,}000\text{원}$$

한편, 새로운 공장을 창원에 입지시키는 경우에 대해서도 이상과 동일한 방법을 적용하면 다음과 같은 최초실행가능기저해가 산출된다. 여기서 새로운 공장의 공급량이 4,000으로서 고정되어 있는 한 대전에 입지하든 창원에 입지하든 동일한 해가 산출됨을 알 수 있다. 이와 같은 결과는 최초실행가능기저해의 산출시 수송비를 전혀 고려하지 않는다는 북서코너법의 특징에 그 원인이 있다. 창원에 입지할 경우의 최초실행가능기저해에 대한 총수송비는 93,000원으로서 대전에 입지할 경우와 동일하다. 이는 기저해에 들어가 있는 '대전 → 광주'의 수송로와 '창원 → 광주'의 수송로, 즉 (4, 3)란의 단위당 수송비가 5.0원으로서 동일하기 때문이다.

공급지 \ 수요지	서 울	부 산	광 주	총공급량
인 천	[5.0] 2,000	[6.0]	[5.5]	2,000
수 원	[7.0] 4,000	[4.0] 2,000	[7.0]	6,000
안 양	[5.0]	[7.0] 3,000	[3.0] 2,000	5,000
대 전	[4.0]	[3.0]	[5.0] 4,000	4,000
총수요량	6,000	5,000	6,000	17,000

공급지 \ 수요지	서 울	부 산	광 주	총공급량
인 천	5.0 2,000	6.0	5.5	2,000
수 원	7.0 4,000	4.0 2,000	7.0	6,000
안 양	5.0	7.0 3,000	3.0 2,000	5,000
창 원	6.0	4.5	5.0 4,000	4,000
총수요량	6,000	5,000	6,000	17,000

2. 최종최적해의 산출

i) 폐쇄회로의 작성: 디딤돌법을 이용하여 최적해를 산출하기 위해서는 현재 어느 한 수송로에 할당된 수송량 1단위를 할당이 안 된 다른 한 수송로로 이동시킴으로써 초래되는 총수송비의 순증가액 혹은 순감소액을 계산해야 한다. 여기서 유의해야 할 것은 어느 한 공급지의 공급량이 1단위 증가(감소)하면 반드시 또 다른 공급지의 공급량이 1단위 감소(증가)해야 한다는 점이다. 수요의 경우도 마찬가지이다. 즉 수송로의 변경이 일어날 때마다 수송표상의 관련 행과 열에 대하여 수송량 1단위의 증감이 수반되어야 한다. 이를 위해서는 변경이 가능한 수송로를 따라서 폐쇄회로(closed path)를 작성해 보는 것이 효과적이다. 물론 한 수송로에서 다른 수송로로 수송량 할당을 변경하기 위해서는 원래의 수송로에 미리 일정한 수송량이 할당되어 있어야 하고 새로운 수송로에는 할당이 전혀 안 되어 있어야만 한다. 즉 할당이 안 된 수송로에 새로이 1단위의 수송량을 할당하려면 이미 할당되어 있는 수송로들만을 디딤돌(stepping stone)로 하여 폐쇄회로를 작성해야 한다. 가령, 새로운 공장이 대전에 입지할 경우의 최초실행가능기저해에서 현재 할당이 안 된 '인천 → 부산'의 수송로, 즉 (1, 2)란과 '대전 → 서울'의 수송로, 즉 (4, 1)란에 새로이 수송량을 할당하고자 하면 다음 페이지의 상단과 같은 폐쇄회로가 형성될 것이다. 이 수송표에서 (+)는 할당량의 증가를, (−)는 할당량의 감소를 의미한다.

ii) 향상지수의 계산: 현재 할당이 안 된 수송로에 특정의 수송량을 할당할 것인지의 여부를 결정할 때에는 새로운 수송로에 대한 할당 결과 초래되는 경제적 손익을 계산해 보아야 할 것이다. 이를 위해서는 편의상 제품 1단위만을 새로운 수송로에 할당한다고 가정하고, 폐쇄회로를 따라가면서 전체 수송비의 증감을 추정하면 된다. 여기서 1단위의 할당량을 변경시킴으로써 발생하는 순 수송비증감액을 흔히 향상지수(improvement index)라 하며, d_{ij}로 표시한다. 따라서 d_{12}는 현재

공급지 \ 수요지	서 울	부 산	광 주	총공급량
인 천	5.0 2,000 (−)←	6.0 … (+)	5.5	2,000
수 원	7.0 (+)… 4,000	4.0 → (−) 2,000	7.0	6,000
안 양	5.0	7.0 3,000	3.0 2,000	5,000
대 전	4.0	3.0	5.0 4,000	4,000
총수요량	6,000	5,000	6,000	17,000

공급지 \ 수요지	서 울	부 산	광 주	총공급량
인 천	5.0 2,000	6.0	5.5	2,000
수 원	7.0 4,000 (−)←	4.0 2,000 … (+)	7.0	6,000
안 양	5.0	7.0 3,000 (−)←	3.0 2,000 … (+)	5,000
대 전	4.0 ↓ (+)…	3.0 …………………	5.0 …(−) 4,000	4,000
총수요량	6,000	5,000	6,000	17,000

할당이 안 된 수송로 (1, 2)에 새로이 1단위를 할당할 때 총수송비가 얼마나 증감하는가를 나타낸다. 전 항의 첫 번째 수송표에서 만약 수송로 (1, 2)에 1단위를 처음으로 할당한다면 이 수송로에서 6.0원의 수송비가 증가할 것이며, 수송로 (1, 1)에서는 반대로 5.0원의 수송비가 감소할 것이다. 마찬가지로 수송로 (2, 1)에서는 7.0원의 수송비 증대가, (2, 2)에서는 4.0원의 수송비 감소가 각각 발생한다. 따라서 d_{12}는 다음과 같이 +4.0이 되며, 이는 '인천 → 부산'의 수송로에 특정의 수송량을 할당할 경우에 할당된 수송량 1단위당 4.0원의 수송비 증대가 있음을 의미한다.

$d_{12}=+6.0-5.0+7.0-4.0=+4.0$

그러면, 새로운 공장을 대전에 설립할 경우의 최초실행기저해를 상대로 현재 할당이 안 된 모든 수송로에 대한 향상지수를 계산해 보자.

$d_{12}=+6.0-5.0+7.0-4.0=+4.0$
$d_{13}=+5.5-5.0+7.0-4.0+7.0-3.0=+7.5$
$d_{23}=+7.0-4.0+7.0-3.0=+7.0$
$d_{31}=+5.0-7.0+4.0-7.0=-5.0$
$d_{41}=+4.0-5.0+3.0-7.0+4.0-7.0=-8.0$
$d_{42}=+3.0-5.0+3.0-7.0=-6.0$

iii) 해의 개선: 향상지수가 (−)인 수송로는 이 수송로에 1단위의 수송량을 새로이 할당할 경우 향상지수의 절대값만큼 수송비가 절감됨을 뜻한다. 가령 수송로 (3, 1)에 수송량 1단위를 할당하면 5.0원의 수송비 절감을 가져오며, 만약 이 수송로에 100단위를 할당한다면 총수송비가 (100단위)(5.0원/단위)=500원 정도 절감될 것이다.

그러면, 어느 수송로에 최우선적으로 얼마만큼 할당해야 할까? 당연히 (−)의 향상지수들 중 절대값이 가장 큰 수송로에 우선적으로 할당하되, 수송량과 공급량의 제약조건을 충족시키는 범위 내에서 이 수송로에 최대한 할당해야 할 것이다. 이를 위해서는 폐쇄회로상의 (−)로 표시된 수송로에 현재 할당되어 있는 수송량들 중 최소값을 선택하면 된다. 이 문제의 경우 (−)의 향상지수들 중 절대값이 가장 큰 것은 $d_{41}=-8.0$이다. 또한 전 항에 대하여 다음 수송표를 보면 d_{41}에 관한 폐쇄회로상에서 (−)로 표시된 수송로의 할당량들 중 최소값이 3,000이다. 따라서 수송로 (4, 1)에 3,000단위를 새로이 할당하는 것이 최선임을 알 수 있다. 개선된 새로운 해는 다음과 같다.

iv) 최적 수송해의 산출: 새로운 해를 상대로 아직 할당이 안 된 수송로들에 대한 향상지수를 계산해 보았을 때, 만약 산출된 향상지수들이 모두 0이상이면 이는 최적해에 도달했다는 뜻이다. 이는 현재의 해에 대한 개선의 여지가 더 이상 없음을 의미하기 때문이다. 대전에 새로운 공장을 설립할 경우의 수송문제에 대한 최종적인 최적해를 구하면 이 페이지 하단의 수송표와 같다. 또한 다음 페이지 수송표는 새로운 공장을 창원에 설립할 경우의 수송문제에 대하여 이상과 같은 방법으로 최적해를 산출한 것이다.

i) 대전에 입지할 경우

공급지 \ 수요지	서 울	부 산	광 주	총공급량
인 천	5.0 2,000	6.0	5.5	2,000
수 원	7.0	4.0 5,000	7.0 1,000	6,000
안 양	5.0	7.0	3.0 5,000	5,000
대 전	4.0 4,000	3.0	5.0	4,000
총수요량	6,000	5,000	6,000	17,000

ii) 창원에 입지할 경우

공급지 \ 수요지	서 울	부 산	광 주	총공급량
인 천	5.0 2,000	6.0	5.5	2,000
수 원	7.0 1,000	4.0 5,000	7.0	6,000
안 양	5.0	7.0	3.0 5,000	5,000
창 원	6.0 3,000	4.5	5.0 1,000	4,000
총수요량	6,000	5,000	6,000	17,000

3. 최적입지의 선정

이상에서 산출된 결과를 토대로 최적입지를 선정하기 위해서는 각 입지대안에 대한 수송비를 계산하고 여기에 생산비용을 더함으로써 각 대안의 총시스템 비용을 산출해야 한다.

i) 대전에 입지할 경우

총수송비 …… (2,000단위)(5.0원)+(5,000단위)(4.0원)+(1,000단위)(7.0원)
+(5,000단위)(3.0원)+(4,000단위)(4.0원)=68,000원

생산비용(대전) …… (4,000단위)(6.9원)=27,600원

총시스템 비용 …………………………… 95,600원

총수송비 …… (2,000단위)(5.0원)+(1,000단위)(7.0원)+(5,000단위)(4.0원)+(5,000단위)(3.0원)+(3,000단위)(6.0원)+(1,000단위)(5.0원)=75,000원

생산비용(창원) …… (4,000단위)(6.2원)=24,800원

총시스템 비용 …………………………… 99,800원

이상의 분석결과를 보면 새로운 공장을 대전에 설립하는 것이 창원에 설립하는 것보다 99,800원−95,600원=4,200원이 유리함을 알 수 있다. ❖

질적 요인분석

입지선정에 있어 만약 경제적 변수가 강력하리만큼 충분한 의의를 갖지 못하고 다른 여러 가지 변수들의 효과도 정확하게 측정하기가 곤란할 때에는 입지선정과 관련된 제 요인들을 가중평가하는 방법을 이용하는 것이 좋다. 이러한 기법을 질적 요인분석(qualitative factor analysis)이라 한다. 이는 의사결정자로 하여금 비교적 정형화된 방법으로 입지 의사결정의 과정을 계량화하도록 하는 또 하나의 수단이다. 질적 요인분석의 기본 절차는 다음과 같다.

① 관련 요인들의 목록(체크 리스트)을 작성한다.

② 상대적 중요도를 나타낼 수 있도록 각 입지요인들의 가중치를 결정한다.

③ 평가구도(예: 100점 만점)를 선정하고 점수의 하한선을 정한다.

④ 정해진 평가척도에 따라 잠재적 입지대안별로 각 평가요인들을 평가한다.

⑤ 입지대안별로 각 요인의 점수에 가중치를 곱하고 총점을 계산한다.

⑥ 평점이 가장 높은 입지를 최적입지로 선정한다.

그러나 이상과 같은 질적 요인분석은 각 입지에 대하여 객관적인 정보를 충분히 입수하고 있다는 전제하에서만 그 적용이 가능하므로 모든 상황에 유용한 기법이라고는 볼 수 없다.

예 1-3 호남화학주식회사에서는 하나의 새로운 공장을 설립할 계획으로 A, B, C, D 네 개의 입지를 평가하고 있으며, 관련 요인들에 대하여 다음 표와 같이 가중치를 부여하였다. 각 요인에 있어 다른 지역에 비해 유리하다고 판단되는 입지에 대해서는 높은 점수를 부여하였다고 한다. 다음 표에 제시된 자료를 토대로 네 개의 입지대안에 대한 질적 요인분석을 수행하라.

관련 요인	가중치	A입지		B입지		C입지		D입지	
		점수	가중화된 점수	점수	가중화된 점수	점수	가중화된 점수	점수	가중화된 점수
생산비용	0.33	50	16.50	40	13.20	35	11.35	30	9.90
원재료공급	0.25	70	17.50	80	20.00	75	18.75	80	20.00
노동력공급	0.20	55	11.00	70	14.00	60	12.00	45	9.00
생 활 비	0.05	80	4.00	70	3.50	40	2.00	50	2.50
환 경	0.02	60	1.20	60	1.20	60	1.20	90	1.80
시장여건	0.15	80	12.00	90	13.50	85	12.75	50	7.50
가중평점	**1.00**		**62.20**		**65.40**		**58.25**		**50.70**

풀이 각 입지의 가중평점은 각 요인의 점수에 그 요인의 가중치를 곱한 다음 곱의 결과를 합함으로써 산출된다. 구체적인 계산결과는 앞의 표에 제시되어 있다. 분석결과를 토대로 하면 65.40의 최고평점을 받은 B가 최적입지임을 알 수 있다. ❖

5.5 설비배치

서 론

배치(layout)는 시스템 내에서 자재, 작업 혹은 고객이 어떻게 이용되는가에 역점을 두고 각 부서, 작업장 및 설비들의 실체적 · 외형적 관계를 설정해 두는 일을 말한다. 생산운영관리의 의사결정분야들 중 특히 설계(system design)와 관련이 있는 장기적 의사결정분야인 입지, 배치, 제품믹스, 설계 및 능력계획(capacity planning) 등 가령, 입지와 배치의 의사결정은 생산능력에 영향을 미치며, 반대로 생산능력을 증대시키기 위해서는 설비의 입지와 배치가 변경되어야만 한다. 또한 새로운 입지가 선정되거나 신제품이 개발되면 설비의 배치가 달라져야만 한다.

시스템 설계의 다른 분야에서와 마찬가지로 배치에 관한 의사결정은 다음과 같은 세 가지 기본적인 이유로 인해 중요성을 갖는다. 첫째, 배치 의사결정은 자본과 노력의 막대한 투자를 필요로 한다. 둘째, 배치의사결정은 오류의 발생시 극복하기가 힘든 장기적 효과를 가지고 있다. 셋째, 이는 단기적 생산활동들의 비용과 효율에 중대한 영향을 미친다.

배치에 관한 의사결정에는 설비를 재배치(redesign of layout)하는 문제도 포함된다.

설비의 재배치가 필요한 이유로서는 비효율적인 생산활동, 사고의 발생과 위험물의 존재, 제품설계의 변경, 신제품의 개발, 조업도의 변화, 작업방법이나 생산공정의 변경, 외부환경 혹은 법적 규제의 변화 및 사기문제(예 대면접촉의 부족) 등을 들 수 있다. 여기서 설비의 재배치를 필요로 하는 이유가 무엇이냐에 따라 설비재배치의 목적이 달라져야 한다. 가령 사기문제나 안전문제가 발생할 경우 새로운 설비계획은 이러한 문제를 제거하는 데 목적을 두어야 할 것이다. 그러나 이때에도 설비배치의 일차적인 목적은 자재취급비용을 최소화하거나 시스템 내에서의 고객의 이동거리를 최소화하는 데 두어야 하며, 생산성을 비롯한 시스템의 활동 특성치들에 대한 고려도 있어야 함은 물론이며, 설비배치를 설계할 때 고려해야 할 가장 중요한 요인은 제조공정의 형태이다.

설비배치의 결정요인

설비배치의 기본형태와 구체적인 배치방법을 선정할 때에는 일반적으로 제조공정시스템의 유형, 제품의 형태 및 조업수준 등을 고려해야만 한다.

먼저 제조공정시스템(processing system)에는 기본적으로 연속생산시스템, 단속생산시스템 및 프로젝트의 세 가지가 있다. 이 중 연속생산시스템(continuous processing system)은 하나 혹은 단 몇 가지의 표준화된 품

| 그림 5-1 | 설비배치의 유형

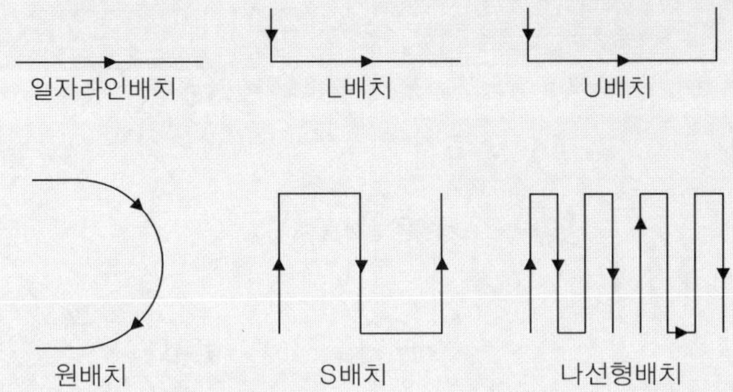

목을 대량으로 생산하기 위해 설계된 고도로 전문화된 시스템이다. 단속생산시스템(intermittent processing system)은 다양한 제조공정을 필요로 하는 상이한 품목들을 각각 소량으로 생산하는 데 적합한 보다 일반화된 시스템이다. 마지막으로, 프로젝트시스템은 수명기간을 가지고 있고 특수한 목적의 복잡한 직무에 대하여 적합한 시스템이다. 이와 같은 제조공정시스템들 중 도입하고 있는 시스템이 어느 것이냐에 따라 설비배치의 유형과 방법이 달라져야 함은 물론이다.

배치설계시 고려되어야 할 두 번째 요인은 제품의 형태이다. 일반적으로 유형의 재화를 생산하는 기업에서는 실체적인 자재나 부품의 흐름에 대한 효율에 관심을 두고 설비배치의 설계를 실시하게 되며, 반면에 서비스조직에서는 시스템 내에서 고객이 이동하는 거리를 최소화하거나 고객의 만족도를 최대화하는 데 목적을 두고 설비배치를 설계하게 된다. 마지막으로, 제품의 생산량, 즉 조업수준에 역시 설비의 배치방법에 영향을 미치는 것이 보통이다. 조업수준은 그 외에도 능력계획에 영향을 미치기도 한다.

배치의 형태

설비배치의 형태는 크게 고정위치 배치, 작업장별 배치, 일괄처리 배치, 라인공정형 배치 및 연속흐름형 배치 등으로 나누어진다.

| 그림 5-2 | 고정위치 배치의 예

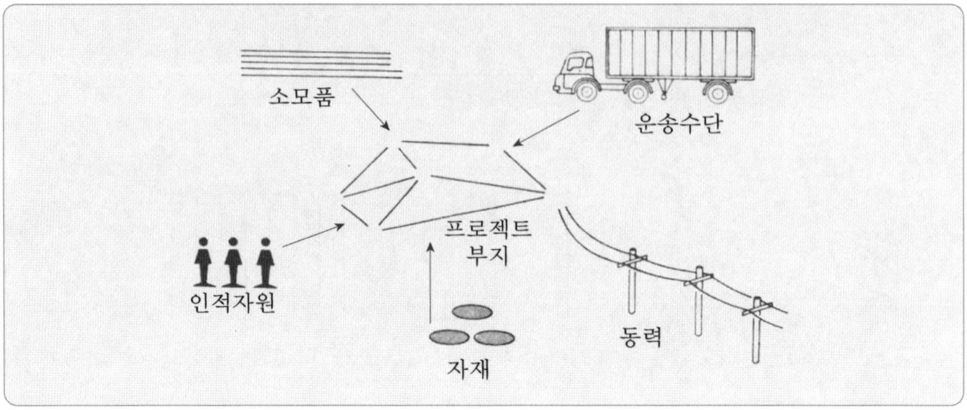

1) 고정위치 배치

고정위치 배치(fixed position layout)는 아마 배치의 가장 단순한 형태에 해당할 것이다. 이는 작업을 수행하고 있는 장소에 모든 자재와 노동력 및 관리기술을 집중시키는 배열방법이다. 의상실을 비롯하여 건설업, 조선업, 댐 공사, 기타의 대규모 프로젝트 등은 이와 같은 배치형태를 취하게 된다. [그림 5-2]는 고정위치 배치의 대표적인 예를 제시하고 있다.

고정위치 배치는 완제품의 취급비용(handling cost)을 최소화한다는 장점이 있다. 이 배치는 경영자로 하여금 프로젝트 형태의 생산활동에 적용할 수 있는 목표지향적 계획 및 통제기법을 이용할 수 있도록 해 준다. 그러나 숙련된 고급인력을 어느 한 장소에 계속 유치시켜 두는 데에는 막대한 비용이 발생하며, 보조설비의 지원에 제약을 받는 경우가 많고, 다른 배치형태에 비해 고가의 설비를 충분히 활용할 수 없다는 단점이 있다.

2) 작업장별 배치

작업장별 배치(job shop layout)는 유사한 기능을 수행하는 작업자와 설비들끼리 별도로 배열하는 배치형태이다. 상이한 제품들에 대하여 조립, 검사, 포장 등의 특수한 기능들이 고정된 한 위치에서 수행된다는 점에서 이 배치를 흔히 공정별 배치(process layout) 또는 기능별 배치(functional

| 그림 5-3 | 작업장별 배치의 예

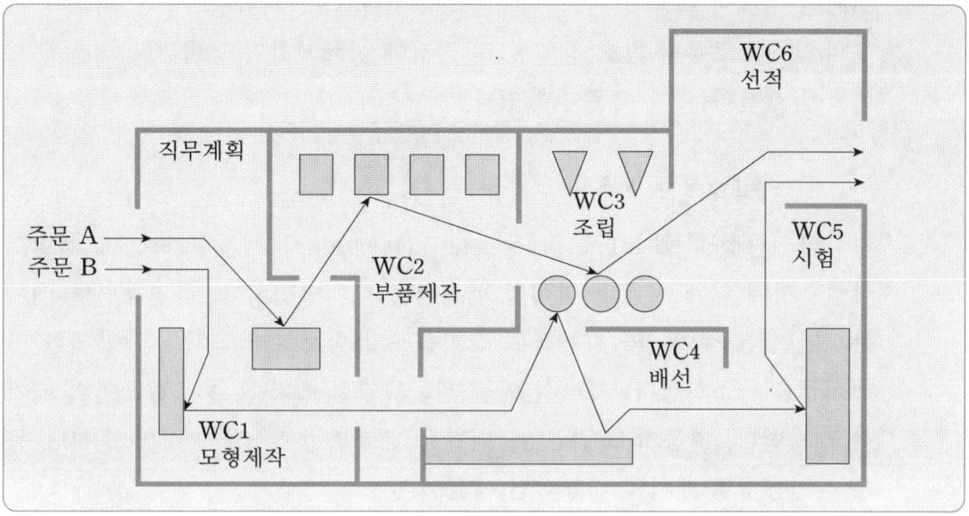

layout)라고도 하며 기계 공작소, 병원 등의 중소규모 기업이나 기관에서 주로 이용된다.

작업장별 배치에서는 인간의 계획능력과 전문기능을 매우 중시한다. 따라서 이 배치는 ① 작업수행시 작업자가 융통성을 발휘할 수 있고, ② 종업원들에게 다양하고 도전적인 과업을 수행하도록 유도함으로써 이들로부터 직무만족을 유발시키며, ③ 고도로 전문화된 고성능의 설비에 대한 투자의 필요성이 적다는 장점이 있다. 그러나 ① 자재취급비용의 과다, ② 숙련노동력의 소요 및 생산성의 저하, ③ 생산통제의 곤란 등, 이 배치가 갖는 단점도 많다.

3) 일괄처리형 배치

동일한 제품을 대량으로 주문받아서 동일한 제조순서에 따라 집단적으로 처리하는 작업장(job shop)의 경우에는 일괄처리시스템(batch processing system)의 원리를 도입하는 것이 바람직하다. 작업장별 배치의 특수형태인 일괄처리형 배치(batch processing layout)는 동일한 생산활동을 관리에 용이한 경제적 수량만큼씩 묶어서 수행함으로써 생산자로 하여금 이른바 규모의 경제(economy of scale)로 인한 이득을 얻도록 해 준다. 이때의 경제적 로트가 바로 배치(batch)이다. 일괄처리시스템은 치즈나 가구의 생산으로부터 학교 강의실 및 극장에 이르기까지 광범위한 제품과 서비스를 생산하는 데 이용되고 있다.

4) 라인공정별 배치

라인공정별 배치(line processing layout)는 각 제품별 또는 고객별로 작업순서에 맞게 사람과 설비를 배열하는 배치방법이다. 라인공정별 배치는 직선형 컨베이어와 자동화된 장치를 사용함으로써 육체노동에 의한 자재취급을 극소화한다. 따라서 이를 제품계열별 배치 혹은 조립라인별 배치라고도 한다. 자동차 조립공장, 식료품 제조공장 및 셀프 서비스 식당 등은 라인공정별 배치의 대표적인 예들이다.

[그림 5-4]에서는 하나의 주 조립라인, 두 개의 지원라인 및 12개의 작업장을 갖춘 라인공정형 배치의 예를 보여주고 있다. 이것은 전문화되어 있는 고정된 생산경로와 연속적인 작업흐름에 따라 단일 또는 몇 가지의 품목을 대량으로 생산할 수 있도록 설계된 배치이다.

라인공정별 배치는 생산활동의 공통성을 최대한 활용하는 데 초점을

| 그림 5-4 | 라인공정별 배치의 예

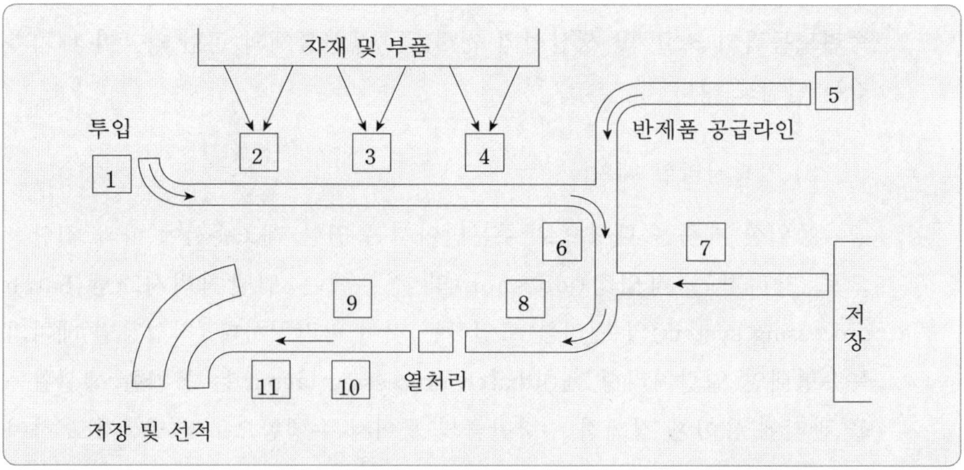

두는 것이 특징이다. 따라서 이러한 배치형태는 ① 자재취급비용의 최소화, ② 수행과업의 단순화를 통한 생산비 절감 및 비숙련공의 활용, ③ 재공품(在工品) 재고의 감소, ④ 생산통제활동의 단순화 등의 이점을 갖는다. 여기서는 모든 제품이나 직무들이 동일한 경로를 따라 처리되며, 따라서 생산율(production rate)의 결정이 일정계획의 주요 내용을 형성한다. 작업은 각 공장(혹은 작업장)별로 할당되며, 원자재와 반조립품(subassembly)이 라인 안으로 흘러들어가는 수량과 라인 밖으로 선적되어 나가는 완제품의 수량만을 통제하면 생산통제는 거의 완료된다.

라인공정형 배치의 단점으로서 ① 생산활동의 경직성(inflexibility), ② 작업의 단조로움으로 인한 작업자들의 직무불만족, ③ 전문화된 설비에 대한 투자비용의 과다, ④ 모든 생산활동들 사이의 긴밀한 상호 의존성으로 인해 생산설비의 빈번한 가동중지 등을 들 수 있다. 특히 어느 한 기계에 고장이 발생하거나 어느 한 부분의 작업이 완료되지 않았을 때에는 생산설비 전체가 유휴상태에 돌입할 가능성이 있으며 이로 인해 전체적인 생산량의 감소를 초래하기도 한다. 작업자와 작업자 혹은 작업부문(work station)과 작업부문 사이에 생산능력이 균형을 이루지 못함으로써 초래되는 생산시스템의 비효율문제를 해결하기 위해 개발된 개념이 공정평균화(line balancing)이다.

5) 연속흐름형 배치

연속흐름형 배치(continuous flow layout)는 화학약품이나 전기를 생산하는 경우에서 볼 수 있는 바와 같이, 주로 기술적 처리과정에 설계의 초점을 맞추는 배치형태이다.

이 배치에서는 생산설비들이 고도로 자동화되며, 설비의 전체가 하나의 통합적인 단위로서 가동할 수 있도록 설계되는 것이 보통이다. 따라서 설비를 배치하는 작업 자체가 주로 공학설계(engineering design)의 기능에 속할 수밖에 없으며, 또한 일부의 설비에 대한 설계변경을 제외하고는 기존의 배치에 대한 변경의 여지가 거의 없다.

그림 5-5 세포형 생산시스템의 예

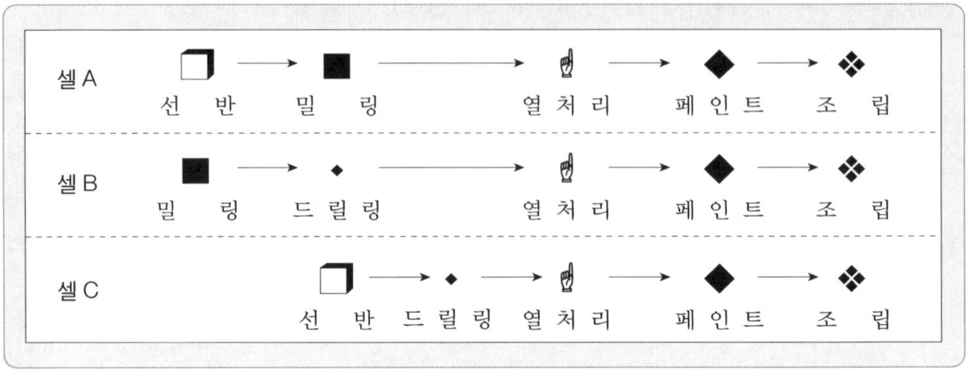

6) 전산화된 시스템: FMS 와 CMS

설비배치는 자동화의 정도와 생산설비의 비용에 의해 영향을 받는다. 가령 용접, 드릴작업(drilling) 등의 단순한 작업이라면 산업용 로봇이나 수치적으로 통제를 받는 여러 가지의 기기(이를 NC기기라 함)가 이를 처리하도록 하는 것이 좋다. 이러한 기계들은 기계 자체가 독자적으로 이용될 수 있고, 필요한 지점으로 이동시켜 사용할 수도 있다. 그러나 자동화된 설비에 의해 처리되는 작업의 종류가 많아짐에 따라 이 설비들은 크기도 크고 투자비용도 높아질 가능성이 있다. 이때는 설비에 대한 설계와 배치가 전체적인 제품 흐름과 배치방법에 영향을 미치기 마련이다. 이와 같은 문제를 해결하기 위해 주로 미국에서 도입되고 있는 보다 진보된 배치시스템이 유연생산시스템(FMS: flexible manufacturing system)과 세포형 생산시스템(CMS: cellular manufacturing system)이다.

5.6 배치분석 및 배치방법

설비를 배치할 때에는 작업장과 사무실의 위치, 컴퓨터 시설, 작업도구실, 저장공간 및 세면실 등의 여러 가지 요인들을 동시에 고려해야만 한다. 구체적인 배치방법을 선정하고 설계할 때에는 특히 자재처리비용과 작업자 유효성(worker effectiveness)의 두 가지를 주요 결정기준으로 삼아야 할 것이다.

① **자재처리비용**: 자재처리비용은 설비배치에 있어 가장 중요한 고려요인인 것으로 평가되고 있다. 작업대(belt)와 컨테이너를 사용하여 제품흐름을 자동화하고 이동거리를 최대한 단축시킴으로써 이 비용은 극소화된다. 연속적인 순서로 진행되는 작업들이 일반적으로 인접구역에서 처리되는 이유도 여기에 있다. 지하철과 같은 서비스 시스템에 있어서는 고객자체가 자재로 취급되기 때문에 비용보다는 서비스 시간이 주요 결정변수가 된다.

② **작업자 유효성**: 오늘날 설비배치에 있어 점차 중요성이 증대되고 있는 결정변수가 바로 작업자 유효성이다. 설비의 배치상태가 양호하면 작업자들이 자기 직무에 대한 만족을 느끼게 되고 이들의 작업은 주어진 보수하에서 최고의 기능이 발휘되도록 수행되기 때문이다. 특히 훌륭한 커뮤니케이션 시스템과 적절한 위치에서의 보조적 지원활동들이 설비배치의 성패를 좌우한다.

이와 같은 결정기준들의 상대적 중요도는 배치의 기본 형태가 작업장별 배치냐 라인공정형 배치냐에 따라 달라진다.

먼저, 작업장별 배치에서는 제품의 수량과 이동거리를 참작하여 각 부서의 크기와 위치를 적절히 조절함으로써 자재처리비용의 극소화를 꾀한다. 반면에 라인공정형 배치에서는 작업자와 설비의 유휴시간이 극소화될 수 있도록 서로 연속되는 작업들을 하나의 작업지점에 집합시킴으로써 작업자 유효성을 극대화하고자 노력한다.

라인공정형 배치의 설계

1) 공정균형화의 의의

라인공정형 배치의 이점은 필요한 직무를 일련의 요소작업으로 세분하여 비숙련 작업자나 전문화된 설비로 하여금 이를 신속하고 정확하게 수행할 수 있도록 해 준다는 데에 있다. 이러한 요소작업을 수행하는 데 소요되는 시간은 단 몇 초에 불과할 정도로 짧은 것이 보통이다. 이처럼 요소작업들의 수행시간이 매우 짧기 때문에 작업자 한 사람에게 하나의 작업만을 할당한다는 것은 비현실적일 것이다. 우선 대부분의 작업자들은 수행요건이 극히 단순한 자신의 작업에 대해 쉽게 싫증을 느끼기 마련이고, 한편으로는 간단한 제품 하나를 생산하는 데에도 많은 인원의 작업자들이 필요한 경우가 많다. 라인공정형 배치에서 흔히 나타나는 이와 같은 문제점을 해결하기 위해 생산운영관리자들은 오늘날 요소작업들을 관리가능한 수준의 작업군으로 분류하여 한두 명의 작업자를 각 작업군에 배치하는 것이 보통이다.

공정균형화(line balancing)는 이상에서 간단히 설명한 것처럼 거의 동일한 처리시간을 요하도록 작업들을 한데 묶어 처리하는 이른바 과업집군화(task grouping)에 그 목적이 있다. 이 기법은 생산라인에서의 유휴시간을 극소화함으로써 노동력과 설비의 효율을 극대화시켜 준다.

만약 작업장(work station)들 사이에 총작업시간의 차이가 생기면 어떤 작업장은 다른 작업장들보다 생산능력이 커지기 때문에 유휴시간이 발생한다. 즉, 작업이 빨리 끝나는 작업장의 경우 작업속도가 느린 작업장의 작업이 완료될 때까지 기다릴 수밖에 없는 것이다. 공정들간의 불균형은 노동력과 설비의 비효율적 이용이라는 측면에서는 물론, 작업만을 끊임없이 계속해야 하는 작업자들의 사기면에 있어서 결코 바람직하지 못하다.

작업장별 배치의 설계방법

작업장별 배치를 효율적으로 설계하기 위해서는 다음과 같은 정보를 필요로 한다.

① 배치되어야 할 모든 부서 혹은 작업장에 대한 명세
② 상이한 작업장들 사이의 작업흐름에 대한 예측
③ 한 작업장에서 다른 작업장으로 작업부하를 이전시키는 데 필요한

이동거리 및 단위 거리당 비용

④ 설비의 배치에 투자하고자 하는 자금의 규모

⑤ 반드시 고려되어야 할 특수요인들의 형태

특히 세 번째의 정보는 자재취급비용에 관한 것으로서 매우 중요시된다. 자재취급비용은 크게 작업부하 및 해제비용(load and unload cost)과 운송비용(transportation cost)의 두 가지 요인으로 구성되어 있다. 이 중 부하-해제비용은 생산과정에서 자재나 부품이 이동하는 빈도와 설비의 생산능력에 따라 달라진다. 또한 운반비용은 자재가 운반되는 수량과 이동거리에 관한 함수이다. 작업장별 배치에서는 주로 이와 같은 두 가지 요인을 고려하여 최적배치방법을 산출하게 되는데, 이를 흔히 부하량-거리분석(load-distance analysis)이라 한다.

대부분의 부하량-거리분석에서는 자재가 특정의 작업장에서 바로 옆 작업장이 아닌 다른 작업장으로 유입하는 수량을 최소화함으로써 재공품의 운반비용을 절감하고자 한다. 따라서 가능하면 상호작용이 빈번한 작업장들끼리 인접하도록 배치시키는 데 목적을 둔다.

Chapter 06

제품 및 공정의 설계

제 6 장

제품 및 공정의 설계

6.1 서 론

어느 조직체든지 그 조직의 근본을 이루는 것은 그들이 제공하는 제품이라고 할 수 있다. 여기서 제품이란 고객이나 사용자가 이용할 수 있도록 생산시스템이 생산한 유·무형의 생산물(output), 즉 상품(goods)과 서비스(service)를 통칭한다. 일반적으로 이러한 제품은 수익의 중요한 원천이 되므로 조직이 어떤 제품을 생산하여 고객에게 판매할 것인가를 결정하는 것은 기업목표의 근원이 되며, 생산시스템을 설계할 때 가장 먼저 고려해야 할 문제이다.

생산시스템에서 생산한 제품이 결정되면 이를 제조하기 위한 구체적인 계획, 즉 제품설계가 이루어져야 한다. 이러한 제품설계는 주로 판매가능성, 제품으로서의 기능, 기타의 공학적인 문제 등에 관한 정보에 입각하여 실시되어야 한다.

또한 생산의 관점에서 볼 때 제품설계는 생산원가와 밀접한 관계가 있다. 예를 들어 제품설계가 잘못되면 설비, 자재, 인력 등을 투입하는 생산공정을 변경해야 하며, 설계가 잘되면 생산원가가 인하되어 회사의 이익과 시장경쟁력을 향상시킨다는 점에서 제품설계의 중요성은 더욱 명백해진다.

생산하고자 하는 제품과 이 제품의 설계가 확정되면 이번에는 제조공정에 대한 설계를 수행해야 한다. 제조공정이란 제품을 생산하는 데 이용되는 수단을 말한다. 여기서 제품을 생산하기 위해서는 제조공정을 거쳐야 하고 제조공정은 생산가능한 제품의 범위를 제한시키므로 제품설계와 공정설계는 동시에 고려되어야 할 것이다.

본 장에서는 이와 같은 제품의 결정 및 설계, 그리고 제조공정의 설계 및 선정의 두 가지 문제를 주로 설명하고 있다. 우선 신제품 아이디어에 대한 타당성 분석을 거쳐 이것이 제품으로 설계되는 과정을 검토한 다음, 공정선정과 공정분석으로 구성되는 공정설계에 대하여 자세히 설명하기로 한다.

6.2 제품 · 서비스의 설계

제품 · 서비스 설계의 필요성

제품이나 서비스를 설계하는 문제는 흔히 새로운 품목에 한하여 단 1회의 결정만을 필요로 하며, 일단 결정이 이루어지면 더 이상의 주의를 기울일 필요가 없는 것처럼 생각되기 쉽다. 그러나 실제로는 그렇지 않다. 대부분의 조직이 처한 경영환경은 동태적이기 때문에 제품이나 서비스의 재설계를 필요로 하는 문제들이 수시로 발생한다.

예를 들어, 고객들은 직접적으로 기업 혹은 관련 규제기관에 특정제품의 설계에 대한 불만을 표시하는 경우도 있고, 간접적으로는 그 제품에 대한 구매를 회피함으로써 불만을 표시하기도 한다. 따라서 조직이 고객의 불만을 해소하거나 매출을 증대시키기 위해서는 해당 제품에 대한 계속적인 재설계를 시도해야 한다. 또한 경쟁적 상황하에서 조직이 보다 나은 제품을 개발하여 수익성과 시장점유율의 증대를 꾀하게 되는데, 이때 경쟁회사들도 자신들의 제품에 대한 설계를 재평가하는 것이 보통이다. 이 밖에도 법률, 조직 내부의 압력 등에 의하여 제품설계에 대한 끊임없는 변경이 필요하다. 즉 소비자의 불만, 경쟁의 심화, 정부의 규제, 원자재의 상승, 그리고 제품에 대한 조직의 책임 등과 같은 조직 내외의 압력으로 인하여 신제품 개발이나 기존제품의 재설계가 불가피한 것이다.

이처럼 제품개발과 설계문제에 꾸준한 관심을 가져야 하는 근본적인 이유는 대부분의 제품들이 일정한 수명주기(life cycle)를 갖기 때문이다. 수명주기상으로 보면 제품개발과 설계는 새로운 제품이 도입되거나 기본제품이 수정되는 단계에서 이루어져야 한다. 따라서 고령과 질병으로 필연적인 종말을 맞이하게 되는 인간의 경우와는 달리 기업에 있어서는 한 제품의 설계가 단 1회로서 종료되는 것이 아니라 신제품과 서비스의 계속적인 개발을 통하여 조직을 존속 · 발전시킬 수 있는 것이다.

제품수명주기

제품수명주기(product life cycle)는 시간의 경과에 따른 매출량의 변화에 의해 한 제품의 진화과정을 설명하는 데 이용되는 개념이다. 모든 제품은 시장에 처음으로 도입되어 소멸되는 과정에서 일련의 단계들을 거치게 되는데, 이러한 단계들을 통틀어 제품수명주기라고 한다. 따라서 모든 제품들은 어느 시점에서나 그 수명주기상의 특정단계에 있게 된다.

제품수명주기는 일반적으로 [그림 6-1]에서 보는 바와 같이 도입기(introduction), 성장기(growth), 성숙기(maturity) 및 쇠퇴기(decline) 등 네 단계로 분류된다. 이 중 도입기는 신제품이 출시되었으나 그 기능에 대한 정보의 부족으로 판매가 매우 완만하게 증대하는 단계이다. 여기서는 주로 제품을 시험적으로 이용해 보고자 하는 소비자들에 의해 판매가 이루어진다. 도입단계를 지난 신제품은 보다 신뢰할 수 있고 경제적 욕구를 충족시킬 수 있다는 인식이 확산됨으로써 급속한 판매성장이 뒤따른다. 이 성장

|그림 6-1| 일반적인 제품수명주기

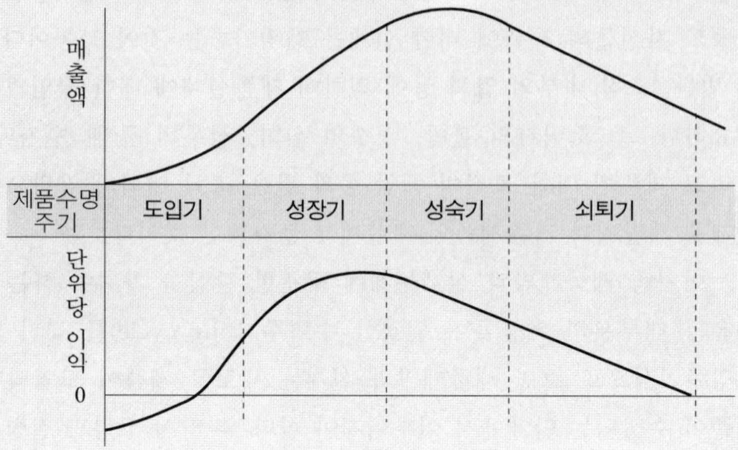

기에서 가장 중요한 것은 정확한 수요예측이다.

일단 수요가 포화상태에 이르면 성숙기라 한다. 이 단계에서는 제품에 대한 수요가 주로 해당 제품과 대체적 혹은 경쟁적 관계에 있는 품목과 인구성장률의 여하에 따라 결정되기 때문에 소비자의 진정한 욕구를 충족시켜 주는 제품만이 이 단계를 장기간 유지할 수 있다. 성숙단계가 지난 후에는 제품이 쇠퇴기에 접어들어 새로운 대체상품의 도입, 기술상의 변화, 경제여건의 변화, 또는 기타의 중대한 요인에 의하여 그 품목의 생산이 경제성을 상실할 정도까지 수요가 격감 한다.

현재의 제품이 쇠퇴기에 접근하면 조직의 존속을 위하여 경영자는 새로운 제품을 도입할 준비를 해야 한다. 그렇지 않을 경우 수요의 감퇴로 인하여 가용생산능력이 비효율적으로 이용되고, 조직의 재무구조 역시 불리한 영향을 받기 때문이다. 그러나 시장이란 불확실하기 때문에 신제품도입시기를 정확히 예측하기는 어려운 일이다. 가장 이상적인 방법은 [그림 6-2]와 같이 기존제품의 성숙기가 끝나는 시점에서 신제품을 도입하는 것이다. 이는 기존제품의 수요감소에 따른 유휴생산능력을 신제품의 급속한 시장확대에 흡수시킴으로써 기업의 장기적인 생산능력이 수요변동에 의한 혼란을 겪지 않고 일관성 있게 이용될 수 있기 때문이다.

| 그림 6-2 | 신제품 도입시기

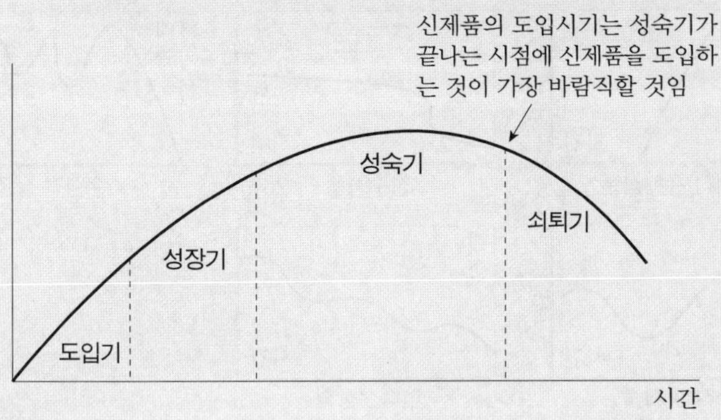

신제품을 개발하기 위해서는 시장여건과 신기술의 추세를 예측하는 능력은 물론 조직 내외의 연구 · 개발(R&D) 결과를 적시에 이용할 수 있는 능력이 필요하다. 특기할 만한 사실은 격심한 경쟁과 급속한 기술진보로 인해 신제품을 도입하는 데 필요한 준비기간이 점차로 단축되고 있다는 점이다. 이러한 이유 때문에 대부분의 기업들이 그들 제품에 대한 쇠퇴나 성장의 속도를 조절하기 위한 일련의 노력을 기울이고 있다. 실제로 제품수명주기는 통제 불가능한 것이 아니며, 경영자의 노력 여하에 따라 어느 정도는 이를 변경시킬 수도 있는 것이다.

기업이 자신의 목적에 맞게 제품수명주기를 통제하기 위해서는 다음과 같은 활동들이 수행되어야 한다. ① 개별 제품의 수명주기를 통제한다. ② 수명주기상의 위치에 따라 제품계열에서의 제품 믹스를 통제한다. ③ 제품의 이익잠재력에 맞추어 자금과 인력을 적절히 할당한다.

예를 들어, 한 제품의 도입기는 마케팅 비용을 증대시키거나 보다 신속한 판로확장을 통하여 이를 단축시킬 수 있으며, 성장기는 판매시장을 새로이 개척하고, 제품가격을 인하하거나 더욱 효과적인 판매노력을 기울임으로써 이를 앞당길 수 있다. 또한 성숙기는 제품개량, 포장방법의 변경 및 신용도의 개발 등에 의하여 이를 혁신적으로 변경시킬 수 있다. 이러한 활동들의 목적은 수명주기의 재구성을 통하여 제품의 쇠퇴와 소멸을 방지

| 그림 6-3 | 특수한 형태의 제품수명주기

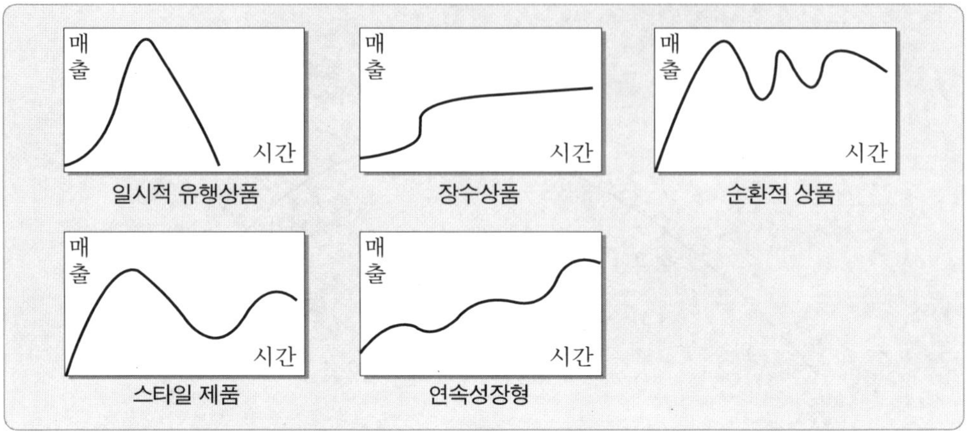

하는 것이다. 물론 모든 제품을 기업의 의도대로 활성화시킬 수는 없을 것이다. 다만 경영자는 그와 같은 사실을 인식하고 제품수명주기의 조정을 위해 적절한 비용과 시간을 투자하는 것이 중요하다. 특히 어느 제품이 상표, 가격, 성능 및 품질의 면에서 경쟁제품과 효과적으로 차별화될 수 있다면 그것이 제품의 수명을 연장시키고 수명주기상의 각 단계를 조정할 수 있는 특효약이 될 것이다.

6.3 신제품개발

기업이 존속 · 성장하기 위해서는 지속적인 신제품의 개발이 필요하다. 따라서 신제품개발(new product development)이란 혁신을 통하여 기존제품을 개량하거나 새로운 외양과 성능을 가진 제품을 창안해서 생산하는 것을 일컫는다. 이러한 신제품개발은 아이디어의 창출로부터 시작된다. 이어서 타당성분석을 거쳐 제품이 선정되고 설계 및 공정이 결정되어 최종적으로 신제품이 생산되는 것이다.

신제품 아이디어의 창출

1) 신제품 아이디어의 원천

모든 신제품개발은 제품 아이디어로부터 시작된다. 제품 아이디어란 기업이 시장에서 판매할 수 있는 제품의 객관적 기능과 외양에 대한 착상을 의미한다. 이러한 아이디어는 기업 내·외의 원천으로부터 얻을 수 있는데, 먼저 기업 외적으로는 고객과 경쟁자가 제공하는 아이디어가 주요 원천이 된다. 또한 설문조사 등의 시장조사결과를 제품의 변경과 개량을 위한 신제품 아이디어의 외적 원천으로 이용하는 경우도 많다. 기업 내적으로는 꾸준한 연구 · 개발(R&D)의 결과가 주요 원천이 된다. 참고로 미국의 대기업들을 상대로 제품 아이디어의 기능부문별 원천을 조사한 결과, 영업부 36.2%, 연구 · 개발(R&D)부서 29.7%, 최고경영층 14.7%, 신제품개발부 7.5%, 관리부 4.1%, 기타 7.8% 등이었다고 한다.

어쨌든 경영자들은 아이디어의 잠재적 원천이라고 간주될 만한 기업 내외의 모든 사항들에 대해 언제나 세심한 주의를 기울임으로써 훌륭한 아이디어가 간과되는 일이 없어야 할 것이다.

2) 연구 · 개발(R&D)

신제품 아이디어의 내부 원천 중에서 가장 중요한 것은 기업의 연구 · 개발(R&D) 노력이다. 본래 연구(research)란 특정한 실체의 발명과 새로운 원리의 발견을 지향하는 의도적 탐구과정이다. 연구에는 응용목적과는 관계없이 새로운 지식을 탐구하는 순수연구(pure research)와 실제문제의 해결을 위해 수행되는 응용연구(applied research)의 두 가지가 있다. 대부분의 경우 순수연구는 그 결과를 바로 실용화하기가 어려우며, 소요연구비용 또한 막대하므로 기업조직에서는 거의 실행되지 않고 있다. 반면에 응용연구는 기업조직에 보다 적합한 것으로서 순수연구의 결과를 기초로 하여 이를 구체적인 제품이나 공정에 적용하기 위한 연구를 위주로 한다.

개발(development)은 연구의 결과를 실용화하는 첫 단계로서, 이에는 여러 가지의 제품설계 대안을 실험하고 그 타당성을 평가하는 제품개발

(product development)과 특정제품의 제조과정을 설계하고 기계 · 공구의 종류와 배치방법을 결정하는 공정개발(process development)의 두 가지가 포함된다.

타당성분석

신제품에 대한 아이디어가 다방면으로 수집되었다 하더라도 모든 아이디어를 생산 가능한 제품으로 전환시킬 수는 없다. 그래서 실행 불가능한 아이디어를 여과하기 위해서는 아이디어의 타당성분석(feasibility study)이 필요하다. 이러한 타당성분석은 일반적으로 그 제품이 조직의 목적과 자원의 이용가능성에 어느 정도 부합되는가를 평가하는 데 목적이 있다.

조직의 목적에 비추어 보아 이익잠재력이 미약하고, 성장성 및 안정성이 희박하거나 기업 이미지에 해가 되는 것으로 평가되면 그 제품의 개발을 포기할 수밖에 없다. 또한 자원의 면에서 해당 제품이 이용가능한 자본의 한도를 초과하거나 기업의 기술수준과 설비능력에 부적합하면 그 제품의 개발에 착수해서는 안 된다.

타당성분석에 이용되는 몇 가지의 기법 중에서 가장 중요한 것이 체크리스트 평정법(rating checklist method)이다. 이 평정법은 판매량, 특허권, 경쟁상태 등과 같은 주요 평가요인들을 열거하고, 이들 평가요인에 따라 대상제품을 수, 우, 미, 양, 가 등으로 평가하는 기법이다. 그러나 보다 세밀한 평가를 위해서 중요한 평가요인에 가중치를 부여함으로써 평가방법을 계량화하기도 한다. [표 6-1]은 이러한 유형의 평정표로서 어느 제품의 평점을 다른 후보제품의 평점이나 이 제품에 대해 미리 결정된 기준평점과 비교할 수 있도록 설계된 것이다. 이 표에서 최고평점은 40점이고 최저평점은 0점이다. 그러나 이 방법에서 한 가지 주의할 것은 계량화할 수 없는 요인들을 계량화할 가능성이 있으며, '수'라는 평점이 '양'이라는 평점보다 4배의 가치가 있다는 착각을 일으킬 수 있다는 사실이다.

이와 같이 전반적인 면에서의 타당성분석을 거친 다음에는 비용과 수익의 측면에서 보다 정교한 분석이 수행되어야 한다. 이를 위해서는 다음

| 표 6-1 | 제품평정표

고려사항	(A) 가중치	(B) 평가					요인점수 (A)×(B)
		수 40	우 30	미 20	양 10	가 0	
판 매	0.20	V					8
경 쟁	0.05	V					2
특 허 권	0.05	V					2
기술전망	0.10		V				3
자재의 이용가능성	0.10		V				3
부가가치	0.10		V				3
주요 업무와의 유사성	0.20		V				6
기존제품에 대한 영향	0.20				V		2
	1.00						29

과 같은 프로젝트 가치지수(project value index)를 산출함으로써 특정제품의 개발에 대한 선호도 내지 우선순위를 측정해 보는 것이 좋다.

$$PVI = \frac{CTS \times CCS \times AV \times P \times \sqrt{L}}{TPC}$$

단, PVI=프로젝트 가치지수,
CTS=임의의 척도로 표시된 기술성공확률,
CCS=임의의 척도로 표시된 판매성공확률,
L=제품수명, AV=연간판매량, P=단위당 이익,
TPC=총프로젝트 비용

신제품의 개발에 대한 보다 정교한 평가방법으로는 손익분기점분석(break-even analysis)이나 투자수익률법(ROI)과 같은 재무분석기법을 이용할 수 있다. 그러나 이러한 기법은 장기적 개발비용, 기업간의 경쟁 및 경제상황 등 분석과정에서 필요로 하는 관련변수들에 대한 정보의 불확실성이 문제시되기 때문에 제품대안들에 대한 단기적 평가에 국한하여 이용

되는 것이 일반적이다. 더욱이 이 기법들은 비용과 수익을 비교적 확실하게 예측할 수 있는 단기적인 경우에 대해서도 명확한 해를 보장해 주지 못한다는 문제점이 있다.

6.4 제품설계

제품 아이디어들 중에서 특정의 아이디어가 타당성분석을 거쳐 개발의 대상으로 선정된 다음에는 해당 제품의 기술적 기능을 구체적으로 규정하기 위한 제품설계(product design) 과정이 뒤따라야 한다. 즉, 공학적인 방법으로 제품설계를 실시하고 그 결과를 기술해야 하는데, 그것이 곧 제품명세서(product specification)이다. 이 명세서는 소요자재 및 장비는 물론 작업자의 배정, 소요생산설비의 규모와 배치문제에 이르기까지 생산운영관리자가 해당 제품과 관련하여 내려야 할 일련의 의사결정에 필요한 정보를 제공한다. 제품명세서라고 하면 흔히 청사진이나 도면을 연상하지만 실제로는 고도로 정밀하게 계수화된 설명서에서부터 개략적인 지침서에 이르기까지 다양한 형태를 취한다.

예비설계

특정의 제품 아이디어가 타당성분석을 통하여 기술적 · 경제적 타당성이 있는 것으로 인정되면 즉시 예비설계(preliminary design)에 착수해야 한다. 예비설계는 선정된 제품의 개념적 특성(conceptual feature)에 부합되는 몇 가지의 설계안을 개발하는 것을 말한다.

예를 들어, 냉장고 제조업자가 특수한 냉동기를 제작하기로 결정했다면 예비설계의 단계에서 이 냉동기의 외양, 용량 및 모터의 크기 등을 결정해야 할 것이다. 또한 예비설계의 과정에서 신뢰성, 보존가능성 및 내용년수 등 해당 제품과 관련된 주요 속성을 규정하는 것이 일반적이다. 가령 냉동기의 경우 부품의 고장빈도(신뢰성), 부품교체의 용이성(보전가능성),

사용가능한 총기간(내용년수) 등이 예비설계의 단계에서 명시되어야 한다. 이와 같이 제품선정단계에서 형성된 제품의 골격을 토대로 보다 자세한 제품속성까지도 포괄적으로 설계하는 것이 제품설계이다.

세부설계

세부설계(detailed design)는 최종설계(final design)라고도 하며, 예비설계에서 구체화된 제품의 속성을 충족시키기 위하여 제품의 원형(prototype)을 개발하고 이를 수정하여 기술적인 관점에서 그 제품이 완벽하게 생산될 수 있도록 준비하는 작업이다. 즉, 세부설계는 제품과 그 부품의 명세서(specification) 및 조립도면(drawing)을 확정함으로써 완전한 제품생산을 위한 기초를 마련하는 것이다. 이와 같은 세부설계는 크게 기능설계, 형태설계 및 생산설계의 세 가지로 구성된다.

1) 기능설계

기능설계(functional design)는 제품의 성능과 관련된 설계이다. 즉 시장품질(market quality), 신뢰성 및 원가 사이의 관계를 고려하여 제품에 대한 기술적인 명세를 확정하는 것이 기능설계이다. 이때 경영자는 경쟁제품과 비교하여 어느 정도의 시장품질과 신뢰성을 가진 제품으로 개발할 것인가를 여러 가지 분석기법을 통하여 결정하게 되는데, 이러한 요인들은 결국 제품의 원가에 영향을 미친다.

이처럼 시장품질, 신뢰성 및 원가의 세 가지 설계요인들 사이에는 밀접한 상호관계가 있기 때문에 완벽한 기능설계란 사실상 불가능하다. 그러나 설계의 초점이 시장이나 수요와 관련된 경제적 측면에 주어지느냐, 소비자행위와 관련된 행위론적 측면에 주어지느냐, 아니면 자재, 생산방법 및 공정 등과 관련된 기술적 측면에 주어지느냐에 관계없이 설계의 기준과 가치 사이에 균형이 이루어졌을 때 훌륭한 설계라고 할 수 있다.

2) 형태설계

전통적인 제품설계에서는 설계의 기준으로서 우선 기능을 고려한 다음 형태를 고려하는 것이 일반적이다. 형태설계(form design)는 물리적 외양과 관련된 것으로서, 완제품에 대한 기능적 요건과는 무관한 물리적 형태나 미적 특성을 결정하는 작업이다. 일반적으로 제품의 외양이란 시각적 소구를 통하여 판매를 촉진하는 효과를 가지고 있으므로 형태가 기능과 유기적으로 결합될 수 있도록 제품설계를 할 필요가 있다.

형태설계는 산업재보다는 소비재의 경우에 더욱 중요시된다. 흔히 소비자에게는 기능보다도 색상, 모양 및 유행이 더욱 큰 비중을 차지하고, 개인적 신분이나 이미지의 표출이 주요한 구매요인으로 작용하는 경우가 많기 때문이다. 제품의 포장 역시 제품에 대한 소비자들의 구매결정에 영향을 미치기 때문에 이것 또한 형태설계의 대상에 포함된다.

3) 생산설계

제품설계에 관한 의사결정은 성능과 외양에 대한 문제뿐만 아니라 생산가능성(productibility)에 관한 문제도 포함한다. 이를 생산설계(production design)라 한다. 실세계를 보면 흔히 설계기술자가 주로 제품의 기능과 형태에만 관심을 두고 제조공정 및 소요장비 등의 생산가능성에 관한 문제는 소홀히 함으로써 제품이 과잉설계(over design)되어 지나친 원가상승을 초래하거나, 기술적인 면에서 제품공정을 소화하지 못하여 생산을 불가능하게 만드는 경우가 많다. 이 경우 생산설계의 담당자는 도면을 재검토하여 생산가능성과 경제성이 개선될 수 있도록 설계를 변경해야 한다.

이와 같이 생산설계에서는 한정된 제조원가의 범위 내에서 해당 제품을 생산하는 데 필요한 기술과 장비를 기업이 보유하고 있는지를 고려해야만 한다. 일반적으로 기술적인 요건을 충족시킬 수 있는 설계안은 여러 가지가 있을 수 있다. 그러나 기술적인 요건이 충족되었을 경우에도 선정된 소재의 유형, 부품의 결합방법, 공차, 공정의 복잡성 및 제품의 개량가능성 등에 따라 제조원가가 달라진다. 따라서 기술적인 기능성보다는 오히려 원가절감의 가능성이 생산설계의 성패를 가름하는 경우가 많다.

이렇게 보면 생산설계란 생산의 경제성에 초점을 맞추어 제품이 어떻게 제조되어야 하는가를 검토하는 과정이라 할 수 있다. 다시 말하면 제품을 어떻게 제조할 것인가를 결정하는 것으로 끝나지 않고, 제품의 설계를 최종적으로 확정할 때 수용 가능한 여러 가지의 제조방법 중 원가를 최대한으로 절감할 수 있는 제조방법이 무엇인가를 결정하는 것이 곧 생산설계이다.

앞에서 설명한 기능설계가 이루어지면 설계상의 기능요건을 충족시킬 수 있는 몇 가지의 대안이 마련되는데, 이 시점에서 바로 생산설계가 실시된다. 생산설계의 목표는 최저의 비용을 투입하여 최대의 기능적 편익을 소비자에게 제공할 수 있는 제품을 생산하는 데 있다. 따라서 이러한 목표를 달성하기 위해서는 생산설계의 과정에 제품의 단순화, 다양화, 표준화, 모듈화 및 가치분석 등 설계와 관련된 주요 개념 및 기법들이 도입되어야 할 것이다.

6.5 공정설계

투입물을 원하는 산출물로 변환하는 데는 일련의 연속적인 작업이 필요하다. 어떤 제품을 생산할 것인가를 결정하고 제품설계를 하게 되면 그 다음 단계가 제품설계에 따라 제품을 제조할 공정을 설계하는 것이다. 즉 제품의 설계단계에서 생산할 제품의 명세서가 작성되면 이에 따라 제품을 생산하는 데 필요한 생산공정을 설계해야 한다. 이와 같은 설계를 공정설계(process design) 혹은 공정계획(process planning)이라고 한다.

공정설계는 제품이나 서비스에 대한 생산활동이나 작업흐름이 합리적으로 진행되도록 작업자 및 기계를 효율적으로 조직화하는 것이다. 여기서 공정설계를 실시할 때에는 제품이나 서비스의 특성에 따라 조립, 가공작업에 차이가 있다는 점을 감안하여 제품설계가 끝나는 대로 생산과정을 분석, 그 특성에 맞는 공정이 되도록 유의해야 할 것이다.

생산공정의 설계에 대한 주요 의사결정에는 공정선정(process selection)과 공정분석(process analysis)이 있다. 공정선정은 생산시스템에 자재를 투입하여 제품을 산출하는 방법을 선택하는 것이다. 한편 생산공정이 선정되면 이 공정에서 갖추어야 할 생산 · 가공설비를 가장 적합한 것으로 선정해야 하는데, 이를 합리적으로 수행하기 위해서는 공정흐름의 분석이 병행되어야 한다.

공정분석이란 바로 작업공정간의 흐름을 분석하는 것으로서, 제품분석(product analysis)이 그 기초가 된다. 이러한 분석은 자동화, 설비배치 및 직무설계와도 밀접한 관계를 가지고 있으므로 기술적인 측면뿐만 아니라 자원절약이나 공해방지의 문제 등 사회 · 경제 및 환경적인 측면도 고려해야 한다.

공정선정

제품계획(product planning), 즉 어떤 제품을 생산할 것인가를 결정하고 제품설계를 하게 되면 이 설계에 따라 제품을 만들어 내기 위한 생산공정을 선정해야 한다. 다시 말하면 제품 아이디어의 창출 → 제품선정 → 예비설계 → 세부설계의 단계를 거치면 공정선정의 단계로 들어간다. 여기서 공정(process)이란 소요자원을 투입하여 이를 서비스로 변형시키는 기술적 과정을 뜻한다. 따라서 공정선정(process selection)은 도입해야 할 생산시스템의 형태와 공정의 적절한 규모를 결정하는 일이다. 즉, 제품을 생산하는 데 있어 과학적 이론에 의한 생산가능성, 생산공정의 일반적 성질, 공정에 사용되는 생산설비, 제품의 제조경로 등을 총망라하는 일련의 기술적 의사결정과정이 곧 공정선정이다. 이러한 기술적 결정에는 ① 주요한 기술적 결정, ② 부차적인 기술적 결정, ③ 특정설비의 선정, ④ 공정흐름의 선정 등이 있다. 이하에서는 이와 같은 기술적인 의사결정에 관하여 설명하기로 한다.

1) 주요한 기술적 결정

공정선정에서 가장 근본적인 문제는 설계된 제품의 생산이 가능한가,

즉 고려중인 제품을 생산할 수 있는 기술이 있는가를 결정하는 일이다. 이러한 주요한 기술적 결정문제는 주로 물리적·기술적 타당성에 관한 것으로서 경제적 타당성과는 거의 관계가 없다. 따라서 조직이 생산품목을 선정하기 전에 먼저 개략적으로나마 기술적 타당성에 대한 검토가 선행되어야 하며, 생산에 들어가기 전까지는 이에 대한 확실한 결론을 내려야 한다.

2) 부차적인 기술적 결정

부차적인 기술적 결정이란 생산시스템이 기술적 능력을 갖고 있을 때 구체적으로 어떤 공정기술을 이용할 것인가를 결정하는 것이다. 예를 들어, 우리나라의 전자회사들이 대형 컴퓨터를 생산할 만한 기술을 보유하고 있는지에 대하여 결정하고자 한다면 이 문제는 과학적 · 기술적인 차원의 문제로서 주요한 기술적 결정의 문제이다. 그러나 대형 컴퓨터의 생산이 기술적으로 가능하다는 결정을 내린 다음 생산운영관리자가 경영 내·외적 여건을 고려하여 가장 효율적인 공정기술이 어느 것인가를 결정한다면, 이는 부차적인 기술적 선택의 문제에 해당한다.

예를 들어, 금속부품의 제조공정에는 주조(casting), 절삭(cutting), 조형(forming), 조립(assembly), 마무리작업(finishing) 등이 있다. 또 주조에는 소재와 기법에 따라 11가지, 절삭에는 기법에 따라 8가지, 조형에는 10가지, 조립에는 납땜, 용접 등 7가지, 그리고 마무리작업에는 열처리, 세척, 광택, 도금 등 8가지가 있기 때문에 이 금속부품을 생산하는 데에는 모두 44가지의 작업방법이 있는 셈이다. 여기서 각 공정이 상호 독립적이라는 가정하에 가능한 조합을 계산해 보면 246,400(5×11×8×10×7×8)가지가 된다. 이들 중 어떤 방법을 어떻게 선정하여 제조공정을 구성할 것인가 하는 문제는 극히 어려운 일이 아닐 수 없다.

3) 특정설비의 선택

공정을 선정하는 부차적인 기술적 선택이 수행되면 다음에는 제조공정에 투입할 생산설비를 선택해야 한다. 물론 이미 소요시설을 보유한 공장에서는 설비의 선택은 임의적인 문제이다. 다음의 [표 6-2]는 설비의 선

| 표 6-2 | 설비선정시의 주요 의사결정변수

의사결정변수	고려해야 할 요인
초기투자	가　　격 제조업자 기사용된 모형의 이용가능성 공간소요량 공급 · 지원설비의 필요성
산 출 률	실제 대 예상생산능력
제품의 품질	견적서와의 일치성 폐 기 율
작업요건	이용의 용이성 안　전 인적 요인에의 영향력
노동요건	직접 대 간접 노동비율 숙련도 및 훈련
신 축 성	범용 대 전용설비 특수도구
생산준비요건	복 잡 성 변경속도
유지보전	복 잡 성 빈　　도 부품의 이용가능성
진부화	기술상태 다른 상황에서의 사용을 위한 개량
재공품재고	안전재고의 보유시기와 필요성
전제 시스템에의 영향력	기존 또는 계획 시스템의 연계 제조전략과의 적합성

택시 고려해야 할 주요 변수들을 나타낸 것이다.

4) 공정흐름 선정

공정흐름(process flow)이란 제조공정에서 가공작업이 물적으로 진행하는 순서를 의미한다. 앞에서 설명한 설비의 선정이나 부차적인 기술적 결정과정에서는 반드시 공정흐름을 검토해 보아야 한다. 만약 제조공정에서의 작업이나 자재의 흐름이 충분히 검토되지 않는다면 필요한 기계의 형태와 수를 합리적으로 결정하기가 어렵다.

그럼에도 불구하고 공정흐름의 선정문제를 이제 와서 다루는 이유는 제조공정에 관한 기타의 의사결정문제와 달리 이 문제는 제품이나 제품 믹스가 변경될 때마다 계속해서 검토해야 할 문제이기 때문이다. 예를 들어, 개별주문생산공장(job shop)에서는 여러 가지의 제품이 각기 다른 공정을 거쳐 생산되며, 때로는 특정의 설비나 기계의 공정을 거치지 않고 생산되는 경우도 있다. 따라서 이와 같은 생산형태에서는 필요한 설비가 결정된 다음에야 비로서 공정흐름을 추정하고 평가할 수 있다.

공정분석

공정분석(process analysis)이란 제조공정에 원자재를 투입하여 이것이 가공, 운반, 검사, 저장 등을 거쳐 부품이나 완제품으로 생산되는 과정의 각 단계를 분석하는 일이다. 공정분석은 불필요한 공정을 제거하거나 재결합시킴으로써 효율적인 공정이 되도록 설계하자는 데 목적이 있다. 제조공정을 분석할 경우에는 특히 여러 가지의 공정분석도표를 이용하는 것이 효과적이다. 그 이유는 이러한 도표를 이용함으로써 공정의 순서나 작업방법을 논리적으로 검토 · 개선시킬 수 있기 때문이다.

공정분석도표로는 조립도표, 작업공정도표, 공정절차표, 공정분석도표 등을 들 수 있다. 그러나 이와 같은 공정분석도표들은 새로운 공정의 설계나 현재 실시되고 있는 공정의 개선에 이용될 수 있을 뿐만 아니라 작업방법의 개선에도 효율적으로 이용되고 있는 것으로서 제7장 직무설계의 부분에서 상세히 다루고 있으므로 여기서는 자세한 설명을 생략하기로 한다.

Chapter 07 직무 설계

제 7 장

직무설계

7.1 서 론

직무설계(job design)란 수행되어야 할 직무(job)의 내용과 방법을 구체적으로 규정하는 작업을 말한다. 보다 구체적으로 표현하면 직무설계란 어떠한 작업을 누가 어디서, 언제, 왜, 그리고 어떻게 수행해야 하는가를 결정해 두는 일과 관련을 갖는다. 이러한 직무설계의 목적은 여러 가지 대안들의 장단점을 비교하여 가장 생산적이고도 효율적인 작업시스템(work system)을 창출하는 데에 있다.

어느 조직의 직무설계가 성공을 거두기 위해서는 다음과 같은 요건이 충족되어야 한다. 첫째, 필요로 하는 훈련과 능력을 갖춘 유경험자에 의해 수행될 것이어야 할 것이다. 대부분의 기업에서 그러하듯이 직무와 관련된 다양한 능력을 갖춘 전문가들이 직무설계과정에 참여해야 비로소 직무설계가 성공할 수 있는 것이다. 둘째로, 조직의 목표와 일치되도록 설계할 것이다. 다른 기업활동과 마찬가지로 직무설계 활동 역시 조직의 목표와 상충되어서는 결코 성공적일 수 없을 것이다. 셋째로, 경영자와 종업원 모두가 이해할 수 있도록 이들의 합의하에 수행되어야 한다. 기업의 의사결정자인 경영자와 결정된 직무를 수행해야 하는 종업원과의 합의는 전제가 되는 것으로, 양자간 합의에 의한 직무설계가 이루어져야 할 것이다. 마지막으로, 직무설계의 결과를 직무기술서(job description)의 형태로 문서화할 필요가 있다. 경영자와 종업원간 공동합의에 의해 이루어진 직무설계의 결과는 묵시적 합의에 그쳐서는 안 되며, 특정한 직무의 내용과 방법을 직무기술서와 같은 형식의 문서로 명시화할 필요가 있다.

직무설계의 성패에 영향을 미치는 요인들은 매우 많고도 복잡하기 때문에 이 분야에 대한 경험과 숙련이 부족한 사람이 이를 수행할 경우 설계상의 중요한 요소들을 지나쳐 버리기 쉽다. 따라서 경영자와 작업자들은 자신들이 가진 지식을 최대한 활용할 수 있도록 전사적인 협조체제하에서 서로 정보교환을 실시하고, 정보의 지속적인 유지를 기해야 한다. 특히 종업원들은 그들이 일상적으로 수행하는 작업에 대해 세밀한 정보를 가지고 있기 때문에 이들은 직무개선과 관련하여 경영자에게 여러 가지 제언을 해줄 수 있다. 이처럼 경영자와 종업원의 합의하에 직무설계가 수행되었을 경우에는 설계된 내용이 이 두 집단에 수용되기가 훨씬 용이해지는 것이다. 마지막으로 직무설계의 결과를 문서로 기록해 둠으로써 이 기록은 장차 관련 직무에 대해 의문이 제기되었을 때 문제의 해결을 위한 지침으로 이용할 수 있다.

그런데 직무설계에 대한 현재의 관행을 보면 직무설계의 본질이 무엇이냐에 관하여 서로 견해를 달리하는 두 가지의 기본적인 조류가 있다. 그 하나는 직무설계에 대한 체계적이고 논리적인 접근성을 강조하는 부류로서 이를 흔히 효율학파(efficiency school)라 한다. 또 하나는 인간의 욕구와 소망을 강조하는 부류로서 이는 흔히 행동과학파(behavioral school)라 불리어진다.

효율학파는 테일러(Frederick W. Taylor)가 제창한 과학적 관리법의 정신을 계승 · 발전시켜 이를 직무설계에 수용하고자 하는 학파로서 종래의 학자들에 의해 지지를 받아왔다. 그러나 1950년대에 이르러 행동과학적 접근법이 출현하여 이것이 직무설계의 여러 가지 측면에서 광범위하게 수용되기에 이르렀다. 행동과학적 접근법이 학계와 실무계에 끼친 주요한 공헌들 중의 하나는, 인간이란 복잡한 존재이며, 효율학파가 주장하는 접근법만을 가지고는 어떠한 직무설계에 있어서도 성공을 거두기 어렵다는 것을 경영자에게 인식시켜 주었다는 점이다.

그러나 오늘날의 작업시스템이 당면하고 있는 문제점들이 노출됨으로써 행동과학적 접근법 역시 한계점이 있음을 알게 되었다. 그 중 하나는 많은 작업자들이 자신들의 직무에 흥미를 느끼지 못하고 있다는 점이고, 다른 하나는 작업자들이 직무에 대해 더 많은 통제권을 원하고 있다는 점이다.

| 표 7-1 | 직무설계에 대한 경영자 관점과 작업자 관점의 견해차이

	경영자측 관점	직업자측 관점
이점	- 작업자의 교육 · 훈련이 용이 - 작업자 채용이 쉽다. - 단순반복작업으로 생산성이 향상 - 노동대처가 용이하여 임금이 낮다. - 작업흐름과 작업부하에 대한 통제가 용이	- 생산제품에 대한 책임감이 적어 부담을 느끼지 않는다. - 정신적 노력이 불필요 - 작업을 위해 특별히 교육을 받을 필요가 없다.
불리점	- 한 사람의 작업자가 생산제품 전체에 대한 책임 규명이 어려워 품질관리가 곤란 - 작업자의 불만족에서 오는 이직, 지각 및 결근, 불평, 지루함 등이 발생	- 단순반복작업 싫증과 권태감 - 세분화된 작업으로 작업긍지 및 성취감이 낮다. - 피로나 욕구불만 작업속도 통제가 어렵다(조립라인의 형태) - 세분화 작업에 종사하므로 다른 중요한 교육을 받기가 어렵다. - 더 좋은 작업방법이나 기법을 개발할 기회가 적다. - 작업수행시 같은 근육을 계속 사용함으로써 근육피로 - 작업장 배치로 인하여 동료와의 의사소통의 기회가 적다.

이 두 가지 발견사항에 공통적인 것은 직무에 대한 전문화(specialization)의 정도가 작업자의 직무만족에 영향을 미친다는 사실이다. 즉, 전문화의 정도가 강할수록 직무에 대한 작업자들의 불만도 커진다는 것이다.

7.2 직무설계에 대한 행동과학적 접근

종전의 산업사회에서는 경제적 기준을 직무설계에 대한 제1차적 지침으로 이용해 왔다. 과거의 전통적인 직무설계자들은 개별 작업자들이 생산과정에 미치는 영향을 최소한으로 줄이기 위해 전문화라든가, 작업의 반복 및 직무수행 요건의 최소화 등을 강조했던 것이다. 이는 직접적으로 비용을 극소화하고 생산성을 극대화하기 위한 단기적인 안목으로 직무가 설계되었음을 의미한다. 이와 같은 경제적 기준들이 여전히 직무설계시의 중요한 고려사항이 됨은 물론이다. 그러나 직무설계에 있어 행동과학적 요인들이 종업원들의 직무성과에 결정적인 영향을 미칠 수 있음을 잊어서는 안되며, 이러한 요인들을 무시한다는 것은 전통적인 경제적 접근법을 통해 경영자가 획득한 이득 이외의 추가적 이득에 대한 획득기회를 포기해 버리는 결과가 된다. 즉 종업원들이 자기 직무에 대하여 흥미와 보람을 느끼고 이러한 직무만족을 통해 생산성을 향상시킬 수 있도록 하기 위해서 직무설계자들은 행동과학적 측면을 고려하여 직무를 설계해야 할 것이다. 직무설계시에 도입해야 할 행동과학적 접근법으로는 직무확대, 직무충실화, 직무로테이션 및 직무설계에의 참여 등을 들 수 있다.

직무확대

직무란 일반적으로, '여러 가지 과업(task)의 결합'이라 정의되고 있으며 한 작업자는 그 중 어느 하나의 과업을 수행하는 것으로 볼 수 있다. 여기서 각 과업은 일련의 물리적인 자극, 즉 시각, 청각 및 촉각 등과 관련을 갖는다. 작업자가 과업을 수행할 때에는 여러 가지의 자극을 받게 되는데 자극의 종류는 과업의 성격에 따라 달라진다. 여러 가지의 다양한 과업으로 구성된 직무는 작업자에게 다양한 자극을 부여하지만 일상적이고 반복적인 과업으로 구성된 직무는 작업자에게 자극을 거의 부여하지 못하는 것이 보통이다. 만약 직무가 고도로 전문화되어 작업자들이 자신의 직무가 너무 단조롭다고 느낄 정도로 직무를 단순화 및 반복화하게 되면 작업자들은 작업에 대해 권태감을 느끼게 되어 직무불만족(job dissatisfaction)을 갖게 된다. 이처럼 직무에 대한 권태감과 불만족이 증가될수록 지각, 결근 및 이직률이 높아지는 현상을 초래하는 것이다.

직무확대(job enlargement)란 직무분화 또는 직무전문화와 대치되는 개념으로 현재 맡고 있는 직무에 유사한 작업을 추가시킴으로써 다양한 일감을 제공하여 직무의 범위(scope)를 증대시키는 것을 말한다. 한마디로 작업자에게 과업의 총량을 증대시켜 주는 것을 말한다. 직무확대를 실시할 경우 작업자에게 요구되는 기술과 책임은 종전과 동일하지만 새로운 과업이 부과된다는 점에서 이를 수평적 직무부하(horizontal job loading)라 한다. 직무순환과 마찬가지로 흥미없는 작업을 확장시킴으로써 사기를 오히려 저하시킬 수 있다는 부정적 시각도 있으나, 경영자들이 이처럼 직무를 확대할 경우 새로운 자극이 유발됨으로써 직무의 과도한 단순화와 전문화로 인한 폐단을 줄일 수 있을 것이다.

직무충실화

직무가 고도로 전문화되면 작업자들은 더 이상 자신들의 작업이 조직목표에 공헌하지 못하는 것으로 생각하기 쉽다. 가령 하루 종일 너트만을 조이는 작업자의 경우 이 너트가 새로운 자동차의 바퀴에 부착되어 운전자의 안전을 보장하는 데 기여하게 됨을 느끼지 못하게 되며, 한 가족의 안전은 그들이 자동차에 하나하나의 너트를 얼마나 성실하게 조여 주느냐에 달려 있다는 사실을 인식하지 못하는 것이다.

직무충실화(job enrichment)란 이와 같은 상황에서 과업의 계획과 조정(coordination)에 대한 작업자의 책임수준을 증대시켜 주는 것을 말하며,

이는 곧 직무의 수직적 부하(vertical loading)라 할 수 있다. 다시 말하여 작업자들이 수행하는 작업을 계획, 조직화 및 통제하는 데에 작업자 자신이 직접 참여함으로써 이들이 직무에 대해 더 큰 의미와 만족을 느낄 수 있도록 작업내용을 재설계하는 절차가 곧 직무충실화인 것이다. 가령 슈퍼마켓에서 재고출납원에게 제품의 진열까지 담당하도록 함으로써 그의 책임을 증대시키는 일은 직무충실화의 한 예이다.

이러한 직무충실화는 작업자들에게 직무만족을 제공할 뿐만 아니라 조직의 효과를 증대시킨다. 직무에 대한 종업원들의 만족이 없이는 생산성 향상을 기대할 수 없으며, 직무충실화는 곧 종업원들의 직무만족을 창출하는 데 기여하는 것이다.

효과적인 직무충실화를 기대하기 위해서는 다음 두 가지의 조건이 충족되어야만 한다. 첫째, 경영자는 조직의 목표와 개인이 달성해야 할 성과수준에 관한 정보를 종업원에게 제공할 것, 둘째, 개인의 행위에 대해 과도한 통제를 피하는 등 직무충실화의 성공을 위해 적절한 조직분위기를 조성해 주는 것이다.

이와 같은 두 가지 조건이 충족되기 위해서는 전통적인 경영개념에 대해 과감한 수정이 있어야 한다. 이를 위해서는 첫째, 모든 종업원들을 경영자로 인식해야만 한다. 이는 모든 종업원들이 자신의 직무를 계획, 조직화 및 통제하기 위한 경영활동에 참여해야 한다는 뜻이다. 둘째, 조직은 작업자들이 작업을 마치 하나의 게임으로 생각하고 자신의 작업에 흥미를 느낄 수 있도록 직무설계를 해야 한다. 즉, 이해하기 쉽고 의미 있는 목표의 설정이라든가 즉각적인 피드백, 집단결집력(group cohesiveness), 그리고 스스로 원하여 참여하는 경쟁자들과 같은 실제의 게임에서 기대할 수 있는 여러 유인들을 제공해 주어야 할 것이다.

직무순환

바람직하지 못한 작업형태를 재설계하거나 자동화할 수 없는 직무에 대한 효과적인 접근방법은 종업원들을 단기간 동안 다른 직무로 이동시킨

다음 다시 이들을 또 다른 직무로 이동시키는 방법이다. 가령, 항상 자정부터 아침 8시까지 근무해야 하는 3교대제(three shift system)를 바람직하게 생각하는 작업자는 없을 것이다. 그러나 병원, 소방서 및 경찰서와 같은 서비스 기관의 경우에는 3교대제 방식이 반드시 필요하기 때문에 직무순환(job rotation)을 실시함으로써 문제를 해결할 수밖에 없다.

종업원들에게 바람직하지 못한 근무 시간대에 로테이션으로 교대근무를 시키는 것과 마찬가지로, 바람직하지 못한 직무에 대해서도 종업원들에게 직무 로테이션을 적용하는 것이 효과적이다. 이러한 로테이션 기법은 불완전한 직무설계에 따른 충격을 완화시킬 수 있다. 이 기법은 연공서열을 위주로 하는 일반적인 인사제도하에서는 그 도입이 제약을 받기도 하지만, 여러 가지 사례를 통해 이 기법의 도입이 성공적인 것으로 평가되어 왔기 때문에, 오늘날 대부분의 기업에서 이 기법을 채택하고 있다. 그러나 훈련비용의 증가, 새로운 직무를 주기적으로 맡게 됨으로 인해 전반적인 생산성이 떨어질 가능성이 있으며, 비자발적인 직무순환의 경우 사기저하나 직무불만족을 일으킬 우려도 있다.

직무설계에의 참여

인간이 자신의 직업이나 직무에 대해서만큼 강력한 애착과 소유욕을 갖는 것도 거의 없을 것이다. 따라서 기업의 종업원들은 자기 직무상의 변화에 대해 민감한 반응과 반발을 일으키기 쉽기 때문에 직무재설계를 실시할 때에는 종업원들이 직무상의 변화에 대하여 어느 정도의 저항을 하게 될 것으로 생각해야만 한다. 종업원들은 지금까지 그들의 조직에 있어 변화 자체에 목적을 둔 직무변경을 자주 경험해 왔으며, 경영자가 바뀌어 새로운 직무절차와 프로그램이 도입되면 기존의 익숙해 있는 직무패턴을 와해시키고 자신들의 직무를 더욱 어렵게 만드는 것으로 생각하는 것이다. 이들은 자신의 직무에 관한 한 어느 누구보다도 정통하고 있다고 생각하기 때문에 직무변경의 주체에 대해 강한 반발을 일으키는 경향을 나타낸다. 따라서 직무설계과정에 작업자들을 직접 참여시키거나 적어도 직무변경과정에 이들이 참여할 기회를 제공한다면 직무의 변경이란 훨씬 의의 있는 일이 될 것이다. 또한 작업자들이 직무변경과정에 참여할 경우는 그렇지 않을 경우보다 더욱 적극적인 태도를 나타낼 것이기 때문에 변경된 새로운 직무를 알기가 용이해지는 이점도 있다. 작업자들에게 새로운 직무의 목표를 이해시키고 직무에 대한 지침을 전달하는 데에는 상당한 시간과 노력을 필요로 하기 때문에 이 점에서도 직무설계에 대한 종업원들의 참여는 충분한 가치를 갖게 된다.

사회기술시스템

직무설계에 있어서는 사회기술접근법을 적용하는 것이 바람직하다. 조직에 있어 사회기술시스템(society-technical system)이란 인간과 기술과의 상호관계 내지 교호작용과 관련을 갖는 말로서, 모든 조직은 사회적 측면과 기술적 측면의 양면성을 갖는다는 점에서 비롯된 말이다. 이는 특히 특정기술의 도입이 조직 내에 있어서의 사회적 구조에 영향을 미칠 수 있으며 기술적 변화(설비의 재배치, 자동화, 새로운 공법의 도입 등)는 작업자의 생산성에 부(否)의 효과를 끼치는 경우가 많다는 점에서 그 중요성이 인식되고 있다. 또한 이 접근법의 주장자들은 사회적 측면을 고려하면서도 조직이 소망하는 바람직한 결과를 창출할 수 있는 기술적 접근법이 곧 이 기법이라고 강조한다. 따라서 사회기술접근법에서는 기술적 효율과 기존의 사회적 시스템의 양자를 고려하는 직무설계의 방안을 모색하는 데에 역점을 두는 것이다.

이 접근법은 과업의 다양화, 기능(skill)의 다양화, 과업의 자율화 및 피드백을 추구하는 등 여러 가지 점에서 앞서의 직무충실화와 유사성이 크다. 그러나 이 접근법은 실제의 작업수행방법과 작업자율화의 정도를 결정할 때 작업자에게 보다 많은 참여 기회를 부여한다는 점에서 직무충실화보다는 더욱 적극적인 동기유발(motivation) 기법이다. 이 때문에 사회기술접근법의 실제적 적용가능성에 대하여 상당한 논란이 제기되고 있으며 이 접근법의 광범위한 수용은 사실상 불가능하다고 보는 사람이 많다. 이 기법은 일본과 같은 작업환경, 즉 산업기사나 품질관리 전문가 등의 스텝들이 작업절차를 일방적으로 규정하기보다는 작업자들의 작업을 도와주기 위한 상담자로서의 역할을 수행하게 되는 작업환경에 보다 적절한 접근법이라 할 수 있다.

7.3 작업방법 분석

직무설계는 전반적인 생산활동상의 제 방법들을 분석하는 데서 출발한다. 이를 작업방법 분석(work method analysis) 혹은 간단히 방법분석(method analysis)이라 한다. 직무에 대한 거시적 분석이라 할 수도 있는 이 방법분석이 끝나고 난 다음에야 비로소 직무에 대한 전반적인 분석으로부터 세부적인 배치상태와 작업자 이동상태에 이르기까지 집중적으로 분석할 수 있는 것이다. 방법분석은 다음과 같은 여러 가지 변수가 원인이 되어 그 필요성이 강조된다.

① 작업도구와 설비의 변경
② 제품설계상 변경
③ 신제품의 등장
④ 자재 혹은 공정상의 변화
⑤ 정부 규제 혹은 새로운 계약의 체결

방법분석은 기존의 직무에 대해서는 물론이고 아직 실행되지 않고 있는 새로운 직무에 대해서도 행해진다. 얼른 보면 실행되지 않는 직무를 상대로 방법분석을 수행한다는 것이 이상할지도 모른다.

그러나 누군가는 새로운 직무에 대한 작업방법을 확정지어야 한다는 관점에서 보면 초보자가 시행착오적 방법으로 작업방법을 결정하기보다는 전문가가 미리 새로운 직무에 대한 방법분석을 통해 작업방법을 결정해 두는 것이 바람직할 것이다.

1) 조사대상 활동의 선정

방법분석의 대상이 되는 생산활동이나 작업을 선정할 때에는 직장이나 감독의 제안에 따르는 경우도 있겠으나 방법분석을 통해 생산성 향상과 원가절감을 꾀할 수 있는 분야를 연구대상으로 하는 것이 바람직하다. 따라서 다음과 같은 특성을 갖는 직무를 조사대상으로 하는 것이 좋다.

① 노동집약적인 직무
② 수행 빈도가 높은 직무
③ 안전성이 낮고 피로도가 높으며 소음이 많고 불쾌감이 큰 직무
④ 평소에 문제가 자주 발생하는 직무(품질문제, 일정계획상의 애로사항 등)

2) 현재의 작업방법 기록

기존의 작업방법을 조사하여 이를 기록할 때에는 현재 수행되고 있는 직무수행방법에 대한 기술서를 작성하거나 차트 혹은 그래프를 이용한다. 이러한 도표나 기술서는 해당 직무를 이해하는 데 도움을 줄 뿐만 아니라 작업방법의 개선방안을 찾기 위해 여러 방법들을 비교하기 위한 목적으로 활용되는 것이다.

3) 직무분석 및 새로운 작업방법의 제시

직무분석을 위해서는 조사자가 해당 직무와 관련하여 그 내용과 목적, 수행시기장소 및 직무담당자 등을 면밀히 조사해야 한다. 이와 같은 조사를 통하여 분석자는 기존의 작업방법과 제안된 작업방법의 두 가지를 놓고 객관적인 관점에서 평가를 내리게 된다.

그런데 작업방법을 분석하고 그 개선방안을 모색하는 데에는 흐름공정도(flow process chart), 작업자-기계도(worker-machine chart) 및 집단공정도(gang process chart)와 같은 여러 가지 도표를 사용하는 것이 바람직하다. 특히 집단공정도는 다수의 작업자들이 공동으로 작업해야 하는 직무에 있어 각 작업자의 활동과 작업시간을 순서에 따라 교차횡단적(cross-sectionally)으로 표시함으로써 해당 직무의 분석을 통해 작업자들의 활동을 상호 조정하는 데에 목적이 있다.

| 표 7-2 | 흐름공정도에 사용되는 기호

기 호	의 미	내 용	예
○	조 업 (operation)	제품의 제조를 위해 수행되는 작업	못질, 자재혼합, 타이핑
⇒	운 반 (transportation)	제조공정에서의 제품이나 부품의 장소 이동	지게차에 의한 자재운반, 컨베이어에 의한 부품이동, 인력에 의한 자재운반
▽	저 장 (storage)	제품이나 부품이 생산에 이용되지 않고 대기하고 있는 상태	창고에 원자재 보관, 완제품의 산적, 파일박스에 서류저장
□	검 사 (inspection)	기계적 · 형태적 혹은 기능적 조건의 충족여부에 관한 확인과정	원자재의 품질 및 수량검사, 보일러의 증기 계측기 검침, 컴퓨터 아웃풋의 오류 검사
D	지 연 (delay)	제조활동 전후의 잠정적인 휴무상태	엘리베이터 앞에서의 대기, 자재의 공정투입 전 대기, 서류의 파일 직전대기

4) 개선방법의 확립

방법분석의 결과를 토대로 작업방법의 변경안이 제시되었을 때 이것이 성공적으로 실행되기 위해서는 조사팀이 새로운 작업방법의 장점을 경영자에게 확인시키고 작업자의 협조를 구해야 한다. 이처럼 방법분석의 전 과정에 걸쳐 작업자들의 조언을 듣고 이들의 제안을 받아들여 작업방법의 개선에 반영할 때에는 조사자가 직무개선의 책임을 전담하는 경우에 비해 개선안의 실행이 용이해진다.

5) 사후확인

작업방법의 변경이 이루어지고 제안된 방법이 예상대로 실행되고 있음을 확인하기 위해 분석자는 충분한 기간 동안 작업상태를 관찰하는 한편 이 기간 중에도 해당 작업자와 계속적인 협의가 뒤따라야만 한다.

7.4 동작연구

동작연구(motion study)는 작업자가 특정의 생산활동이나 작업을 수행하기 위해 일으키는 동작에 대한 체계적 연구이다. 동작연구의 목적은 작업에 불필요한 동작들을 제거하고 동작들에 대한 최선의 순서를 확인함으로써 효율의 극대화를 꾀하자는 데 있다. 현재 실무에서 채택되고 있는 동작연구는 길브레드(Frank Gilbreth)에 의해 창안된 것으로 그는 과학적 관리의 시절인 20세기 초에 벽돌쌓기의 생산성을 종전보다 1/3 이상 끌어올릴 수 있었다고 한다.

효율적인 작업절차의 개발을 위해 동작연구의 분석자들이 이용할 수 있는 기법에는 크게 나누어 다음과 같은 네 가지가 있다.

① 작업연구의 제 원칙
② 서블릭(therblig) 분석
③ 미세동작 연구(micro motion study)
④ 차트에 의한 연구

동작연구의 원칙

동작연구에 관한 길브레드의 업적은 이른바 동작연구의 원칙(motion study principles)이 개발되는 계기로 작용하여 오늘날 동작-효율적(motion-efficient)인 작업절차를 설계하는 데 기본 지침이 되고 있다. 이 지침은 크게 신체이용의 원칙, 작업장 배치의 원칙 및 도구와 설비설계의 원칙이라는 세 가지 범주로 분류된다. 그런데 동작을 효율적으로 일으킬 수 있는 작업방법을 개발하기 위해서는 분석자가 다음과 같은 몇 가지 사항을 준수해야 한다.

① 불필요한 동작을 제거할 것
② 유사한 활동들의 결합을 시도할 것

③ 피로 요인들을 감소시킬 것
④ 작업장의 배열방법을 개선할 것
⑤ 도구와 설비의 설계를 개선할 것

서블릭 분석

서블릭(therblig)은 모든 작업에 공통적으로 필요한 기본요소동작들을 표시하기 위하여 사용되는 기호이다. 'therblig'이라는 말은 동작연구의 창시자인 Gilbreth의 철자를 거꾸로 배열한 것이다. 이와 같이 길브레드가 서블릭을 개발하게 된 배경에는 직무를 미세한 요소동작들로 분해하여 이들 중 불필요한 동작을 제거하고 관련동작들을 결합하거나 재배열시킴으로써 기초 동작들의 분석을 용이하게 하자는 아이디어가 작용하고 있었다.

여기서는 서블릭에 대한 자세한 설명은 생략하기로 한다. 다만, 실무에서 가장 자주 접하는 다음과 같은 몇 가지 서블릭의 예를 제시함으로써 이러한 기본적인 요소동작들의 성격에 대한 이해를 돕고자 한다.

- 찾음(search): 양손과 두 눈으로 어떤 품목을 찾는 동작
- 선택(select): 물체의 집단으로부터 하나 또는 몇 개의 품목을 고르는 동작
- 붙잡음(grasp): 물체를 붙잡는 동작
- 가지고 있음(hold): 물체를 붙잡은 다음 이를 가지고 있는 동작
- 운반(transport loaded): 물체를 가지고 있다가 이를 이동시키는 동작
- 놓음(release): 물체를 일정한 장소에 내려놓는 동작

서블릭에 포함되는 동작에는 이 외에도 검사(inspect), 위치설정(position), 계획(plan), 휴식(rest), 지연(delay) 등이 있다. 이와 같은 서블릭를 이용하여 직무를 묘사하는 데에는 방대한 양의 작업을 필요로 하는 것이 보통이다. 그러나 사이클이 짧고 반복적인 직무에 관한 한 서블릭 분석이 커다란 효과를 거둘 수 있다.

그림 7-1 서블릭 기호의 예

	부호 이름	서블릭 부호		설명(부호의 모양)	색 상	색상 부호
1	찾 기	sh		무엇을 찾는 듯이 눈동자를 돌린다.	Black	
2	고 르 기	st	—	목표물에 손을 뻗는다.	Gray, light	
3	쥐 기	G	∩	물건을 쥐기 위해 손을 벌린다.	Lake red	
4	빈손이동	TE		빈손	Olive green	
5	운 반	TL		손에 무엇인가 쥐고 있다.	Green	
6	잡고 있기	H		지남철에 쇠막대가 붙어 있다.	Gold ochre	
7	내려 놓기	RL		손에 든 것을 떨어뜨린다.	Carmine red	
8	바로 놓기	P		물건이 손에서 놓여진다.	Blue	
9	미리 놓기	PP		볼링의 표적인 핀을 세워 놓여진다.	Sky-blue	
10	검 사	I		돋보기의 모양	Burnt ochre	
11	조 립	A	#	몇 개의 부품이 결합된 모양	Violet, heavy	
12	분 해	DA		하나의 부품이 제거된 모양	Violet, light	
13	사 용	U	U	Use의 첫 글자	Purple	
14	피할 수 없는 지연	UD		뜻하지 않게 코를 찧는다.	Yellow ochre	
15	피할 수 있는 지연	AD		게으르게 누워 있다.	Lemon yellow	
16	계 획	Pn		손을 얼굴에 괴고 생각중이다.	Brown	
17	휴 식	R		앉아서 쉬는 모양	Orange	

미세동작연구

미세동작연구(micro motion study)는 길브레드 부부가 활동사진을 이용하여 동작연구를 했던 기법으로서, 산업분야에서 뿐만 아니라 스포츠나 의료업에 이르기까지 인간생활의 다양한 분야에 이용되고 있다.

이 기법의 특징은 인간의 육안으로 관찰할 수 없는 빠르고 미세한 동작까지도 카메라와 슬로우 비디오로 포착하여 동작연구를 행할 수 있다는 점이다. 또한 여기서 입수된 필름은 작업자와 분석자를 훈련시키고 작업방법에 관한 직무상의 논란을 해결하는 데 참고자료로 이용할 수 있는 영구적인 자료가 된다.

미세동작연구의 가장 큰 단점은 분석비용이 과도하게 지출된다는 점이다. 그러나 직무의 소폭적인 개선을 통해서도 막대한 비용절감이 가능한 반복적인 작업이나 내과진료의 경우처럼 복잡하고 정교한 작업의 경우에는 이 기법의 효용이 매우 크다.

차트에 의한 동작연구

동작연구자들은 차트를 이용하여 동작을 연구하고 기록하는 경우가

그림 7-2 사이모차트(볼트와 와셔조립작업의 수정 전과 수정 후)

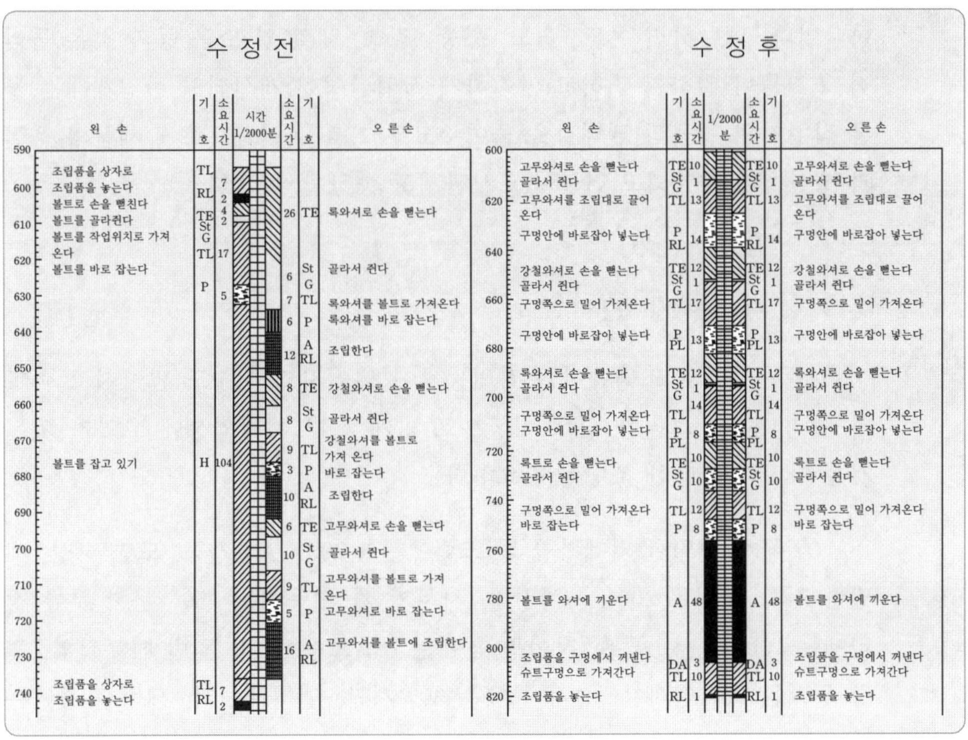

많다. 앞에서 설명한 흐름공정도와 집단공정도 등의 차트는 동작연구를 하는 데에도 유용하게 이용될 수 있다. 특히 동작연구를 위해 가장 보편적으로 이용되고 있는 차트는 사이모차트(simo chart)이다. 이는 동시동작 차트(simultaneous motion chart)라고도 하며, 좌수–우수 활동도(left hand-right hand operations chart)라고도 한다. 이 기법에서는 특정의 활동에 있어 오른손과 왼손의 모든 동작을 그 순서에 따라 열거할 뿐만 아니라 때로는 각 동작을 일으키는 데 걸리는 시간까지도 표시해 준다. 차트에 의한 동작연구는 일상적이고 반복적이며 사이클이 짧은 작업의 동작을 분석하는 데 적절하다.

7.5 작업환경연구

작업환경 역시 직무설계에 있어 중요하게 고려되어야 할 요인들 중의 하나이다. 왜냐하면 온도, 습도, 통풍, 조명, 색깔 및 소음 등과 같은 물리적 조건들이 일하기 편하고 안전하게 작업환경이 개선되면 산업재해는 물론 작업자의 결근과 권태감을 줄여주고 사기를 올려줌으로써 제품의 품질과 생산성이 향상되고 더불어 노사관계도 향상될 수 있다.

조명 및 채광의 개선

기준 이하의 조명에서는 작업능률이 떨어지고 실수도 많아지고 피로가 빨리 온다. 그러나 필요 이상으로 밝게 한다고 작업상에 효과가 있는 것은 아니며 적당한 조명이 필요하다.

① 극히 정밀한 기계가공 및 조립에는 1,000; 정밀가공, 도면 작성, 세밀한 검사 등에는 200; 문서정리, 사무기 가동 등에는 150; 문서 분류 정리에는 100; 독서, 공부, 타이핑 등에는 70; 보통 검사, 일반 사무작업, 포장 등에는 50; 인터뷰, 선적 등에는 30; 계단, 엘리베이터, 세탁실 등에는

20 정도의 푸트촉광(foot-candles)이 필요하다.

② 빛의 양뿐만 아니라 빛의 질도 중요. 눈이 부시는 조명은 바람직하지 못함

③ 빛은 종업원의 시야선상에 있어서는 안 되고 작업장을 비춰야 함

④ 작업장에서 빛의 강도가 너무 대비되는 것도 바람직하지 못함

온도 및 습도의 조절

인체는 36.5℃의 체온을 유지한다. 이 온도는 생리적인 변화를 통해 자동적으로 유지된다. 너무 더우면 땀을 흘려 몸을 식힌다. 추운 경우 체온을 유지하기 위해서 훨씬 더 많은 에너지를 소비한다. 작업환경은 신체가 극단적인 온도에 대응하도록 해서는 안 된다.

작업장의 온도는 16℃에서 24℃ 사이가 적당하다고 하며, 중노동의 경우는 약 27℃를 넘으면 작업속도가 떨어지고, 경노동의 경우는 약 32℃ 이상이면 실수의 발생률이 높아진다고 한다. 습도는 보통 50% 정도가 적합하며, 온도와 습도는 밀접한 관계가 있어서 온도가 높을수록 습도가 낮아야 보다 쾌적한 환경이 된다.

소음의 통제

소음은 실수나 사고를 유발하거나 마음을 어지럽힌다. 소음의 크기는 보통 데시빌(db: decibel) 단위로 표시된다. 일반적으로, 속삭이는 소리는 20db, 조용한 사무실은 40db, 대화는 60db, 교통이 번잡한 거리나 선반가공 작업장은 80db, 펀치프레스 작업장은 100db, 기계톱 작업장은 110db, 제트 엔진은 115db 등이다. 보통 100db 이상의 소음에서 오랫동안 있으면 청력감퇴가 일어나고, 고통의 한계는 130db 정도이다.

초당 사이클 수로 측정되는 헤르쯔(hertz)도 소음의 효과에 중요한 요소이다. 사람의 가청 범위(들을 수 있는 소리의 주파수 범위)는 20에서 20,000 헤르쯔이다. 주파수가 너무 낮거나 높아도 들을 수가 없다. 고주파수의 소

리(사이렌과 같은 날카로운 소리)가 낮은 주파수의 소리보다 신경질을 불러일으키기 쉽다. 불쾌한 소리는 작업자의 성과를 떨어뜨린다. 가끔씩 불규칙적으로 날카롭게 나는 소리는 신경질나게 하고 마음을 혼란시킨다.

색채조절

색채가 인간의 심리적 · 생리적 측면에 영향을 준다. 이에 따라 작업의 안전과 재해방지 및 생산성 향상을 목적으로 한 색채관리를 색채조절(color conditioning) 또는 색채역학(color dynamics)이라고 한다. 시원한 느낌을 주는 녹색 · 청색 · 베이지색 등이 공장 환경용으로 적합하고, 따뜻한 느낌을 주는 적색과 황색 계통은 피로감을 더해 준다. 그렇지만 위험한 곳에는 적색, 위험가능성이 있어 주의를 요하는 곳(예 계단, 출입구, 통로, 횡단로, 천정이 낮은 곳 등)에는 황색으로 표시한다.

휴 식

휴식(work break)의 빈도, 시기 및 휴식시간의 길이는 작업효율과 작업의 질에 직접적인 영향을 미친다.

안 전

모든 작업자들은 작업상 위험에 노출될 수 있다. 즉, 작업자의 안전(safety)만큼 직무설계에 있어 중대한 문제도 없을 것이다. 안전사고는 작업자의 부주의나 작업환경의 불안전한 조건으로부터 비롯된다. 따라서 다음과 같은 조치가 필요하다.

① 위험한 동력, 압력, 고압전류 등으로부터의 안전보호 대책 및 위험표지 설치

② 작업자 보호장비(안전모, 보호안경, 귀마개, 장갑 등), 비상장비(소화

기, 비상 소화전, 비상구, 비상사다리 등)의 마련

③ 작업장의 청결유지, 적절한 환기 및 유해물질의 제거

④ 안전수칙의 철저한 지도 · 교육의 실시, 그리고 정기적인 안전점검 등

Chapter 08

작업측정 및 보상

제 8 장

작업측정 및 보상

8.1 서 론

7장까지 논의한 직무설계와 방법분석에서는 주로 직무를 어떻게 수행하여야 하는가를 살펴보는 데 그 역점을 두었다. 본 8장에서는 기업의 종업원의 작업수행과 이에 따른 보상문제를 다루게 된다. 일반적으로 작업측정(work measurement)이라 함은 해당 직무를 수행하는 데 어느 정도의 시간이 걸려야 하는가를 결정하는 문제, 다시 말해서 Taylor의 과학적 관리법에서의 시간연구(time study)에 해당하게 된다. 작업측정과 표준의 산출문제는 Taylor 이후 줄곧 논쟁의 중심이 되어 왔다. 하나의 대표적인 불평은 노동조합으로부터 야기되는 것으로, 노동조합은 항상 사용자들에 의해서 정해 준 표준은 일반 근로자들의 능력을 초과하는 높은 수준이라는 주장인데, 이와 같은 오해로 인하여 대다수의 노동조합들은 표준을 산출하는 전문가들에게 직접 일을 수행하여 보고 이것이 합당한지를 증명해 보이기를 원하였다.

이와 같이 정확한 작업측정과 특정한 직무수행에 투입되어야 할 표준시간의 결정문제는 매우 관련이 깊으며, 작업측정과 표준시간의 결정은 매우 중요하게 취급되어 왔다. 작업측정을 정의해 보면, 생산에 필요한 단위과업의 수행을 위해 투입되어야 할 노동력의 정도와 양을 결정하는 것이라 할 수 있다.

직무수행시간은 인력계획, 노무비의 추정, 일정계획, 예산편성 및 인센티브 시스템을 실행하는 데 반드시 필요한 자료가 된다. 작업자의 입장에서 볼 때 표준시간(standard time)은 한 작업자가 일정한 작업시간에 평균적으로 얼마만큼 생산해야 하는가를 제시해 주는 지침으로 이용된다. 여기서 표준시간(standard time)은 평균적인 작업자(average worker)가 정상적인 작업조건(normal condit-ion)하에서 특정의 직무를 수행하는 데 소요되어야 할 시간을 말한다. 표준시간은 정상작업시간에다 개인에 따라 어쩔 수 없이 발생할 수 있는 소정의 여유시간(allowance time)을 더함으로써 산출된다.

보다 구체적으로 표현하면 표준시간이란 소정의 자격을 갖춘 작업자가 주어진 작업도구와 설비, 자재 및 작업조건하에서 미리 정해진 작업방법을 이용하여 특정의 작업을 완수하는 데 소요되는 시간을 말한다. 이와 같은 표준시간을 산출할 때에는 해당 직무와 관련된 모든 변수(parameter)들에 대해 완벽한 정의가 있어야만 한다. 왜냐하면 작업의 실제수행시간은 이 변수들 전체에 대해 민감한 반응을 나타내며, 이 변수들 중 어느 하나만이 변화하더라도 작업수행에 요구되는 표준시간에 현저한 영향을 미칠 수 있기 때문이다. 가령 직무설계상의 변경이나 직무수행방법의 변경이 일어나면 표준시간의 조정을 위해 새로운 시간연구가 필수적이다. 실제로 특정의 직무에 대해 현재 설정되어 있는 표준시간이 모든 상황에 대하여 최적일 것으로 기대하기는 어렵기 때문에 주기적인 시간연구를 통해 항상 새로운 상황에 적절한 표준시간을 산출하는 것이 바람직하다.

이상에서 확인할 수 있는 바와 같이 작업측정이란 결국 표준시간을 설정하는 데 그 목적이 있고, 표준시간은 종업원의 인사고과를 위한 기준으로 이용되기 때문에 공정하고 정확한 작업측정은 경영자의 중대한 관심사가 아닐 수 없다. 특히 평균적인 작업자를 어떻게 정의할 것이며, 작업성과는 어떠한 차원(dimension)을 택하여 측정할 것인가, 그리고 측정척도로는 무엇을 사용할 것이고 측정의 정확성을 기하기 위해서는 어떻게 해야 할 것인가 등의 문제들이 작업측정의 성패를 가름하는 중요한 요인이 된다. 따라서 이 장에서는 이러한 요인에 대하여 좀더 자세히 논의한 다음 구체적으로 작업측정에 적용 가능한 여러 가지 기법들을 소개하고자 한다.

8.2 작업측정의 주요 요인

평균작업자

사람은 신장이라든가 팔의 길이 및 체중 등의 신체조건에 있어서는 물론 작업속도에 있어서도 개인에 따라 차이가 나기 마련이다. 이처럼 개인별 작업조건에 차이가 발생하는 상황하에서 타당성 있게 표준시간을 설정하기 위해서는 평균적인 작업조건을 갖춘 작업자를 발견하는 일이 중요하며, 이러한 평균작업자(average worker)를 어떠한 방법으로 찾아내야 할 것인가가 바로 문제인 것이다. 만약 우리가 전형적인 작업자 한 명을 평균작업자로 선택했다 하더라도 그가 모든 면에서 전체 작업자들을 대표할 수 있다고 단정할 수도 없는 것이다.

| 표 8-1 | 100명의 작업자 표본이 달성한 성과의 분포

집단 #	작업자 수	1인당 생산량 (개/시간)	작업자 비율	누적비율	역 누적비율
1	5	10-14	0.05	0.05	0.95
2	20	15-19	0.20	0.25	0.75
3	45	20-24	0.45	0.70	0.30
4	25	25-29	0.25	0.95	0.05
5	5	30-34	0.05	1.00	0.00
	100		1.00		

여기서 평균작업자를 선정하기 위한 최선의 방법은 다수의 작업자들의 작업상태를 관찰하여 이들의 평균성과를 측정하는 일이다. 이를 위해서는 관찰대상이 되는 작업자들을 표본추출하고 추출된 표본을 통하여 작업측정을 함으로써 표준시간을 산출한다. 이 경우에도 물론 표본추출오류(sampling error)가 발생하여 부정확한 표준시간이 산출될 가능성이 있다. 따라서 표준시간의 산정에 필요한 평균작업자의 발견 작업은 결국 표본집단의 크기를 결정하는 문제로 집약될 수 있으며, 이는 다시 표본추출에 소요되는 비용(표본추출비용)과 부정확한 표준시간의 산출로 인한 기회비용(표준오류비용)이라는 두 가지의 상충되는 비용을 고려하여 결정해야 할 문제인 것이다.

이 예에서는 100명의 작업자 표본을 유사한 수준의 작업성과를 발휘하는 5개 소집단으로 분류하고 있다. 또한, 이 표본의 경우 모든 작업자들은 각자 시간당 10개 이상을 생산할 수 있고, 전체의 95%가 시간당 15개 이상의 제품을 생산할 수 있으며, 작업자 1인당 평균성과는 대략 22(개/시간)임을 확인할 수 있다. 따라서 만약 작업집단 전체가 달성할 수 있도록 성과표준을 설정하는 것이 작업측정의 목적이라면 약 10(개/시간) 정도가 성과표준이 될 것이고 절반 정도의 작업자들이 달성 가능하도록 하고자 한다면 22(개/시간)를, 그리고 작업집단의 95%가 달성할 수 있도록 성과표준을 산출하는 것이 목적이라면 14(단위/시간)를 성과표준으로 설정해야 할 것이다. 어느 대안을 선택할 것이냐는 각 대안이 갖고 있는 장·단점과 결정상황을 고려하여 신중히 결정해야 한다. 경영자에 따라서는 최저수준의 성과표준, 즉 첫 번째나 세 번째의 대안을 선택할 경우 전체적으로 저조한 작업성과를 유발시킬 가능성이 있다는 점을 들어 절반 정도의 작업자들이 달성가능한 수준, 즉 평균성과율을 성과표준으로 설정하는 대안을 선호한다. 그러나 90-95%의 작업자들이 달성 가능하도록 성과표준을 설정하고 이 작업자 집단을 평균작업자로 정의하는 방안도 현실적인 타당성이 있음은 물론이다.

성과차원

작업표준을 설정할 때 경영자는 일반적으로 수량을 측정대상의 1차적인 성과차원(performance dimension)으로 하고 품질을 2차적인 성과차원으로 한다. 이때 수량표준은 제조업의 경우 단위시간당 생산량에 의해 측정되며 서비스업의 경우 단위시간당 서비스 고객의 수에 의해서 측정되는 것이 보통이다. 가령 제재업에 있어 1,200(단위/시간)을 표준성과로 설정하고 은행출납에 있어서는 24(명/시간)를 표준성과로 설정하는 등이 그 전형적인 예이다. 반면에 품질표준은 불량률에 의해 측정되는 경우가 많다. 가령 앞의 제재업의 경우 1%의 불량률을 허용표준으로 한다든가 은행출납의 경우 0.05%의 출납착오를 허용표준으로 하는 것이 그 대표적 예에 해당한다. 성과차원을 선택할 때에는 다음 두 가지 사항을 반드시 고려해야 한다.

① 성과표준을 설정하기 이전에 성과차원이 결정되어 있을 것
② 성과차원과 성과표준은 반드시 측정 가능한 것일 것

어쨌든 작업측정자는 수량이나 품질 등의 여러 가지 성과차원들 중에서 신중한 선택을 해야 하겠지만 가장 중요하고도 광범위하게 적용되고 있는 성과차원은 역시 수량이라는 데에 학자들의 견해가 일치되고 있다.

측정척도

작업측정을 실시하기 위해서는 먼저 정상적 성과(평균적인 작업자의 성과)를 100%로 보고, 대상작업자의 성과를 평가하는 것이 일반적이다. 여기서 어느 작업자가 만약 평균작업자의 작업성과를 25% 초과한다면 이 작업자의 작업성과는 125%가 된다. 한 작업자 혹은 표본집단이 달성할 수 있는 작업성과(%)를 성과평정지수(performance rating)라 한다.

정 확 성

작업표준은 공정하고 정확하게 산출되어야 한다. 한 가지 분명한 사실은 경험이 풍부한 작업측정자일수록 경험이 부족한 작업측정자에 비해 보다 정확한 작업표준을 산출할 수 있다는 점이다. 물론 유경험자들도 작업측정상의 오류를 범할 가능성이 있으나 이들이 설정한 작업표준은 일반적으로 과거의 실적만을 이용하여 설정된 작업표준보다 일관성이 크다는 것이 실증적으로 증명되고 있다. 작업표준을 설정하는 일 자체가 어차피 주도면밀하게 입증가능한 과학적 절차가 아닌 바에는 숙련된 작업측정자에 의해 작업표준이 설정되는 것이 작업측정의 정확성을 높이는 좋은 방법임이 틀림없다.

8.3 작업측정의 제 기법

스톱워치 시간연구법

스톱워치에 의한 시간연구(time study)는 19C 말경에 테일러(Frederick Winslow Taylor)에 의해 처음 도입된 것으로 알려져 있으며, 오늘날 가장 광범위하게 이용되고 있는 작업측정기법인 것으로 간주되고 있다. 이 기법은 특히 주기가 짧고 반복적인 직무에 대한 시간연구에 적절하다.

스톱워치 시간연구는 조사대상자로 선정된 한 명의 작업자에 대한 작업성과를 수차의 작업수행주기(cycle)에 걸쳐 측정한 결과를 토대로 표준시간을 산출하는 방법이다. 표준시간이 설정된 다음에는 조직 내에서 동일한 작업을 수행하는 모든 작업자들에게 이 표준시간을 적용시켜 작업실적을 평가한다. 스톱워치에 의한 시간연구의 기본 절차는 다음과 같다.

첫째, 연구하고자 하는 과업을 결정하여 조사대상이 될 작업자에게

이 사실을 통보한다.

둘째, 관측하고자 하는 작업수행주기의 총 횟수를 결정한다.

셋째, 조사대상이 된 작업자가 해당 과업을 수행하는 데 투입한 시간을 실제로 측정하고 이 작업자의 성과평정지수를 결정한다.

넷째, 표준시간을 산출한다.

1) 측정을 위한 예비작업

대부분의 시간연구에 있어 작업측정자들은 아무리 주기가 짧은 직무라 하더라도 이를 몇 가지의 기본적인 요소동작(예 뻗음, 붙잡음)으로 세분하여 각 요소에 대해 작업시간을 측정한다. 이처럼 각 직무를 요소동작으로 세분하는 데에는 몇 가지 이유가 있다. 첫째로, 각 수행주기마다 모두 요소동작이 발생하는 것이 아니고 수행주기에 따라서는 발생이 안 되는 요소동작도 있으며, 따라서 동작세분화를 통해 모두 수행주기에 공통적으로 발생 가능한 요소동작들을 추출할 수 있기 때문이다. 둘째로, 직무의 모든 요소에 대하여 작업자의 숙련도(proficiency)가 항상 동일한 것은 아니며 따라서 직무의 세분화를 통하여 각 요소동작에 대한 숙련도를 측정해 두는 것이 바람직하기 때문이다. 마지막으로 기본적인 요소동작들의 표준시간을 측정해 두면 이 자료를 다른 직무의 표준시간 설정에 이용할 수 있기 때문이다. 후술하게 될 예정시간표준법(predetermined time standard)이 그 대표적인 예에 해당된다.

한편 관측대상이 될 작업자에게 작업측정의 사실을 사전에 통보해 줌으로써 의구심이나 오해를 방지하는 것이 중요하다. 작업자들은 때로 관측대상이 된다는 사실에 대하여 불안을 느끼기도 하며 작업측정의 결과 야기될 변화에 대해 두려움을 갖는다. 이와 같은 불안을 없애고 작업측정에 대해 이들의 협력을 얻기 위해서는 작업측정자가 시간연구를 착수하기 전에 이 문제와 관련하여 해당 작업자와 면밀한 토의를 거치는 것이 중요하다.

2) 측정주기횟수의 결정

주기(cycle)란 하나의 과업 또는 작업이 시작되어 종료될 때까지를 말한다. 시간연구를 행하기 위해서는 특정의 작업을 단 1회에 한해서 측정하는 것이 아니라 동일 작업을 수차의 주기에 걸쳐 반복적으로 측정함으로써 진정한 대표치(파라미터)에 접근하는 표준시간을 산출해야 한다. 따라서 작업측정자는 측정해야 할 주기의 수를 결정해야만 하는데 이 주기수는 다음 세 가지 요인에 관한 함수이다.

① 측정된 직무수행시간(관측치)의 변동성(variability)
② 시간연구에 요구되는 측정의 정확도(accuracy)
③ 추정하고자 하는 표준시간에 대해 요구되는 신뢰도(degree of confidence)

여기서 측정의 정확도는 관측된 평균 직무수행시간에 대한 비율로 표시하는 것이 일반적이다. 가령, 실적치 평균의 ±10% 범위에 해당하는 구간의 추정치를 얻고자 한다면 ±10%가 정확도가 된다. 여기서 관측하고자 하는 작업주행주기의 수, 즉 표본크기는 달성하고자 하는 정확도, 요구되는 작업측정의 신뢰도, 실적치 표본의 평균 및 분산에 따라 달라진다. 즉 다음 공식을 이용하여 표본크기를 결정한다.

$$n=\left(\frac{zs}{a\bar{x}}\right)^2$$

단, z=요구되는 신뢰도에 대응하는 정규확률변수의 값,
s=표본표준편차, a=요구되는 정확도(%), $\bar{x}$=표본평균

몇 가지의 중요한 신뢰도에 대응하는 값을 열거하면 다음과 같다.

요구되는 신뢰도(%)	z값
90	1.645
95	1.960
99	2.575

정규분포표를 참고하면, 모든 신뢰도에 상응하는 z값을 얻을 수 있다. 만약 요구되는 정확도가 평균의 퍼센트로 표시되지 않고 구체적인 수량으로 표시되어 있을 때에는 다음 공식을 이용하여 표본크기 n을 구한다

(단, e는 요구되는 최대허용오차, 즉 정확도를 나타낸다).

$$n=\left(\frac{zs}{e}\right)^2$$

여기서 한 가지 유의해야 할 사항은 수행주기의 수 n을 결정하기 위한 예비 작업으로서 일단 적은 수의 기본 측정치들을 이용하여 $\bar{x}$와 s를 계산해 두어야 한다는 점이다. 작업측정을 위해 n을 결정하는 데에는 최종적인 작업측정 이전에 $\bar{x}$와 s의 값을 필요로 하기 때문이다.

예 8-1 어느 작업측정자가 특정의 직무를 수행하는 데 필요한 표준시간을 추정하고자 한다. 예비조사를 실시한 결과 작업시간 관측치의 평균은 6.4분, 표준편차는 2.1분이었다. 달성하고자 하는 신뢰도는 95%이다. 최대허용오차를 a) 표본평균의 ±10%로 하고자 할 때와, b) 0.5분으로 하고자 할 때 요구되는 관측치의 수, 즉 표본크기는 얼마인가?

풀이 a) s=2.1분, z=1.96, $\bar{x}$=6.4분, a=10%이므로

$$n=\left(\frac{zs}{a\bar{x}}\right)^2=\left(\frac{1.96(2.1)}{0.10(6.4)}\right)^2=42\text{회}$$

b) e=0.5분

$$n=\left(\frac{zs}{e}\right)^2=\left(\frac{1.96(2.1)}{0.5}\right)^2=68\text{회}$$ ❖

3) 관측시간의 측정

표준시간의 설정을 위해서는 일반적으로 ① 관측시간(observed time)의 측정, ② 정상시간(normal time)의 계산, ③ 표준시간(standard time)의 산출이라는 3단계의 작업을 거친다.

이 중 관측시간(OT)은 선정된 작업자를 상대로 전 항에서 결정된 주기 수(표본크기 n)만큼 해당 작업을 연속적으로 관측하여 작업수행시간을 측정하고 그 평균을 계산한 것이다. 즉 관측시간은 다음 공식에 의해 측정된다.

$$OT=\frac{\sum x_i}{n}$$

단, OT=관측시간, x_i=주기 i에 대해 측정된 시간,
n=측정된 주기의 수

4) 정상시간의 계산

정상시간(normal time)은 관측시간을 작업자의 성과평정지수(performance rating)에 의해 조정한 것이다. 이와 같은 조정을 필요로 하는 이유는 관측대상이 되고 있는 작업자가 고의로 작업속도를 낮추려고 하거나 아니면 작업자의 천부적인 능력이 정상적인 평균작업자와 차이가 있음으로 인해 작업측정과정에서 해당 작업자가 '정상적인' 작업속도와 차이가 있는 속도로 작업에 임하고 있을 가능성이 있기 때문이다. 따라서 작업측정자는 실제의 관측시간을 '평균속도'로 환원시키기 위해 대상 작업자에 고유한 성과평정지수를 산출해 두어야 한다. 가령 어느 작업자의 성과평정지수가 0.9이면 이는 해당 작업자가 정상적인 작업속도의 90% 정도를 발휘하고 있음을 의미하고 이 지수가 1.05이면 정상적인 작업속도보다 약간 빠른 속도로 작업하고 있음을 의미한다. 이때 유의해야 할 사항은 짧은 주기의 직무에 대해서는 단일의 성과평정지수로도 충분하겠지만 직무수행주기가 길 때에는 해당 직무를 요소동작들로 세분하여 각 요소동작에 대한 평정지수를 산출해야 한다는 점이다.

이상에서 설명한 것처럼 NT=정상시간, OT=관측시간, PR=성과평정지수라 하면 정상시간은 일반적으로

$$NT = OT \times PR$$

과 같이 산출될 수 있다. 물론 이 공식은 관련 직무 전체에 대하여 단일의 평정지수가 산출될 수 있는 경우를 가정한 것이다. 만약 각 요소동작별로 평정지수를 산출해야 할 때에는 각 요소동작의 평균시간에 해당 지수를 곱한 다음 이들을 합계함으로써 다음과 같이 정상시간을 산출해야 한다.

$$NT = \sum(\overline{x_j} \cdot PR_j)$$

단, $\overline{x_i}$=요소동작 j의 평균시간, PR_j=요소동작 j의 성과평정지수

작업자의 성과평정지수를 결정하기 위해서는 관측된 작업시간과 작업자의 정상적인 성과잠재력을 비교해 보아야 한다. 그러나 정상성과의 평가요인에 대해서는 논란의 여지가 많으며, 이로 인해 성과평정지수의 결정문

제가 때로는 노사간의 쟁점이 되기도 한다. 이러한 주관적인 평가문제에 대한 대안의 발견은 아직 어려운 상태이므로 교육훈련용 필름 등을 이용하여 작업측정자들을 충분히 훈련시키고 주기적으로 이들의 능력을 점검함으로써 작업측정자가 다르더라도 성과평정지수의 결정에 있어서는 고도의 일관성이 유지될 수 있도록 해야 할 것이다.

5) 표준시간의 산출

앞서의 정상시간은 작업지연이나 외부환경에 의한 작업방해가 없는 상태에서 작업자가 특정의 직무를 수행하는 데 소요되는 시간이다. 그러나 이 정상시간은 각 개인의 불가피한 작업지연(예 물을 마시거나 용변을 보는 등)이라든가 조업중의 불가피한 작업중단(예 기계보수, 감독자와의 대화, 자재수령을 위한 대기 등) 혹은 휴식시간 등과 같은 불가피하게 작업지연을 초래하는 요인들을 고려하지 않고 있다. 이와 같은 작업지연요인을 여유허용요소(allowance factor)라 하며, 표준시간을 산출하기 위해서는 정상시간을 이 여유허용요소에 의해 조정해야만 한다. 구체적으로, 만약 ST=표준시간, AF=여유허용요소라 하면, 표준시간은 다음과 같은 공식에 따라 산출된다.

$$ST = NT \times AF$$

여유허용요소는 허용하고자 하는 여유시간을 어떻게 규정하는냐에 따라 두 가지 방법 중의 어느 하나에 의해 산출될 수 있다. 먼저 직무시간(job time)을 기준으로 여유시간을 규정할 때에는 다음 공식을 이용하여 여유허용요소를 산출하는 것이 바람직하다.

$$AF_{job} = 1 + \%A$$

단, AF=여유허용요소, $\%A$=직무시간을 기준으로 설정된 여유허용률(allowance percentage)

다음, 단위기간의 근무시간(예 하루 8시간)을 기준으로 여유시간을 규정할 때에는 다음 공식을 이용하여 여유허용요소를 산출하는 것이 보다 적절한 방법이다.

$$AF_{day} = \frac{1}{1 - \%A}$$

단, $\%A$=하루 근무시간을 기준으로 설정된 여유허용률

예 8-2 다음 두 가지 경우에 대하여 여유허용요소를 계산하라.

a) 여유허용시간이 직무시간의 20%

b) 여유허용시간이 근무시간의 20%

풀이 $\%A = 0.20$

a) $AF = 1 + \%A = 1.20(120\%)$

b) $AF = \frac{1}{1 - \%A} = \frac{1}{1 - 0.20} = 1.25(125\%)$ ❖

예 8-3 어느 조립작업에 대한 시간연구에서 다음과 같은 직무시간이 관측되었다. 작업측정자는 이 관측시간에 대한 성과평정지수를 1.10으로 평가하였다. 직무시간의 15%를 여유허용시간으로 하여 이 작업에 대한 표준시간을 산출하라.

관측주기번호	관측된 직무시간	관측주기번호	관측된 직무시간
1	4.20분	6	4.18분
2	4.15	7	4.14
3	4.08	8	4.14
4	4.12	9	4.19
5	4.15		$\sum_{n=1}^{9}$ 37.35분

풀이 $n=9,\ PR=1.10,\ \%A=0.15$

a) $OT = \frac{\sum x_i}{n} = \frac{37.35}{9} = 4.15$분

b) $NT = OT \cdot PR = 4.15(1.10) = 4.565$분

c) $ST = NT \cdot AF = 4.565(1.15) = 5.249$분 ❖

이상에서 설명한 시간연구에 의한 작업측정기법은 분명히 여러 가지 이점을 가지고 있으나 여기에는 반드시 지적하고 넘어가야 할 문제가 내포

되어 있다. 첫째는 성과평정지수의 평가가 너무 주관적인 성격을 가지고 있다는 점이다. 이 문제에 대해서는 외국의 경우 노동자와 경영자간에 무수한 논쟁이 전개되어 왔을 뿐만 아니라 지금도 기업에 따라서는 노사간의 주요 쟁점이 되고 있다. 둘째로, 이 기법에서는 육안으로 관측이 가능한 직무에 한하여 작업측정이 가능하다는 점이다. 이 때문에 육체노동뿐만 아니라 정신노동까지도 수반되는 관리직 직무나 연구개발직 직무 등은 시간연구의 대상에서 제외될 수밖에 없는 것이다. 셋째로 시간연구에 소요되는 비용이 과다하여 정규적이고 반복적으로 발생하는 일상적인 직무가 아니면 현실적으로 이 기법을 도입하기가 곤란하다는 점이다. 마지막으로 시간연구를 행하는 과정에서 작업자의 정상적인 업무를 방해할 뿐만 아니라 작업자들이 시간연구에 대하여 반발을 일으키는 경우가 많다는 사실도 이 기법의 문제점으로 지적된다.

요소표준시간법

요소표준시간법(elemental standard times)은 기업 내에 보유하고 있는 과거의 시간연구자료를 활용하는 기법이다. 이런 점에서 이 기법을 역사적 자료법(historical data approach)이라고도 한다. 과거 수년 동안 시간연구의 담당부서에서 여러 가지 직무에 공통적인 요소동작들의 수행시간에 관한 자료를 축적하고 있는 경우가 있다. 이때에는 모든 요소동작들의 표준시간을 추정하기 위해 완전한 시간연구를 수행하는 대신에 입수되어 있는 자료를 이용하여 우선 공동적인 요소 동작들의 표준시간을 구하고 나머지 동작들에 대해서는 직접 시간연구를 통해 실제적인 동작시간을 구하는 것이 바람직하다.

요소표준시간법의 장점은 첫째, 각 직무에 대해 완전한 시간연구를 하지 않아도 되기 때문에 작업측정에 필요한 비용과 노력의 절약이 가능하다는 점이다. 둘째는, 작업측정자가 현장 작업자를 상대로 직접 작업측정을 할 필요가 없기 때문에 이전에 설명한 스톱워치 시간연구법에서와 같은 작업중단이 거의 없다는 점이다. 셋째로, 성과평정지수를 추정할 필요가 없으며 일반적으로 파일화되어 있는 요소시간에 대한 평균치를 구함으로써 정상시간을 산출하기 때문에 주관적인 평가로 인한 폐단을 방지할 수 있다는 점에 이 기법의 장점이 있다.

그러나 요소표준시간법의 도입이 정당화될 만큼 표준요소시간에 관한 역사적 자료를 충분히 보유하고 있는 경우는 드물며, 설령 충분한 자료가 있다 하더라도 역사적 자료 자체가 부정확하거나 편의(bias)를 내포할 가능성이 있다는 점은 이 기법의 실제 도입에 있어 커다란 장애가 아닐 수 없다. 후술하게 될 예정시간표준법은 이와 같은 문제점을 보완할 수 있게 개발된 요소표준시간법의 변형이라 할 수 있다.

예정시간표준(PTS)법

예정시간표준(predetermined time standards)법은 예정동작시간 시스템(PMTS: predetermined motion-time system)이라고도 하는데, 이미 확보되어 있는 표준요소동작의 시간에 관한 자료를 이용하여 특정직무의 요소시간을 산출하는 기법이다. 어느 직무가 현재 실행되고 있지는 않지만 앞으로 이를 실행할 것으로 예정되어 있을 때 이 직무의 표준시간을 설정하기 위해서는 예정시간표준법을 이용하는 것이 효과적이다. 또한 이 기법은 기존의 직무에 대해서도 스톱워치 시간연구 등의 직접적인 작업측정기법에 대한 대안으로서도 이용가능하다. 이러한 예정시간표준(PTS)법에 의한 작업측정기법은 다음과 같은 장점이 있다.

첫째, 예정시간표준(PTS)법은 다른 작업측정방법과는 다르게 통제된 상태 하에서 수많은 작업자를 상대로 실시된 시간연구 결과를 토대로 하고 있다.

둘째, 예정시간표준(PTS)법은 표준시간의 산출과정에서 성과평정지수를 산출할 필요성이 없기 때문에 작업측정상의 객관성이 보장될 수 있다.

셋째, 작업측정 도중에 조업중단이 불필요하게 된다.

넷째, 특정의 직무를 수행하기 전에 미리 표준시간을 설정할 수 있다.

이러한 예정표준시간(PTS)법의 지지자들은 앞서 언급한 여러 장점으로 인해 스톱워치에 의한 직접적 작업측정 방법보다 오히려 정확도가 높다고 한다. 그러나 일부 학자들은 예정표준시간(PTS)법이 가지는 다음과 같은 문제점들을 지적하곤 한다.

첫째, 요소동작들의 표준시간에 관하여 이미 발표되어 있는 자료를 모든 직무에 일관성 있게 적용시킨다는 것은 무리가 될 수 있다.

둘째, 작업측정자가 누구냐에 따라 특정의 직무를 기본 요소동작들로 분해하는 방법에 차이가 있기 마련이며, 따라서 작업측정자가 달라지면 직무 전체에 대한 요소시간이 달라질 수도 있다.

셋째, 주어진 직무에 부여되는 작업상의 난이도 역시 작업측정자에 따라 달라질 가능성이 있으며, 이로 인해 작업측정자에 따라 상이한 표준시간이 산출될 수 있다.

워크샘플링(work sampling)

워크샘플링(work sampling) 기법은 작업자들을 통계적으로 무작위(randomly) 방법을 이용하여 추출한 이후, 이들이 전체 근무시간 중 특정의 작업에 소비하는 시간의 비율을 측정함으로써 표준시간을 추출하는 통계적 기법을 말한다. 1934년 팁펫(L. H. C. Tippett)이 섬유산업에 처음으로 이 기법을 도입하였는데, 이로써 표준시간의 설정기법은 큰 진전을 보게 되었다. 워크샘플링 기법은 특히 집단활동을 분석하는 데 있어서나 처리시간이 비교적 긴 반복적인 직무, 그리고 시간적인 면에서 엄격한 제약을 받지 않는 직무를 분석하는 데 유용하다는 장점을 지니고 있다.

스톱워치 시간연구법과는 달리 워크샘플링에서는 분석하고자 하는 특정의 직무에 대한 처리시간을 측정할 필요가 없기 때문에 해당 직무에 대한 연속적인 관찰을 필요로 하지 않게 된다. 대신에 워크샘플링 기법에서는 일정한 기간에 걸쳐 무작위적인 시간간격으로 작업자나 기계를 잠깐씩 관찰하여 이들이 조사 당시 어떠한 유형의 활동을 벌이고 있는지를 기록해 두면 된다.

만약 어느 작업자가 작업중인지 아니면 작업을 하지 않고 있는지, 그리고 여종업원이 타이프를 치고 있는지 서류를 정리하고 있는지, 아니면 전화통화중인지 등을 일정한 양식으로 기록해 둔 다음, 그 결과를 작업(activity) 혹은 비작업(nonactivity)의 두 가지 항목으로 분류 · 집계해 놓으면 이것이 표준시간의 산출을 위한 기초자료가 되는 것이다.

워크샘플링을 이용한 작업측정의 기본 절차를 설명하면 다음과 같다.

첫째, 조사대상이 될 직무를 선정한 다음, 이 직무를 수행하는 작업자를 결정하여 해당 작업자에게 작업측정의 사실을 통보하고 작업측정의 목적을 상세히 설명한다.

둘째, 조사대상이 될 잠정적인 표본의 크기를 결정한다. 이를 위해 조사자의 경험이나 과거자료를 토대로 작업비율 p의 사전적 추정치(prior estimate)를 결정하되 이것이 불가능할 경우 p 대신 $\overline{p}=0.5$를 적용한다.

셋째, 무작위관측표(random observation schedule)의 양식을 작성하여 선정된 각 조사기간 중 작업자의 활동상태를 관찰하고 작업여부를 평가한 다음 평가결과를 무작위측정표에 기록한다.

넷째, 특정한 작업에 소비한 시간의 비율, 즉 $\overline{p}$를 추정한다. 또한 이 과정을 반복함으로써 표준시간의 추정에 필요한 최종적인 표본크기를 확정한다.

다섯째, 표본을 관측하여 작업비율을 구한다.

여섯째, 표준시간을 산출한다.

이상의 절차를 통해 확인할 수 있는 바와 같이 워크샘플링의 주요 절차는 크게 나누어 표본크기의 결정, 표본의 관측 및 표준시간의 설정이라는 3단계로 구성되어 있다고 할 수 있다.

1) 표준시간의 설정

지금까지의 워크샘플링 과정을 통해 작업자들이 작업활동에 소비하는 시간의 평균비율(작업비율)을 추정하고 난 다음에는 이를 토대로 표준시간을 산출할 수 있다. 표준시간의 산출은 스톱워치법과 같은 일반적인 기법에서 적용하는 절차와 기본적으로 동일한 절차를 적용한다. 즉 제품 한 단위를 생산하는 데 필요한 평균작업시간을 계산하고 이를 성과평정지수에 의해 정상시간으로 수정시킨 다음, 마지막으로 여유허용시간을 고려하여 표준시간을 산출하면 되는 것이다. 이를 위해서는 조사기간 중의 작업측정 과정에서 작업자의 작업상태를 관측할 때마다 해당 작업자들의 성과능력을 일일이 평가하여 표본 전체에 대해 이들의 평균을 구함으로써 관련 작업에 대한 성과평정지수를 산출해 두어야 한다. 워크샘플링에 의해 추정된 작업비율을 적용하여 표준시간을 산출하는 과정을 요약하면 다음과 같다.

○ 조사기간 동안의 순작업시간을 계산한다.

순작업시간＝총조사기간×작업비율추정치

○ 단위당 평균작업시간을 계산한다.

단위당 평균작업시간＝순작업시간×조사기간 중의 총생산량

○ 정상시간을 계산한다.

$$\text{정상시간} = \text{단위당} \times \text{성과평정지수} = \frac{(\text{총조사기간})(\text{작업비율추정치})(\text{성과평정지수})}{\text{조사기간 중의 총생산량}}$$

○ 표준시간을 산출한다.

$$\begin{aligned}\text{표준시간} &= \text{정상시간} + \text{여유허용시간} \\ &= \text{정상시간} \times (1 + \text{여유허용률}) \text{ 또는} \\ &= \text{정상시간} \div (1 - \text{여유허용률})\end{aligned}$$

예 8-4 어느 회사의 전화교환실에 근무하는 전화교환수에 대한 표준시간을 설정하기 위해 8시간 동안 총 50회를 관찰한 결과 전화교환업무를 수행하고 있는 횟수는 45회이었으며 작업측정자는 이 사람의 성과평정지수를 105%로 평가하였다. 또 조사기간 중 이 전화교환수가 전화교환서비스를 제공해 준 고객의 수는 400명이었으며 이 회사는 모든 전화교환수에 대하여 총작업시간의 10%를 여유허용시간으로 배정하고 있다. 전화교환업무를 수행하는 데 소요되는 단위당 표준시간을 얼마로 하는 것이 좋을까?

풀이 정상시간 $= \dfrac{(\text{총조사기간})(\text{작업비율추정치})(\text{성과평정지수})}{\text{조사기간 중의 총생산량}}$

$= \dfrac{(480\text{분})(45/50)(1.05)}{400\text{건}} = 1.13\text{분/건}$

표준시간 $=$ 정상시간$(1+$여유허용률$)$

$= 1.13(1+0.10)$

$= 1.24\text{분/건}$ ❖

2) 워크샘플링의 장점과 단점

워크샘플링은 비반복적이고 주기시간이 긴 직무에 대하여 표준시간을 설정하고자 할 때 매우 유용한 기법이다. 그러나 반복적이고 주기시간이 짧은 직무에 있어서는 스톱워치에 의한 시간연구가 워크샘플링보다 유리하다 할 수 있다. 워크샘플링이 가지는 장점을 요약하면 다음과 같다.

① 다른 작업측정방법과는 다르게 작업측정자 혼자서 서로 다른 둘 이상의 직무에 대한 워크샘플링을 동시에 수행할 수 있다.

② 워크샘플링을 위한 표본 관측치들이 장기에 걸쳐 분산되어 있으므로, 작업상황의 단기적 변동에 별 영향을 받지 않는다.

③ 다른 작업측정방법에 비해 작업중단이 발생하지 않으며, 작업측정에 대한 작업자들의 반발도 거의 없게 된다.

④ 작업측정에 소요되는 시간과 비용이 크지 않으며, 스톱워치 등의 계측장치가 필요없게 된다.

⑤ 숙련된 작업측정기술을 필요로 하지 않는다.

⑥ 작업측정의 일시적 지연이 있어도 측정결과에 별 영향을 주지 않는다.

⑦ 작업자의 작업상태에 대한 관측이 거의 순간적으로 이루어지기 때문에 작업자가 의도적으로 자신의 행동을 조작할 여유가 없다.

그러나 워크샘플링은 다음과 같은 몇 가지의 단점을 지니고 있다.

① 스톱워치 시간연구법과 마찬가지로 과업을 기본적인 요소동작으로 완전히 세분하지 않으며, 세분화된 형태의 요소동작의 구분이 쉽지 않다.

② 작업자들에게 작업측정의 사실이 사전에 알려졌을 때 이들이 작업패턴을 수정함으로써 워크샘플링의 결과를 왜곡시킬 가능성이 있다.

③ 측정자가 무작위관측표상의 관측계획을 완전히 준수하지 못하는 경우가 많으며, 이 경우 완전한 무작위표본의 추출이 사실상 어렵게 된다.

④ 워크샘플링 기법은 모든 관측치들이 정태적인 시스템하에서 추출되는 것으로 가정하기 때문에, 동태적 변화의 과정에 있는 시스템의 경우에는 오도된 결과가 산출될 수도 있다.

Chapter 09 생산능력 계획

제 9 장

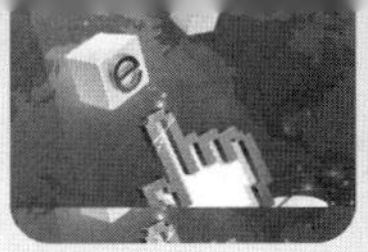

생산능력계획

9.1 생산능력계획의 의미

생산능력(production capacity)이란 어떤 생산시스템의 제품 또는 서비스의 공급능력을 의미하는 것으로, 생산시스템이 일정기간에 생산, 처리 또는 서비스할 수 있는 최대의 양적 산출량을 의미하게 된다. 따라서 적절한 생산능력의 결정은 새로운 시설을 설계하거나 기존의 시설을 확장할 때 뿐만 아니라, 공장의 규모를 변경시킬 수 없는 짧은 기간 동안의 단기적 운영을 위해서도 중요한 문제가 된다.

이러한 생산능력과 관련한 의사결정의 문제는 일반적으로 장기생산능력계획과 단기생산능력계획으로 구분할 수 있다. 전자는 장기적 수요의 변화에 대응하기 위하여 생산능력을 대규모로 증설하는 것과 관련된 기업의 전반적인 생산능력수준의 결정문제이며, 후자는 장기생산능력계획에 나타난 여러 제약하에서 단기적으로 생산수량의 총괄적 결정을 위한 조업수준의 결정문제이다.

본장에서는 생산능력의 측정 및 생산능력계획의 중요성을 설명하고, 생산능력계획의 수립과정에 대한 고찰을 통하여 생산능력의 결정과 생산능력계획의 대안을 평가하는 방법에 대하여 차례로 설명한다.

9.2 생산능력의 개념과 측정

생산능력(production capacity)은 일정기간 내에 특정의 생산시스템이 제품이나 서비스를 생산할 수 있는 능력의 한계를 말하며, 주로 단위시간당 생산량으로 표시된다. 그러나 생산능력은 시설을 이용하는 강도(intensiveness)와 관계가 있으므로 명확하게 정의할 수 있는 개념은 아니며 상황에 따라 그 측정기준이 다르다. [표 9-1]은 각 상황에 따라 일반적으로 사용되는 생산능력 측정기준의 예이다.

생산능력의 측정기준을 설정할 때 중요한 것은 수정이 불필요한 기준을 선정하는 일이다. 예컨대 가격은 생산능력을 측정하는 데 적합한 기준이

| 표 9-1 | 생산능력 측정기준의 예

생산시스템의 유형	생산능력의 측정기준
자동차공장	자동차 대수
제 철 소	철강 톤수
맥주공장	맥주병 수
원자력발전소	와트(watt)
항 공 사	좌 석
병 원	병 상 수
극 장	1회 상영시 이용가능한 좌석 수
식 당	이용가능한 좌석 수
기계작업장	시간당 이용가능한 노동력
대 학	등록학생 수

라고 할 수 없다. 그 이유는 가격이 변화하면 생산능력을 계속적으로 변경해야 하기 때문이다.

단일의 제품이나 서비스를 생산하고 운용하는 상황에서는 시스템의 생산능력이 그 품목의 생산량을 기준으로 표시될 수 있으므로 생산능력을 추정하기가 비교적 용이하다. 그러나 다수의 제품이나 서비스를 생산하는 시스템일 경우에는 생산능력을 단일제품의 생산량을 기준으로 측정할 수가 없다.

예를 들어 한 가전제품 제조회사가 냉장고와 제빙기를 생산하고 있다고 가정하자. 만일 이 두 제품의 생산량이 다르다면 이 생산시스템의 생산능력은 하나의 측정기준으로는 측정이 불가능하고 단지 냉장고와 제빙기의 생산량을 기준으로 측정해야 한다. 즉 이 시스템의 생산능력은 일정기간에 생산할 수 있는 냉장고와 제빙기의 생산가능량으로 측정될 수 있을 뿐이다. 이와 같이 여러 제품을 생산하는 경우에 생산능력을 측정하는 한 가지 방법은 제품별 생산량을 기준으로 생산능력을 측정하는 것이다.

그러나 이 방법도 다수의 제품이나 서비스가 포함된 상황에서는 생산능력을 측정하기 위해 제품별 생산량을 모두 나열해야 하므로 현실성 있는 방법이라고 볼 수는 없다. 더구나 제품 믹스(product mix)가 변동적일 경우에는 생산능력을 나타내는 목록을 수시로 변경해야 하기 때문에 특히 문제가 된다.

이러한 경우에 가장 바람직한 방법은 자원의 이용량을 생산능력의 측정기준으로 이용하는 것이다. 예를 들어 병원의 경우에는 병상의 수로 생산능력을 측정하고, 공장은 기계의 이용시간으로, 버스회사는 좌석의 보유량을 생산능력을 측정하는 방법이다.

지금까지 설명한 생산능력은 실용적인 정의에 입각한 것이다. 그러나 생산능력은 기능적인 측면에서 다음과 같이 세분화하여 정의하는 것이 바람직하다.

① **설계능력**(design capacity): 이상적인 조건하에서 일정기간에 달성할 수 있는 최대생산량이다.

② **유효능력**(effective capacity): 주어진 여건하에서 달성 가능한 최대 생산량을 말하며, 이는 제품믹스의 변화, 장비의 정기점검, 식사 및 휴식 시간, 일정계획상의 문제, 작업균형 등과 같은 현실적인 여건으로 인하여 일반적으로 설계능력보다는 작다.

③ **실제생산량**(actual output): 실제로 달성한 생산량을 말하며, 고장, 불량품, 자재부족 및 이와 유사한 요인들로 인해서 유효능력에는 미치지 못한다.

이러한 세분화된 생산능력의 개념은 시스템 유효성(system effectiveness)의 측정기준인 효율(efficiency)과 이용률(utilization)을 정의하는 데 있어서 특히 중요하다. 즉 효율은 실제생산량과 유효능력의 비율이며, 이용률은 실제생산량 대 설계능력의 비율이다.

$$\text{효 율(efficiency)} = \frac{\text{실제생산량}}{\text{유효능력}}$$

$$\text{이용률(utilization)} = \frac{\text{실제생산량}}{\text{설계능력}}$$

생산시스템을 설계할 때는 효율에 특별한 관심을 두는 것이 보통이다. 물론 효율의 향상은 실제생산량의 증대를 수반한다. 그러나 유효능력이 설계능력에 비해 훨씬 낮을 경우에는 효율이 높다고 하여 이것이 자원의 효과적인 이용을 의미한다고 볼 수가 없다. 이 점을 설명하기 위하여 다음의 경우를 살펴보자.

한 자동차 정비공장의 생산능력에 관한 정보가 아래와 같이 주어졌을 때 이 공장의 효율과 이용률을 계산하면 다음과 같다.

설계능력=80대/일, 유효능력=40대/일, 실제생산량=36대/일이라고 하면

$$\text{효 율} = \frac{\text{생산량}}{\text{능력}} = \frac{36}{40} = 90\%$$

$$\text{이용률} = \frac{\text{생산량}}{\text{능력}} = \frac{36}{80} = 45\%$$

이 경우에 효율은 90%가 되지만 설계능력에 대한 실제생산량, 즉 시설의 이용률은 45%에 불과하다. 여기서 실제생산량이 그 유효능력을 상회할 정도로 증대될 수는 없으므로 효율을 기준으로 자원이 효과적으로 이용되고 있는지의 여부를 판단할 수는 없다.

이와 같이 유효능력은 실제생산량을 제한하는 역할을 수행하기 때문에 생산능력 이용률의 증대는 유효능력의 확장여부에 의해 좌우되므로 자원의 효과적인 이용을 위해서는 유효능력을 제약하고 있는 요인들을 파악하여 이를 제거해야만 한다.

9.3 생산능력계획의 중요성

생산능력계획(production capacity planning)은 생산운영관리자가 수행해야 할 생산시스템의 설계에 관한 모든 의사결정 중에서 가장 기본적이고도 중요한 의사결정 분야라 할 수 있다. 이러한 생산능력계획이 중요한 이유로는 첫째, 생산능력계획이 제품이나 서비스에 대한 미래의 수요를 충족시킬 수 있는 조직의 능력에 잠재적으로 영향을 미치기 때문이다.

또한 생산능력계획은 생산능력과 시스템 운영비용이 관련되어 있기 때문에 중요하게 취급된다. 만일 생산시스템의 생산능력과 수요가 일치하면 운영비용은 최소가 되지만, 현실적으로는 실제수요와 예상수요가 일치하지 않거나 수요가 수시로 변동하기 때문에 운영비용의 최소화는 불가능하게 된다. 따라서 생산능력계획은 과대생산능력(over capacity)과 과소생산능력(under capacity)으로 인해 발생하는 손실의 극소화를 목적으로 하는 것이다.

세 번째로, 생산능력이 단위 생산시스템에 있어 초기비용(initial cost)의 중요한 결정요인이기 때문이다. 일반적으로 생산능력이 크면 클수록 초기비용은 증가하게 된다. 그러나 규모가 큰 생산시스템이 규모가 작은 생산시스템에 비해 상대적으로 초기비용이 낮기 때문에 생산능력과 초기비용이 반드시 1 對 1 대응관계를 나타내는 것은 아니라는 점에 주의해야 한다. 마지막으로 생산능력계획은 자원을 장기적으로 묶어 둘 뿐만 아니라 일단 계획이 실행되면 일정한 비용의 투입 없이는 그 계획을 수정하기가 어렵기 때문에 중요하게 된다.

9.4 생산능력계획의 수립절차

생산능력계획은 기업의 전략적 생산과 매우 밀접한 관계가 있다. 기업의 장기 경쟁전략을 가장 잘 지원하는 자본집약적 자원의 전반적인 능력수준을 결정하는 접근방법을 제공해야 하므로, 선택된 생산능력의 수준은 기업의 주문대응률, 원가구조, 재고정책, 관리와 인력자원 소요 등에 중요한 영향을 미치게 된다. 이러한 생산능력계획은 일반적으로 다음과 같은 과정을 거쳐 수립하게 된다.

① 기술, 경쟁 및 기타 요인 등의 영향을 고려하여 미래의 수요를 예측한다.
② 예측결과를 토대로 생산능력의 소요량을 결정한다.
③ 생산능력계획의 대안을 탐색한다.
④ 각 대안의 경제적 효과를 분석한다.
⑤ 각 대안의 위험과 전략적 효과를 검토한다.
⑥ 생산능력계획을 확정한다.

최적시설규모

규모의 경제 및 비경제(economies and diseconomies of scale)는 일정규모의 시설에는 최적조업도(最適操業度; optimal operating level)가 있어야 함을 의미하고 각 시설에는 최적규모(optimal size)가 있음을 의미하고 있다. 단기적으로 기업이 부담해야 하는 비용은 고정비와 변동비로 구분될 수 있다. 고정비(fixed costs)란 일정기간 생산량에 관계없이 일정하게 발

| 그림 9-1 | 단기 총평균비용곡선

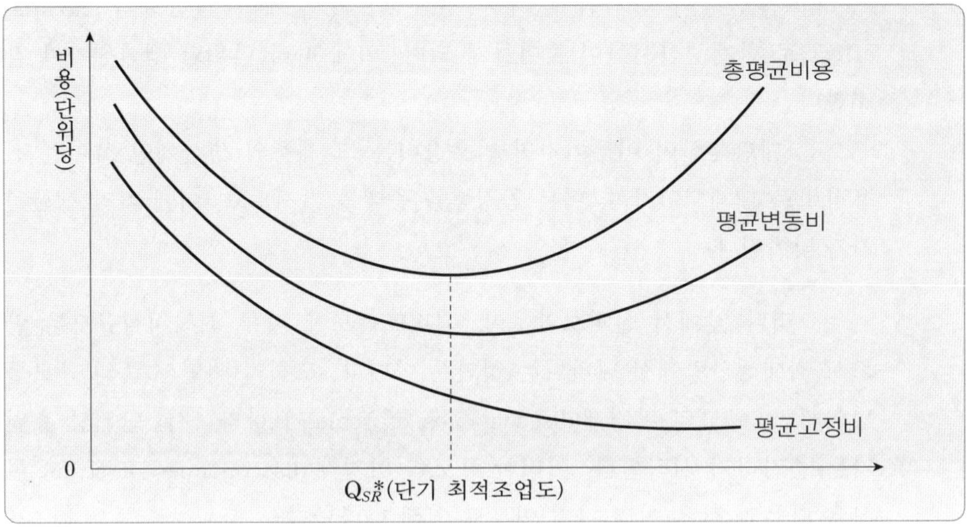

생하는 비용을 의미하는 것으로, 생산량이 증가하면 할수록 단위당 고정비는 감소하게 된다. 예를 들어, 경영자의 급여, 장비 임차료(lease), 집세, 생산시설에 따른 세금 등은 단기적으로 고정되어 있다고 할 수 있으며, 장기적으로 보면 모든 비용은 변동적일 수 있다.

변동비(variable costs)란 생산량이 변함에 따라 변하는 비용을 의미하는 것으로, 처음에는 단위당 평균비용은 생산량이 증가함에 따라 감소하는 추세를 보이게 된다. 그러나 어떤 지점을 지나게 되면, 수익체감의 법칙(law of diminishing returns)에 따라, 단위당 평균변동비가 다시 증가하게 된다. 단기적으로 단위당 총평균비용이 최소가 되는 점이 주어진 규모의 시설에 대한 최적조업도(最適操業度)가 된다.

그렇다면, 특정한 생산시설의 최적규모는 과연 무엇이라 할 수 있는 것일까? 처음에 생산시설의 규모가 커지면 커질수록, 총평균비용은 감소하게 된다. 이러한 현상을 규모의 경제(economies of scale)라 하며, 규모의 경제는 다음과 같은 요인 때문에 나타난다.

① 생산량이 증가함에 따라 외부로부터의 공급품, 부품 등의 구매량도 증가하고, 이때 대량구매에 따른 수량할인(quantity discount)으로 단위

당 원가는 줄어든다.

② 생산량이 증가함에 따라 누적생산의 증가와 학습효과(learning effect)로 한계생산시간이 줄어들게 되며, 이에 따라 단위당 생산원가가 감소한다.

③ 대량생산이 이루어지면 범용장비는 그 제품의 생산에만 쓰이는 전용장비로 대체되어지며, 이는 공정능률 증대를 가져오고, 이에 따라 생산원가가 낮아진다.

그러나 앞에서 살펴보았듯이, 최적조업도에 따른 최적시설규모는 반드시 최대생산량에서 나타나는 것만은 아니다. 오히려 어떤 수준의 규모를 넘어서면, 규모의 비경제(diseconomies of scale)가 나타나서, 단위당 총원가는 증가하기 시작한다. 이러한 규모의 비경제(diseconomies of scale) 현상은 다음과 같은 여러 가지 이유로 인해 나타난다.

첫째, 시설의 생산량이 증가함에 따라 그 기업이 봉사하는 영역도 증가하게 된다. 이는 고객밀도의 감소를 낳고, 유통비경제(diseconomies of distribution)도 따르게 된다. 이는 고객과의 평균왕래시간이 증가하고 따라서 납품(배달)비용도 증가하기 때문이다.

| 그림 9-2 | 장기 최적생산규모

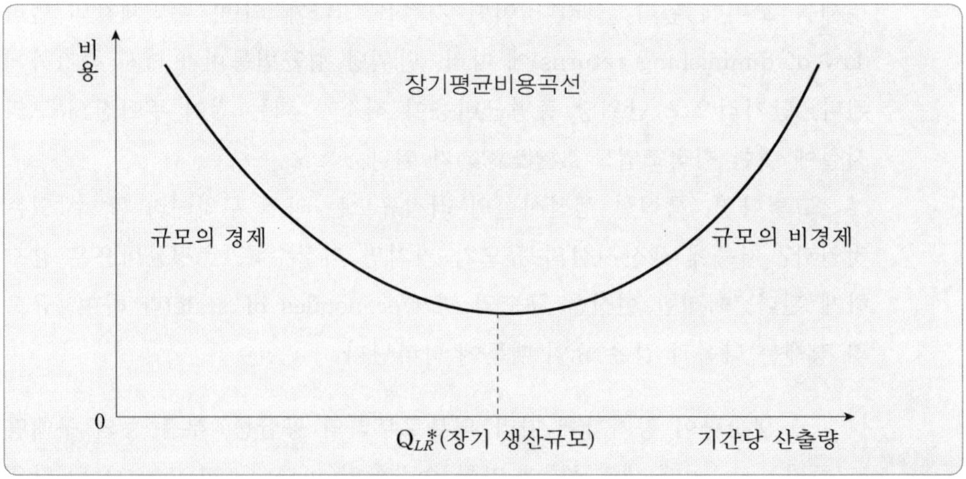

둘째, 생산되는 제품의 수 및 종류의 증가에 따라 시설의 생산량이 증가할 경우, 조정의 비경제(diseconomies of coordination)가 나타날 수 있다. 제품의 종류가 많으면 많을수록, 생산계획 및 통제, 유통관리 등 문제가 복잡해지고 이를 처리하려면 흔히 새로운 경영계층이 추가되고, 비용은 증가하면서, 반응성은 떨어지게 된다.

셋째, 시설이 커지면 인력도 많아짐에 따라 노조가 강력해지고, 지역사회에서의 기업의 비중도 커지게 되며, 이에 따라 경영자의 행동을 제약하는 요인이 증대된다.

장기적으로 단위당 총평균비용이 최소가 되는 점이 시설의 경제적 최적규모가 되며, 이 점의 왼쪽에서는 규모의 경제가 나타나고, 이 점을 넘어서면 규모의 비경제가 나타나게 된다.

생산능력 확장시기

어느 제조기업이 생산능력 확장의 필요성을 인지하였다면, 한꺼번에 대폭적으로 확장할 것인가 아니면 조금씩 여러 번에 걸쳐 확장해 나갈 것인가를 고민하게 될 것이다. 이와 같이 한꺼번에 대폭적으로 기업의 생산능력을 확장하는 것을 대규모 접근법(big bang approach)이라 하며, 조금씩 여러 번에 걸쳐 확장해 가는 방법을 점증적 접근법(incremental approach)이라 한다. 이러한 두 가지 생산능력 확장방법 중 어느 경우가 더 나은 전략인지는 기업이 처해 있는 경영상황에 따라 달라지게 된다.

먼저, 기업의 생산능력을 조금씩 자주 확장하는 점증적 접근법(incremental approach)의 경우는, 수요변화를 보다 잘 반영해 줄 수 있고, 자금도 단기적으로는 적게 들게 되며, 비교적 쉽게 실행할 수 있기 때문에 위험이 보다 작다는 장점을 지니게 된다. 반면에 대규모 접근법(big bang approach)은 장기적으로는 조금씩 여러 번 하는 것의 총합보다는 비용이 덜 들 수 있으며, 규모의 경제로 인해 연간 생산비용도 낮을 수 있다는 장점을 지니게 된다.

하지만, 일시에 대규모의 자금을 소요로 하는 방법이기 때문에 자금압박의 위험이 있으며, 수요의 추세가 예측과 다를 경우에는 유휴시설능력이 발생하고 막대한 고정비를 부담하여야 하므로, 기업에게 많은 위험을 안기게 된다. 또한 기존 제품과 대체관계에 있는 신제품이 출현할 경우, 방대한 시설이 무용지물이 될 수도 있다는 단점을 지니고 있다.

본서에서는 대규모 접근법보다는 점증적 접근법을 선택할 경우에 대해서 살펴보도록 하자. 이 경우 언제 생산능력을 추가할 것인가의 문제가 우선적으로 해결되어야 한다.

생산능력의 확장시기를 추가능력을 필요로 하기 이전에 수행하는 방법(공세적 접근법; proactive approach), 실제 제품의 수요가 현재의 생산능력을 초과할 경우에 확장하는 방법(반응적 접근법; reactive approach), 현재의 생산능력이 향후 기대수요와 근사하게 맞도록 하는 방법(기대치 접근법; expected value approach)의 세 가지 형태로 구분하여 살펴볼 수 있다. 이러한 세 가지 접근법이 바로 점증적 접근법에 기초한 기업의 생산능력 확장전략이며, 세 가지의 확장전략은 다음의 [그림 9-3]에 나타나 있다.

공세적 접근법을 사용할 경우, 기업은 예측된 생산능력 소요에 앞서서 미리 확장하게 되므로, 생산여유능력(capacity cushion)을 가지게 되며, 기대수요 및 예기치 못한 수요까지도 충족시킬 수 있는 생산능력에 여유가 있게 된다. 이와 같은 공세전략(proactive strategy)은 보통 재고부족비용이 초과능력유지비용보다 훨씬 높을 경우 고성장산업에서 일반적으로 이용하게 된다.

고성장산업에서 생산여유능력을 가진 기업은 생산능력이 제한된 경쟁기업들의 시장점유율을 차지하게 될 가능성이 있다. 필수적인 인프라 산업들(전력, 가스, 수도 등)과 과거 하이닉스(구 현대전자)의 반도체 공장 확장이 공세전략을 취하는 대표적인 예가 된다.

반대로, 초과능력유지비용이 재고부족비용을 초과할 경우는 반응적 접근법인 방어전략을 사용하게 된다. 방어전략을 선택하는 기업의 경우, 소규모 또는 음(−)의 생산여유능력을 유지하면서 뒤늦게 생산능력을 확장하게 된다. 일반적으로 생산능력 이용률은 높으나, 그의 시장에서의 위치를 잠식당할 위험이 있으며, 만일 경쟁기업 역시 이와 같은 전략을 선택할 경우, 그들 모두 동시에 그들의 생산능력을 증가시킬 수 있게 되면서 산업

그림 9-3 | 생산능력 확장전략

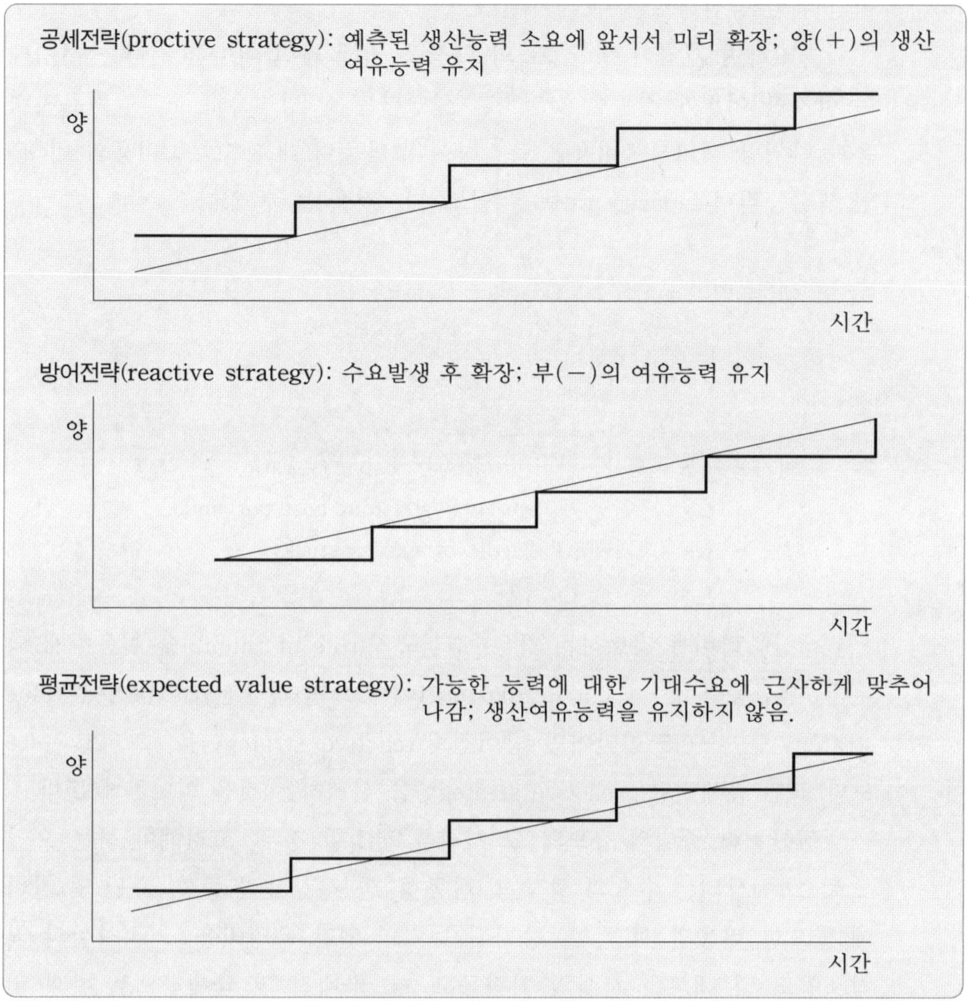

전체적인 측면에서 과잉능력으로 나타날 가능성이 높아지며, 이는 곧 산업 내 경쟁을 심화시키게 되는 결과를 초래하게 된다.

현재의 생산능력이 향후 기대수요와 근사하게 맞도록 하는 방법인 기대치 접근법을 선택할 경우, 이러한 기업의 생산능력 확장방법은 평균전략을 사용하는 것을 말한다. 다시 말해서, 기업의 생산능력을 가능한 기대수요에 맞추어 나가려는 전략을 사용하는 방법이다. 이는 기업이 초과능력을 보유할 가능성과 갖지 않을 가능성이 동일하도록 하려는 것으로 위험을 줄이기 위한 방법으로 자주 사용된다.

그러하면 기업이 생산능력의 확장을 위해 과연 어떠한 전략을 선택해야 할지를 어떻게 결정할 것인지를 설명하는 한 방법으로 초과능력유지비용과 단위당 재고부족비용을 측정하여 초과능력 대 재고부족비용의 비(比)인 생산능력비(capacity ratio)를 검토하는 것을 들 수 있다.

생산능력비(生産能力比; capacity ratio)

$$CR = \frac{Cs - Ce}{Cs}$$

여기서, CR＝생산능력비(生産能力比; capacity ratio)
Cs＝단위당 재고부족비용(stockout cost per unit)
Ce＝초과재고비용(cost of excess stock)

생산능력비를 검토하는 경우, 경험규칙(rule of thumb)을 이용하게 되는데, 생산능력비가 －0.5와 ＋0.5 사이에 있으면 평균전략(expected value strategy)을, －0.5 미만이면 방어전략(reactive strategy)을, 그리고 ＋0.5보다 크면 공세전략(proactive strategy)을 선택하는 것을 의미하게 된다.

생산능력 증대의 규모와 그 시기를 결정할 경우, 고려해야 하는 요인으로 ① 예상되는 수요의 성장 및 변동성, ② 생산능력 증설, 충원 및 설비에 필요한 비용과 시간, ③ 증가된 능력의 연간 운영비용, 기존시설의 최적조업도 및 새로운 시설의 최적규모, ④ 국내적 및 국제적으로 현재 및 잠재적인 경쟁자들의 예상되는 반응이나 행위, ⑤ 공급자, 작업자 및 기타 이해관계집단의 예상되는 반응 및 행위, ⑥ 예상되는 기술변화의 속도 및 방향 등을 들 수 있다.

한편, 기업의 생산능력 방안들은 회수기간법(回收期間法; payback period), 순현가법(純現價法; *NPV*: net present value), 내부수익률(*IRR*: internal rate of return) 등등의 재무분석기법들을 이용하여 평가될 수도 있으며, 컴퓨터 시뮬레이션도 한 가지 방법이다.

Chapter 10

총괄생산계획

제10장

총괄생산계획

10.1 서 론

제조기업뿐만 아니라 서비스 기업에서도 기업경영을 보다 효과적이고 효율적으로 운영하기 위해서 계획을 수립하고 기업을 둘러싼 환경분석과 자사의 보유자원과 능력에 대한 평가를 통해 기업의 전략 및 세부일정을 수립하게 된다. 이를 위해 대부분의 기업들은 환경분석과 자사의 자원과 능력에 대한 평가에 기초를 두어 계획을 수립하게 된다. 그러나 대부분의 기업은 제품이나 서비스에 대한 수요를 여러 가지 기법을 활용하여 예측하고 있으나 실제로 수요변동은 매우 불규칙적이기 때문에 이에 알맞은 생산수준을 유지한다는 것은 매우 어려운 일이다. 따라서 시장의 실제수요에 적합한 생산계획을 수립해야 하는데, 이때 수립해야 하는 것이 바로 총괄생산계획(aggregate planning)과 주일정계획(master scheduling)이다. 이 중 총괄생산계획은 예측된 수요량에 기업의 생산능력을 일치시키는 전략을 말한다.

그림 10-1 생산계획의 수립

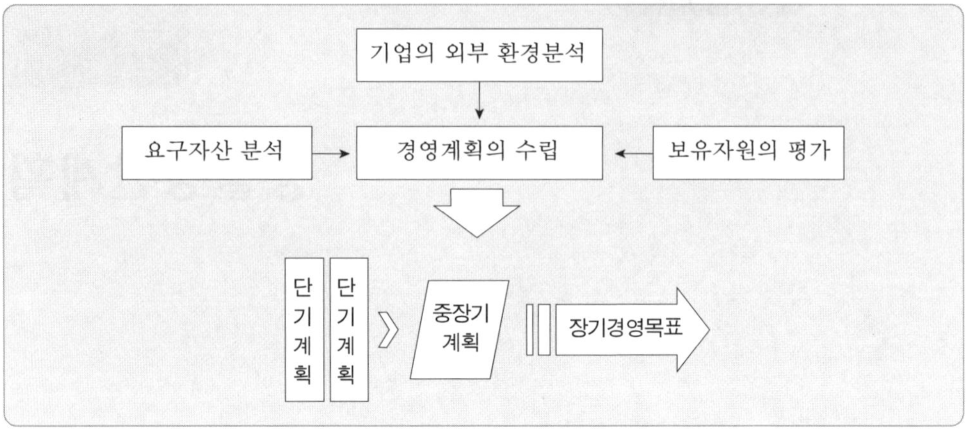

제품 및 서비스에 대한 수요예측을 토대로 생산계획을 수립할 때에는 생산하고자 하는 제품의 종류, 수량 및 가격 등에 대한 계획과 함께 생산 방법 및 일정에 대해서도 가장 경제적이고 합리적인 계획을 세워야 한다. 이러한 생산계획은 계획대상기간(planning horizon)의 길이에 따라 장기, 중기 및 단기계획으로 구분된다. 이 중 중기계획에 해당되는 총괄생산계획은 먼저 수요변동을 예측하고 이에 대하여 작업자 수, 생산율(조업도), 재고수준 및 그 밖의 결정변수(decision variables)들을 결합시키려는 전반적인 입장에서의 생산계획이다. 구체적으로 설명하면 생산자원을 최소의 비용을 들여 가장 효율적으로 배분하도록 해 주며, 일정계획이나 작업할당 등 세부적인 단기계획의 지침을 제시해 주는 것이 곧 총괄생산계획인 것이다.

본 장에서는 총괄생산계획의 개념, 목적 및 그 전략을 설명한 다음 실제로 계획을 수립하는 데 사용되는 수리적 모델을 포함한 여러 가지 기법들을 소개하고자 한다.

10.2 총괄생산계획의 의의 및 범위

총괄생산계획의 의의

총괄생산계획(aggregate planning)이란 보통 3개월에서 18개월까지의 계획대상기간(planning horizon)에 대한 수요변동을 예측하고 이 수요예측치를 최소의 비용으로 충족시킬 수 있도록 고용수준, 생산율(production rate), 재고수준, 초과근무(overtime) 및 하청(sub-contraction) 등의 생산능력(capacity)을 적정하게 배분하려는 총체적 입장에서의 생산계획을 의미한다.

총괄생산계획은 개별제품이나 서비스에 대한 주일정계획(master scheduling) 등의 세부적인 계획이 아니라 더욱 거시적인 차원에서의 '총괄'(aggregation)의 개념을 도입한 계획이다. 다시 말해서, 여기서는 각 제품 그룹별 혹은 제품 라인별로 통합된 수요예측치에 근거하여 생산자원의 사용에 관한 의사결정을 내리게 된다. 따라서 총괄생산계획을 수립할 때 유의할 점은 여러 가지 제품이나 서비스에 공통되는 측정단위를 이용해야 한다는 것이다. 그러나 하나의 제품만을 생산하는 기업은 별 문제가 되지 않겠지만, 다양한 제품이나 서비스를 생산하는 기업은 공통적인 하나의 측정단위를 선정한다는 것이 결코 쉬운 일은 아니다. 그러므로 먼저 개별제품에 대한 생산단위를 공통의 척도로 통합하여 총괄적 수요 패턴에 맞는 생산계획을 수립해야 할 것이다. 일반적으로 가장 많이 사용되는 측정 단위로는 톤, 갤런, 주행거리(passenger miles), 환자 수, 상자 수(box numbers), 자동차 대수, 발생시간, 횟수, 기계사용 및 노동시간 등을 들 수 있다.

총괄생산계획의 범위와 특성

앞에서도 언급되었듯이 일반적으로 생산계획은 계획대상기간의 길이에 따라 일반적으로 장기계획, 중기계획, 단기계획으로 분류할 수 있다.

그림 10-2 총괄생산계획의 플로우 차트

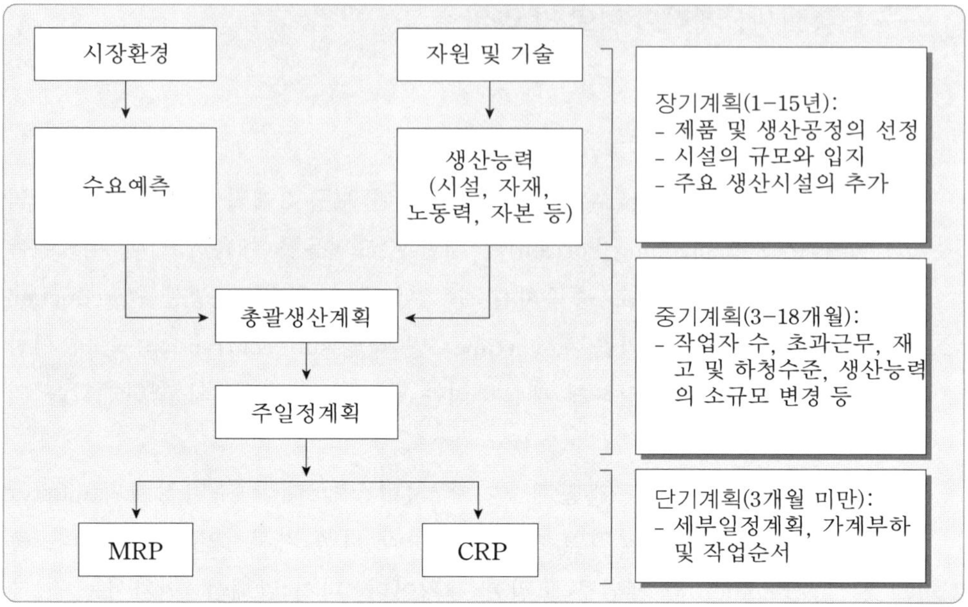

장기계획(long-range planning)이란 보통 1년 이상(1-15년)의 계획기간을 대상으로 전반적인 기업의 목표나 전략을 수립하는 계획으로서, 주로 CEO와 같은 최고경영층의 의사결정분야에 해당한다. 장기계획은 제품 및 생산공정의 선정, 시설의 규모와 입지, 설비 배치 및 생산시설의 확장 등 생산시스템의 설계에 관한 결정을 주요 내용으로 하게 된다.

중기계획(intermediate planning)은 장기계획에서 결정된 자원의 범위 안에서 최소의 비용으로 제품 및 서비스의 수요변동에 대응하기 위해 3-18개월의 기간을 상대로 재고수준 등의 결정변수에 대한 최적전략을 세우려는 계획이다.

단기계획(short-range planning)은 하위관리자들의 의사결정영역으로서 보통 3개월 미만의 계획을 말한다. 단기계획은 장기 및 중기계획에서 결정된 생산자원의 범위 내에서 세부일정계획(detailed scheduling), 기계의 부하 및 작업순서(job sequence) 등을 결정하는 계획을 말한다.

총괄생산계획은 주일정계획과 더불어 중기계획의 핵심을 이룬다. 이는 생산자원의 합리적인 배분과 비용의 최소화를 목적으로 수요예측치와 생산능력의 균형을 유지하려는 전략적 계획이다. 이런 점에서 총괄생산계획을 개략적 생산능력계획(rough-cut capacity planning)이라고 한다.

10.3 총괄생산계획의 목적과 절차

수요예측과 생산능력

총괄생산계획을 수립함에 있어 가장 먼저 해야 할 일은 관련 제품이나 서비스에 대한 수요의 양과 시기를 예측하는 작업이다. 만약 일정한 계획기간에 총기대수요와 이용 가능한 생산능력과의 차이가 발생할 경우에는 현재의 생산능력을 증대시키거나 감소시킴으로써 양자에 균형이 이루어지도록 해야 한다.

그러나 예측된 총수요와 현재의 총생산능력이 일치한다 하더라도 기업간의 경쟁적 신제품의 개발 및 계절적 요인 등으로 인해 수요는 계속적으로 변동하기 마련이다. 따라서 특정의 계획기간보다는 계획대상기간 전체에 걸쳐서 수요와 생산능력을 대응시키는 합리적인 생산계획의 수립이 요청된다.

총괄생산계획의 목적

총괄생산계획의 기본 목적은 최소의 비용으로 기업의 생산자원을 효율성 있게 사용할 수 있는 최적생산계획을 개발하는 데 있다. 즉, 장기계획에 의해 추정된 가용자원의 범위 내에서 예측된 수요를 가장 경제적으로 만족시키기 위한 최적전략을 결정하는 것이다. 이처럼 장기계획의 일정한 제약하에서 수립되는 총괄생산계획은 단기계획의 수립 및 집행을 위한 의사결정의 방침을 제시해 주는, 장기계획과 단기계획의 교량적 역할을 수행한다.

생산계획자가 최적전략을 결정하는 과정에서 현재 고려되고 있는 대체적인 생산계획안들을 평가할 때에는 일반적으로 계획에 관련된 비용의 최소화, 적절한 고객 서비스의 유지, 노동력 변동의 최소화 및 생산 · 재고 변동의 최소화 등의 평가기준을 사용한다. 총괄생산계획의 목적은 바로 이러한 기준들을 종합적으로 고려하여 가장 경제적이고 합리적인 계획을 수립하는 데 있는 것이다.

총괄생산계획의 결정변수

생산계획자가 총괄생산계획의 목적을 달성하기 위해서는 여러 가지의 활동 가능한 결정변수들을 고려하여 계획을 수립하는 것이 바람직하다. 총괄계획에 영향을 미치는 변수에는 가격정책, 판매촉진정책, 추후납품(backorder), 초과근무, 고용 · 해고, 하청, 재고유지 및 수요창출 등이 있다. 이들은 모두가 수요와 생산능력을 일치시키기 위해 사용 가능한 변수들로서, 크게는 수요변화를 조절하기 위한 것과 생산능력을 조절하기 위한 것의 두 가지로 나눌 수 있다.

1) 수요변동의 조절

불규칙하게 변동하는 제품이나 서비스의 수요에 대처하기 위한 전략으로는 가격정책, 판촉활동, 추후납품(backorder), 수요창출 등이 있다.

수요변동에 대처하기 위한 첫 번째 전략은 가격정책을 통하여 수요의 양과 시기에 영향을 미치는 것이다. 즉 가격차별화 정책으로 성수기에는 가격인상을 통하여 수요를 줄이고 비성수기에는 가격인하를 통하여 수요를 증대시키는 것이다. 전기통신공사에서 심야통화료를 할인하는 경우가 그 좋은 예이다. 이처럼 가격정책을 통해 수요변동에 대처할 경우 특히 수요의 가격탄력성이 큰 제품일수록 그 효과가 크게 나타난다.

두 번째 전략은 광고나 기타의 판촉활동을 전개하는 방법이다. 광고, 전시회, 인적판매 및 그 밖의 판촉활동은 수요를 효과적으로 변화시켜 이를 생산능력수준에 알맞게 조절해 주는 경우가 많다. 그러나 가격정책에 비해 수요의 양과 발생시기에 대한 통제력이 부족하다는 단점이 있다. 더구나 판촉활동의 결과가 본래의 목적과 상반되는 상황이 발생할 가능성도 배제할 수 없다.

세 번째 전략은 추후납품(backorder)을 통하여 수요량 혹은 주문량을 다음 기간으로 연기시키는 전략이다. 추후납품이란 특정기간에 인도되도록 주문을 받거나 수요가 발생한 제품에 대하여 고객으로 하여금 제품의 인도시기를 연기하게 함으로써 성수기의 수요를 비성수기로 이동시키는 정책을 말한다.

추후납품의 전략을 수행할 경우 자칫하면 주문 즉시 제품을 인도하지 못하여 고객이 제품인도시점까지 기다려 주지 않음으로써 기업이 큰 손실을 입을 수도 있다. 즉 판매상실로 인한 기회비용, 추가적인 사무비용, 고객의 불만으로 인한 기업 이미지의 손상 등 재고의 고갈에 따른 재고부족비용(stockout cost)이 발생할 가능성이 있는 것이다.

네 번째 전략은 수요의 패턴이 변동함으로써 발생하는 비성수기의 유휴능력을 활용하여 새로운 수요를 창출하는 방법이다. 즉 동일한 생산과정과 노동력 및 시설을 통해 생산이 가능하고 기존제품과 보완적인 수요 패턴을 갖는 새로운 제품을 개발하는 것이다. 예를 들면 여름의 수영장을 겨울에 스케이트장으로 활용한다든지, 냉방장치인 에어콘과 난방장치인 전기난로를 동시에 생산하는 경우 등이다.

2) 생산능력의 조절

기업이 이용가능한 생산능력을 조절하는 첫 번째 전략은 고용 및 해고를 통하여 총작업자의 수를 조절하는 방법이다. 가령 시간제 작업자(part-time worker)를 고용함으로써 계절적 수요에 대처하거나 비용절감의 효과를 가져올 수 있다.

그러나 신규사원을 고용할 경우 채용 및 교육훈련비용이 투입되며 숙련공이 될 때까지는 이들의 생산성이 낮다는 결점이 있으며, 또한 종업원을 해고할 경우 실직수당이나 퇴직금의 지불은 물론 종업원들의 자기직책에 대한 불안으로 사기가 저하되어 결국 생산능률이 떨어진다는 폐단이 있다.

두 번째 전략은 초과근무(overtime) 및 유휴(idle time)를 통하여 노동력의 이용도를 변화시키는 방법이다. 이는 수요변동이 일시적일 때 적용되는 것이 보통이다. 즉 수요가 갑작스럽게 증가되어 생산능력이 부족할 때에는 현재의 종업원들을 그대로 유지하면서 정상작업시간(regular time) 이상의 작업을 시키고, 반대로 생산능력이 수요를 초과할 때에는 현재의 작업자들을 해고시키지 않고 작업속도만을 늦추어 생산을 감소시키는 것이다. 이는 안정된 작업 분위기와 종업원의 사기를 진작시키는 데 유리한 방법으로서, 특히 계절적 성수기에 신입사원을 채용, 훈련을 시켰다가 비성수기에 이들을 다시 해고해야 하는 부담이 없어진다.

그러나 초과근무나 유휴시간에 대해서는 일반적으로 노조의 반발을 초래할 가능성이 있고 초과근무에 따른 생산성 및 품질의 저하, 안전사고, 노무비의 증대는 물론, 유휴로 인해 기계 및 기타 고정자산이 비능률적으로 사용된다는 결점이 있다.

세 번째 전략은 수요변동을 흡수하기 위해 일정한 수준의 재고를 유지하는 방법이다. 이는 특정기간에 생산한 제품을 저장하여 필요한 시기에 이를 적절히 이용하는 방법이다. 따라서 이 전략에서는 생산량이 수요를 초과할 경우 재고가 증가되며 수요가 생산량보다 많을 경우는 재고가 감소된다.

그러나 일반적으로 서비스업에서는 서비스 자체를 비축하거나 어렵기 때문에 재고정책에 의한 수요조정은 거의 불가능하다. 또한 제조업에 있어서도 재고가 사용될 때까지 재고유지비용이 발생하며 그 밖에도 보관비용, 제품 진부화에 따른 손실, 파손위험 및 자본기회비용(capital opportunity cost) 등이 발생한다.

네 번째의 전략은 수요변동에 따른 생산수준의 변동요인을 하청업체(subcontractor)에게 이양시키는 전략이다. 이는 수요에 비해 생산능력이 부족할 때 초과수요량만큼의 생산을 하청업체에 의뢰하여 부품이나 완제품을 이들로부터 공급받는 것으로서, 임시적 전략이라는 성격을 띠고 있다.

이 전략은 위험의 분산이라는 이점이 있으나 하청업체의 생산공정과 품질문제에 대한 통제가 거의 불가능하며 원가가 높아진다는 폐단이 있다.

따라서 기업은 자사의 이용가능한 생산능력, 전문인력, 제품의 수요 패턴 등을 정확히 파악하고 하청비용과 제조비용을 비교함으로써 하청 혹은 자체생산의 여부를 결정해야 한다.

10.4 총괄생산계획의 전략

앞 절에서 설명한 여덟 가지의 결정변수들은 수요와 생산능력을 대응시키기 위한 총괄생산계획을 수립할 때 기본적으로 고려할 수 있는 변수들이다. 따라서 생산계획자는 이들 중 어느 하나의 변수를 선정하여 총괄계획을 수립하든가, 아니면 몇 개의 변수를 적절히 혼합시켜 총괄계획을 수립해야 할 것이다. 어느 하나의 변수만을 선정하여 총괄계획을 수립할 경우는 이를 순수전략(pure strategy)이라 하고 둘 이상의 변수를 혼합시킬 때에는 혼합전략(mixed strategy)이라고 한다.

총괄생산계획을 수립하는 데 있어 생산계획자가 현실적으로 채택할 수 있는 주요 전략들로는 다음과 같은 것들이 있다. 이 중 첫 번째 전략은 단순전략이고 나머지 두 가지 전략은 혼합전략에 해당한다.

① 일정수준의 작업자 유지
② 안정된 생산율의 유지
③ 추적전략(chase strategy)－수요변화에 따른 생산율 조절

먼저 작업자의 수를 일정하게 유지하는 전략은 고용 및 해고 대신 작업속도를 조절하여 초과근무 내지 유휴시간을 활용하는 전략이다. 다음 안정된 생산율을 유지하는 전략은 정규생산량을 확보하기 위한 것으로 재고, 하청 및 추후납품을 통해 수요변화에 대처하는 전략을 말한다. 추적전략은 수요변화의 패턴을 추적하여 그에 따라 생산량을 조절하는 것으로 매계획기간마다 수요량과 생산량을 일치시키려는 전략이다. 추적전략은 수요변화에 매우 유동적으로 대처할 수 있고 재고를 줄일 수 있다는 이점이 있으나, 반면에 생산율의 안정화를 꾀할 수 없다는 결점도 있다.

기업이 사용하고자 하는 전략, 즉 최적전략을 결정하기 위해서는 그 기업정책이 추구하는 기본 목표와 전(全)계획기간에 소요되는 총비용을 고려하여 가장 경제적이고 합리적인 전략을 선택해야 함은 물론 결정변수들을 적절히 결합하여 혼합전략을 사용하는 것도 좋을 것이다.

10.5 총괄생산계획기법

생산계획자가 총괄생산계획을 수립하는 데 있어서는 앞서의 결정변수들 중에서 선정된 변수들에 대하여 구체적인 값을 결정해야 하는데, 이때 사용하는 기법은 크게 그래프나 차트를 이용하는 방법인 도해법(graphical & charting technique), 수리적 기법(mathematical method) 및 휴리스틱 기법(heuristic method)으로 구분된다.

도해법(graphical & charting technique)

도해법은 시행착오적인 방법으로 두세 가지의 결정변수를 조정하여 총비용이 최소가 되는 생산계획을 모색하고자 하는 목적하에서 예측된 수요와 생산능력을 비교할 수 있도록 간단한 표와 그래프를 그려서 총괄계획을 수립하는 기법이다.

여기서 도해법을 사용하여 총괄생산계획을 수립하는 예를 들어 보기로 한다. J산업(주)에서는 총괄생산계획을 수립할 목적으로 두 가지 전략대안을 검토하고 있다. 제1안은 정상작업 생산량이 고정된 상태에서 재고수준을 조절하는 전략이고 제2안은 정상작업 생산량을 줄이고 초과근무를 사용하는 전략이다. 두 대안에 공통되는 기본 가정은 다음과 같다.

첫째, 정상작업능력은 각 기간별로 동일하다. 즉 매월의 작업일수는 일정하다.

둘째, 추후납품비용(backorder cost), 재고유지비용 및 하청비용은 제품단위당 비용으로 표현되는 변동비이다.

셋째, 생산계획은 실현가능하다. 즉 충분한 재고능력과 하청업체의 확보 및 생산량의 자유로운 조절이 가능하다.

넷째, 결정변수와 관련된 제비용은 수량과는 독립적인 것으로서 총비용 내지 단위당 비용으로 표시가능하며 전(全)계획대상기간에 걸쳐 일정하다.

다섯째, 재고와 생산량은 각 기간에 일정한 비율로 증감된다. 그러나 추후납품량은 발생 직후 계획기간의 생산량에 의해 충족되는 것으로 본다.

1) 제 1 대안

전북산업(주)은 안정된 정상작업시간을 통한 생산과 재고를 사용하는 전략으로서 12개월의 계획대상기간에 대하여 다음과 같은 수요예측치와 비용 자료를 이용하여 총괄생산계획을 수립하고자 한다.

월 별	1	2	3	4	5	6	7	8	9	10	11	12	계
수요예측치	250	250	150	200	350	350	400	550	500	600	350	250	4,200

비 용

생산비용

정상작업비용=2천원/단위

초과근무비용=3천원/단위

하청비용=6천원/단위

재고비용=기간별 평균재고 1단위당 1천원

추후납품비용=기간별 1단위당 5천원

정상작업을 통한 각 기간별 생산량은 350단위로 일정하고 최초의 기초재고는 0이며 각 기간의 기말재고는 다음 기간의 기초재고로 이월된다.

총정상작업생산량과 총수요예측치는 4,200단위로 동일하며 월별 생산량과 재고량과의 관계는 다음과 같은 식에 의해 결정된다.

생산계획량+기초재고=수요예측치+기말재고

기말재고=기초재고+생산잔량(생산계획량−수요예측치)

또한, 평균재고량은 기초재고와 기말재고량의 합계를 둘로 나눈 값이다. 만약 생산잔량(생산계획량－수요예측치)이 음(－)이면 동일한 양만큼 재고가 감소되며 반대로 양(+)이면 그만큼 재고가 증가된다.

또한 재고부족이 발생할 경우 추후납품을 실시한다. 이와 같은 제 1 안을 도식화하면 앞의 [그림 10－1]과 같다.

제 1 안에 소요되는 비용은 각 월별로 정상작업비용이 350단위×2천원＝700천원, 재고유지비용은 평균재고량 1천원, 그리고 재고부족비용은 단위당 5천원으로 계산하면 되며, 이렇게 해서 12개월 동안의 총비용을 계산하면 정상작업비용 840만원, 재고유지비용 330만원, 추후납품비용(재고부족비용) 100만원의 합계인 1,270만원이다.

[제 1 안의 해] (비용단위: 천원)

월 별	1	2	3	4	5	6	7	8	9	10	11	12	계
수요예측치	250	250	150	200	350	350	400	550	500	600	350	250	4,200
생 산 계 획													
정 상	350	350	350	350	350	350	350	350	350	350	350	350	4,200
초과근무	－	－	－	－	－	－	－	－	－	－	－	－	
하 청	－	－	－	－	－	－	－	－	－	－	－	－	
생 산 잔 량	100	100	200	150	0	0	(50)	(200)	(150)	(250)	0	100	0
기 초	0	100	200	400	550	550	550	500	300	150	0	0	
기 말	100	200	400	550	550	550	500	300	150	0	0	0	
평 균	50	150	300	475	550	550	525	400	225	75	0	0	3,300
추 후 납 품	0	0	0	0	0	0	0	0	0	100	100	0	200
비 용													
생산비용													
정 상	700	700	700	700	700	700	700	700	700	700	700	700	8,400원
초과근무													
하 청													
재고비용	50	150	300	475	550	550	525	400	225	75	0	0	3,300원
추후납품비용	0	0	0	0	0	0	0	0	0	500	500	0	1,000원
총 비 용	750	850	1,000	1,175	1,250	1,250	1,225	1,100	925	1,275	1,200	700	12,700원

2) 제 2 대안

전북산업(주)은 제1안 외에 또 다른 전략으로서 한 명의 작업자를 해고시키고 그로 인한 생산부족량은 초과근무를 실시함으로써 보충하고자 한다. 따라서 정상작업 생산량은 기간별로 20단위가 감소된 330단위가 될 것이다. 또한 초과근무를 통한 각 기간의 최대생산량은 40단위로 제한되어 있다는 점 외에 다른 조건은 제1안과 같다.

초과근무를 실시함으로써 보충해야만 하는 총생산량은 종업원 1명을 해고함으로써 부족하게 된 생산량, 즉 12개월×20단위=240단위이다. J산업(주)은 생산계획대상기간 중 수요예측치가 큰 5-10월에 초과근무를 실

[제2안의 해] (비용단위: 천원)

월 별	1	2	3	4	5	6	7	8	9	10	11	12	계
수요예측치	250	250	150	200	350	350	400	550	500	600	350	250	4,200
생산계획													
정 상	330	330	330	330	330	330	330	330	330	330	330	330	3,960
초과근무	0	0	0	0	40	40	40	40	40	40	0	0	240
하 청	-	-	-	-	-	-	-	-	-	-	-	-	
생산잔량	80	80	180	130	20	20	(30)	(180)	(130)	(230)	(20)	80	0
재 고													
기 초	0	80	160	340	470	490	510	480	300	170	0	0	
기 말	80	160	340	470	490	510	480	300	170	0	0	0	
평 균	40	120	250	405	480	500	495	390	235	85	0	0	3,000
추후납품										60	80		
비 용													
생산비용													
정 상	660	660	660	660	660	660	660	660	660	660	660	660	7,920원
초과근무	0	0	0	0	120	120	120	120	120	120	0	0	720원
하 청	-	-	-	-	-	-	-	-	-	-	-	-	
재고비용	40	120	250	405	480	500	495	390	235	85	0	0	3,000원
추후납품비용	0	0	0	0	0	0	0	0	0	300	400	0	700원
총 비 용	700	780	910	1,065	1,260	1,280	1,275	1,170	1,015	1,165	1,060	660	12,340원

시한다. 그 이유는 5월 이전의 초과근무는 과잉재고의 발생으로 재고유지비용이 많이 소요되며 10월 이후의 초과근무는 추후납품으로 인한 기회비용을 발생시키기 때문이다.

앞의 표에서 볼 수 있는 바와 같이 제2안의 정상작업비용은 66만원×12개월=792만원으로서 제1안의 840만원보다 48만원만큼 감소된 규모이다. 반면에 초과근무비용이 72만원 추가되어 총생산비용은 864만원이 되므로, 제1안보다 오히려 24만원만큼 비용이 증가되었다. 그러나 재고유지비용과 추후납품비용이 제1안보다 각각 30만원씩 감소되어 총비용은 결국 1,234만원이 되기 때문에 제1안보다 36만원만큼 절약할 수 있음을 알 수 있다.

이상에서는 생산율의 안정화와 초과근무의 활용이라는 두 가지 변수만을 사용한 최적전략의 수립방안을 예시하였으나, 그 밖에도 하청, 고용수준의 변화 및 기타의 결정변수를 사용하는 총괄생산계획대안들에 대해서도 도해법을 통한 비교 · 평가가 가능하다.

수리적 기법

1) 선형계획법(수송모형)

수송모형(transportation programming)은 선형계획법의 일종으로서, 최소의 비용이나 이익의 극대화를 위해 제한된 자원을 가장 합리적으로 배분함으로써 최적해를 추구하는 총괄생산계획기법이다. 이 기법에서는 정상작업비용, 초과근무비용, 하청비용, 재고유지비 및 고용 · 해고비용 등을 포함한 총비용의 최소화를 그 목적함수로 하고 작업자 수, 재고수준, 하청능력 등을 그 제약조건으로 한다. 이처럼 수송모형을 이용한 총괄생산계획기법은 수요량과 생산능력을 결합하여 총비용의 최소화를 달성하기 위해 개발된 것이다. 따라서 이 모형을 이용하기 위해서는 생산계획자가 정상작업, 초과근무, 하청, 재고능력 등의 생산능력을 이용하는 데 필요한 비용들을 정확하게 파악해야만 한다.

2) 목적계획법

단일의 목표를 전제로 하는 선형계획의 단점을 보완하기 위한 기법으로서 목표 상호간의 중요도에 따른 우선순위체계를 토대로 다수의 목표를 동시에 달성하고자 하는 기법이 곧 목적계획법(goal programming)이다.

이는 다수의 목표를 달성하는 데 필요한 자원의 소요량을 결정하거나 주어진 제약 조건하에서 달성해야 할 목표수준을 결정하는 데 사용되는 분석모형이다. 이러한 목적계획법은 희소자원의 최적할당문제는 물론 총괄생산계획 및 주일정계획 문제에도 적용이 가능하다.

3) 선형결정기법(LDR)

선형결정기법(linear decision rule)이란 일정한 계획기간의 수요예측치를 최소의 비용으로 충족시키기 위한 최적생산율 및 노동력 규모를 찾는 기법이다. 따라서 이 기법에서는 두 개의 의사결정규칙을 도출하게 된다.

즉 LDR에서는 정상작업비용, 고용 및 해고비용, 초과근무비용, 재고유지 및 재고부족비용, 그리고 생산준비비용 등의 비용요소들로 구성된 이차비용함수를 추정하여, 이를 일차 미분함으로써 두 개의 일차함수, 즉 P_t(t기의 생산율)와 W_t(t기의 작업자 수)를 도출하는 것이다. '선형'이라는 용어도 이런 의미에서 사용되는 개념이다.

휴리스틱 접근방법(heuristic approach)

수리적 기법과는 달리 총괄생산계획의 문제를 의사결정자의 경험이나 직관을 통해 경험적 내지 탐색적 방법으로 해결하고자 하는 것이 휴리스틱 접근방법(heuristic approach)이다. 휴리스틱 접근법으로는 경영계수이론, 모수생산계획모형 및 탐색결정기법 등이 있다. 이들은 모두가 앞의 선형결정기법이 갖는 한계점을 극복하기 위한 목적으로 개발된 것들이라 할 수 있다.

1) 경영계수이론

경영계수이론(management coefficient theory)은 경영자의 주관적 통찰력이나 과거의 경험 및 환경변수에의 민감성이 생산계획을 수립하는 데 중추적인 역할을 수행한다는 점에 착안하여 개발된 생산계획 모델이다. 즉, 경영자들이 과거에 행한 의사결정의 결과들을 토대로 통계적인 중회귀분석(multiple regression analysis)을 통하여 LDR의 비용계수와 유사한 개념의 경영계수를 구함으로써 최적에 가까운 의사결정을 추구하는 발견적(heuristic) 기법이다.

이 기법은 LDR의 2차비용함수가 갖는 제약으로 인한 한계를 극복하고 경영문제 및 의사결정과정에서 경영자의 통찰력을 발휘할 수 있다. 또한 환경의 변화에 따라 의사결정규칙을 변화시킬 수 있으며 경영자와 의사결정규칙 사이에 피드백(feed back)이 가능하다.

2) 매개변수생산계획 모델

매개변수생산계획 모델(parametric production planning)은 LDR처럼 2차 비용함수를 사용하며, 생산율(P_t)과 작업자 수(W_t)에 관한 두 개의 결정규칙에 대하여 최소비용을 실현시키는 모수의 조합을 탐색하는 방법이다.

이 기법은 경영계수이론과 더불어 의사결정에 대한 비용구조식의 형태에 아무런 제약이 따르지 않는다는 이점이 있다. 그러나 생산계획문제에 대한 최적해의 도출이 불가능하며 미래에 적용할 결정규칙을 도출함에 있어 과거의 실적이나 의사결정결과를 사용한다는 불합리한 점도 있다.

3) 탐색결정기법(SDR)

앞에서 기술한 수리적인 최적화 기법들은 한정된 결정변수의 범위 내에서 1차(linear) 내지 2차의 비용함수를 가정하는 모델로서 실제의 복잡한 경영문제에는 적용하기가 쉽지 않다.

탐색결정기법에서는 각 계획기간에 대한 목적함수를 평가하여 최소비용이 소요되는 최적결정변수의 조합을 컴퓨터 서브루틴(subroutine)을 통해 체계적으로 탐색하게 된다. 좀더 구체적으로 설명하면 어느 측정계획기간에 대한 목적함수가 평가된 다음에는 산출된 값을 그 이전의 값과 비교하고 보다 우수한 결정변수값들의 조합을 탐색하기 위해 동일한 과정을 반복적으로 시행한다. 물론 SDR을 통해 최적해가 산출된다는 확실한 보장은 없지만 이 기법은 가능한 한 모든 대안들 중 최소비용의 대안을 찾아나가는 알고리즘을 취한다는 것이 특징이다.

이 기법의 장점은 계획기간 동안에 신제품 개발, 임금인상 및 그 밖의 결정변수가 변화하는 경우에 대하여 어떠한 비용 모델도 적용할 수 있으며 최적해의 탐색절차가 계속되는 동안 생산능력의 해에 대한 민감도분석(sensitivity analysis)을 할 수 있다는 점이다. 또한 비선형효용함수, 다목적함수 및 복잡한 제약조건들을 비교적 쉽게 다룰 수 있다는 것이 이 기법의 장점이다. 그러나 이 기법에 의한 해의 도출은 전반적 최적화(overall optimization)를 달성하지 못하고 준최적화(sub-optimization)에 머무는 경우가 많다는 결점을 배제하기 어렵다.

총괄생산계획기법을 경영문제에 적용할 때에는 이상에서 제시한 각 기법의 기본 가정 및 장·단점을 고려하여 가장 적합한 기법을 사용해야 한다.

우선 도표나 그래프를 이용하는 방법은 시행착오식 방법을 통해 해에 접근하는 기법이므로 단순한 문제의 해를 구하는 데 직접 이용하거나 복잡한 문제의 해를 구하기 위한 보조적 기법으로 사용하면 효과적이다. 또한 최적해를 도출하고자 할 때에는 가능한 한 LP, GP 및 LDR 등의 수리적 기법을 사용하는 것이 좋지만 이러한 모델들을 적용하기 힘든 상황에서는 경영자의 경험이나 직관에 중점을 두는 휴리스틱 기법, 예컨대 컴퓨터를 통한 시뮬레이션 기법을 이용하는 것이 바람직하다.

총괄생산계획기법들 중에서 GP와 SDR이 비교적 양호한 기법으로 평가되지만 더욱 향상된 총괄생산계획을 위해서는 끊임없이 새로운 기법을 개발하고자 하는 노력을 필요로 한다.

10.6 주일정계획

총괄생산계획을 통해 구해진 재고량을 비롯하여 주문잔고의 수준, 고용 및 해고자의 수, 하청의 계획량 및 특정기간의 생산량 등에 관한 수치는 총괄적인 성격을 갖는 데 불과하기 때문에 '특정한 시기에 각 제품을 얼마만큼 생산해야 할 것인가'라는 기업의 현실적인 생산계획의 문제와는 거리가 있음을 유의해야 한다. 따라서 생산계획을 실행가능한 구체적인 생산활동으로 나타내기 위해서는 이상의 총괄생산계획을 보다 구체적으로 분해할 필요가 있다.

주일정계획(master schedule)은 총괄생산계획으로부터 얻어진 결과에 따라 특정제품이나 서비스를 언제 얼마만큼 생산할 것인가를 결정하는 작업을 말한다. 이는 보통 2–3개월 정도의 단기적인 계획기간을 대상으로 수립되는 생산계획으로서 원자재, 노동력 및 기계설비의 소요량과 그 조달 및 운용방법을 결정하고 각 기간의 재고수준을 파악하기 위해 특정의 제품에 대한 각 기간별 생산계획량을 확정하는 데에 초점을 두고 있다.

실제의 예로서 잔디깎기를 생산하는 P회사는 우선 이 제품의 생산을 위한 총괄생산계획을 수립하고 이를 토대로 각 제품에 관한 주일정계획을 수립하려 한다고 하자. 잔디깎기 제품의 경우 각 모델에 따라 자재, 부품 및 작업공정에 차이가 있기 때문에 실제로 적절한 자재 및 부품을 구입하

표 10-1 총괄생산계획과 주일정계획

	월	1	2	3	4	5
총괄생산계획	잔디깎기	200	300	400	400	350
주일정계획	월	1	2	3	4	5
	모델 1	100	100	100	110	100
	모델 2	75	150	200	170	100
	모델 3	25	50	100	120	150
	합 계	200	300	400	400	350

여 작업일정계획을 수립하고 재고계획을 수립하기 위해서는 각 기간 및 모델별로 구체적인 생산량을 나타내는 주일정계획을 수립해야 할 것이다. [표 10-1]은 P회사의 잔디깎기 제품에 대한 총괄생산계획을 분해하여 주일정계획으로 작성한 것이다.

주일정계획에 사용하는 기간간격(time interval)은 생산하고자 하는 제품의 형태, 수량 및 부품의 조달기간에 따라 달라진다. 보통은 후술하게 될 MRP 시스템과 보조를 맞추어 기간간격을 결정하되 1주를 기본 단위로 하는 경우가 많다.

주일정계획의 기능

이상과 같이 주일정계획에서는 보다 구체적인 생산계획이 작성되며 이는 다시 13장의 자재소요계획(MRP)과 능력소요계획(CPR)으로 전환됨으로써 생산계획의 실행에 필요한 노동력, 원자재 및 설비의 소요량을 결정한다. 따라서 주일정계획(master scheduling)을 통하여 비로소 실행가능한 세부적인 생산목표가 설정되고 이를 실행하는 과정에서 하부 작업단계로부터 발생되는 문제점들이 피드백되어 전반적인 생산재고 시스템이 원활하게 운용되는 것이다.

이와 같은 주일정계획에서는 첫째, 총괄계획을 분해하여 구체적인 생산시기와 생산량을 결정한다. 나아가 생산량을 경제적 생산 로트로 분류하고 기계설비를 할당한다. 따라서 주일정계획은 회사가 실제로 무엇을, 언제, 어떻게, 얼마만큼 생산해야 하는가를 결정하는 제조계획이라고 할 수 있다.

둘째, 일정계획의 대안들을 평가한다. 주일정계획에서는 일종의 시뮬레이션에 해당하는 시행착오과정(trial fitting)을 통해 여러 주일정계획안들 중에서 최고대안을 탐색하게 된다. 즉, 일단 주일정계획을 수립한 다음에는 이에 따라 세부적인 자재 및 능력(노동력과 설비) 소요량을 결정하고 이들의 조달가능성(availability)과 조달기간을 평가하여 이미 작성된 주일정계획의 타당성을 검증하는 것이다. 이러한 시행착오과정이 반복됨으로써 비로소 실행가능한 주일정계획(master schedule)이 확정되고 이를 토대로 생산조달기간 및 제품인도일정에 대한 정확한 계획이 수립된다.

셋째, 주일정계획은 자재소요계획(material requirement planning)의 중요한 투입 요소이다. 주일정계획에 나타난 완제품 생산계획에 따라 자재소요계획 시스템에서는 최종 조립의 예정기일이 지켜질 수 있도록 필요한 부품에 대한 자체생산 또는 외부구매에 관한 결정을 내리는 것이다.

넷째, 주일정계획에 의해 수립된 자재소요계획을 토대로 능력소요량에 관한 계획을 수립한다. 여기서, 노동력과 생산설비와 같은 생산능력(capacity)의 경제적 사용을 위한 능력소요계획(capacity requirement planning)을 수립할 때, 만약 기업의 보유능력의 실행에 필요한 능력소요량에 미달하거나 이를 초과할 경우 주일정계획은 수정되어야만 한다.

다섯째, 주일정계획은 기업활동과 관련된 정보의 처리를 용이하게 해준다. 주일정계획은 제품의 인도량 및 미인도량을 통제하며, 마케팅을 비롯한 재무, 인사정책 등 각 부문의 경영기능과 경영활동을 조정하는 데 중요한 요소가 되는 것이다.

마지막으로 주일정계획은 작업의 우선순위를 효과적으로 조절한다. 우선순위는 납기일을 기준으로 혹은 다른 작업과의 비교를 통해 결정되어야 하겠지만 어느 경우에나 작업우선순위는 실제의 수요량과 납기일에 따라 조절되어야 할 것이다. 실제로 생산을 계속하다 보면 고객의 주문이 변경되거나 부품의 훼손 및 원자재의 부족으로 최종 제품이 생산될 수 없는 경우가 발생하는데, 주일정계획은 이러한 변화를 수용하면서 신축성 있게 조정되어야 한다.

주일정계획의 구조

총괄생산계획의 계획기간은 보통 6개월 내지 2년 정도이다. 주일정계획의 계획기간도 이 총괄생산계획기간의 범위 내에서 결정되어야 하겠지만 자재소요계획과 능력소요계획이 실효를 거두기 위해서는 주일정계획의 계획기간을 신중히 결정해야 할 것이다.

그림 10-3 생산계획의 순서

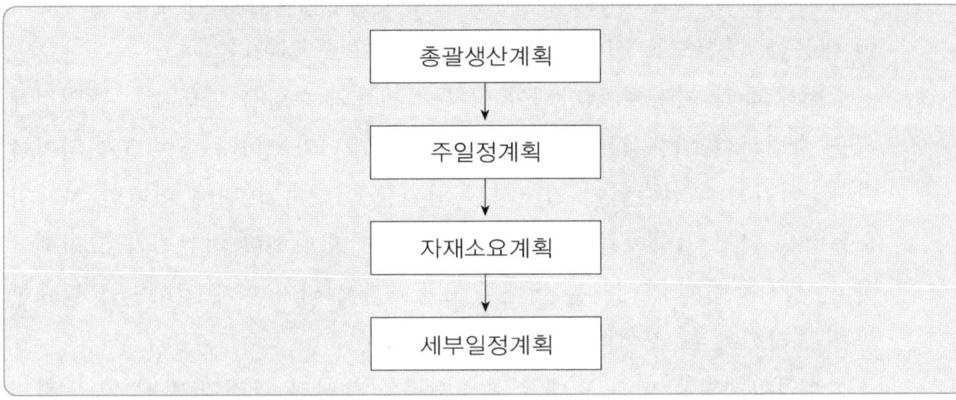

주일정계획은 한편으로 총괄계획을 기초로 하여 구체적인 생산제품의 종류와 생산량 및 생산시기를 계획하며, 다른 한편으로 이것은 구체적인 작업순서와 부품 및 조립품의 소요량을 결정하는 자재소요계획(MRP)의 주요한 투입요소가 된다. 이러한 관계를 흐름도로 나타내면 [그림 10-3]과 같다.

주일정계획은 세부일정계획을 수립하여 이를 총괄생산계획에 통합시킴으로써 경영정책에 따라 실제의 생산시스템을 원활하게 운영시켜 주는 역할을 한다. 따라서 주일정계획에서는 우선순위결정원칙이 왜곡되지 않고 타당성을 상실하지 않도록 실현가능한 계획을 수립해야 할 것이다. 만약 수요량이 생산능력을 초과하게 되면 주일정계획을 수정하거나 생산능력을 증가시켜야 한다.

주일정계획은 생산시스템의 유형에 따라 그 내용이 다를 수 있다. 먼저 대량생산시스템(make-to-stock system)일 경우의 주일정계획은 확보된 고객이 없는 상황에서 수요예측을 함으로써 생산된 제품이 일단 재고로 축적되기 때문에 수요예측에 따라 생산율을 조절하여 수급이 균형을 유지하는 것이 중요하다.

그러나 주문생산시스템(make-to-order system)하에서는 생산되어야 할 구체적인 제품의 종류와 수량이 특정한 고객의 주문에 따라 결정되기 때문에 주문잔고를 고려하여 자재소요량 및 소요시기에 대한 세부일정계획을 수립해야 한다. 또한 종업원의 작업시간은 제품납기를 준수할 수 있도록 그때그때 조정되어야 한다. 따라서 주일정계획은 이와 같은 상황변화에 대응할 수 있도록 신축성 있게 수립되어야 할 것이다.

미래의 각 기간에 생산해야 할 특정제품의 수량을 나타내는 주일정계획을 수립하기 위해서는 작업우선순위(priority)와 생산능력이 고려되어야 한다. 여기서 우선순위에 있어서는 납기를 이행하기 위해 어떠한 자재와 노동력을 언제 얼마만큼 우선적으로 조달 및 할당해야 하는가를 고려해야 하며, 생산능력에 관해서는 어떠한 노동력과 설비가 언제 얼마만큼 필요한가를 고려해야 할 것이다.

주일정계획은 이를 토대로 특정제품의 생산과 관련된 자재 및 능력의 소요량을 산출할 수 있으므로 이러한 자원과 수요 사이의 균형화를 꾀할 수 있다는 이점이 있다. 따라서 주일정계획은 최종제품을 구성하는 원자재, 부품 및 중간조립품의 구매량 및 제조수량을 확정하는 자재소요계획의 주요한 투입요소가 된다.

Chapter 11

재고 관리

제11장

재고관리

11.1 서 론

대부분의 기업에서 재고(在庫)는 주요한 자산의 하나로서 업종과 산업에 따라 대개 자산의 25% 내지 75%를 차지한다. 따라서 재고관리는 기업의 성공여부를 결정하는 필수적인 요소가 되고 있다. 재고가 충분하지 않을 경우에는 생산활동이 원활히 이루어지지 못하여 제품의 판매에 지장을 초래하는 반면에 과다한 재고는 기업의 자금흐름이나 유동성에 나쁜 영향을 미친다. 이처럼 재고관리를 철저히 하지 않을 경우 기업의 지불능력을 악화시키며 나아가서는 조직의 생존자체에까지 크게 영향을 미친다.

또한 오늘날과 같이 경쟁이 격화되고 있는 환경에서 주문량을 결정하고 재고수준을 결정하는 문제를 직관적인 방법에 의존할 수는 없으며, 현명한 재고정책의 수립은 물론 적절한 통제시스템의 확립을 위한 노력이 필요하다.

본 장의 목적은 재고관리의 기본이론을 이해하고 이러한 이론들을 실제문제에 적용할 수 있도록 하는 데 있다. 따라서 본 장에서는 우선 재고관리의 기초개념을 소개하고 주문량과 주문시기를 결정하는 모형들을 설명한 다음, 여러 가지의 재고통제시스템에 관하여 살펴보도록 한다.

11.2 재고관리의 기본 개념

재고의 정의 및 종류

재고(inventory)는 좁은 의미로 볼때 조직에서 사용하는 물품이나 자원의 보관물량을 말하는 것으로, 미래의 판매나 사용을 목적으로 저장되는 유형자원, 즉 원자재, 재공품, 완제품 등이 그 전형적인 예라 할 수 있다. 그러나 넓은 의미에서 재고는 이들 외에도 인간, 자본, 에너지, 장비 및 원자재 등의 투입요소(input)까지도 포함하며, 따라서 재고의 범위는 조직에 따라 다양해진다. 예를 들어 제조기업에서는 원자재와 완제품뿐만 아니라 종업원, 기계 및 운전자본까지도 재고로 취급할 수 있으며, 항공회사는 비행기 좌석을, 기술용역회사는 전문기술을 재고로 간주할 수 있다.

제조기업의 경우 재고는 제품생산에 기여하거나 제품의 일부를 구성하는 물질적인 실체를 말하며 일반적으로 ① 원자재, ② 완제품, ③ 부분품, ④ 소모품, ⑤ 재공품 등이 재고의 범주에 포함된다. 서비스시스템의 경우 재고는 판매를 목적으로 하는 유형의 물품이나 서비스를 관리하는 데 필요한 생산요소를 의미하며 ① 판매, 임대를 위한 물품, ② 물리적 공간(physical space), ③ 서비스 창구나 작업장, ④ 서비스 요원, ⑤ 장비, ⑥ 소모품 등을 들 수 있다.

또한 재고를 수요의 특성에 따라 분류해 볼 수 있는데, 순환재고(cycle inventory), 안전재고(safety inventory), 예상재고(anticipation inventory), 파이프라인 재고(pipeline inventory), 완충재고(buffer inventory) 등으로 구분할 수 있으며, 일부 학자들은 재공품 재고(work-in-process inventory)를 추가하기도 한다.

| 그림 11-1 | 재고의 기능별 분류

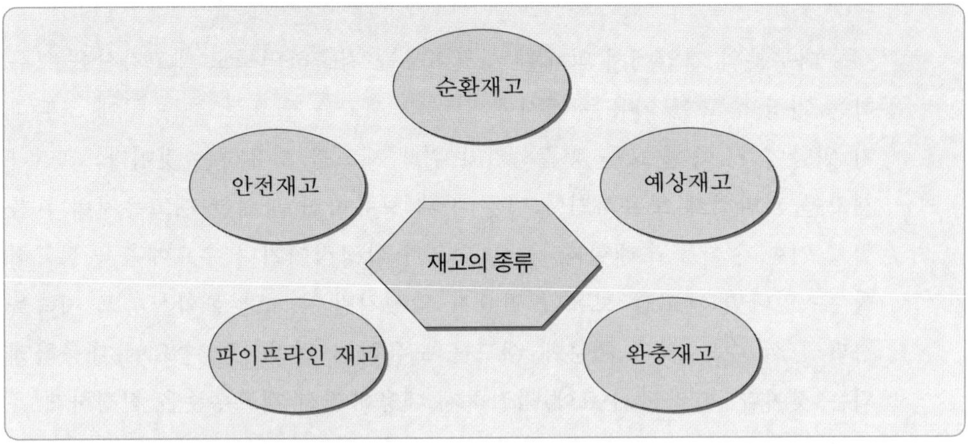

① **순환재고**(cycle inventory): 재고보충 시점간의 기간 동안에 평균수요를 충족시키는 데 필요한 재고를 말한다.

② **안전재고**(safety inventory): 시장수요와 조달기간이 불확실할 경우를 대비하여 보유하는 재고를 말한다.

③ **예상재고**(anticipation inventory): 계절적인 수요변동, 가격변경, 파업 등과 같이 수요를 예상하고 이를 대비하기 위해 보유하는 재고를 말한다.

④ **파이프라인 재고**(pipeline inventory): 주문 이후 납품이 이루어지기 이전의 운반중인 재고를 말한다.

⑤ **완충재고**(buffer inventory): 재고에 대한 의사결정을 여러 곳으로 분산시킴으로써 운송의 지연이나 생산중단 등의 상황을 대비하기 위한 재고로서, 각 작업별로 보유하고 있는 재고 등의 형태로 유지된다.

⑥ **재공품 재고**(work-in-process inventory): 생산율을 동일하게 맞추어 갈 수 없는 공정이나 작업들 사이에 존재하는 재고를 말하는 것으로, 각 공정에서 작업이 진행중인 재고의 형태로 존재한다.

재고관리의 목적

대부분의 기업에서 막대한 재고비용을 지출하면서도 재고자산을 보유하는 가장 중요한 이유는 적시에 적량의 재고를 필요로 하는 곳에 조달하기 위함이다. 즉 수요를 충족시키기 위해 재고를 보유하는 것이다. 그러나 재고를 과다하게 보유하거나 너무 적게 보유하면 과대한 재고유지비나 품절로 인한 손실을 초래한다. 물론 수요가 확정적이거나 수요예측을 정확히 할 수 있다면 재고를 보유할 필요가 없겠지만 수요란 불확실하고 예측을 정확히 할 수도 없기 때문에 재고를 보유하여 변화하는 수요에 대응하게 되는 것이다. 따라서 수요에 적절하게 대응하면서 재고수준을 적정하게 유지하기 위해서는 합리적인 재고관리(inventory control)가 필요하다.

재고관리의 주된 목적으로서는 다음의 두 가지를 들 수 있다.

첫째는 고객에 대한 서비스 수준(service level)을 최대화하는 것이 그 목적이다. 이는 적량의 제품을 적시적소에 제공함을 의미한다.

둘째의 목적은 고객에게 적정수준의 서비스를 제공하는 데 필요한 비용을 최소화하는 데 있다. 그러나 고객에 대한 서비스 수준을 높일수록 많은 비용이 필요하고 적은 비용으로는 고객에게 상대적으로 낮은 수준의 서비스를 제공할 수밖에 없으므로 이상의 두 가지 목적은 서로 대립된다는 점에 유의해야 한다. 이러한 관점에서 볼 때 재고관리의 목적은 적시에 적량의 재고를 유지하면서 재고보유로 인하여 발생하는 총비용이 최소가 되도록 하는 데에 있다고 할 수 있다.

재고관리가 이상의 목적을 달성하기 위한 것이라면 의사결정자가 해결해야 할 문제는 재고과잉이나 재고부족을 가능한 한 최소화하면서 균형상태의 재고를 보유하는 일일 것이다. 이를 위해서 다음과 같은 두 가지의 기본적인 문제에 대한 의사결정이 필요하다.

① 얼마나 주문할 것인가? (How much to order?)

② 언제 주문할 것인가? (When to order?)

즉 재고관리에 있어서 핵심적인 의사결정문제를 주문량과 주문시간의 결정이라는 두 가지로 요약할 수 있다. 본 장에서는 이러한 의사결정문제에 적용가능한 제모형들에 관하여 중점적으로 설명하도록 한다.

11.3 재고와 관련된 비용

적정량 이하의 재고를 보유할 때 발생하는 비용과 적정량 이상의 재고를 보유할 때 발생하는 비용간의 균형을 유지하는 문제는 파악하기 어려운 수많은 비용요소들과 관련되어 있기 때문에 매우 복잡한 문제에 속한다. 재고의 보유수준이 낮을 경우 생산의 지연은 물론 고객의 상실에 따른 재고부족비용을 초래할 수 있으며, 이러한 비용은 직접적으로 측정하기조차 곤란하다. 또한 적정량 이상의 재고는 그것을 보유하는 데 과다한 비용의 지출을 요구한다. 따라서 재고수준에 관한 의사결정을 할 때는 언제나 다음과 같은 비용요소를 고려함으로써 재고비용의 최소화를 도모해야 할 것이다.

재고유지비

재고유지비(holding cost)는 재고를 유지 · 보관하는 데 필요한 비용으로서 보관비, 보험료, 도난이나 파손, 감모에 따른 비용 등은 물론이고 재고에 투입된 자금에 대한 자본비용 등도 여기에 포함된다. 이러한 재고유지비는 특정수준의 재고를 보유하기 때문에 발생하는 비용이므로 재고수준의 변동에 비례하여 변동하는 것으로 가정하는 것이 보통이다. 그러므로 재고유지비는 보유하고 있는 재고량과 보유기간에 의해 결정된다.

주 문 비

주문비(ordering cost)는 상품의 주문에서 인수에 이르기까지 구매 및 조달과 관련하여 발생하는 비용으로서 주로 수송비, 통신비, 검사비, 인수비 및 주문과 관련된 자료처리비 등이 이에 포함된다. 이러한 비용들은 주문시마다 발생하는 비용이며, 주문량의 크기와는 관계없이 일정하다고 가정한다. 따라서 연간 총주문비용은 주문횟수에 비례하여 변동하는 것으로 본다. 만약 재고를 외부로부터 조달하지 않고 자체적으로 생산한다면 주문비 대신에 제품을 제조하기 위한 가동준비비(set-up cost)가 필요하다. 가동준비비란 특정제품을 생산하기 위하여 생산공정의 변경이나 기계 및 공구의 교환 등으로 발생하는 비용으로서 준비기간 중 기계의 유휴비용이나 준비요원의 직접노무비 등이 이에 포함된다.

재고부족비

재고부족비(stock-out cost)는 재고부족으로 인하여 발생하는 비용이다. 예를 들어 완제품의 재고가 수요를 충족시키지 못할 경우에는 판매기회를 상실하고 고객의 신뢰를 잃게 되며, 또한 원자재의 재고가 부족할 경우에는 생산을 중단해야 한다. 이처럼 재고부족비는 재고부족으로 인하여 발생하는 판매기회 및 고객의 상실, 생산중단에 따른 손실 등을 비용의 측면에서 계산한 일종의 기회비용(opportunity cost)이다. 따라서 재고와 관련된 비용 중에서 가장 추정하기 어려운 비용이라고 할 수 있다.

11.4 주문량의 결정: 경제적 주문량모형

재고와 관련된 두 가지 의사결정문제, 즉 주문량과 주문시기를 결정하는 문제 중 먼저 주문량의 결정에 있어서는 일반적으로 경제적 주문량모형(economic order quantity model)을 이용한다. 이는 경제적 주문량모형이 주문량에 따라 변화하는 특정비용들의 합을 최소화하는 관점에서 최적주문량을 결정해 주기 때문이다. 본 절에서는 이러한 경제적 주문량모형 중에서 가장 흔히 이용되는 모형을 중심으로 설명하고자 한다.

기본 경제적 주문량(EOQ)모형

기본 EOQ모형(basic economic order quantity model)은 고전적 재고모형으로 모든 재고모형의 기초가 된다. 이 모형은 1915년 해리스(F. W. Harris)의 논문을 통해 소개된 이후 경제적 주문량에 관한 공식으로 일반화된 이래 오늘날 최적주문량을 결정하는 데 널리 이용되고 있다. 기본 EOQ모형은 다음과 같은 가정을 전제로 한다.

① 연간수요는 알려져 있다.
② 재고의 사용률은 일정하다.
③ 조달기간은 변하지 않으며 알려져 있다.
④ 주문량은 일시에 조달된다.
⑤ 수량할인을 허용하지 않는다.
⑥ 재고부족이나 추후납품(back-order)이 발생하지 않는다.

이러한 가정하에서 총재고유지비용과 총주문비용의 합을 최소로 하는 주문량을 구하는 것이 본 모형의 목적이다.

기본 EOQ모형에서 재고수준의 변화는 [그림 11-2]를 이용하여 설명할 수 있다. 이 그림을 보면 먼저 재고 사이클은 1회의 주문량 Q를 공급업자로부터 인수함으로써 시작된다. 시간의 경과에 따라 Q는 일정한 비율로

| 그림 11-2 | 기본 EOQ(경제적 주문량)모형

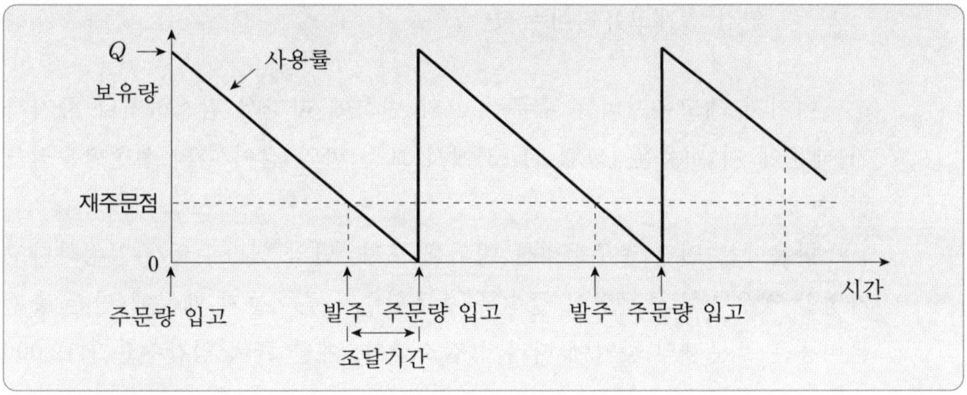

감소하고 보유재고가 조달기간 동안의 수요를 충족시킬 수 있는 수준에 이르게 될 때 다시 Q단위만큼을 주문한다. 이때 주문량은 사용률과 조달기간이 일정하다고 가정했기 때문에 보유재고량이 0에 도달하는 시점에서 인도된다. 이처럼 주문량이 적시에 인도되기 때문에 재고가 부족하거나 과다한 재고를 보유하게 되는 현상은 발생하지 않는다.

기본 EOQ모형은 재고부족이 발생하지 않는다는 가정을 전제로 하고 있으므로 이 모형과 관련된 비용은 주문비와 재고유지비 두 가지이다. 이 두 비용은 주문량이 변화함에 따라 어느 한 비용이 증가하면 다른 비용이 감소하는 상쇄관계가 있다. 예를 들어 주문량이 작을 경우 기업이 유지해야 할 평균재고수준이 낮아져서 재고유지비가 작아지는 대신에 소량의 주문으로 인해 주문횟수가 많아지므로 총주문비는 증가한다. 반대로 주문량이 많아지면 주문횟수가 줄어들어 주문비용이 감소하지만 평균 재고수준이 높아져서 재고유지비용이 증가한다. [그림 11-3]은 주문량의 함수로 표시된 비용의 변화관계를 보여주고 있다.

기본 EOQ모형의 도출을 위해 단위기간을 1년이라 하자. 먼저 연간 총유지비용은 평균재고수준에 연간재고 1단위를 유지하는 데 드는 비용을 곱하여 산출된다. 평균재고수준은 시간의 경과에 따라 재고수준이 일정률로 감소하기 때문에 최소의 재고수준 0과 최대의 재고수준 Q의 평균인 $Q/2$가 된다. 따라서 단위당 연간유지비를 H라 하면 연간 총재고유지비용은 다음과 같이 표시할 수 있다.

$$\text{연간 총재고유지비} = \frac{Q}{2} \cdot H$$

여기서 재고유지비는 주문량 Q의 변화에 따라서 감소하거나 증가하기 때문에 이 비용은 [그림 11-3]에서 보는 바와 같이 Q의 선형함수임을 알 수 있다.

다음에는 연간 총주문비를 정의해 보자. 만약 연간수요가 일정하다고 가정할 경우 1회 주문량이 클수록 주문횟수가 줄어들기 때문에 연간 총주문비용은 주문량의 증가에 따라서 감소한다. 예를 들어 연간수요가 12,000

| 그림 11-3 | 총재고비용 곡선

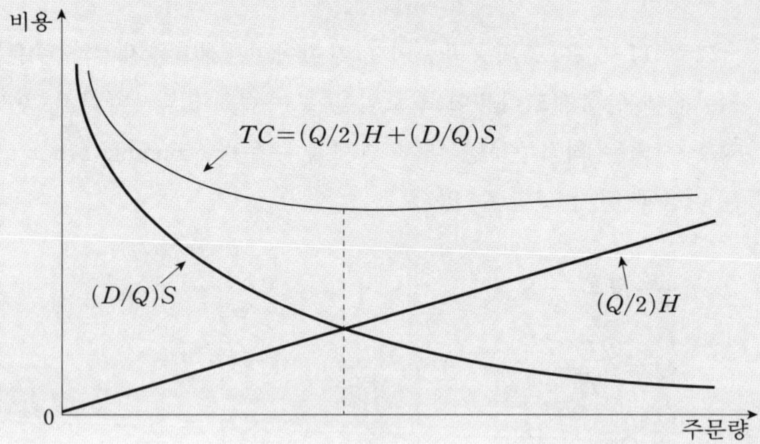

단위이고 1회 주문량의 Q가 1,000단위라면 연간 12회의 주문을 해야 한다. 또한 $Q=2{,}000$이라면 필요한 주문횟수는 6회이다. 일반적으로 연간수요를 D, 주문량을 Q라고 하면 연간 총주문횟수는 D/Q가 된다.

그러나 1회의 주문비는 送狀의 작성, 품질검사 등과 같이 매주문시마다 필요한 기본적인 활동으로 인하여 발생하는 비용이기 때문에 재고유지비와는 달리 주문량에 관계없이 일정한 것으로 가정한다. 따라서 연간 주문비용은 연간 주문횟수와 1회 주문에 소요되는 주문비의 함수이며 다음과 같이 표시할 수 있다.

$$연간\ 주문비=\frac{D}{Q}S\ (단,\ S\text{: 1회 주문비})$$

여기서 연간 주문횟수는 D/Q는 Q가 증가함에 따라서 감소하기 때문에 연간 주문비용은 [그림 11-3]에서 보는 바와 같이 주문량에 반비례함을 알 수 있다.

이상의 내용을 종합하면 총재고비용은 연간 재고유지비와 연간 주문비의 합으로써 다음과 같이 정의될 수 있을 것이다.

$$총재고비용(TC)=연간\ 재고유지비+연간\ 주문비$$

$$= \frac{Q}{2}H + \frac{D}{Q}S$$

[그림 11-3]은 총비용곡선이 U자형이며, 재고유지비와 주문비가 일치하는 점에서 총재고비용이 최소임을 보여주고 있다. 따라서 총재고비용이 최소가 되는 최적주문량 내지 경제적 주문량(economic order quantity) Q^*는 다음과 같이 구할 수 있다.

$$\frac{Q}{2}H = \frac{D}{Q}S$$

$$Q^2 = \frac{2DS}{H}$$

$$\therefore Q^* = \sqrt{\frac{2DS}{H}}$$

기본 EOQ모형의 최적주문량은 미분을 이용하여 구할 수도 있다. 이를 위해 총재고비용 TC를 Q에 관하여 미분하고 그 결과를 0으로 놓으면 다음과 같다.

$$\frac{dTC}{dQ} = \frac{dQ}{2}H + d\left(\frac{D}{Q}\right)S$$

$$= \frac{H}{2} - \frac{DS}{Q^2}$$

$$= 0$$

이를 Q에 관하여 정리하면 최적주문량 Q^*는 다음과 같다.

$$Q^2 = \frac{2DS}{H}$$

$$Q^* = \sqrt{\frac{2DS}{H}}$$

EOQ모형에서 재고유지비는 단위당 고정된 비용 대신에 제품의 구매가격에 대한 비율로 표시되기도 한다. 그러나 그 비용을 화폐가치로 전환할 수 있다면 앞에서 구한 EOQ 공식을 약간 변형하여 다음과 같이 나타낼 수 있다.

$$EOQ=\sqrt{\frac{2DS}{P \cdot I}}$$

단, P: 제품의 구매가격, I: 재고유지비 비율

예 11-1 이상에서 구한 EOQ 공식을 한 예에 적용해 보자. S사는 TV세트를 조립하는 회사로서 연간 3,600대의 흑백 TV용 브라운관을 단위당 $ 65에 구입하고 있다. 이 회사의 1회 주문비는 $ 31이며 연간재고유지비는 단위당 구매가격의 20%라고 할 때 이 자료를 이용하여 최적주문량을 결정하면 다음과 같다.

풀이 $D=3{,}600$(대), $S=\$31$, $H=(0.2)(\$65)=\$13$이므로

$$Q^*=-\sqrt{\frac{2DS}{H}}=\sqrt{\frac{2(3{,}600)(31)}{13}}=131(\text{대}) \text{ 또는}$$

$$Q^*=\sqrt{\frac{2DS}{H}}=\sqrt{\frac{2(3{,}600)(31)}{(65)(0.2)}}=131(\text{대})$$

따라서 이 회사의 최적주문량은 131(대)이며, 이때의 연간 총재고비용은 $1,704이다.

$$\begin{aligned} TC &= \frac{Q^*}{2}H+\frac{D}{Q^*}S \\ &= \frac{(131)}{2}(13)+\frac{(3{,}600)}{131}(31) \\ &= \$852+\$852 \\ &= \$1{,}704 \end{aligned}$$

또한 [그림 11-3]에서 예시한 바와 같이 최적주문량에서 주문비용과 재고유지비용이 일치함을 알 수 있다. ❖

경제적 생산량모형

기본 EOQ모형에서는 주문량이 일시에 조달된다는 가정을 전제로 하였다. 그러나 기업이 일정기간에 걸쳐 주문량을 나누어 인수하거나 특히 생산공정에서 특정품목을 생산하면서 동시에 판매 혹은 사용한다면 주문 로트 혹은 생산 로트 전체를 일시에 보충할 수 없기 때문에 기본 EOQ모형의

적용이 불가능하게 된다. 이 경우에 최적생산량을 결정하는 재고모형을 경제적 생산량(EPQ: economic production quantity)모형이라고 한다.

이론상으로 수요율(demand rate)과 생산율(production rate)이 동일하다면 모든 생산물이 생산과 동시에 모두 사용되기 때문에 재고가 존재하지 않는다. 따라서 경제적(최적) 생산량을 얼마로 할 것인가의 문제는 발생하지 않는다. 그러나 생산율이 수요율을 초과하는 것이 일반적인 현상이므로 [그림 11-4]에 표시된 것과 같은 상황이 발생한다. 이 그림에서 생산율이 수요율보다 크기 때문에 수요는 전(全)기간에 걸쳐 계속되는 반면에 생산은 일정기간 동안 계속되다가 재고가 일정수준에 이르면 중단된다. 따라서 재고 사이클에서 생산이 이루어지는 기간 동안에 보충되는 재고량은 생산율과 수요율의 차이에 해당하는 양이다. 예를 들어 일일생산율이 20단위이고 일일수요율이 5단위라면 재고는 매일 20－5＝15단위의 비율로 증가된다. 이와 같은 재고의 증가는 생산기간 동안 계속되다가 생산을 중단하면 재고수준은 감소하기 시작한다. 결국 재고수준은 생산을 중단하는 시점에서 최고가 되며, 보유재고가 0에 가까워지면 생산을 다시 시작해야 한다.

EPQ모형은 제품을 자체적으로 생산한다는 가정을 전제로 하기 때문에 주문비 대신에 생산을 위하여 주문비와 유사한 성격을 가진 가동준비비

| 그림 11-4 | EPQ(경제적 생산량)모형

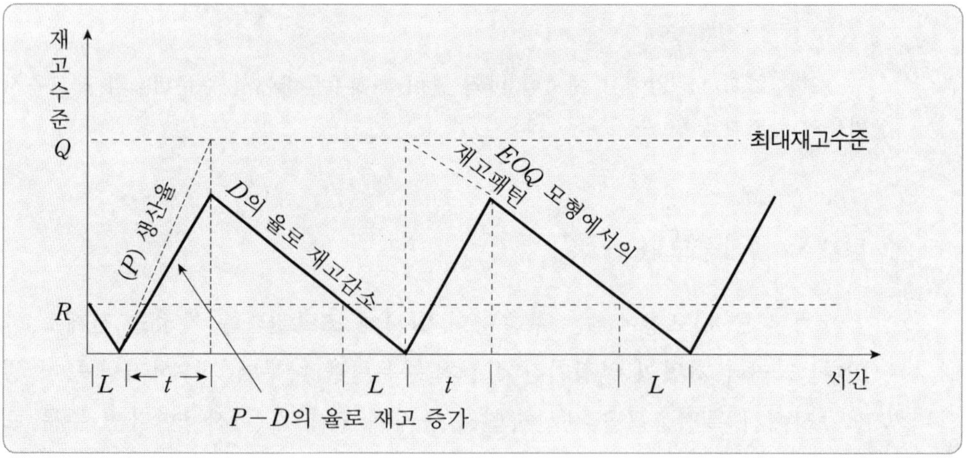

(set-up cost)가 필요하다. 가동준비비는 주문비와 마찬가지로 로트 크기(lot size)와는 독립적이며, 따라서 연간 총가동준비비용은 연간 총주문비용을 구하는 것과 동일한 방법으로 도출할 수 있다.

즉 연간 가동횟수에 1회 가동준비비를 곱하여 연간 총가동준비비용을 산출한다.

$$\text{연간 총가동준비비} = \frac{D}{Q}S \text{ (단, } S\text{: 1회의 가동준비비)}$$

또한 연간 총재고유지비용은 평균재고수준에 단위당 연간 재고유지비를 곱하여 산출한다는 점에서 기본 EOQ모형과 동일하다. 그러나 재고는 일시에 보충되지 않기 때문에 평균재고수준의 산출에 있어서 기본 EOQ모형과 약간 차이가 있다. 이 모형에서 생산율을 p, 수요율을 d라고 하면 매일 $(p-d)$의 양만큼이 초과생산된다. 따라서 생산이 이루어지는 t기간 동안의 최대재고수준은 초과생산량에 생산기간을 곱한 양이 된다.

$$I_{max} = t(p-d) \text{ (단, } I_{max}\text{: 최대재고수준)}$$

그런데 생산량 Q는 매일 p단위씩 t기간 동안 생산된 양이기 때문에 $Q=p \cdot t$, 즉 $t=Q/p$가 된다. 그러므로 연간 평균재고수준은 다음과 같다.

$$\text{평균재고수준} = \frac{I_{max}}{2}$$

결국 연간 재고유지비용은 평균재고수준에 단위당 재고유지비를 곱하여 다음과 같이 나타낼 수 있다.

$$\text{연간 재고유지비} = \frac{Q}{2}\left(1-\frac{d}{p}\right)H$$

경제적 생산량모형의 목적은 가동준비비와 재고유지비의 합을 최소화하는 것이다. 따라서 총재고비용은 다음 식으로 표시할 수 있다.

$$\text{총재고비용} = \text{연간 가동준비비} + \text{연간 재고유지비}$$

$$= \frac{D}{Q}S + \frac{I_{max}}{2}H$$

위의 식을 Q에 관해 미분하여 이를 0으로 놓고 Q의 해를 구하면 다음과 같이 최적생산량 Q^*를 산출하는 공식이 유도된다.

$$\therefore Q^* = \sqrt{\frac{2DS}{H}}\sqrt{\frac{p}{p-d}}$$

또한 최대재고수준 I_{max}는 다음과 같이 구할 수 있다.

$$\sqrt{\frac{2DS}{H}}\sqrt{\frac{p-d}{p}}$$

예 11-2 한 예를 이용하여 최적생산량을 구해 보도록 하자. T완구 제조업체에서는 장난감 자동차용으로 연간 48,000개의 고무바퀴를 사용한다. 이 회사는 이 고무바퀴를 전량 자체 생산하며 1일 생산량은 800개이다. 장난감 자동차는 연중 일정하게 조립되고 있으며 연간 조업일수는 240일이다. 바퀴 1개당 연간 재고유지비가 $1, 생산을 위한 가동준비비가 $45라고 할 때 a) 최적생산량, b) 최대재고수준, c) 총비용, d) 연간 가동일수를 계산하라.

풀이 $D=48{,}000$(개), $S=\$45$, $H=\$1$, $p=800$(개)이므로
$d=48{,}000/240=200$(개)

a) $Q^* = \sqrt{\frac{2DS}{H}}\sqrt{\frac{p}{p-d}}$

$= \sqrt{\frac{2(48{,}000)45}{1}} = \sqrt{\frac{800}{800-200}}$

$=2{,}400$(개)

b) $I_{max} = \sqrt{\frac{2DS}{H}}\sqrt{\frac{p-d}{p}}$

$= \sqrt{\frac{2(48{,}000)45}{1}} = \sqrt{\frac{800-200}{800}}$

$=1{,}800$(개)

c) 최적생산량은 2,400개이고 최대재고수준은 1,800개이므로 총비용은 다음 식에 의해서 구한다.

$$TC = \frac{I_{max}}{2}H + \frac{D}{Q^*}S$$

$$= \frac{1{,}800}{2} \times \$1 + \frac{48{,}000}{2{,}400} \times \$45$$

$$= 900 + 900$$

$$= \$1{,}800$$

d) $Q^*=2{,}400$(개)이고 연간 수요는 48,000개로 가동횟수는 $D/Q=48{,}000/2{,}400=20$(회)이며, 최적생산량을 생산하기 위한 가동일수는 $Q^*/p=2{,}400/800=3$(일)이다. 따라서 연간 생산가동일수는 60(=3×20)일이 된다. ❖

수량할인모형

수량할인모형(quantity discount)은 고객으로부터 대량구매를 유도할 목적으로 대량의 주문에 대해서는 가격을 할인해 주는 제도이다. 예를 들어 C의료기기회사가 매출액 신장을 목적으로 [표 11-1]과 같이 주사기의 주문량에 따라 상이한 단위당 가격을 제시하였다고 하자.

이 표를 보면 주문량이 증가함에 따라서 단위당 가격이 할인되고 있음을 알 수 있다. 이처럼 수량할인이 허용되면 고객은 대량구매로 인하여 발생하는 주문비용의 감소 및 구매원가의 절감 등과 같은 잠재적인 이익과 평균재고의 증가로 인한 재고유지비의 증가액을 비교하여 1회의 주문량을 결정해야 할 것이다. 이때 만약 재고유지비용의 절약액이 주문비용과 구매원가의 절약액보다 적을 경우에는 기존의 경제적 주문량보다 많은 양을 주문하는 것이 바람직하다. 일반적으로, 수량할인이 있을 경우에 주문량을 결정하는 모형은 기본 EOQ모형과 근본적으로 다르다. 여기에서는 이에 대한 두 가지 방법을 설명하도록 한다.

수량할인의 경우에 구매자는 총비용을 최소화하는 데에 목표를 두며,

표 11-1 수량할인표

주문량(박스)	1박스당 가격
1-44	$2.00
45-69	1.70
70 이상	1.40

이때 총비용은 재고유지비용, 주문비용 및 구매비용의 합으로서 다음과 같은 식으로 표시할 수 있다.

$$총비용(TC)=재고유지비+주문비+구매비용$$
$$=\left(\frac{Q}{2}\right)H+\left(\frac{D}{Q}\right)S+PD(단,\ P:\ 구매단가)$$

기본 EOQ모형에서는 수량할인이 없다는 가정에 따라 주문량에 관계없이 단위당 가격이 동일하므로 주문량의 결정에 구매비용을 포함시키지 않았었다. 그러나 수량할인이 있을 경우, 총비용의 산정에 구매비용을 포함시키면 총비용곡선은 주문량에 단위당 가격을 곱한 액수만큼 상승한다. 이때 단위당 가격이 주문량에 따라 달라지기 때문에 비용곡선이 불연속으로 나타나게 된다. 따라서 할인된 단위당 가격이 적용되는 주문량의 범위별로 별도의 비용곡선을 갖게 된다. 예를 들어, 1-45개까지는 단위당 2,000원의 단가를 적용하게 되고, 45-70개까지는 1,700원의 단가를 적용하고, 70개 이상을 구매할 경우 1,400원의 단가를 적용한다고 할 때, 구매비용곡선을 그려보면, 다음의 [그림 11-5]와 같이 나타나게 된다.

이 그림에서 실행가능한 총비용곡선은 주문량에 의해서 결정된 차별

그림 11-5 수량할인이 있는 경우 총비용곡선

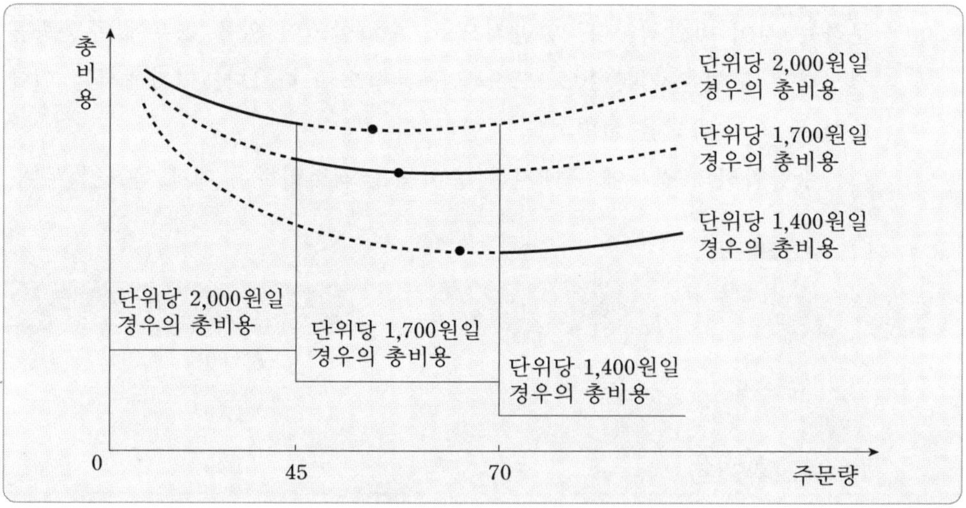

| 그림 11-6 | 수량할인이 허용되는 경우 단위당 재고유지비와 총비용곡선의 변화

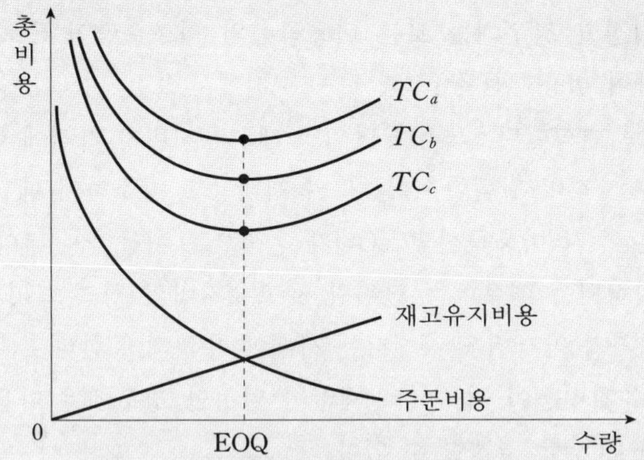

(A) 재고유지비용이 일정한 경우

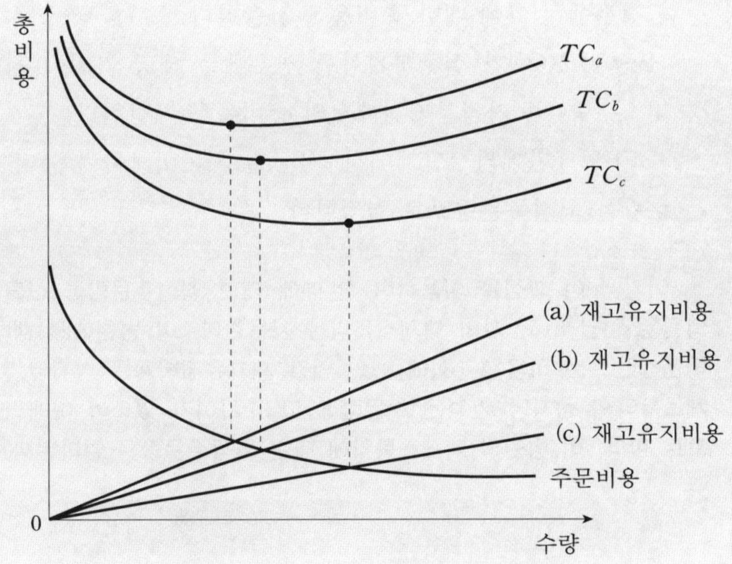

(B) 재고유지비용이 구매가격에 대한 비율로 표시되는 경우

가격에 따라 해당 가격이 적용되는 분기점에서 갑자기 낮아짐으로써 계단 모양으로 만들어지게 된다.

수량할인모형에서 주문량을 결정하는 방법은 두 가지가 있다. 첫째는 재고유지비용이 일정한 경우에 사용하는 방법이고, 둘째는 재고유지비가 구매가격에 대한 비율로 표시될 경우에 사용하는 방법이다. 단위당 재고유지비가 일정한 경우에는 모든 비용곡선의 최소수량인 EOQ는 동일하다. 다시 말하여 비용곡선은 [그림 11-6(A)]에서 보는 바와 같이 가격에 따라 수직적으로 변화한다. 그러나 단위당 재고유지비가 가격에 대한 비율로 표시될 경우 가격이 저렴할수록 재고유지비용도 감소하기 때문에 [그림 11-6(B)]와 같이 각 비용곡선의 EOQ가 우측으로 이동하게 된다. 따라서 수량할인이 인정되는 경우에는 단위당 재고유지비의 성격에 따라 최적주문량의 산출절차가 약간씩 달라진다는 사실에 유의해야 한다.

재고유지비용이 가격에 관계없이 일정할 경우에는 다음과 같은 과정을 통하여 EOQ를 결정할 수 있다.

1단계: 기본 EOQ모형에 의해서 EOQ를 구하고 이 주문량이 실행가능한 경우에는 그에 대한 총비용을 산출한다.

2단계: EOQ가 실행불가능한 경우에는 해당 가격이 적용되는 주문량 중 최소수량, 즉 가격분기점에서의 총비용을 계산한다.

3단계: 1단계와 2단계에서 구한 결과를 비교하여 총비용이 최소가 되는 수량을 최적주문량으로 결정한다.

예 11-3 여기서 이 과정을 이용하여 한 예에 대한 최적주문량을 산출해 보자. C종합병원은 연간 816상자의 액체소독약을 사용한다. 이 병원에서 액체소독약을 주문하는 데 드는 비용은 1회에 $12, 연간 재고유지비용은 상자당 $4이다. 또한 액체소독약의 상자당 가격은 주문량에 따라 차이가 있으며 아래의 가격표를 기준으로 한다. 이 병원의 액체소독약에 대한 최적주문량은 얼마일까?

범위(단위: 상자)	가 격
0-49	$20
50-79	$18
80-99	$17
100 이상	$16

풀이 이 예에 대한 최적주문량을 구하기 위해서는 우선 기본 EOQ 공식을 이용하여 EOQ를 구해야 한다.

$$Q^*=\sqrt{\frac{2DS}{H}}=\sqrt{\frac{2(816)(12)}{4}}=70\,(\text{상자})$$

EOQ가 70상자라면 실행가능한 주문량의 범위는 50−79이고, 이때 구매가격은 상자당 $18이다. 따라서 1회에 70상자씩 총 816상자를 구매하는 데 필요한 비용은 다음과 같이 $14,968이 된다.

$$\begin{aligned}TC_{70}&=\frac{Q^*}{2}H+\frac{D}{Q^*}S+PD\\&=\left(\frac{70}{2}\right)4+\left(\frac{816}{70}\right)12+18(816)=\$\,14,968\end{aligned}$$

EOQ가 실행가능한 경우의 총비용을 구한 다음에는 제2단계로 실행불가능한 경우들에 대해 가격분기점에서의 총비용을 계산해야 한다.

$$TC_{80}=\left(\frac{80}{2}\right)4+\left(\frac{816}{80}\right)12+17(816)=\$\,14,154$$

$$TC_{100}=\left(\frac{100}{2}\right)4+\left(\frac{816}{100}\right)12+16(816)=\$\,13,354$$ ❖

이상의 총비용을 비교하면 1회에 100상자를 주문할 때 최소가 된다. 그러므로 최적주문량은 100상자이며, 이때의 총비용은 $13,354이다.

한편 재고유지비용이 일정하지 않고 가격에 대한 비율로 표시될 때 최적주문량을 정하는 절차는 다음과 같다.

1단계: 가장 저렴한 가격에 대한 EOQ를 산출한다. 이때 이 가격에 대한 EOQ가 실행가능하다면 그 점이 최적주문량이 된다.

2단계: 1단계에서 구한 EOQ가 최저가격이 적용되는 주문범위에 속하지 않고 실행불가능하다면 이 가격이 적용되는 최소수량에서의 총비용을 산출한다.

3단계: 실행가능한 EOQ를 구할 때까지 계속해서 다음으로 저렴한 가격에 대한 EOQ를 산출하고 총비용을 계산하여 비교한다. 이때 EOQ가 실행불가능한 경우에는 그 가격이 적용되는 최소수량에서의 총비용을 산출한다. 총비용을 비교하여 최소인 주문량이 최적주문량이 된다.

예 11-4 S전기회사는 연간 4,000개의 특수 스위치를 사용한다고 가정하자. 스위치의 단위당 가격은 주문량에 따라 다음 표에 제시된 것처럼 달라진다. 또한 주문을 하고 주문량을 인수하기 위해서는 약 $18의 비용이 필요하며, 단위당 연간 재고유지비는 구매가격의 18%를 차지한다고 할 때 최적주문량은 얼마일까?

범 위	단위당 가격	재고유지비용
0-499	$0.90	0.18(0.90)=0.1620
500-999	$0.85	0.18(0.85)=0.1530
1,000 이상	$0.82	0.18(0.82)=0.1476

풀이 앞에서 설명한 바와 같이 최적주문량을 구하기 위해서는 우선 최저가격에 대한 EOQ를 산출하고 실행가능 여부를 검토해야 한다.

$$EOQ_{0.82}=\sqrt{\frac{2DS}{H}}=\sqrt{\frac{2(4,000)18}{0.18(0.82)}}=988(\text{개})$$

가격 $0.82는 1,000개 이상인 경우에 가능하므로 이 경우의 $EOQ_{0.82}$는 실행불가능하다. 따라서 최저가격이 적용되는 최소수량에서의 총비용을 계산해야 한다.

$$TC_{1,000}=\left(\frac{Q}{2}\right)H+\frac{D}{Q}S+PD$$
$$=\left(\frac{1,000}{2}\right)0.18(0.82)+\left(\frac{4,000}{1,000}\right)18+0.82(4,000)=3,426$$

다음 두 번째로 저렴한 가격에서 EOQ를 산출하고 실행가능하다면 총비용을 계산한다.

$$EOQ_{0.85}=\sqrt{\frac{2(4,000)18}{0.18(0.85)}}=970(\text{개})$$

이 EOQ는 실행가능하다. 왜냐하면 EOQ가 $0.85의 가격이 적용되는 500-999의 범위에 속하기 때문이다. 실행가능한 EOQ가 구해졌으므로 이때의 총비용을 계산하여 앞에서 구한 총비용과 비교해야 한다.

$$TC_{970}=\left(\frac{970}{2}\right)0.18(0.85)+\left(\frac{4,000}{970}\right)18+(0.85)(4,000)=3,548$$

결국 최적주문량은 단위당 $0.82의 가격으로 1,000개를 주문하는 것이며, 이때의 총비용은 $3,426이 된다. ❖

재고부족이 허용되는 경우의 모형

기본 EOQ모형의 마지막 가정은 재고부족을 허용하지 않는다는 것이었다. 그러나 현실적으로 재고부족으로 인하여 발생하는 비용과 모든 수요를 충족시킬 목적으로 잉여재고를 보유할 때 드는 비용을 비교하여 전자, 즉 재고부족비용이 적다면 재고부족을 허용하는 편이 더욱 경제적이다. 재고부족을 허용하는 경우에 고객으로부터 주문은 있으나 재고가 부족할 때에는 일정기간이 지난 후에 부족 부분에 대한 인도가 가능하도록 추후납품(back-order) 제도를 채택하는 것이 좋다. 가령, 조선이나 항공기제작산업에서 완제품을 보유하는 데는 막대한 재고유지비용이 필요하다. 따라서 이들 산업에서는 재고부족을 허용하여 몇 주일 후 일정기간이 지난 다음에 추후납품하는 것이 일반적인 현상이다.

재고부족이 허용되는 경우의 재고 사이클은 [그림 11-7]과 같다. 재고 사이클은 최대재고수준 M에서부터 시작하여 재고가 수요에 따라 일정한 비율로 감소하여 기간 t_1이 지난 후에 재고가 고갈된다. 그러나 이 점에서 재고를 보충하는 대신에 계속해서 일정한 수요율로 주문을 받는다. 이

그림 11-7 재고부족을 허용하는 경우의 EOQ모형

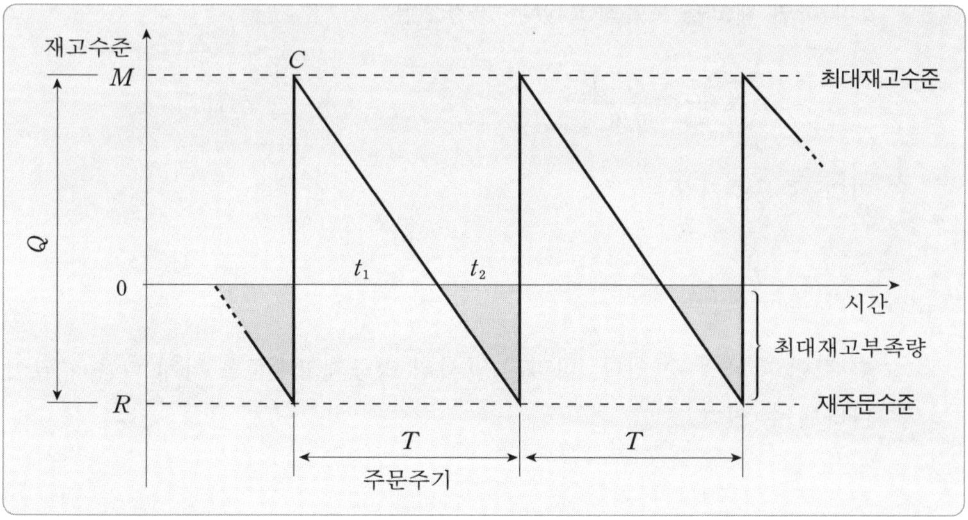

때 잉여재고가 없기 때문에 수요를 충족시킬 수 없으며, 재주문점 R에 도달하기 전까지의 기간 t_2 동안 재고부족이 발생한다. 재주문점에 도달하면 주문을 하게 되고 다시 주문량 Q가 인도된다. 이 주문량에서 추후납품에 해당하는 양을 우선적으로 고객에게 인도하고, 나머지에 해당하는 양($Q-R$)이 다음 주기 중에 발생하는 수요에 대비한 재고로 남는다.

재고부족을 허용하는 모형에서 총비용은 주문비, 재고유지비 및 재고부족비로 구성된다. 주문비는 기본 EOQ 모형과 동일하다. 또한 재고유지비용도 평균재고수준에 연간단위당 재고유지비를 곱하여 계산한다는 점에서는 기본 EOQ 모형과 같다. 그러나 문제는 평균재고수준을 구하는 데 있다. [그림 11-7]에서 보는 바와 같이 재고를 보유하는 기간인 t_1의 최대재고수준 M은 $(Q-R)$이고 재고부족이 발생하는 기간 t_2의 재고수준은 0이다. 따라서 주문주기 $T(=t_1+t_2)$ 동안의 평균재고수준은 다음과 같이 표시될 것이다.

$$\text{평균재고수준} = \frac{\frac{(Q-R)}{2}t_1 + \frac{0}{2}t_2}{T} = \frac{\left(\frac{Q-R}{2}\right)t_1}{T}$$

여기서 총비용을 최소화하는 주문량 Q와 재고부족량 R의 값을 구하기 위해서는 t_1과 T를 Q와 R에 의해 나타내야 한다. 따라서 1일 사용률을 d라 하면 재고를 보유하고 있는 기간 t_1은

$$t_1 = \frac{M}{d} = \frac{Q-R}{d}$$

이며, 주문주기 T는

$$T = \frac{Q}{d}$$

와 같이 나타낼 수 있다. 따라서 앞서의 평균재고수준을 다시 다음과 같이 나타낼 수 있다.

$$\text{평균재고수준} = \frac{\left(\frac{Q-R}{2}\right)t_1}{T}$$

$$= \frac{\left(\frac{Q-R}{2}\right)\left(\frac{Q-R}{d}\right)}{\frac{Q}{d}}$$

$$= \frac{(Q-R)^2}{2Q}$$

결국 재고부족이 허용되는 경우에 대한 연간재고유지비용은 다음과 같이 표시될 수 있을 것이다.

$$\text{재고유지비용} = \text{평균재고수준} \times \text{단위당 연간재고유지비}$$

$$= \frac{(Q-R)^2}{2Q} H$$

한편 재고부족비용은 주로 재고부족에 따른 기회비용을 나타내기 때문에 추정하기가 곤란하다. 왜냐하면 재고부족이 허용되는 경우에는 부족한 주문량에 대하여 추후 납품이 가능하므로 이에 따른 비용과 고객의 불만이나 호의의 상실에 따른 기회비용을 추정해야 하는데 이러한 추정작업은 객관성을 결여할 가능성이 크기 때문이다. 그러나 어떠한 방법을 통해서든 단위당 재고부족비용을 추정할 수만 있다면 연간재고부족비용의 계산은 재고유지비용의 경우와 유사하기 때문에 간단하다. 우선 재고부족이 발생하는 기간 t_2 동안의 최대재고부족량은 R이므로 t_2기간의 평균재고부족량은 $R/2$이다. 따라서 주문주기 T의 평균재고부족량은 다음과 같이 표시된다.

$$\text{평균재고부족량} = \frac{0 \cdot t_1 + \left(\frac{R}{2}\right)t_2}{T}$$

$$= \frac{\left(\frac{R}{2}\right) \cdot t_2}{T}$$

다시 t_2와 T를 Q와 R로 나타내면 다음과 같다.

$$t_2 = \frac{R}{d},\ T = \frac{Q}{d}$$

그러므로 평균재고부족량은 다음 공식으로 표시된다.

$$\text{평균재고부족량} = \frac{\left(\frac{R}{2}\right)\left(\frac{R}{d}\right)}{\frac{Q}{d}} = \frac{R^2}{2Q}$$

따라서 연간단위당 재고부족비를 B라고 하면 재고부족비용은 평균재고부족량에 단위당 재고부족비를 곱하여 산출할 수 있을 것이다.

$$\begin{aligned}\text{재고부족비용} &= \text{평균재고부족량} \times \text{연간단위당 재고부족비} \\ &= \frac{R^2}{2Q}B\end{aligned}$$

이상을 종합해 볼 때 재고부족을 허용하는 경우의 총비용은 주문비용, 재고유지비용 및 재고부족비용을 합하여 결국 다음과 같이 표시할 수 있다.

$$\begin{aligned}TC &= \frac{D}{Q}S + \frac{(Q-R)^2}{2Q}H + \frac{R^2}{2Q}B \\ &= \frac{D}{Q}S + \frac{Q}{2}H - RH + \frac{R^2}{2Q}(H+B)\end{aligned}$$

이처럼 재고부족을 허용하는 모형에 대한 경제적 주문량 Q^*와 재고부족량 R^*의 산출방법은 재고부족을 허용하지 않는 경우와 마찬가지이다. 먼저 총비용함수를 Q와 R에 관하여 편미분하고 이를 각각 0으로 놓으면 다음과 같은 결과를 얻는다.

$$\frac{dTC}{dQ} = -\frac{D}{Q^2}S + \frac{H}{2} - \frac{R^2}{2Q^2}(H+B) = 0$$

$$\therefore\ Q^2 = \frac{2DS}{H} + R^2 + \frac{R^2B}{H}$$

$$\frac{dTC}{dR} = -H + \frac{R}{Q}(H+B) = 0$$

$$\therefore\ R = \frac{HQ}{H+B}$$

결국 이 두 식을 연립하여 Q와 R을 구하면 이것이 바로 재고부족을 허용하는 경우에 총비용을 최소로 하는 최적주문량 Q^*와 재고부족량 R^*인 것이다.

$$Q^* = \sqrt{\frac{2SD}{H}\left(\frac{H+B}{B}\right)},\ R^* = \sqrt{\frac{2SD}{B}\left(\frac{H}{H+B}\right)}$$

또한 이 공식을 총비용식에 대입하면 최소의 총비용을 얻을 수 있다.

$$TC = \sqrt{2\text{HSD}}\sqrt{\frac{H}{H+B}}$$

예 11-5 B백화점의 여성복 전문점에서는 여성용 추동복에 대한 경제적 주문량을 결정하고자 한다. 이 의류의 수요는 연간 10,000벌이며 연간단위당 재고유지비는 \$2, 1회 주문비는 \$7.5이다. 고객들은 재고부족에 대하여 만족해 하지는 않지만 드레스의 크기와 스타일의 다양성 때문에 추후납품(back order)을 허용한다고 한다. 재고부족비용은 단위당 \$10로 추정되었다. 이 의류에 대한 경제적 주문량, 최소의 총비용과 이때의 재고부족량을 추정하라.

풀이 $D=10{,}000$(벌), $H=\$2$, $S=\$7.5$, $B=\$10$

우선, 공식을 적용하여 최적주문량과 재고부족량을 계산하면 다음과 같다.

$$\begin{aligned} Q^* &= \sqrt{\frac{2SD}{H}\left(\frac{H+B}{B}\right)} \\ &= \sqrt{\frac{2(7.5)10{,}000}{2}\left(\frac{2+10}{10}\right)} \\ &= 300(\text{벌}) \end{aligned}$$

$$\begin{aligned} R^* &= \sqrt{\frac{2SD}{B}\left(\frac{H}{H+B}\right)} \\ &= \sqrt{\frac{2(7.5)10{,}000}{10}\left(\frac{2}{2+10}\right)} \\ &= 50(\text{벌}) \end{aligned}$$

따라서 이 전문점의 최적주문량은 300벌이고, 총비용을 최소로 하는 재고부족량은 50벌이므로 최소의 총비용은 다음과 같이 \$500가 된다.

$$TC^* = \sqrt{2HSD}\sqrt{\frac{H}{H+B}}$$

$$= \sqrt{2(2)(7.5)10{,}000}\sqrt{\frac{2}{2+10}}$$

$$= 500(\$)$$ ❖

단일기간재고모형

단일기간재고모형은 일정한 계획기간 동안에 주문이 1회에 한하여 이루어지는 재고품목의 계획 및 통제와 관련이 있다. 예를 들어 과일, 채소, 생선 등과 같이 부패하기 쉬운 품목이나 신문, 잡지 등과 같이 사용기간이 제한된 품목들은 일정기간이 지나면 재고로서의 가치가 손상되기 때문에 보유할 필요가 없어진다. 이러한 경우에는 주문량을 결정하기 위하여 계획기간에 계속적으로 재고가 보충되는 시스템에서 사용하는 EOQ나 ROP 모형을 적용할 수 없으며, 단일기간재고모형(single-period inventory model)이라는 새로운 모형을 적용하는 것이 바람직하다. 단일기간재고모형은 일반적으로 수요가 비연속적이거나 수요가 매기간마다 큰 폭으로 변화하고, 또는 진부화되거나 부패로 인하여 제품의 수명이 단기인 경우에 적용된다.

단일기간재고모형에서는 일정한 계획기간 동안에 주문이 반복되지 않는 것으로 본다. 따라서 그 기간 동안 수요가 주문량보다 크다면 재고를 보충할 수 없기 때문에 판매기회의 상실로 인하여 기회손실이 발생한다. 또한 수요가 주문량보다 적은 경우에도 이때 발생하는 과잉재고는 다음 기(期)로 이월될 경우에 그 가치가 손상되므로 직접적인 손실을 초래한다.

단일기간모형의 분석에서는 일반적으로 재고부족비용과 재고과잉비용 등 두 가지의 비용에 초점을 두게 된다. 재고부족비용은 고객의 수요를 충족시킬 수 없기 때문에 발생하는 기회비용으로서 수요가 공급을 초과할 때 판매기회로부터의 상실된 수익을 의미한다. 또한 재고과잉비용은 재고의 진부화로 인하여 발생하는 비용이다. 즉 초과된 재고는 구매비용보다 낮은 값에 처분되거나 잔존가치가 전혀 없이 폐기처분될 수도 있기 때문에 이때 손실이 발생하는 것이다. 만일 수요가 주문량을 초과할 경우에는 재고과잉비용은 발생하지 않고 재고부족비용만이 발생한다. 반대로 수요가 주문량보다 적다면 기회비용은 발생하지 않으며 재고과잉비용만이 발생할 것이다. 따라서 단일기간모형의 최적조건은 수요와 공급이 일치하여 재고부족비용이나 재고과잉비용이 발생하지 않는 때이다.

이러한 관계를 식으로 나타내면 다음과 같다.

$$P(MP) \geq (1-P)(ML)$$

단, P: 추가된 한 단위가 판매될 확률

$(1-P)$: 추가된 한 단위가 판매되지 않을 확률

MP: 한 단위를 판매함으로써 얻는 한계이익

ML: 판매되지 않은 한 단위를 처분함으로써 발생하는 한계손실

여기서 주문량에 한 단위를 추가하여 판매함으로써 얻게 되는 기대이익은 $P(MP)$이며, 추가된 한 단위가 판매되지 않음으로써 입게 되는 기대손실은 $(1-P)(ML)$이다. 다시 앞의 식을 P에 관해서 정리하면 다음과 같다.

$$P \geq \frac{ML}{MP+ML}$$

이 식은 주문량을 결정할 때에는 마지막으로 추가된 단위가 판매될 확률이 $ML/(MP+ML)$보다 크거나 같게 될 때가지 주문량을 증가시키는 것이 경제적임을 의미한다.

예 11-6 한 제품의 가격이 단위당 \$100이고 그 원가는 단위당 \$70로 일정하다. 또한 판매되지 않은 제품의 단위당 잔존가치는 \$30이다. 특정기간의 수요는 35단위 이상 40단위 이하라고 예상할 수 있으며 수요에 관한 확률은 아래의 표와 같다고 할 때 최적주문량을 구하라.

수요(개)	확　률	누적확률(p)
35	0.10	1.00
36	0.15	0.90
37	0.25	0.75
38	0.25	0.50
39	0.15	0.25
40	0.10	0.10
41	0	0

풀이 만일 한 단위가 판매된다고 하면 이때의 한계이익은 $MP=100-70=\$30$이다. 또한 한 단위가 판매되지 않고 재고로 남게 된다면 이때 발생하는 한계손실은 단위당 원가에서 잔존가치를 공제한 $ML=70-30=\$40$이 된다. 따라서 이 판매기간 중의 최적주문량은 마지막으로 추가된 단위가 판매될 확률이 다음 식에서 볼 수 있는 바와 같이 $P \geq 0.57$이어야 한다.

$$P \geq \frac{ML}{MP+ML}=\frac{40}{30+40}=0.57$$

누적확률분포를 이용하여 마지막 단위가 판매될 확률이 0.57 이상인 수요량을 찾아보면 최적주문량은 37단위임을 알 수 있다. 왜냐하면 37단위째가 판매될 확률이 0.75(>0.57), 38번째 단위가 판매될 확률이 0.5(<0.57)이기 때문이다. ❖

11.5 주문시기의 결정: 재주문점모형

지금까지 설명한 EOQ모형들은 재고와 관련된 두 가지의 의사결정문제 중에서 얼마나 주문할 것인가, 즉 주문량의 결정에 관한 것이었다. 재고에 관한 두 번째의 의사결정문제는 특정의 주문량을 언제 주문할 것인가, 즉 재주문점의 결정에 관한 것이다. 결국 재주문점모형(reorder-point models)은 수량에 의해 재주문시점을 결정하기 위한 모형이다. 여기서 재주문점(reorder point)은 현재 보유하고 있는 재고량이 어느 정도의 수준에 도달할 때 다음 주기에 사용할 재고를 주문할 것인가를 설명해 준다. 따라서 일반적으로는 조달기간 동안의 예상수요와 수요의 변동에 대비한 여분의 재고를 합함으로써 결정된다.

재주문점을 결정하는 요소로는 다음의 네 가지를 들 수 있다.

① 수요율
② 조달기간의 길이(lead time)
③ 수요와 조달기간의 변동 정도
④ 고객에 대한 서비스율

따라서 이하에서는 수요와 조달기간의 변동여부를 기준으로 다음 네 가지의 경우에 대하여 각각의 재주문점을 산정하는 모형을 설명하도록 한다.

① 수요와 조달기간이 모두 일정한 경우
② 수요가 변동적이고 조달기간이 일정한 경우
③ 수요가 일정하고 조달기간이 변동적인 경우
④ 수요와 조달기간이 모두 변동적인 경우

일반적으로 재주문점모형(ROP model)에서는 수요나 조달기간의 변동이 정규분포를 이룬다는 가정을 전제로 하고 있다. 그 이유는 실제의 분포가 정규분포에 따르지 않을지라도 수요나 조달기간의 변동을 정규분포로 가정하는 경우 실제와 근사한 재주문점을 산정할 수 있기 때문이다.

다음에서는 우선 수요와 조달기간이 모두 일정한 가장 단순한 경우로부터 출발하여 수요나 조달기간 중 어느 하나, 또는 두 가지 모두가 변동적일 경우의 재주문점모형에 대하여 설명하도록 한다.

수요와 조달기간이 일정한 경우

수요와 조달기간이 일정할 때에는 수요가 예상보다 증가하거나 조달기간이 계획했던 것보다 지연됨으로써 발생하는 재고부족의 위험이 전혀 없다. 이러한 경우에는 재고부족에 대비하여 여분의 재고를 보유할 필요가 없으므로 현재의 재고가 주문시점부터 주문량이 입고될 때까지의 조달기간 동안에 사용될 재고량과 일치될 때 재주문을 실시하면 될 것이다. 따라서 수요와 조달기간이 일정한 확정적 모형하에서의 재주문점(ROP)은 조달기간에 단위기간당 수요를 곱한 것이다. 예를 들어 조달기간이 7일이고 1일 사용량이 2개라면 재고보유수준이 14개일 때 주문을 해야 하며, 일반적으로는 다음 공식을 이용하여 재주문점 ROP를 구할 수 있다.

$$\text{ROP} = d \cdot LT$$

단, d: 수요율, LT: 조달기간

이는 재고수준이 ROP 이하로 떨어지기 시작할 때 EOQ모형의 최적 주문량을 주문해야 함을 의미한다.

수요와 조달기간이 변동적인 경우

이상에서 살펴본 바와 같이 수요와 조달기간이 일정한 경우에는 재주문점을 산정하기가 매우 용이하다. 그러나 이러한 상황은 이론적인 가정에 불과하며 정상적인 환경하에서는 수요와 조달기간 중 어느 하나, 또는 두 가지 요인 모두에 어느 정도의 변동이 있기 마련이다. 이러한 상황을 고려하여 여기서는 수요와 조달기간이 변동하는 보다 현실적인 경우의 재주문점을 결정하는 데 필요한 개념인 안전재고(safety stock)와 서비스 수준(service level)을 우선 소개한 다음 재주문점을 산정하기 위한 구체적인 방법에 대하여 설명하도록 한다.

1) 안전재고

수요나 조달기간이 변동적이라면 재고부족의 가능성을 고려하지 않을 수 없다. 이는 조달기간 동안의 수요와 조달기간이 일정한 때와는 달리 이들이 변동적일 때에는 변동적인 수요를 충족시키기 위해 어느 정도의 재고가 필요할 것인가가 분명하지 않기 때문이다.

수요가 변동하는 경우에는 일시적으로 수요의 증가를 초래하여 예상했던 것보다 빨리 재고가 고갈될 수 있으며, 조달기간이 변동하는 경우에는 일정한 재고량으로 충당해야 할 공급기간이 연장되기도 한다. 따라서 수요나 조달기간의 불확실성에 대비하기 위해서는 조달기간 동안에 발생 가능한 재고부족의 위험을 줄일 수 있는 정도의 재고를 여분으로 보유할 필요가 있다. 이처럼 재고관리의 불확실성에 대비하여 예상수요 이상으로 보유하는 초과재고를 안전재고(safety stock) 또는 완충재고(buffer stock)라고 한다.

[그림 11-8]은 수요의 변동으로 인하여 재고부족이 발생하는 상황을 보여 주고 있다. 조달기간 동안의 수요의 변동은 다양하여 주문량이 입고되는 시점에서 재고부족이나 재고과잉이 발생한다. 재고부족이 발생하는 경우에 안전재고를 포함시키면 [그림 11-9]와 같이 되며, 이때 안전재고수준은 재고부족을 충당할 수 있는 수준이라야 한다.

안전재고를 유지하는 최선의 방법 중의 하나는 재주문점을 이용하는 것이다. 재주문점에 재고부족을 방지하는 안전재고를 가산함으로써 수요변동에 대한 대응이 가능하기 때문이다. 따라서 수요나 조달기간이 변동적인 경우에는 다음과 같이 조달기간 동안의 예상수요에 안전재고를 가산하

그림 11-8 수요변동으로 인한 재고부족이 발생하는 상황

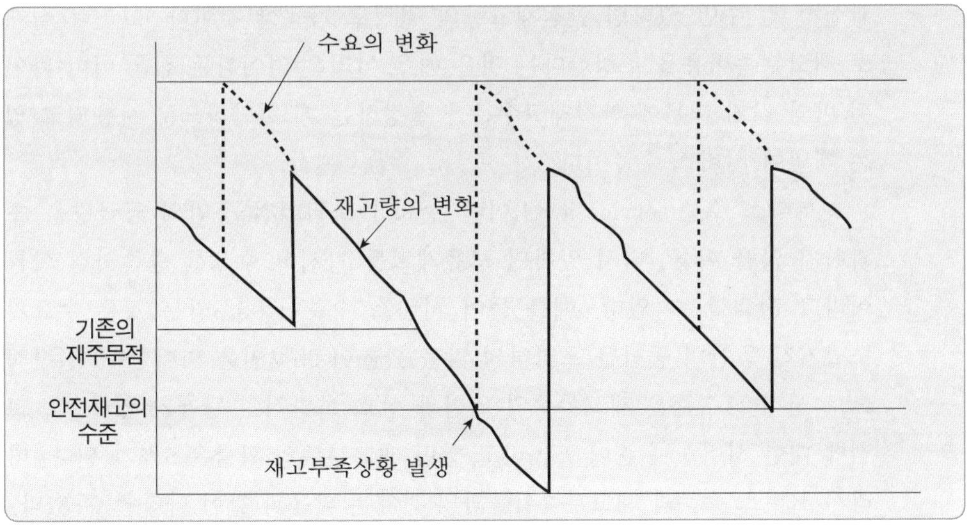

| 그림 11-9 | 안전재고를 통한 재고부족의 충당

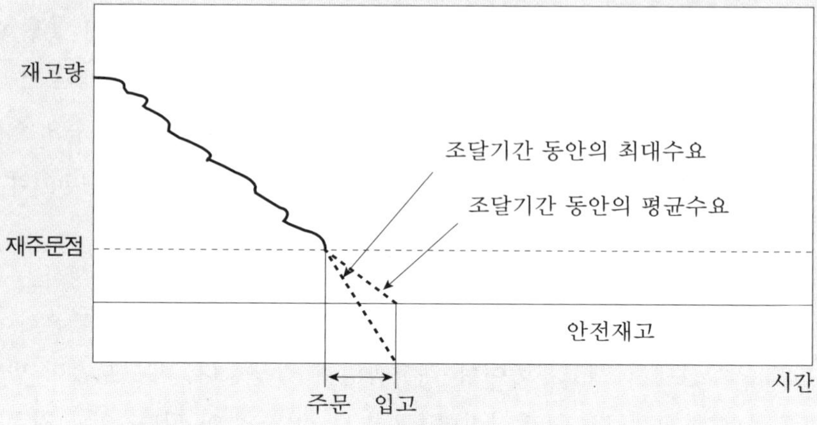

여 재주문점을 구하면 된다.

재주문점＝조달기간 동안의 예상수요＋안전재고

2) 서비스 수준

앞서 정의된 바와 같이 안전재고란 재고부족을 방지하기 위하여 예상수요에 추가되어 보유하는 재고를 의미한다. 여기서 만약 재고부족비용을 확실히 알 수만 있다면 안전재고량의 결정도 가능할 것이다. 그러나 실제로 재고부족비용을 추정한다는 것은 매우 어려운 일이라는 점은 이미 확인된 바와 같기 때문에 안전재고수준을 결정하는 데 일반적으로 사용되고 있는 개념이 서비스 수준이다.

서비스 수준(service level)이란 수요가 조달기간 동안의 공급량을 초과하지 않을 확률, 다시 말하면 보유재고를 가지고 수요를 충족시킬 확률이라고 정의할 수 있다. 예를 들어 서비스 수준이 95%라는 것은 수요가 조달기간 동안의 공급을 초과하지 않을 확률이 95%임을 의미한다. 일반적으로 서비스 수준은 재고부족의 위험과 상호 보완적인 관계가 있다. 즉 고객에 대한 서비스 수준이 95%라고 하면 재고부족의 확률은 5%가 된다. 따라서 서비스 수준과 재고부족확률과의 관계는 다음과 같이 나타낼 수 있다.

서비스 수준＝100％－재고부족확률

수요나 조달기간이 불확실한 상황하에서는 다음 요소들에 따라 안전재고의 적정수준이 결정된다.

① 평균수요와 평균조달기간
② 수요와 조달기간의 변동성
③ 원하는 서비스 수준

서비스 수준이 주어졌을 때 수요나 조달기간이 변동하는 정도가 크면 해당 서비스 수준을 달성하기 위해 필요한 안전재고량은 더욱 많아진다. 또한 수요나 조달기간의 변동 정도가 결정되면 서비스 수준을 향상시키기 위해서는 안전재고량을 늘려야 한다. 이때 서비스 수준은 재고부족으로 인한 비용을 고려하여 결정하거나, 또는 경영자가 특정품목에 대하여 특정의 서비스 수준에 도달하기를 원하는 경우처럼 기업의 정책에 의해서 결정할 수도 있다.

3) 수요가 변동적이고 조달기간이 일정한 경우

ROP＝조달기간 동안의 예상수요+안전재고

$$=\overline{d}LT+Z\sqrt{LT}\sigma_d$$

단, $\overline{d}$: 일일평균수요, LT: 조달기간,
σ_d: 일일수요의 표준편차, Z: 안전재고인수

4) 수요가 일정하고 조달기간이 변동적인 경우

$$\text{ROP}=d\overline{LT}+Zd\sigma_{LT}$$

단, d＝일일평균수요, $\overline{LT}$＝평균조달기간,
σ_{LT}＝조달기간의 표준편차

5) 수요와 조달기간 모두가 변동적인 경우

ROP＝조달기간 동안의 수요＋안전재고

$$=\overline{d}(\overline{LT})+Z\sigma_{dLT}$$

$$=\overline{d}(\overline{LT})+Z\sqrt{\overline{LT}\sigma_{d^2}+\overline{d}^2\sigma_{LT^2}}$$

단, d: 일일평균수요, $\overline{LT}$: 평균조달기간,

σ_{d^2}: 일일수요의 분산, σ_{LT^2}: 조달기간의 분산

예 11-7 한 레스토랑에서 소비되는 맥주의 양은 정규분포를 이루며, 그 평균은 150병, 표준편차는 10병이다. 조달기간 또한 평균이 6일, 표준편차가 1일인 정규분포를 이룬다. 만일 재고부족이 발생하지 않는 확률을 90%로 유지하고자 한다면 재주문점을 얼마로 할 것인가?

풀이 $d=150$(병), $\overline{LT}=6$일, $\sigma_d=10$(병), $\sigma_{LT}=1$일

이 레스토랑의 경우 90%의 서비스 수준을 유지하고자 하기 때문에 안전재고요소는 $Z=1.28$이다. 따라서 재주문점은 다음과 같이 1,095(병)가 된다.

$$\begin{aligned}\text{ROP}&=\overline{d}(\overline{LT})+Z\sqrt{\overline{LT}\sigma_{d^2}+\overline{d}^2\sigma_{LT^2}}\\&=150(6)+1.28\sqrt{6(10)^2+150^2(1)^2}\\&=900+1.28\sqrt{23{,}100}=1{,}095(\text{병})\end{aligned}$$ ❖

11.6 재고통제시스템

재고통제시스템(inventory control system)은 재고를 보다 합리적이고 능률적으로 유지하고 통제하기 위한 조직구조와 운영방침이 유기적으로 결합된 실체이다. 이러한 재고통제시스템에는 주문과 재고보유에 관한 규칙을 결정할 수 있도록 해 주는 몇 가지의 재고모형이 포함된다. 즉 재고통제시스템은 주문시기를 결정하고 주문품목, 주문수량 및 공급자에 관한 정보를 계속적으로 파악하는 등의 물품의 주문과 수량에 관한 의사결정과 관련을 갖는다.

재고통제시스템은 해당 기업이 채택하고 있는 재고의 보충방법에 따라 여러 가지 유형으로 분류된다. 그 중에서 가장 널리 이용되는 재고통제시스템에는 고정주문량시스템, 고정주문주기시스템, 절충형시스템 및 MRP시스템 등을 들 수 있다. 이러한 시스템들은 주로 완제품의 재고통제에 적용되며, 단지 MRP시스템만이 완제품을 생산하는 데 사용되는 원자

재 및 부분품의 재고통제에 적용된다. 따라서 여기에서는 MRP를 제외한 재고통제시스템들의 주문과 관련된 의사결정원칙, 그 운용방법 및 기타의 특성 등에 관하여 자세히 설명하도록 한다.

고정주문량시스템

고정주문량시스템(fixed-order-quantity system)은 항상 현재의 재고에 관한 정보를 파악해 두고 재고량이 특정수준에 도달하면 일정한 수량을 주문하는 재고시스템으로서 주문량에 기초를 두고 있으므로 Q시스템이라고도 한다. [그림 11-10]은 조달기간이 일정하고 수요가 변동적인 경우의 고정주문량시스템의 운용형태를 보여주고 있다. 고정주문량시스템에서는 재고의 사용에 따라 불규칙적으로 감소하는 재고수준을 재주문점과 비교하는 작업을 계속한다. 이때 재고수준이 재주문점과 일치하게 되면 사전에 결정된 일정한 양만큼의 주문이 이루어진다. 그러나 재고수준이 재주문점 이상일 경우 재고수준의 계속적인 검토 이외에는 아무런 조치도 취하지 않는다. 이 때문에 고정주문량시스템에서는 주문량은 항상 일정하지만 주문주기는 그 사이의 수요율에 따라 변동하는 것이 특징이다. 따라서 예상수요 이상으로 수요가 발생하면 어느 한 주문 시점에서 다음 주문이 이루어지기까지의 기간인 주문주기는 짧아지고, 반대로 예상수요에 비해 실제수

| 그림 11-10 | 고정주문량시스템(Q시스템)

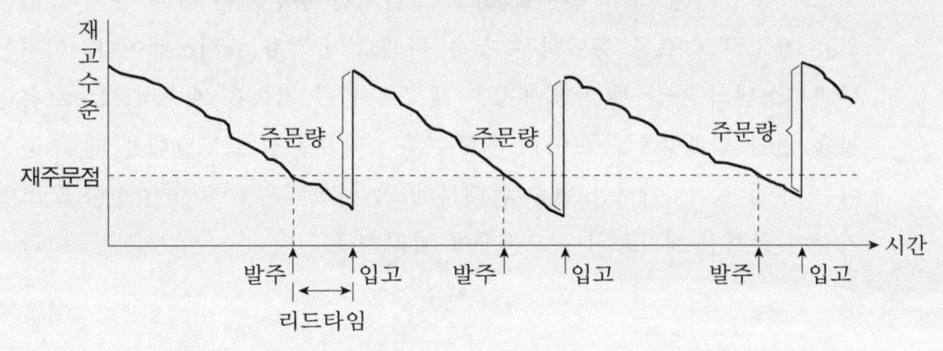

요가 부족한 경우 주문주기는 길어진다.

이와 같이 고정주문량시스템에서는 재고수준이 재주문점에 도달했을 때 고정량의 주문이 이루어지기 때문에 주문량과 재주문점의 결정이 이 시스템의 기초가 된다. 여기서 주문량은 적절한 EOQ 공식을 이용하여 결정하는 것이 일반적이지만 경우에 따라서는 경험적 판단 혹은 기타의 중요한 요인에 의해 영향을 받기도 한다. 또한 재주문점은 수요와 조달기간의 특성에 따라서 적합한 재주문점모형을 이용하여 산정할 수 있다.

이 시스템에 있어 재고기록에 관한 자료를 유지하면서 재고수준에 대한 계속적인 실사(review)를 통하여 재주문점에 도달하는 시기를 파악하는 것은 매우 중요한 작업이다. 이러한 이유 때문에, 고정주문량시스템을 지속적 재고시스템(perpetual inventory system) 또는 계속실사시스템(continuous-review system)이라고도 한다. 여기서 재고수준을 파악하는 일은 사실상 재고상태철을 보유함으로써 가능하다. 그러나 처리해야 할 품목이 많은 경우에는 전산처리방식에 의존해야 한다. 이와 같이 고정주문량시스템은 기록 유지의 측면에서 불편함이 있고 많은 비용이 요구되고 있음에도 불구하고 기업 실무에서 광범위하게 이용되고 있는 실정이다. 특히 수요에 있어 예상치 못한 커다란 변동이 나타나는 품목이나 A급 품목 등 고가품의 재고통제에 이 시스템이 주로 적용된다.

계속적인 실사법을 채택하게 되는 고정주문량시스템 중에서 가장 널리 이용되고 있는 것으로 투빈시스템(two-bin system)이 있다. 이 시스템은 각 품목을 두 개의 용기(bin)에 나누어 넣고 이 중 한 용기에 들어 있는 재고가 고갈되는 즉시 주문을 하고 조달기간 동안에는 다른 용기에 들어 있는 재고로 수요를 충당하는 것을 차례로 반복하는 시스템이다. 이러한 투빈시스템의 가장 뚜렷한 특징은 재고에 관한 기록을 계속적으로 보유할 필요 없이 외관상으로 보아서 재고수준이 재주문점에 도달했을 때 주문한다는 데에 있다. 이러한 단순성 때문에 이 시스템은 수요가 일정하고 조달기간이 단기인 저가품의 재고통제에 널리 이용된다.

고정주문주기시스템

앞에서 설명한 고정주문량시스템에서는 주문량이 고정되어 있고 주문주기가 변동적이었으며 주문량 및 주문시기는 EOQ/ROP모형에 기초를 두고 결정되는 것이 특징이었다. 그러나 이와는 반대의 재고통제방법을 채택하는 것이 고정주문주기시스템(fixed-order-interval system)이다. 고정주문주기시스템은 주문주기가 일정하고 주문량이 변동적인 재고통제시스템으로서 일정한 간격을 두고 주문이 이루어지는 점을 특징으로 한다. 이 시스템에서 주문량은 직전 주기의 수요에 따라 달라지며, 주문량이 입고되었을 때 재고수준이 미리 설정된 최대의 재고수준에 이를 수 있도록 주문량을 책정해야 한다.

수요와 조달기간이 모두 일정한 경우에는 매주기마다 주문량이 동일하기 때문에 고정주문량시스템과 차이가 없다. 그러나 다른 조건이 같더라도 수요가 변동하면 고정주문량모형과 달라진다. [그림 11-11]은 이처럼 수요가 변동하는 경우 고정주문주기시스템이 어떻게 운용되는가를 보여주고 있다. 그림을 보면 시간의 경과에 따라 재고수준은 수요에 대응하여 불규칙적으로 감소함을 알 수 있다. 이처럼 불규칙적으로 감소하는 재고가 미리 정해진 주문시기에 도달하면 주문을 행하게 된다. 이때 주문량은 수요량에 따라 매주기마다 달라지며, 미리 정해진 최대재고수준과 현 보유재

그림 11-11 고정주문주기시스템(P시스템)

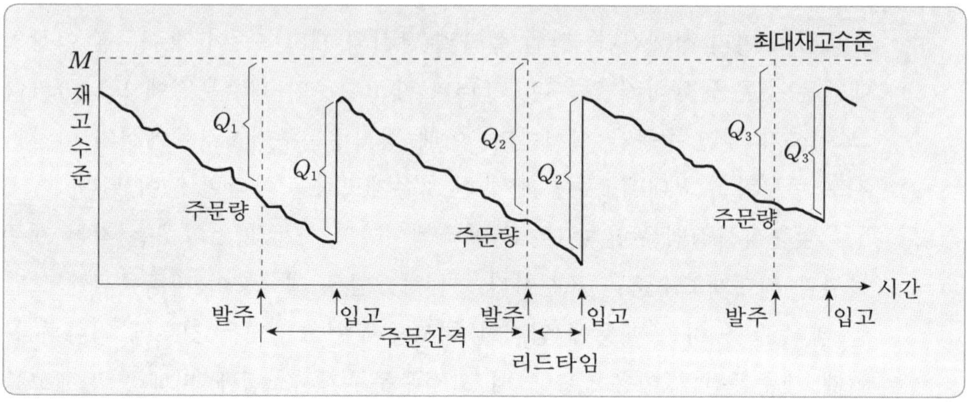

고량의 차이가 곧 이 시스템에서의 주문량이다. 주문량이 조달되면 재고수준은 다시 증가하지만 조달기간 동안의 수요로 인하여 보유재고가 감소되므로 최대재고수준에는 이르지 못하는 것이다.

고정주문량시스템과 고정주문주기시스템의 주요한 차이 중의 하나는 안전재고의 수준에 있다. 즉 고정주문주기시스템에서는 고정주문량시스템에 비해 안전재고를 더 많이 보유해야 하는 것이다. 왜냐하면 고정주문량시스템은 조달기간 동안의 수요변동에 대비하여 안전재고를 보유하는 데 비해 고정주문주기시스템에서는 조달기간을 포함한 전체 주문주기 동안의 수요변동에 대비한 안전재고를 보유해야 하기 때문이다. 이 시스템은 재고로 보유하고 있는 품목들의 대부분을 하나의 공급자로부터 주문하는 경우와 수요의 변동이 적은 품목에 특히 유용하다. 그러나 대량의 안전재고를 보유해야 하고 일시에 여러 품목에 대한 재고량을 파악해야 하므로 비용이 많이 든다는 결점이 있다.

절충식시스템

절충식시스템은 최소-최대시스템(min-max system)이라고도 하며 고정주문량시스템과 고정주문주기시스템의 특성을 결합한 방식이다. 이 시스템에서는 정기적으로 안전재고를 조사하는 한편, 미리 설정된 재주문점에 재고수준이 도달했을 때 주문하는 방식을 취한다. [그림 11-12]는 이러한 절충식시스템의 운용형태를 보여주고 있다. 여기서 최대재고수준은 각 품목별로 미리 정해진다. 만일 실사일 당시의 재고수준이 재주문점 이상일 때에는 주문을 행하지 않는다. 그러나 재고수준이 재주문점에 도달하거나 그 이하가 되면 주문을 실시한다. 이때 정기주문주기시스템에서와 마찬가지로 주문량은 최대재고수준에서 현 보유재고량을 차감한 양이 된다.

절충식시스템은 흔히 (s, S)시스템이라고 하는데, s와 S는 각각 재주문점과 최대재고수준을 표시한다. 이 시스템은 재고량이 재주문점에 도달할 때 주문을 하기 때문에 엄격한 재고통제가 요구되는 경우에 적합하다. 이때 재주문점의 이용으로 인해 고정주문주기시스템에 비해 안전재고를

| 그림 11-12 | 절충식시스템

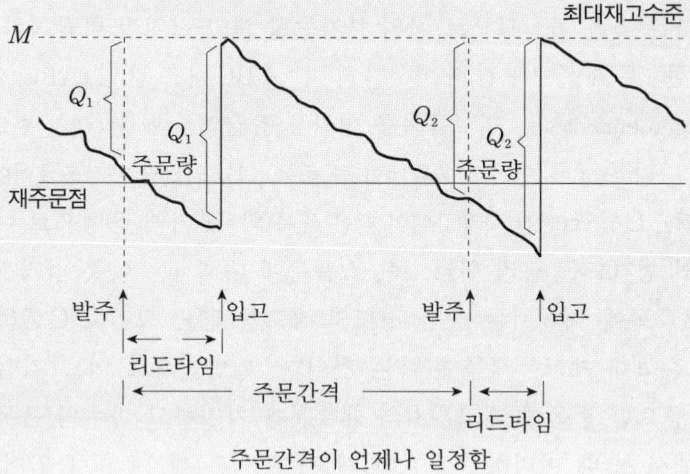

적게 보유할 수 있다는 이점이 있다. 또한 정기적인 재고파악을 통하여 수요와 재고수준의 변동에 신속히 대응할 수도 있다. 그러나 실제로 이 시스템을 사용할 경우 주문량이나 재주문점의 산정에 복잡한 분석이 뒤따라야 한다는 결점이 있다.

11.7 ABC재고관리

18세기에 파레토(Vilfredo Pareto)는 이태리 밀라노의 부(富)의 분포에 관한 연구에서 20%의 사람들이 전체 부의 80%를 차지함을 발견하였다. 이와 같이 소수가 전체의 대분분을 차지하고 많은 다수가 전체의 미미한 일부밖에 차지하지 못하는 현상을 파레토의 법칙(Pareto principle)이라 한다. 이러한 현상은 우리의 일상생활에서 흔히 볼 수 있다. 예컨대 우리가 내리는 의사결정 중 소수만이 우리의 미래를 결정하는 중요한 의사결정이며 대다수는 상대적으로 덜 중요하다거나, 기업에서 소수의 중요 제품이 전체 매출액의 대부분을 차지하는 것 등이 이에 속한다.

파레토의 법칙은 재고관리에도 적용될 수 있다. 대부분의 기업에서는 재고품목의 수가 매우 많고, 따라서 모든 품목의 재고를 전부 엄격하게 통제한다는 것은 현실적으로 거의 불가능할 뿐만 아니라 바람직하지도 않다. 이러한 문제를 해결하기 위하여 ABC재고관리(ABC inventory management)에서는 재고품목을 연간 사용금액(=단가×연간 수요 또는 사용량)에 따라 A등급(연간 사용금액이 큰 품목), B등급(연간 사용금액이 중간 정도인 품목), C등급(연간 사용금액이 작은 품목)의 세 가지 유형으로 나누어 재고통제의 엄격도를 달리 한다. 즉, A품목에 대해서는 아주 엄격한 재고통제를, B품목에 대해서는 중간 정도의 재고통제를, 그리고 C품목에 대해서는 느슨하게 재고통제를 한다는 것이다. 일반적으로 어느 기업에서나 몇 개의 중요한 품목이 재고투자의 대부분을 차지하고 다수의 품목은 금액의 측면에서 볼 때 미미하므로 ABC재고분류법은 재고관리에 있어 중요 품목을 가려내는 데 상당히 유용하다.

총재고품목수에 대한 A, B, C 각 등급에 속하는 품목 수의 비율은 기업에 따라 다르나, 재고품목을 연간 사용금액 순으로 나열했을 때 대략 전체 품목 수의 상위 15-30% 정도가 A품목, 그 다음 20-40% 정도가 B품목, 나머지 50%가 C품목으로 분류된다.

물론 반드시 A, B, C의 세 가지 등급으로만 나눌 필요는 없으며 등급의 수는 더 많게 또는 더 적게 할 수도 있고, 각 등급에 속하는 품목 수의 비율도 상황에 따라 달라질 수 있다. 하지만 중요한 것은 두 극단간의 구분, 즉 중요한 소수의 품목과 비교적 덜 중요한 다수의 품목간의 구분이다.

분류가 끝나면 각 유형별로 재고통제방법을 생각해 보아야 한다. A품목에 대해서는 재고를 철저히 감시해야 한다. 따라서 A품목에 대해서는 재고수준을 계속적으로 검토하고, 안전재고를 줄이며, 기록의 정확성을 기할 수 있는 엄격한 재고통제시스템(예를 들면, Q시스템)이 사용되어야 한다. 반면에 C품목에 대해서는 느슨한 재고통제시스템이 사용된다. 즉, C품목에 대해서는 여러 품목을 함께 묶어 정기적으로 한 공급자에게 주문하는 정기주문시스템(P시스템)이 사용될 수 있으며 기록의 정확성도 덜 요구된다. 한편 B품목에 대해서는 (s, S)시스템과 같은 중간 정도의 엄격도를 가진 재고통제시스템이 사용된다.

재고와 관련된 비용을 줄이기 위해서는 시간과 노력을 연간 사용금액이 큰 품목에 집중시켜야 함은 당연한 일이다. 다만 경우에 따라서는 비록 연간 사용금액이 작더라도 어떤 품목의 확보가 전체 시스템의 운영에 크게 영향을 미칠 수 있는데, 이 경우에는 그 품목을 A유형에 넣거나 또는 ABC분류와는 관계없이 그 품목에 집중적인 관심을 기울여야 한다.

| 그림 11-13 | ABC재고시스템

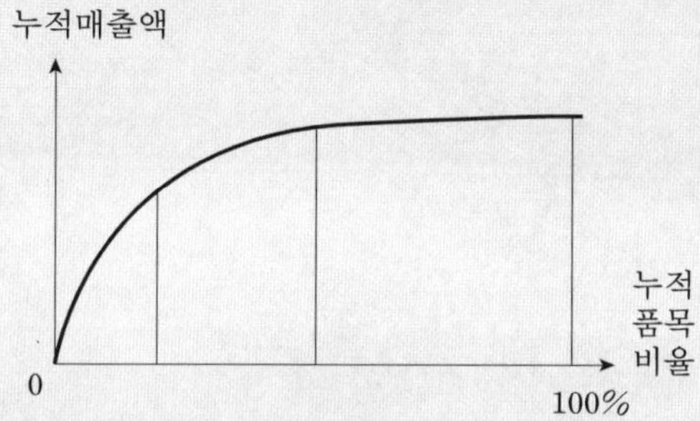

ABC분류

등급	품목비율(%)	매출액 또는 사용액 비율(%)
A	15−30	70−80
B	20−40	15−20
C	50	5−10

ABC분석에서의 분류기준

| 그림 11-14 | ABC재고시스템에서의 품목별 가치

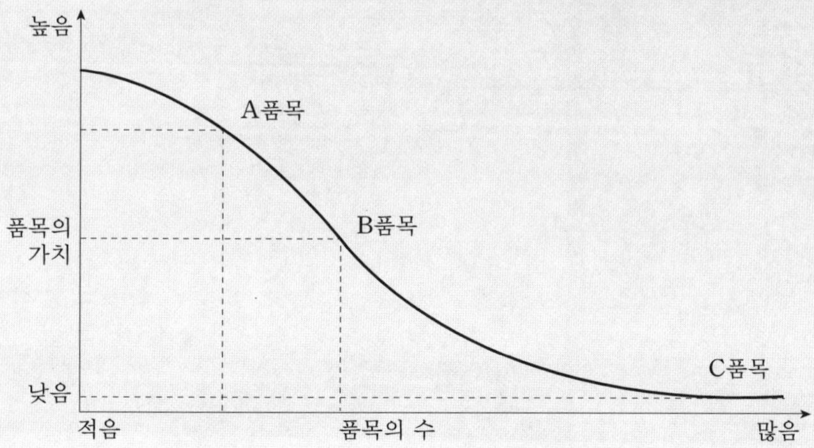

Chapter 12 자재소요 계획

제12장

자재소요계획

12.1 서 론

앞의 11장에서는 한 품목의 수요가 다른 품목의 수요와 무관한 독립수요품목의 재고관리에 관한 내용을 살펴보았다. 여기서 '독립'이라는 용어는 각 품목별로 개별적인 수요가 존재하고 있음을 의미한다. 따라서 독립수요품목은 시장수요의 변동에 직접적인 영향을 반영하므로 예측이 가능하여 그 수요의 변동량을 파악할 수 있었다. 그러나 원자재, 구성부품, 중간조립품, 부분품 등과 같은 품목들의 수요를 생각해 보면 이 품목들의 수요는 이들 품목을 구성부품으로 이용하는 고단계품목(higher level item)의 수요에 대한 종속요인이기 때문에 독립수요품목과는 대조적인 경향이 나타남을 알 수 있다. 예를 들어 진공청소기를 생산하는 기업에서 진공청소기 1대를 만드는 데 부분품으로 2개의 바퀴와 1개의 모터가 소요되므로 이들 부분품의 수요는 최종 제품인 진공청소기의 수요에 따라 결정된다. 이와 같이 최종제품의 수요에 직접적인 영향을 받는 원자재, 구성부품, 중간조립품, 부분품 등을 종속수요품목이라고 하며, 이들 품목의 소요량과 소요시기는 최종제품의 설계와 제조공정에 종속되어 자동적으로 결정되는 특징이 있다.

또한 독립수요품목의 수요는 일정기간에 걸쳐 계속적으로 발생하므로 개별적인 수요의 예측이 필수적으로 요구될 뿐만 아니라 일정한 서비스 수준을 유지하는 데 요구되는 안전재고를 설정할 필요가 있는 반면에 종속수요는 일정기간에 걸쳐서 동일하게 발생하기보다는 특정시점에서 일시에 발생하는 경향이 있다. 즉 종속수요는 일괄적(lumpy)으로 발생한다고 할 수 있다. 이는 대부분의 제조활동에서는 최종제품을 로트 단위로 생산하기 때문에 기업은 최종제품을 생산하는 데 필요한 모든 부품들을 재고에서 일괄적으로 충당하게 된다. 따라서 기업의 입장에서는 이러한 특성을 갖는 종속수요품목을 최종제품의 수요에 맞추어 그 수요의 크기뿐만 아니라 발생시기를 조정하는 것이 매우 중요하다.

본 장의 주된 내용인 자재소요계획(material requirement planning)은 이러한 종속수요품목의 소요량과 소요시기를 결정하기 위해 고안된 기법으로서 최종제품의 생산계획을 통하여 획득한 최종제품의 구조에 관한 정보와 각 자재의 재고상태에 관한 정보를 이용하여 원자재, 부분품, 구성품, 하위조립품 등에 대한 효율적인 재고통제와 일정관리를 가능하게 한다. 특히 MRP는 전산화된 프로그램을 사용하기 때문에 정보를 신속하게 분석할 수 있어서 생산시스템과 관련된 계획 및 통제의 기초가 된다.

12.2 MRP의 의의와 목적

자재소요계획(MRP: Material Requirement Planning)은 재고관리를 위한 기법이자 철학이며, 재고관리뿐만 아니라 생산일정계획에 이용되는 접근방법이기도 하다. 자재소요계획은 종속수요의 재고관리를 나타내는 것으로, IBM사의 J. A. Orlicky가 생산시스템에서의 재고관리를 목적으로 고안한 기법이다. 이러한 MRP는 시간개념이 재고관리에 반영되도록 생산일정계획, 완성품의 재고관리 및 생산에 필요한 소요자재에 대한 계획을 관리하게 된다.

현재 대부분의 MRP는 컴퓨터 시스템화되어 있으며, MRP II로 확장되어 사용되고 있으며, 현재의 ERP로 발전되어가고 있다.

이전부터 조립제품의 조립순서와 일정계획을 수립할 경우에 두 가지 문제점에 부딪혀 왔다. 첫째는 조립제품을 생산하는 데 소요되는 다양한 부품과 구성품의 수량을 파악하여 일정계획을 수립할 뿐만 아니라 생산일정과 주문의 변경에 대처하는 데 있어서 복잡한 절차가 요구된다는 점이고, 둘째는 독립수요와 종속수요를 구별하지 않았다는 점이다. 즉 독립수요품목의 재고관리를 위하여 고안된 기법들을 종속수요품목의 재고관리에도 조정 없이 그대로 이용함으로써 필요 이상의 과잉재고를 보유하게 되는 결과를 초래하였다.

그러나 지난 몇 년 동안 독립수요품목과 종속수요품목의 관리에 대한 이원화의 필요성을 인식하여 이 두 범주에 속하는 품목의 재고관리에 대해 각각 다른 접근방법을 이용하기 시작하였다. 이에 여러 가지 접근방법들이 개발되었는데 최근에 고안된 생산일정 및 재고통제기법으로서 그 성과가 가장 높이 평가되고 있는 것이 MRP이다.

MRP는 최종제품의 생산수량 및 일정을 토대로 하여 그 제품의 생산에 소요되는 원자재, 부분품, 구성품, 하위조립품 등의 소요량과 소요시기에 관한 자재조달계획을 수립하여 효율적인 재고통제 및 일정관리를 모색하는 전산화된 기법이다. 이 기법에서는 생산계획에서 파생된 주생산일정계획(master production scheduling)을 기초로 하여 최종제품의 생산에 필요한 자재와 이 품목들의 정확한 소요량과 소요시기를 파악하고 조달기간을 고려함으로써 작업을 시작하거나 자재를 주문해야 할 시기가 결정된다. 또한 MRP를 이용하면 작업을 기간 내에 완료할 수 없다든지 주문의 변경으로 인하여 일정계획의 수정이 불가피한 경우 자재의 조달을 용이하게 재계획할 수가 있다. 결국 MRP는 자재의 소요량과 소요시기에 따라 조달기간을 차감하여 주문을 한 후 그 소요시기나 소요량에 변동이 있으면 발주를 조정함으로써 적량의 자재를 적시에 조달이 가능하도록 하여 종래의 전통적인 EOQ/ROP 재고관리방식에서 야기되는 과잉재고나 재고부족현상을 제거하고 재고비용을 최소화하는 것이다.

MRP시스템의 목적은 이러한 재고통제나 일정계획 외에도 우선순위계획(priority planning)과 생산능력계획(capacity planning)을 지원하는 데 있다.

즉 MRP시스템은 적절한 주문납기일(order due date)과 주문우선순위(order priority)의 설정에 도움을 줄 뿐만 아니라 주문기일이 부적절하다고 여겨질 경우 이를 변경하여 주문의 우선순위가 유지되도록 한다. 이처럼 MRP시스템은 우선순위계획시스템을 포함하는 총체적 시스템으로서 구매 및 생산활동에 필요한 정보를 제공한다. 그러나 MRP를 이용함에 있어서 구매나 생산의 납기일이 계획과 일치하지 않을 경우가 있으므로 이러한 결점을 해결하기 위해서 우선순위통제시스템(priority control system)에 의한 보완이 필요하다.

12.3 MRP시스템의 구조

MRP시스템의 기본 구조는 [그림 12-1]에서 보여주는 바와 같다. 제품에 대한 수요를 기초로 주생산일정계획이 수립되면 이 주일정계획에서 제품별 생산일정과 생산량에 관한 정보를 얻는다. 또한 각 제품별 자재구성을 파악하기 위해서는 자재명세서가 필요하며, 자재별 재고현황 및 조달기간 등에 관한 정보를 얻기 위해서는 재고기록철이 필요하다. 따라서 주생산일정계획, 자재명세서, 재고기록파일은 MRP시스템의 기본적인 투입요소(input)가 되며, MRP 프로그램은 결과보고서를 통하여 생산일정계획을 전생산공정에 대한 세부일정계획으로 전환하는 역할을 한다. 본 절에서는 MRP시스템을 구성하는 요소들에 대해 상세히 고찰하고자 한다.

그림 12-1 MRP시스템의 기본구조

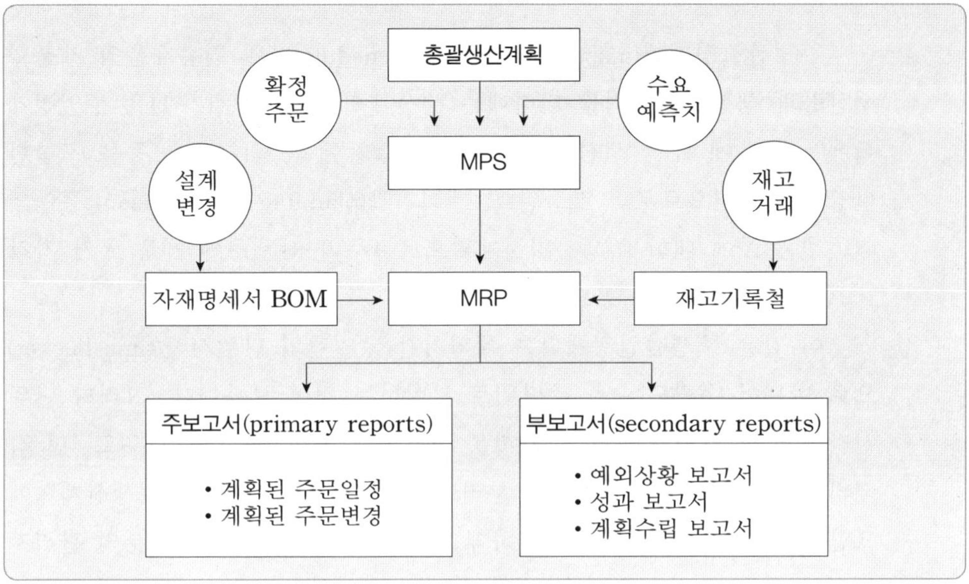

제품수요

최종제품에 대한 수요는 확정적 수요와 예측수요 등 두 가지로 분류할 수 있다. 확정적 수요는 판매원이나 내부거래로부터 주문에 의하여 발생한 수요로서 예측을 할 필요가 없으며, 반면에 예측수요는 특별히 인지하고 있는 고객의 확정적인 주문을 제외한 불규칙적인 고객의 수요이기 때문에 예측이 필요하다.

이러한 확정적 수요와 예측수요는 모두 주생산일정의 수립에 기초가 된다. 이때 최종제품에 대한 수요와 더불어 수리나 서비스를 목적으로 특정자재에 대한 개별 주문이 발생할 수도 있으나 이러한 수요는 주생산일정계획에 표시되지 않는 대신에 적절한 수준에서 MRP 프로그램에 직접 투입되어야 한다.

주생산일정계획

주생산일정계획(master production scheduling)은 최종제품의 제품별 생산량과 생산완료시기를 나타내는 생산계획이다. [표 12-1]은 주일정계획에서 제품에 대한 생산량은 고객의 주문, 예측, 외부수요 등을 포함한 다양한 정보원으로부터 결정된다. 계획기간(planning time horizon) 동안의 최종제품 X에 대한 주생산일정계획으로 4주와 8주 초에 제품 X가 각각 100단위와 150단위가 필요함을 알 수 있다.

이 같은 주생산일정계획은 계획기간을 일련의 단위시간(time bucket)으로 나누어 수립되는데, 주단위로 분할하는 것이 보통이다. 그러나 단위시간이 일정할 필요는 없고 가까운 장래의 주일정계획은 주단위로, 먼 장래의 것은 월이나 분기단위로 분리할 수도 있다. 또한 주일정생산계획에 포함되는 계획대상기간은 일정하게 정해진 것이 아니며, 대부분의 관리자들은 수요를 예상할 수 있는 기간에 대해 계획하기를 원한다. 그러나 이때 한 가지 주의할 것은 계획대상기간이 최소한 최종제품을 생산하는 데 필요한 누적조달기간(cumulative lead time) 이상이어야 한다는 점이다. 여기서 누적조달기간은 연속생산공정이나 연속조립공정의 각 단계에서 필요한 조달기간의 합을 말한다. [그림 12-2]에서 원자재와 부품의 주문에서 최종조립이 완료될 때까지는 총 9주의 조달기간이 소요됨을 알 수 있다.

일반적으로 주일정계획은 생산시스템의 제약을 고려하지 않고 수요를 기초로 수립되기 때문에 생산능력에 제약이 있을 경우에는 최초의 일정계획이 실행불가능할 수도 있다. 더구나 표면상으로 실행가능한 주일정계획일지라도 최종제품을 제조하는 데 필요한 자재와 부품에 대한 소요량으로 나타낼 경우에 실행불가능할 수도 있다. 그러나 MRP시스템은 실행가능한 주일정계획과 실행불가능한 주일정계획을 구별할 수가 없다. 따라서 실

표 12-1 제품 X의 주일정계획

	1주	2주	3주	4주	5주	6주	7주	8주
수 량				100				150

그림 12-2 계획대상기간과 조달기간

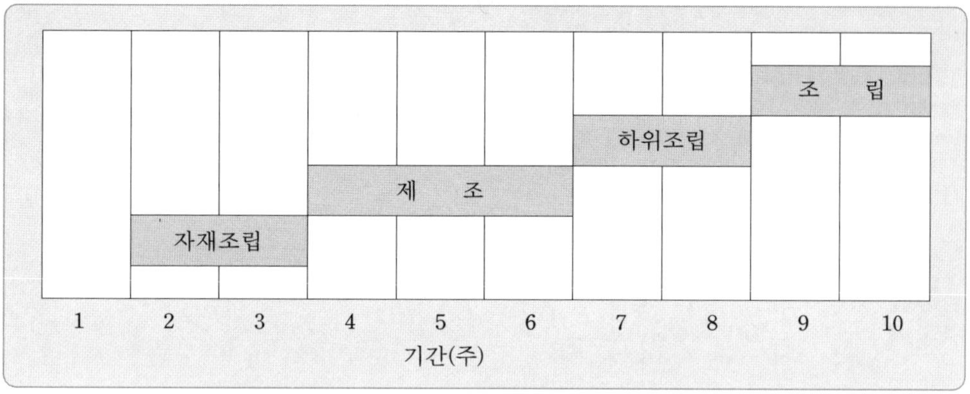

제 자재소요량의 명확한 윤곽을 얻기 위하여 MRP 프로그램을 이용하여 제시된 주일정계획을 예비적으로 처리해 볼 필요가 있다. 이렇게 해서 얻은 결과를 이용가능한 생산능력과 비교해서 만일 현재의 주일정계획이 실행 불가능한 것으로 판명되면 생산능력을 확장하거나 주일정계획을 수정해야 한다. 이때 이 경우에 따라서는 주일정계획이 MRP시스템을 통하여 실행가능한 계획을 얻을 때까지 여러 차례의 수정이 반복되기도 하며, 실행가능한 계획이 얻어지면 이를 기초로 자재의 소요량을 계획할 수 있는 확정적인 일정계획을 설정할 수 있는 것이다.

자재명세서

실행가능한 주생산일정계획이 작성되면 한 단위의 최종제품을 생산하는 데 필요한 원자재, 부품, 하위조립품 등의 모든 자재를 파악하기 위해서 자재명세서가 필요하다. 자재명세서(bill of material)는 제품을 구성하는 자재와 자재의 결합방법 등 각 품목에 관한 정보와 소요량을 제시하는 표로서 최종제품별로 계층적으로 작성되며, [그림 12-3]과 같은 제품구조도(product structure tree)를 이용함으로써 제품에 대한 특성을 쉽게 나타낼 수 있다.

제품구조도에서는 한 단계 위의 품목 1단위를 완성하기 위해 필요한

그림 12-3 제품구조도의 예

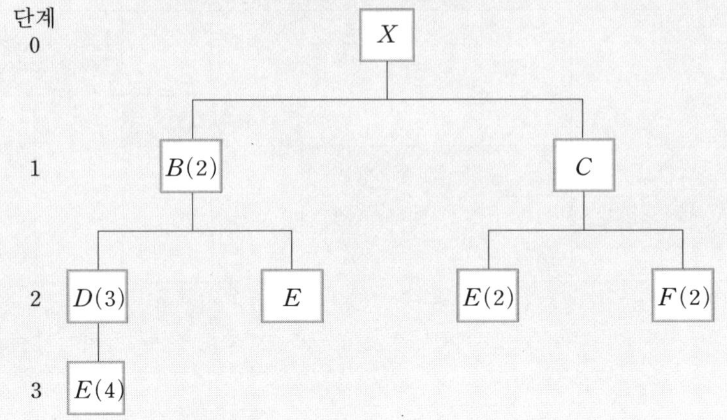

하위단계의 품목의 수량이 (　　) 안에 표시된다. [그림 12-3]에서 최종제품 X는 2개의 B와 1개의 C로 구성됨을 알 수 있다. 또한 품목 B의 생산에는 단위당 3개의 D와 1개의 E가 소요되며, 품목 D생산에는 4개의 E가 필요하다. 마찬가지로 품목 C는 각각 2개의 E와 F로 구성된다. 이처럼 최종제품에 대한 부품의 소요내역은 최종제품에 대해서는 단계 0, 바로 하위계층의 품목에 대해서는 단계 1 등과 같이 단계별로 제시된다. 그러므로 매단계의 품목은 상위단계의 품목의 부분품이며, 동시에 하위품목의 모품목(parent item)이다. 이와 같이 제품구조도는 원하는 수량만큼의 최종제품을 얻기 위해 필요한 각 품목의 소요량을 결정하기 위하여 자재명세서가 어떻게 사용되는가를 보여주는 데 유용하다.

MRP시스템에서 자재의 소요량을 산출하기 위해 컴퓨터는 단계 0에서 시작하여 단계별로 제품구조도를 읽어 나간다. 이때 특정품목이 한 단계 이상에 포함될 경우 이 품목의 총소요량은 모든 단계를 다 읽을 때까지는 결정되지 않으므로 계산적 관점에서 매우 비효율적이다. 따라서 효율성을 증대시키기 위해서 때때로 사용되는 방법이 저단계 코딩(low-level coding)방식으로서 이 방법은 한 단계 이상에 속하는 품목의 단계를 그 품목이 속하는 단계 중 최하위단계에 일치시키도록 자재명세서를 재구성하

그림 12-4 저단계 코딩의 예

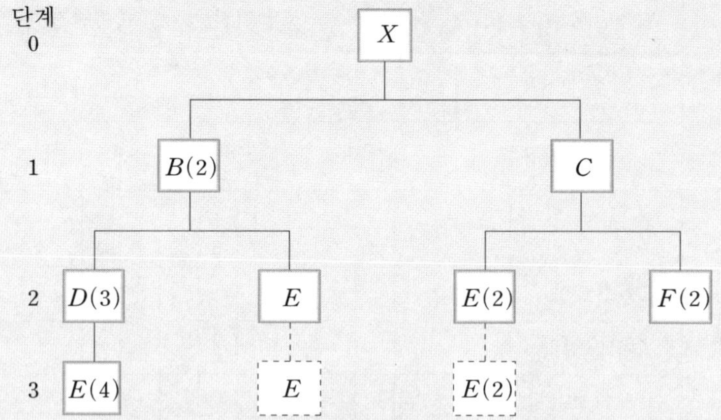

는 것이다. [그림 12-4]는 저단계 코딩방식에 의해 제품 X의 부품 E를 한 단계에만 속하도록 재배열한 것이다.

재고기록철

재고기록철(inventory record file)은 MRP에서 각 품목의 재고상태에 관한 정보를 저장하기 위하여 사용된다. 따라서 품목별로 총소요량, 수령예정량(scheduled receipts), 이용가능한 재고량 등에 관한 정보를 포함한다. 또한 공급자, 조달기간 및 로트의 크기뿐만 아니라 부수적인 기록도 포함하고 있다. 그러나 MRP 프로그램의 실행에는 재고기록철의 재고상태에 관한 부분만이 필요할 뿐 부수적인 사항에 대한 기록의 사용 여부는 임의적이다. [그림 12-5]는 약간의 보조자료 부분이 포함된 재고기록철의 양식이다. 이러한 재고기록철에는 MRP시스템이 실행되는 도중에 필요할 때 이용되며 물품의 수령, 주문의 취소 및 이와 유사한 사건들로 인한 재고량의 변경 내용이 정확히 기록되어야 한다.

그림 12-5 재고기록철의 예

<table>
<tr><td rowspan="3">주 요 자 료</td><td colspan="2">부품번호</td><td colspan="2">명 세</td><td colspan="3">조달기간</td><td colspan="3">표준원가</td><td colspan="2">안전재고</td></tr>
<tr><td colspan="3">주 문 량</td><td>발주비용</td><td colspan="4">주문주기</td><td colspan="3">작년 사용량</td><td>A,B,C
분류</td></tr>
<tr><td colspan="3">스크랩 허용률</td><td colspan="3">삭감자료</td><td colspan="3">계 측 기</td><td colspan="3">기 타</td></tr>
<tr><td rowspan="6">재고현황자료</td><td rowspan="2">할 당 량</td><td rowspan="2"></td><td rowspan="2">균형통제</td><td colspan="8">기 간</td><td rowspan="2">합 계</td></tr>
<tr><td>1</td><td>2</td><td>3</td><td>4</td><td>5</td><td>6</td><td>7</td><td>8</td></tr>
<tr><td colspan="2">총소요량</td><td></td><td></td><td></td><td></td><td></td><td></td><td></td><td></td><td></td><td></td></tr>
<tr><td colspan="2">수령예정량</td><td></td><td></td><td></td><td></td><td></td><td></td><td></td><td></td><td></td><td></td></tr>
<tr><td colspan="2">현 재고보유량</td><td></td><td></td><td></td><td></td><td></td><td></td><td></td><td></td><td></td><td></td></tr>
<tr><td colspan="2">발주계획량</td><td></td><td></td><td></td><td></td><td></td><td></td><td></td><td></td><td></td><td></td></tr>
<tr><td rowspan="3">보 조 자 료</td><td colspan="3">발주명세</td><td colspan="9"></td></tr>
<tr><td colspan="3">미완료활동</td><td colspan="9"></td></tr>
<tr><td colspan="3">계 산 대</td><td colspan="9"></td></tr>
</table>

MRP 컴퓨터 프로그램

MRP 프로그램은 주일정계획, 자재명세서, 재고기록철을 기초로 하여 실행된다. 즉 주생산일정계획과 자재명세서 등을 이용하여 최종제품을 생산하는 데 필요한 부품 및 자재의 총소요량을 산출하고 재고기록철에 기록된 보유재고량을 차감하여 순소요량을 결정한다. 또한 그 자재를 보충하는 데 소요되는 조달기간을 차감하여 순소요시기를 결정한다.

MRP 프로그램의 실행에 있어서 대다수의 이용자들이 겪게 되는 한 가지 장애는 자재명세서와 재고기록철 등이 프로그램이 요구하는 형태의 자료를 제시하는 데 적합하지 않다는 것이다. 따라서 MRP시스템을 채택하기에 앞서 정확한 정보를 제공할 수 있도록 자재명세서나 재고기록철을 수정하는 것이 무엇보다도 중요한 일이다.

결과보고서

MRP 프로그램은 자재명세서, 주생산일정계획 및 재고기록철로부터 얻은 정보를 토대로 실행되기 때문에 그 산출자료(output)는 다양한 형식과 내용을 가지고 있으나 일반적으로 기본보고서(primary report)와 부속보고서(secondary report)로 분류할 수 있다.

1) 기본보고서

기본보고서는 재고 및 생산통제에 필요한 정보를 제공하는 중요하고 정규적인 보고서이며, 다음과 같은 내용에 관한 항목으로 구성된다.

① 미래의 주문시기와 주문량을 표시하는 주문계획(planned order)

② 계획된 주문을 실행하기 위한 발주(order release)

③ 주문의 취소, 주문량 및 납기일의 정정 등으로 발생하는 계획된 주문의 변경

2) 부속보고서

부속보고서는 성과통제, 계획 및 특별사항에 관한 정보를 포함하는 보고서들로 구성된다.

① **성과통제보고서**(performance-control report): 시스템의 운영을 평가하는 데 이용되는 보고서로서 관리자에게 공급상의 오류와 재고부족 등을 포함한 계획과의 편차를 측정하고 費用成果(cost performance)의 평가에 이용될 수 있는 정보를 제공한다.

② **계획보고서**(planning report): 미래의 자재소요량을 예측하는 데 유용한 보고서로서 구매계약서(purchase commitments)나 미래의 자재소요량의 평가에 이용할 수 있는 기타 자료들이 포함된다.

③ **특별보고서**(exception report): 납기지연, 과다한 폐기율, 보고상의 오류, 목록에 없는 부분품에 대한 요구 등과 같은 사항에 관한 보고서이다.

12.4 MRP시스템의 운용

MRP의 원리

MRP 프로그램은 주일정계획에 명시된 최종제품의 생산량을 토대로 BOM철과 재고상태에 관한 자료를 이용하여 부분품의 소요량과 이 품목들의 발주계획량(planned order releases)을 산출한다. 이러한 과정은 논리적으로는 단순하나 제품구조가 복잡하거나 여러 종류의 최종제품에 대한 부품의 소요계획을 동시에 작성하는 경우에는 많은 계산과정이 필요하다. 일반적으로 MRP시스템에 의한 주문일정계획은 다음과 같은 과정을 거쳐 작성된다.

1) 총소요량의 결정

한 재고품목의 총소요량(gross requirement)은 최종제품의 주문에 대응하기 위하여 생산 또는 구매해야 할 수량이다. 총소요량을 결정하기 위해서는 우선 주일정계획을 이용하여 최종제품의 생산량과 생산시기를 산출한 다음에 BOM을 전개하여 한 단계 위의 모품목(parent item)의 소요량을 기초로 해서 단계적으로 그 제품을 생산하는 데 필요한 각 자재의 총소요량이 결정된다.

2) 순소요량의 결정

순소요량(net requirement)은 주일정계획에 의해 산출된 수요를 충족시키기 위하여 실제로 구매 또는 생산해야 할 자재의 수량이므로 현재 보유중인 재고나 해당 기간에 수령할 예정인 재고량을 고려해서 결정된다. 순소요량의 결정은 MRP과정의 핵심으로 총소요량에서 해당 기간에 보유할 것으로 예상되는 재고량을 차감하여 산출한다.

순소요량＝총소요량－보유재고량

표 12-2 MRP 계획표

품목 \ 기간	1	2	3	4	5	6	7	8
총소요량								
재고보유량								
순소요량								
수령계획량								
발주계획량								

3) 발주량 및 시기의 결정

MRP에서 발주의 시기와 양은 발주계획량(planned order releases)으로 표시되는데, 이는 생산시스템이 채택하고 있는 재고정책에 따라 결정되며, 대부분의 경우에 순소요량과 일치한다. 그러나 경제적 주문량(EOQ)을 채택하는 것이 유리할 경우에는 EOQ가 발주계획량이 될 수 있다.

발주계획량의 발주시기를 결정하기 위해서는 자재의 납기일로부터 제조 또는 구매에 필요한 조달기간(lead time)을 고려해야 한다. 즉 발주시기는 순소요량의 소요시기에서 조달기간만큼을 차감하여 산정되며, 이 방법을 시간차감법(time-phasing method)이라고 한다. [표 12-2]는 이러한 과정을 거쳐서 작성될 MRP 계획표의 한 양식이다.

12.5 MRP의 적용 예

구체적으로 MRP의 적용 예를 하나 들어 보자. 어느 회사는 [표 12-3]과 같은 탁자(table)를 제조하고 있다. 이 탁자는 1개의 원형 상판과 1개의 다리조립품(leg assembly)으로 구성되며, 다시 다리조립품은 4개의 다리, 2개의 짧은 난간 및 2개의 긴 난간으로 이루어져 있다. 이 예에서 다리조립품은 사전에 만들어져 재고로 보관될 수 있다고 가정한다. 이렇게

| 표 12-3 | 각 품목의 현 보유재고와 조달기간

현 보유재고		조달기간(주)	
탁자	50	탁자 조립	1
다리조립품	100	다리조립품 완료	1
다리	150	다리 구입	1
짧은 난간	50	짧은 난간 구입	1
긴 난간	20	긴 난간 구입	1
원형 상판	50	원형 상판 구입	2

| 표 12-4 | 탁자의 주일정계획

주품목 \ 기간	1	2	3	4	5
탁 자	–	–	–	200	150

중간조립품을 미리 만들어 놓으면 개별 부품을 모두 한꺼번에 조립하여 탁자를 만드는 것보다 주문이 들어왔을 때 훨씬 빨리 탁자를 만들 수 있다. 실제 많은 제조기업들은 총생산시간과 생산준비비용을 줄이기 위해 중간조립품을 미리 만들어 재고로 가져간다.

이 탁자의 자재명세(BOM)는 [표 12-3]과 같으며, 각 품목의 현 보유재고와 조달기간은 [표 12-3]과 같다. 한편 이 탁자는 [표 12-4]의 주일정계획과 같이 제4주에 200개, 제5주에 150개가 요구된다고 한다.

이상의 자료가 MRP 프로그램에 입력되면 다음과 같은 자재소요계획을 얻을 수 있다. 먼저 최종제품인 탁자의 주일정계획에서 보면 제4주에 200개, 제5주에 150개가 요구되므로, 탁자의 총소요량은 제4주에 200개, 제5주에 150개가 된다. 탁자의 현 재고는 50개이므로 이를 제4주의 총소요량 200에서 빼면 제4주의 순소요량은 150개가 되고, 제5주에는 재고가 없으므로 총소요량이 그대로 순소요량이 된다. 탁자의 조립에는 1주가 소요되므로 이를 감안하면 제3주와 제4주에 각각 150개의 탁자조립이 시작되어야 한다.

탁자는 1개의 원형 상판과 1개의 다리조립품으로 이루어지므로 탁자의 발주계획에 따라 원형 상판과 다리조립품의 총소요량은 제3주와 제4주에 각각 150개가 된다. 원형 상판의 현 재고는 50개이므로 이를 총소요량에서 빼면 제3주의 순소요량은 100개가 되고, 제4주에는 재고가 없으므로 순소요량은 150개가 된다. 원형 상판의 구입에는 2주가 소요되므로 원형 상판은 제1주에 100개, 제2주에 150개가 발주되어야 한다. 동일한 논리에서 다리조립품의 순소요량은 현 재고 100개를 감안하면 제3주에 50개, 제4주에 150개가 되며, 다리조립품을 만드는 데는 1주가 소요되므로 다리조립은 제2주에 50개, 제3주에 150개가 시작되어야 한다.

다리조립품 1개에는 다리가 4개, 짧은 난간이 2개, 긴 난간이 2개 소요되므로 제2주에 50개, 제3주에 150개의 다리조립이 시작되기 위해서는 제2주와 제3주에 다리는 200개와 600개, 그리고 짧은 난간과 긴 난간은 각각 100개와 300개가 필요하다. 이 총소요량에서 현재고를 차감하여 순소요량을 구하고 조달기간을 감안하면 다리는 제1주에 50개, 제2주에 600개, 짧은 난간은 제1주에 50개, 제2주에 300개, 긴 난간은 제1주에 80개, 제2주에 300개가 각각 발주되어야 한다.

이상에서 본 바와 같이 MRP시스템은 주문점시스템과는 거의 모든 점에서 다르다. 따라서 원자재나 각종 부품 및 구성품과 같은 종속수요품목의 재고관리에 주문점시스템이 사용되면 통상 고객주문의 납품지연, 과도한 재고수준, 부품부족으로 인한 생산효율의 저하, 생산과정에서의 마찰 등 여러 가지 좋지 못한 결과를 초래한다.

12.6 MRP의 성공요인

MRP가 성공하기 위해서는 다음과 같은 5가지 요소가 필수적이다.

① 실행계획(implementation planning)

② 적절한 컴퓨터 지원(adequate computer support)
③ 정확한 자료(accurate data)
④ 경영층의 지원(management support)
⑤ 사용자의 지식(user knowledge)

실행계획

MRP가 성공하기 위해서는 처음부터 실행계획을 잘 수립해야 한다. 실행계획에는 상위관리자의 교육, 프로젝트관리자의 선택, 기업 내 모든 부문이 참여하는 실행팀의 임명, 목표의 준비, 기대되는 효과와 비용의 파악, 상세한 활동계획 등이 포함된다. 이러한 실행계획이 수립된 이후에라야 컴퓨터 하드웨어(hardware)와 소프트웨어(software)의 선택, 자료의 정확성 개선 및 기타 실행활동들이 시작될 수 있다.

적절한 컴퓨터지원

적절한 컴퓨터시스템의 선택은 MRP에서 가장 실행하기에 쉬운 요소 중의 하나이다. 오늘날에는 약 200종의 MRP소프트웨어 패키지(package)가 있으며, 대다수의 기업들은 자체적으로 MRP 프로그램을 개발하기보다는 이러한 표준적인 패키지를 사용하고 있다.

정확한 자료

MRP시스템에는 정확한 자료가 요구된다. 특히 MRP에서는 컴퓨터가 제공하는 정보를 가지고 의사결정이 이루어지기 때문에 정확한 자료가 입력되어야 한다.

우선 BOM이 정확해야 한다. 이를 위해서는 제품설계, 공정 또는 조립과정이 수정되면 이들이 즉시 BOM에 반영되도록 해야 한다. 재고기록과 조달기간의 정확성 또한 MRP시스템의 성공에 필수적인 요소이다.

MRP가 제 기능을 발휘하기 위해서는 매일매일의 재고거래가 정확하게 파악되어 재고기록철에 기록되어야 하며, 각 품목의 조달기간도 정확해야 한다. 그리고 주일정계획도 최종품목의 소요시기와 소요량이 바뀌면 즉시 수정 · 입력되어야 한다.

MRP에 입력되는 자료의 불확실성과 관련하여 "MRP시스템에도 안전재고가 필요한가?"라는 질문을 제기할 수 있다. 안전재고는 통상 고객 수요의 불확실성에 대비하여 최종품목에 대해서만 가져간다. 따라서 이론적으로는 MRP가 올바르게만 사용된다면 종속수요품목인 각 구성품이나 부품에 대해서는 안전재고를 유지할 필요가 없다. 그러나 현실적으로 종속수요품목의 경우에도 사용량과 조달기간에 다소간의 불확실성이 있을 수 있다. 예를 들면, 외부구입의 경우에는 납품의 지연으로 주문한 부품이나 원자재의 도착이 늦어질 수 있고, 내부생산의 경우에도 폐기율(scrap rate)이 계획보다 높을 수 있으며 또한 작업자의 결근, 재작업, 기계의 고장 등으로 생산소요기간이 늘어날 수도 있다. 따라서 이 경우에는 종속수요품목에 대해서도 안전재고를 유지하거나, 혹은 계획된 원래의 조달기간에 안전조달기간(safety lead time)을 더해 줄 수도 있다. 하지만 MRP에서 이는 결코 바람직한 현상은 아니므로 신뢰할 수 있는 공급자와의 관계유지, 효과적인 생산통제 등을 통해 조달기간을 관리함으로써 안전재고를 최소한으로 줄여야 한다.

경영층의 지원

MRP시스템의 성공적인 실행에는 최고경영층의 적극적인 지원이 필수적이다. 최고경영층은 MRP시스템의 설치와 운영에 적극적으로 개입하여 리더십을 발휘해야 하며, MRP시스템에 맞도록 기업의 운영방법을 바꾸어야 한다. 최고경영층이 변화해야만 중간 및 하위관리자들도 MRP시스템이 요구하는 바에 맞도록 변화하게 된다.

사용자의 지식

성공적인 MRP시스템을 위한 마지막 요건은 기업 내 모든 구성원이 MRP시스템을 정확하게 이해하고 올바로 사용해야 한다는 것이다. MRP 시스템은 제조에 완전히 새로운 접근법을 요구한다. 기업의 모든 구성원은 MRP의 도입 · 운영에 따라 자신이 어떤 영향을 받을 것이며, 자신의 새로운 역할과 책임은 무엇인가를 정확히 인식해야 한다. MRP가 처음 설치되는 단계에서는 단지 소수의 중요한 관리자들만 교육을 받으면 되나, MRP 시스템이 본격적으로 사용되기 시작하면 생산부서, 비생산부서를 막론하고 모든 감독자, 중간관리자 및 최고경영자들도 MRP를 이해해야만 한다. MRP시스템의 적용범위가 확대되면 이에 맞도록 기업 내 교육의 수준 또한 확대되어야 한다.

12.7 MRP 자료의 갱신

MRP 자료들을 갱신(up-dating)하는 기본적인 접근방법에는 재생시스템(regenerative system)과 순변화시스템(net change system)이 있다. 재생시스템은 자료들을 주기적으로 갱신하는 시스템이고 순변화시스템은 계속적으로 자료를 갱신하는 시스템이다.

재생시스템은 근본적으로 일정시간 간격 내에 발생하는 모든 변동사항을 저장했다가 주기적으로 시스템을 갱신하는 배치방식(batch type)의 시스템으로 새로운 정보를 이용하여 원래의 계획과 동일한 방법으로 수정된 생산계획을 작성한다. 순변화시스템은 변화를 반영하기 위하여 기본적인 생산계획을 변경한다. 만약 일부 구매부품이 파손으로 인해 납품업자에게 반송되어야 한다면 그 정보가 확정되는 순간에 시스템에 입력된다. 그러나 변화가 그 시스템을 통하여 단계별로 분해될 뿐 기본계획이 재생되지는 않는다. 따라서 재생시스템은 안정적인 시스템에 적합하며, 순변화시스템은 변화가 자주 발생하는 동태적인 시스템에 적합하다.

재생시스템의 단점은 정보가 발생한 그 시간과 정보가 자재소요계획에 반영되는 시간간의 차이이다. 한편 처리비용은 재생시스템을 이용하는 경우가 저렴하며 주어진 기간에 발생하는 변화들이 서로 상쇄되어 계획을 수정할 필요가 없는 경우가 있다. 반면에 순변화시스템은 시스템의 계속적인 갱신으로 인한 전산처리비용과 다수의 작은 변화 때문에 시스템을 계속적으로 가동상태에 두어야 한다는 단점이 있다. 이 단점을 보완하기 위한 방법은 사소한 변화들을 주기적으로 입력시키고 단지 중요한 변화만을 즉시 입력시키는 것이다.

12.8 서비스시스템에서의 MRP

서비스시스템에서의 MRP의 이용은 거의 없는 상태에 있다. 이는 이 기법을 적용할 수 없기 때문이 아니라 초기의 MRP가 재고로 보유할 수 있는 품목에 한정되어 왔기 때문이다. 그러나 새로운 MRP의 원리가 계속적으로 개발됨에 따라 MRP시스템은 자재, 시설, 장비 및 노동뿐만 아니라 모든 자원을 계획, 통제할 수 있게 될 것이다. 즉 MRP시스템은 재고품목뿐만 아니라 예정된 특정기간에 사용하지 않는다는 가정하에서 계속적으로 보유할 수 없는 재생이 불가능한 품목(예 노동)도 통제할 수 있는 것이다.

MRP 접근방법이 서비스의 생산에서 매우 귀중한 자산이라는 것은 명백한 사실이다. 단지 서비스의 생산에 필요한 자원을 재고로 생각할 필요가 있고, 그 방법이 타당해야 한다. 예를 들어 개심수술(open heart surgical procedure)을 생각해 보자. 주일정계획에 의해 수술시간이 결정되면, 수술에 필요한 장비와 인력, 즉 의사, 간호원, 마취사, 수술실, 심폐기계, 수영 및 기타 장비 등이 명시된 BOM과 각 자원들의 이용가능성이 제시된 재고기록철로부터 필요한 정보를 얻을 수 있으며, 이때 MRP 프로그램을 실행시켜 수술의 시작시간과 완료예정시간, 소요자재 등을 보여주는 일정계획을 작성할 수 있다. 이처럼 MRP시스템은 가까운 장래에 서비스

시스템에도 적용이 가능해질 것이다.

12.9 MRP 이용의 장 · 단점

MRP시스템을 이용할 경우에 얻는 장·단점은 기업에 따라 다양하다. 그러나 MRP 이용에 따른 효율의 증대는 기업이 이전의 재고시스템을 얼마나 잘 운용하고 있었는가에 달려 있다. MRP 이용자들은 일반적으로 다음과 같은 이점을 들고 있다.

① 미리 계획을 수립하고 변화에 대비하여 주먹구구식으로 산출된 안전재고를 유지하기보다는 일정계획을 재수립할 수 있는 신축성이 있기 때문에 재고수준의 감소를 가져온다.

② 주문지연이나 재고부족의 감소로 고객에 대한 서비스 수준을 높일 수 있다.

③ 보다 안정적인 계획생산으로 잔업이나 유휴시간을 줄일 수 있다.

④ 재고 및 생산비용의 감소로 제품가격이 인하되고 매출액이 신장된다.

⑤ 주일정계획을 수정할 수 있으며 시장변화에 신속한 대응이 가능하다.

⑥ 생산능력 및 우선순위계획에 도움을 준다.

MRP시스템의 가장 큰 단점은 MRP기능을 수행하는 컴퓨터시스템을 도입하고 유지하는 비용에 있다. 그러나 재고 및 생산비용이 증가하는 반면에 전산비용이 감소하는 것이 일반적인 추세이기 때문에 MRP시스템의 도입이 보다 용이해지고 있다. 또한 MRP시스템을 도입할 경우 시스템의 변화로 많은 노력이 따르게 된다. 즉 정보전달체계와 그 방법도 새로 개발해야 하고 정보를 검색할 수 있는 절차도 개발해야 하며, 더욱이 새로운 재고관리방법과 기술수준의 변화를 체크할 수 있는 방법의 개발도 요구된다. 그러나 일단 기능이 정상화되면 MRP시스템은 이러한 노력에 비할 수 없는 많은 이점을 제공한다.

12.10 생산능력소요계획

지금까지 설명한 자재소요계획은 생산일정계획을 수립하는 데 있어서 생산능력의 제약을 고려하지 않았으며, 단지 필요할 때 이용할 수 있는 충분한 생산능력을 보유하고 있음을 전제로 하였다. 그러나 현실적으로 생산시스템에서 생산능력의 제약은 중요한 문제이다. 따라서 생산능력소요계획에서는 이러한 생산능력의 제약에 대처하기 위하여 어떻게 생산능력을 평가하고 어떠한 절차를 따라야 할 것인가를 설명하도록 한다.

생산능력소요계획(capacity requirement planning)은 MRP시스템의 컴퓨터프로그램과 데이터 파일을 이용하여 작업장의 생산능력과 작업부하(work load)간의 균형을 시도하는 노력이다. 이를 위하여 CRP시스템은 MRP시스템으로부터 자재소요량을 파악하여 작업장별로 이 품목들을 생산하는 데 필요한 노동 및 기계의 표준부하시간(standard hours of load)을 산출하고, 이때 작업부하와 생산능력이 불균형상태에 있다면 가용생산능력을 확장하거나 주일정계획에 의해 MRP시스템에 부여된 자재의 소요량을 조정하게 된다. 따라서 생산능력소요계획은 주생산일정계획과 MRP에 의해 구체화된 생산목표를 충족시키기 위하여 필요한 생산능력을 결정하는 기법이라고 할 수 있다.

[그림 12-6]은 체계적으로 표시된 CRP과정이다. 이 그림에서 보는 바와 같이 총괄계획과 주생산일정계획에 의해 결정된 최종제품의 생산량은 MRP시스템에 의해 부분품들에 대한 임시의 발주계획량으로 전환된다. CRP시스템은 이러한 계획된 주문량을 작업장상태철(work center status file)과 공정절차계획철(shop routing file)에 의해 작업장에 대한 기계와 노동의 작업부하로 변환한다. 이때 작업장별 작업부하예상보고서(load projection report)가 산출된다. 이 보고서를 검토하여 각 작업장의 생산능력이 충분하다면 MRP시스템의 발주계획량(planned order releases)이 확정되고 구매품목의 경우에는 주문을 하고 제조품목의 경우에는 작업장에 생산을 지시한다. 또한 작업부하보고서(load report)가 투입 및 산출의

| 그림 12-6 | CRP의 과정

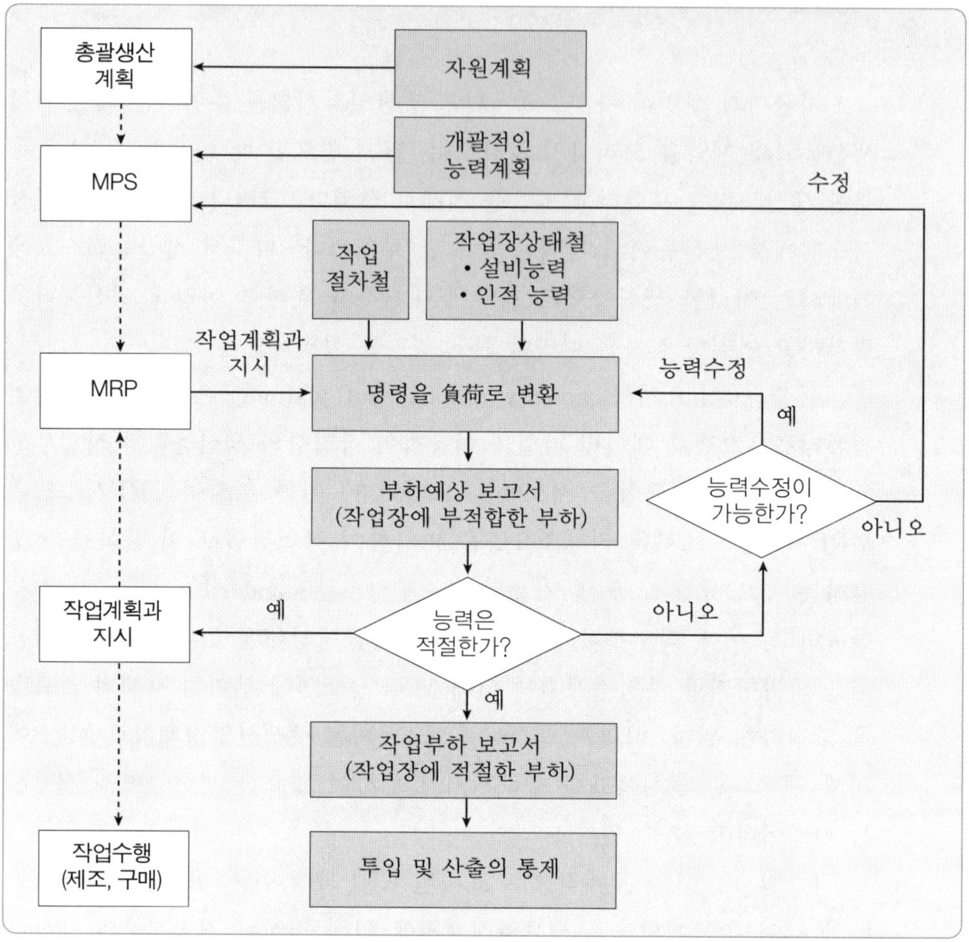

통제(input output control)를 위하여 작성된다. 만약 최초의 작업부하예상 보고서에서 생산능력이 충분하지 않다는 것이 밝혀지면 작업이나 종업원 이동, 하청(subcontract) 등을 통하여 생산능력을 확충하거나 주일정계획을 수정해야 한다. 생산능력에 맞추어 주일정계획을 수정하는 경우 일부 주문이 원래 계획한 것보다 지연될 수가 있기 때문에 주문에 우선순위를 부여할 필요가 있다.

[그림 12-6]에서 보는 바와 같이 CRP과정을 위한 입력자료로는 다음과 같은 것들이 있으며, 이 자료들은 시스템이 효율적으로 기능을 수행할

수 있도록 적시에 제공되어야 한다.

① MRP시스템에서 산출된 발주계획에 관한 정보

② 작업장상태철의 작업부하에 관한 정보

③ 공정절차계획철의 절차계획(routing)에 관한 정보

④ 생산능력의 확충, 대체 절차계획(alternative routings)의 제공 또는 발주계획량의 변화 등에 관한 내용

이와 같이 생산능력의 예상소요량에 대한 정보가 주어지면 관리자는 이러한 소요량을 충족시킬 만큼 충분한 생산능력이 있는가를 보다 용이하게 결정할 수 있다. 만약 총작업부하가 이용가능한 생산능력보다 크다면 생산능력을 확장하거나 주생산일정계획을 변경해야 한다. 따라서 CRP는 우선 작업장별로 작업부하를 추정하고 만약 자재소요계획의 수행이 불가능하다면 그 계획의 변경을 요구하는 반복과정이라고 할 수 있다.

12.11 MRP II

MRP시스템에 생산시스템의 다른 기능이 포함되는 것은 어찌보면 당연한 일일 것이다. 기존의 생산자원에 관한 계획의 범위를 확대하고, 계획과정에서의 생산시스템의 모든 기능분야들을 포함시키려는 노력이 이루어지고 있다.

첫 번째로 생각할 수 있는 추가적인 기능이 바로 구매기능을 포함시키는 것이다. 동시에 좀더 구체적인 생산기능도 포함될 수 있는데, 예를 들어 작업장의 일정, 작업발주일정 등 구체적인 일정통제기능을 들 수 있다. 이 단계의 MRP는 작업장에서의 생산능력까지도 점검하는 기능을 포함하고 있기 때문에, 자재소요계획이라는 용어가 더 이상 적절하지 않게 된다.

이렇게 문제해결을 위해 계획과정에서 기본적인 기능뿐만 아니라 인

그림 12-7 MRP II의 구조

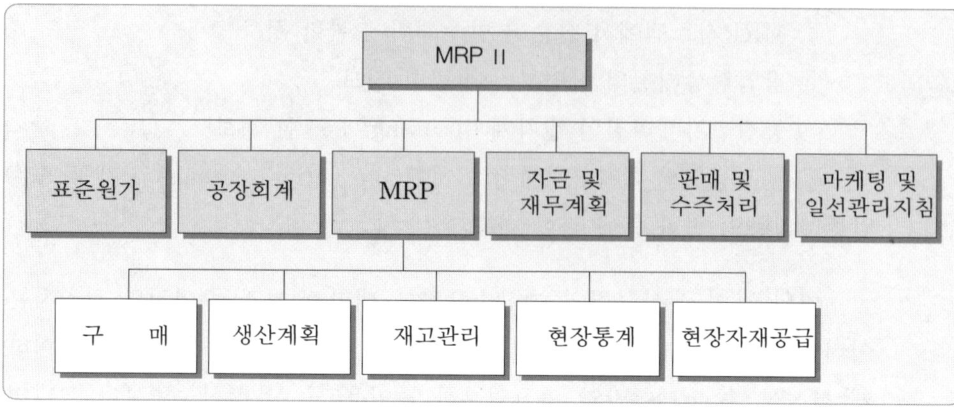

사, 기술 및 구매와 같은 기타분야의 기능까지도 통합한 것이 바로 제조자원계획(MRP II: Manufacturing Resource Planning)이다. 기존의 MRP에서 고려했던 사항 이외에 인력 · 설비 · 공구 등의 자원 및 기타 제조와 관련된 모든 자원인 마케팅, 재무, 엔지니어링 등을 모두 고려하고 있는 시스템이다.

많은 요인들이 MRP를 발전시켜 왔으나, 특히 다음의 세 가지 요인들에 의해 MRP가 MRP II로 발전하게 되었다. 첫 번째 요인으로 기업활동의 통합을 들 수 있다. 오늘날의 동태적인 환경하에서는 보다 정교화된 기법을 요구하게 되었다. 회계, 품질관리, 제품디자인, 수요예측, 자원관리, 주문 등과 같은 다양한 기능들을 통합하여 통제할 수 있도록 해 주며, 더욱이 MRP를 보다 효과적으로 수행하기 위하여 기업의 모든 자원들을 고려해야 한다는 인식이 커져감에 따라 이러한 통합의 필요성이 더욱 대두되었다. 두 번째로 고려할 요인으로, 시간관리를 들 수 있다. 새로운 계획과 통제기법들은 기업으로 하여금 총조달시간을 단축하여 고객들의 즉각적인 수요에 부응함으로써 고객들을 만족시켜야 한다. 또한 보다 강력한 정보기술의 활용을 통해 보다 유용한 생산관련 자료를 적시에 관리자에게 제공해야 한다.

세 번째로 고려할 요인으로 다공장, 다국적 의사소통을 들 수 있다. 공급자들과 연계된 MRP시스템은 공급업자들이 선적한 화물을 추적하는 것

| 그림 12-8 | MRP에서 MRP II, ERP로의 발전과정

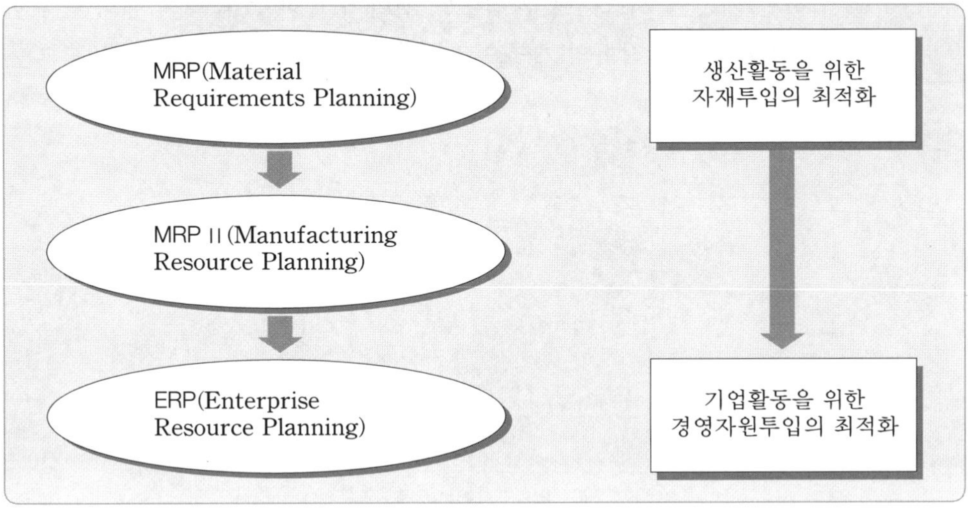

이 가능해지며 생산운영관리자들은 전세계적인 생산활동과 구매활동에 대한 다양한 정보를 제공받아 범세계적인 생산활동과 구매활동 등에 대한 통합이 가능하게 되었다.

위에서 언급한 것처럼 기업활동에 대한 통합성의 필요성에 따라 MRP는 그의 기능을 확장하게 되었으며, 시간경쟁을 통해 계획활동의 속도를 향상시키고, 시간을 초월하여 정보를 제공하게 된다. 또한 광범위한 의사소통을 위하여 MRP는 지역을 초월하게 되며, 오늘날의 강력한 컴퓨터시스템과 거대한 창고시설로 MRP시스템은 광범위한 조직의 요구에 부응하고 있다.

이러한 MRP시스템은 주로 기업의 내부활동에 초점을 두고 있지만, 최근에 들어서는 전자상거래의 등장과 글로벌 비즈니스로의 발전으로 인해, 다른 기업이나 고객과 직접적인 정보를 교환할 필요성이 생기게 되어, MRP II의 개념이 확장되어 전사적 자원계획(ERP)으로 발전하고 있다. 이와 같이 원래 기업의 원활한 재고관리 기능을 위해 제안된 MRP로부터 시작하여 생산관리 부문으로 확대된 MRP II로 확장되었으며, 현재는 회계, 인사, 재무관리 등 조직의 모든 업무영역으로 확대되는 ERP로 발전하게 되었다. 이를 통해 기존의 생산활동에서의 자재투입 및 생산과정의 최적화를 꾀하던 기존의 시스템이 기업활동 전반에 대한 효율성 극대화를 위한 경영자원 투입의 최적화의 개념으로 발전하게 되었다.

Chapter 13 세부일정 계획

제13장

세부일정계획

13.1 서 론

총괄생산계획(aggregate planning) 단계에서는 총체적 수요를 대상으로 고용수준, 하청, 생산량 및 재고수준 등의 생산능력에 관한 전반적인 의사결정이 이루어지지만, 특정한 제품을 구체적으로 어떤 순서에 의해 얼마만큼 생산해야 하며 소요작업을 어떻게 할당할 것인가 하는 문제는 해결할 수 없다. 이러한 세부적인 사항은 일정계획(scheduling)을 수립하여 해결하여야 한다. 세부일정계획은 2-3일 내지 한 달 정도의 단기계획기간에 현재 받아 놓은 주문량과 수요예측을 토대로 세부적인 생산활동의 시기를 결정하고 현재의 생산능력을 최대로 활용할 수 있도록 모든 작업을 각 작업장에 특정의 우선순위에 따라 할당하는 작업이다.

총괄생산계획에서는 구체적인 개별제품을 고려하지 않고 연속되는 계획기간에 대하여 총체적인 수요예측이 이루어지지만 일정계획에서는 먼저 수요를 제품별로 분해하고 예측하고 이 수요예측치를 각 작업장과 기계설

그림 13-1 생산능력에서 일정계획까지

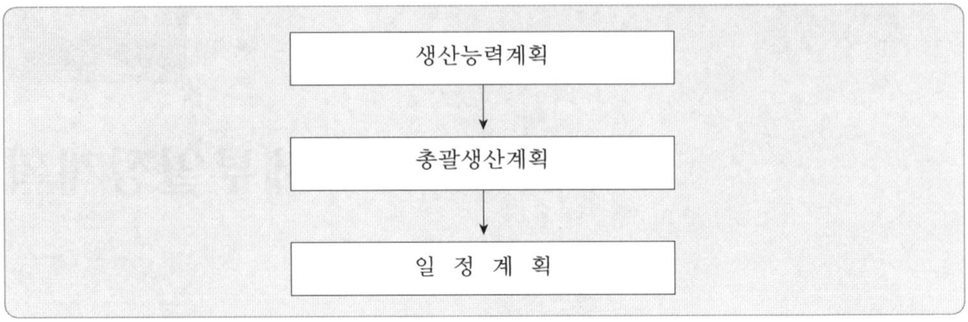

비에 시간별 · 일별 혹은 주별로 할당한다.

생산능력에 관한 계획과 일정계획의 관계를 간단히 설명하면 [그림 13-1]과 같다. 그림을 통해 알 수 있듯이 일정계획은 의사결정구조에 있어 실제로 생산에 들어가기 바로 전 단계의 의사결정이다. 일정계획의 목적은 노동 및 기계설비를 효율적으로 운용하고 고객의 대기시간, 공정시간 및 재고수준을 최소화하여 생산비용을 최대한으로 줄이고 서비스 수준(service level)을 향상시키는 데 있다. 일정계획에 관한 전략을 수립하고 일정계획에서 나타나는 문제를 가장 합리적으로 해결하기 위한 방법은 생산공정시스템의 형태에 따라 달라진다. 즉 정유산업과 같은 연속생산시스템, 고객주문에 의존하는 계속주문시스템, 혹은 특정제품이나 서비스에 대한 프로젝트시스템 중 어느 시스템이냐에 따라 일정계획 방법이 달라져야 하는 것이다. 본 장에서는 일정계획의 투입 · 산출요소 평가기준을 살펴보고 생산형태를 연속생산시스템, 계속주문시스템 및 프로젝트시스템으로 분류하여 각 시스템에 적절한 일정계획의 내용과 기법에 대해 설명하기로 한다.

13.2 일정계획시스템

제조업에서의 일정계획은 생산시스템의 형태에 따라 문제를 접근하는 데 서로 다른 양상을 보이게 되며, 이에 따라 일정계획에 이용되는 기법과 도구 등이 달라지게 된다. 제조업의 생산시스템은 크게 나누어 연속생산시스템과 단속생산시스템으로 구분해 볼 수 있으며, 본서에서는 이러한 생산시스템을 연속생산시스템, 주문생산시스템, 프로젝트시스템 등으로 구분하여 살펴보게 된다.

일정계획시스템의 투입 · 산출

생산능력과 수요를 일치시키고 작업의 우선순위(job priorities)를 정하여 수립된 일정계획을 통제하기 위해서는 일정계획에 투입되는 요소들을 확인하고 이로부터 발생하는 여러 활동의 결과를 구체적으로 파악해야 한다.

일정계획의 수립과정에서 가장 우선적으로 해야 할 일은 이용 가능한 생산자원의 종류와 수량을 파악하고 이러한 생산자원의 범위 내에서 주문량 또는 생산계획량을 충족시키기 위한 생산능력을 결정하는 것이다. 생산계획자가 특정제품이나 서비스에 대한 생산능력의 소요량을 결정할 때에는 작업자의 전문기술, 설비능력 및 표준작업시간 등이 기록된 작업계획서(operation sheet)와 부품 및 자재소요량을 표시해 주는 자재명세서(bill of materials)로부터 필요한 정보를 얻을 수 있다. 이때 입수된 정보가 얼마나 정확하느냐에 따라서 일정계획의 최적성 여부가 결정되는 것이다. 따라서 생산계획자는 노동 및 기계설비의 상태뿐만 아니라 제품 및 공정설계의 변화에 따른 생산능력의 변동에 대한 최신의 자료를 확보하는 것이 매우 중요하다.

또한 여러 공정을 거치는 동안 생산활동이 원활하게 진행되기 위해서는 일정계획을 수립할 때 다음과 같은 사항에 특히 유의해야 한다.

우선 일단 주문을 받으면 이를 구체적인 시설이나 기계설비 등 현재의 생산능력에 할당하며, 할당된 주문량은 일정한 순서에 따라, 즉 작업우선순위의 원칙에 따라 생산되어야 한다. 또한 작업이 진행되는 동안 주문량에 대한 작업상태를 점검하여 계획보다 크게 지연되고 있는 작업은 없는지, 혹은 우선순위가 제대로 지켜지고 있는지 등을 계속적으로 확인해 보아야 한다. 뿐만 아니라 경우에 따라서는 현재의 작업조건 및 작업순서를 고려하여 일정계획을 재조정할 필요도 있다.

일정계획시스템의 결정변수 및 평가

최종적인 일정계획을 수립하는 과정은 여러 가지 유형의 주문을 동일한 작업자와 기계설비에 할당하는 문제이므로 매우 복잡하다. 특히 기업이 보유하고 있는 단기의 생산능력이나 필요로 하는 안전재고의 수준, 요구되는 설비유지 및 미리 정해진 작업절차 등은 생산운영관리자가 통제 불가능한 변수들로서 이들은 일정계획을 수립할 때 반드시 고려되어야 하는 제약조건이 된다. 이러한 제약조건들을 전제로 하여 경영자는 생산일정계획을 수립하고 이를 수정 및 통제하는 과정에서 매일의 작업자 수를 정확히 파악하고 초과근무(overtime) 및 유휴시간(idle time)을 고려한 생산율을 결정해야 한다. 또한 구체적인 작업할당 및 순서결정 등 통제 가능한 결정변수(decision variables)들을 조정해야 한다. 이렇게 통제가능변수들을 조정함으로써 일정계획의 성과를 최적화시킬 수 있는 것이다.

일반적으로 일정계획은 총비용을 기준으로 그 성과가 평가되겠지만, 보다 구체적으로는 주로 제품인도의 신속성에 대한 고객의 만족도와 생산능력의 이용도에 따라 일정계획의 성과가 좌우된다. 이때 고객의 만족도는 납기일 내에 인도된 주문량의 비율로 측정할 수 있으며 생산능력의 이용도는 워크샘플링(work-sampling) 등에 의해 결정된 각 작업장의 유휴시간율로 측정할 수 있다. 그 외에도 이미 수립된 계획의 수정으로 인해 기업이 입게 되는 손실 역시 일정계획의 성과에 대한 평가기준이 된다. 물론 일정계획의 성과를 평가하고자 할 때 그 평가기준을 모두 계량화하는 데에는 어려움이 있다.

13.3 연속생산시스템의 일정계획

연속생산시스템(flow-shop system)은 제품별로 배치된 일정한 작업장의 공정을 따라 모든 작업이 계속적으로 반복되는 생산시스템으로서 주로 소품종대량생산에 이용된다. 연속생산시스템에서는 표준화된 기계설비의 사용, 분업 및 세밀한 설계를 통하여 생산공정의 흐름을 원활하게 한다. 따라서 이 시스템에서 작업의 일정계획, 특히 작업부하나 작업순서의 결정은 처음에 시스템을 설계하는 단계에서 이루어진다.

이러한 연속생산시스템의 일정계획(flow-shop scheduling) 수립에 있어서는 작업장별로 필요한 작업을 그룹화하여 작업순서상의 제약조건들을 만족시켜 주고, 나아가 조립공정의 균형(assembly line balance)을 유지시키는 데에 최대의 목적을 두게 된다. 만약 생산율이 작업장마다 다를 때에는 생산라인이 균형을 잃게 되어 각 생산라인을 따라 계속되는 작업들이 원활히 수행되지 못함으로써 생산능력의 이용률이 저하될 수 있다. 따라서 이른바 병목현상(bottleneck)이 나타나는 작업장에 있어서는 작업속도를 가속화시킴으로써 전체적인 작업장별 작업흐름이 유연성과 균형을 유지할 수 있도록 통제해야만 한다.

또한 직무만족과 생산성 향상을 추구하고 종업원들이 단순작업을 반복함으로써 갖는 지루함, 권태감 및 불만 등을 해소시키기 위해 경영자는 직무로테이션(job rotation)을 실시하고 생산라인을 세분화하여 품질향상 등의 직무성과에 대해서는 적절한 보상을 실시해야 한다.

공정균형

공정균형(line of balance)은 공정이 고정되어 있고 표준제품을 대량 생산하는 연속생산시스템의 일정계획 통제에 유용한 기법으로서 주로 조립라인(assembly line)을 대상으로 적용된다. 이는 간단히 LOB라고 지칭되기도 하며, 부품 및 중간조립품(subassembly)의 생산실적을 도표로 표시하여 작업진도에 따른 생산완료예정일을 계획상의 완제품 납기일과 비교함으로써 생산일정을 통제하는 기법이다.

LOB기법을 적용하기 위해서는 먼저 각 제품의 수요를 파악하고 이를 만족시킬 수 있는 누적생산량을 조달기간(lead time)과 관련하여 계산해야 한다. 또한 작업별 조달기간과 각 작업장에서 완성해야 할 수량인 LOB를 정확히 파악해야 하며, 이 LOB를 생산실적과 비교함으로써 공정 내의 작업지연이 발생하는 장소와 그 이유를 찾아내어 해당 작업부분을 적극적으로 관리하는 것이다. LOB기법의 적용절차를 실례를 들어 설명하면 다음과 같다.

① 누적계획, 즉 수요예측량과 최종제품의 납품량을 토대로 그 누적치와 누적분포곡선을 구한다.

② 생산공정의 기술적 연계성을 고려하여 중점관리 대상작업, 즉 통제점(check point)을 선정하고 이 통제점에서 납품일까지의 조달시간(lead time)을 구한다. 가령 어느 제품의 부품, 중간조립품 및 조달기간에 관한 다음과 같은 자료가 있다고 하자. 이 예에서 통제점은 부품 1-6 및 중간조립품 A, B, C의 9개이며 각 통제점의 조달기간은 완제품 납기예정일을 기점으로 역으로 계산한다. 예를 들면 중간 조립품 A는 1주, 부품 5는 4주의 조달기간을 갖고 있는 것이다.

부품 및 중간조립품			조달기간(주)	계
중간조립품	A	······························	1	1
부품	1	······························	1+2	3
부품	2	······························	1+2	3
중간조립품	B	······························	2	2
부품	3	······························	2+2	4
부품	4	······························	2+3	5
중간조립품	C	······························	2+1	3
부품	5	······························	2+1+1	4
부품	6	······························	2+1+3	6

부품 및 중간조립품	생산계획량	실제생산량
6	145	160
4	85	75
3	45	50
5	45	35
1	23	28
2	23	24
C	23	20
B	11	10
A	4	5

③ 조사시점을 7주 말로 정하여 이날 현재의 통제점별 생산계획량과 실제생산량을 비교하여 LOB도표를 작성한다. 가령 통제점별 생산계획량과 실제생산량이 다음과 같다고 하자.

그림 13-2 LOB도표

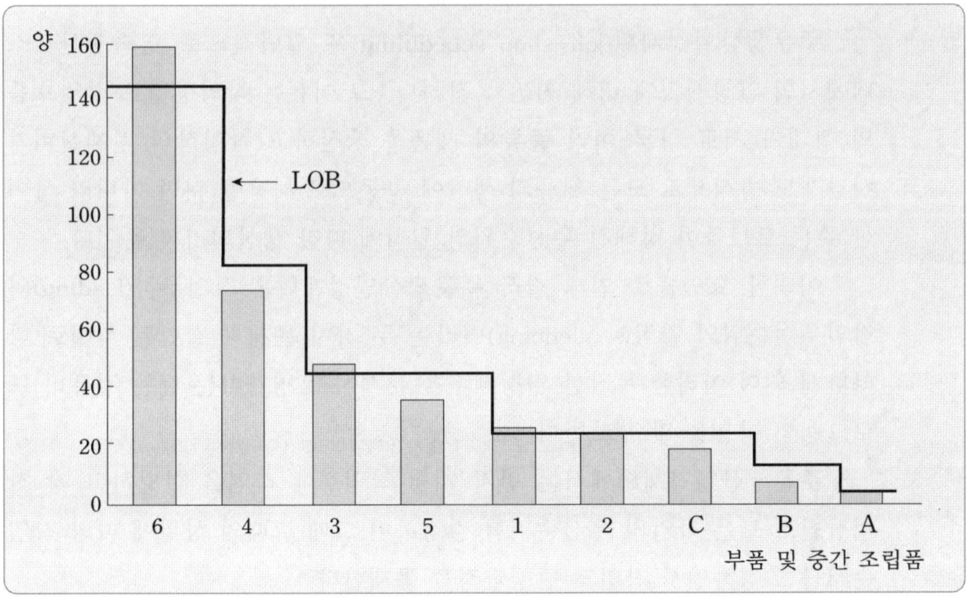

위의 자료를 토대로 LOB도표를 작성하면 [그림 13-2]와 같다. 이 LOB도표에서 LOB는 굵은선으로 표시되어 있고 빗금으로 된 막대들의 높이는 조사시점인 7주 말 현재까지 각 통제점에서 완료한 실제생산량이다. 여기서 부품 6, 3, 1, 2와 중간조립품 A는 빨리 진행되고, 부품 4, 5와 중간조립품 C, B는 계획보다 생산이 지연되고 있음을 알 수 있다. 이처럼 작업실적이 일정계획에 일치하지 않는 작업에 대해 그 원인을 파악하고 수정 조치를 취하여 전체 생산라인의 균형을 유지시켜 주는 것이 곧 LOB기법인 것이다.

13.4 주문생산시스템의 일정관리

전형적인 단속생산 형태의 하나인 주문생산시스템의 일정계획은 품종이 다양하고 품종별로 소량생산의 특징을 갖는 공정에 적용된다. 이는 주문량에 대한 생산이 납기예정일 내에 완료되고 노동력 및 기계설비를 효율적으로 이용하며 재공품재고(in-process inventory) 및 초과근무(overtime)를 최소화하는 데에 주요 목적을 둔다.

주문생산일정계획(job-shop scheduling)은 일반적으로 연속생산시스템에서의 일정계획에 비해 훨씬 복잡하다. 그 이유는 작업장별로 작업흐름의 형태가 서로 다른 여러 종류의 제품을 생산하고 작업장의 기계설비가 시간제도 방식으로 모든 제품의 생산에 공동으로 사용될 뿐만 아니라 상이한 주문 로트들이 정해진 우선순위의 원칙에 따라 생산되기 때문이다.

이러한 요인들로 인해 결국 주문생산일정계획은 작업부하(loading)와 작업우선순위의 결정(sequencing)이라는 두 가지 문제가 결합된 형태로 나타나게 되며 이러한 복잡한 일정계획을 분석하고 평가하는 데는 컴퓨터 프로그램의 이용을 필요로 한다.

주문생산일정계획에서는 먼저 개별 작업장에 작업을 할당하고 각 작업장별로 모든 작업의 우선순위를 결정하여 그때 그때의 상황에 따라 작업순서를 조정하면서 작업의 진행과정을 통제한다.

작업부하

각 주문공장(job-shop)에서 고객의 주문을 접수한 다음, 일정계획의 수립을 위한 첫 번째 작업은 주문 로트들을 여러 작업장에 할당하는 일이다. 작업부하(shop loading)란 이처럼 총생산기간의 단축과 총비용의 최소화를 목적으로 전체의 주문 로트를 여러 작업장에 할당하는 것을 말한다. 다시 말하면 생산능력(자원)의 할당과정, 즉 각 작업장에 배정되어야 할 작업의 종류와 양을 결정하는 과정이 곧 작업부하인 것이다. 가령 의사나 수술실에 환자를 배정한다든가, 법원의 판사에게 소송사건을 할당한다는가, 혹은 특정의 기계설비에 조립작업을 할당하는 경우 등이 바로 작업부하의 예들이다.

부하 문제에 있어 모든 부서들은 상호 협력체제를 유지하기 위해 집권화(centralized)되어 있기도 하고 혹은 분권화(decentralized)되어 있기도 하다. 특히 분권화된 작업부하는 종업원들이 주어진 상황에서 최선을 다함으로써 직무만족을 느끼고 그들의 노력에 대해 적절한 보상을 받도록 함으로써 결국 생산성을 향상시킨다.

주문생산시스템의 작업부하기법으로는 비교적 작업이 단순한 경우 간트 도표(Gantt chart)를 사용하기도 하지만, 작업이 복잡하게 세분화되어 있고 각 작업장에 상이한 부품을 할당해야 하거나 그 밖의 특수한 조건이 주어져 있을 때에는 지수법(index method), 할당계획법(assignments programming) 또는 수송계획법(transportation programming)을 이용하는 것이 바람직하다.

1) 간트(Gantt) 도표

여러 가지 작업에 대한 일정계획기법으로서 전통적으로 이용되어 오고 있는 간단한 형태가 간트 도표이다. 간트 도표에서는 세로축에 각 작업 또는 작업장을, 가로축에 시간을 표시하여 각 작업장별로 할당된 누적시간을 도표로 나타낸다. 이 누적시간은 상대적인 누적작업부하량을 표시하고 있는데, 만약 어느 작업장의 작업부하량이 과다할 때에는 다른 작업장으로

| 그림 13-3 | 간트(Gannt) 도표

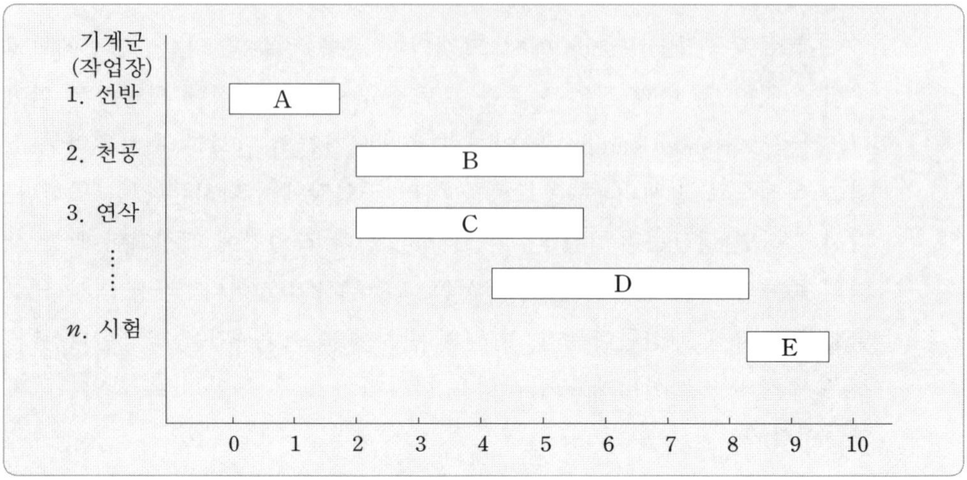

작업을 재할당한다. [그림 13-3]은 어느 기계의 생산일정에 관한 간트 도표이다. 여기서 둘 이상의 기계를 이용하여 동일한 작업을 수행할 수 있을 때 이 작업을 수행하기 위해 어느 기계를 선택할 것이냐 하는 문제는 작업 준비비용, 가동비용, 작업자의 숙련기술 및 계획되어 있는 다른 작업 등을 고려하여 해결한다.

간트 도표는 누구나 이해하기 쉽고 사용하기 간단한 기법이다. 그러나 여러 작업장이 동일한 작업을 수행할 수 있을 때에는 해당 작업을 어느 작업장에 부하 하여야 할 것인가를 결정하기가 어려우며, 작업의 수가 많을 때에는 도표 자체가 매우 복잡해지기 때문에 이 기법에 의한 일정계획 수립은 사실상 어려워진다. 이 때 간트 도표는 의사결정도구라기보다는 작업기록표에 불과하게 된다.

2) 지 수 법

여러 작업장에서 동일한 작업을 수행할 수 있는 경우에는 생산비용이 최소화되도록 각 작업장에 작업을 할당할 수 있는 방법을 연구해야만 한다. 간트 도표의 단점을 보완하기 위해 개발된 지수법(index method of loading)은 최적해를 정확히 도출할 수는 없지만 신속하고 저렴한 비용으로 부하문제를 해결하는 탐색적 방법(heuristic method)이다.

일반적으로는 총비용이 최소가 되고 전체 작업시간도 최소가 되도록 작업을 각 작업장에 할당하는 것이 바람직하나 실제로는 생산능력상의 제약으로 인해 이것이 곤란한 경우가 많다. 따라서 특정의 작업이 이를 가장 빨리 처리할 수 있는 작업장에서 수행될 수 없을 때에는 그 다음으로 빨리 처리할 수 있는 작업장에서 이 작업이 수행되도록 할당하는 것이 바람직하다.

예를 들어 다음의 [표 13-1]은 작업이 작업장 1, 2, 3에서 수행될 때 소요되는 시간을 나타내고 있다. 여기서 하나의 작업을 둘 이상의 작업장에서 나누어 처리하는 것은 허용되지 않는 것으로 가정한다. 지수법을 사용하여 작업을 각 작업장에 할당하는 절차를 살펴보자.

1 단계: 각 작업장에서 소요되는 각 작업의 작업수행시간을 표시한 후 각 작업의 작업수행시간이 가장 빠른 작업장을 찾는다.

2 단계: 해당 작업을 각 작업장에서 수행하는 데 소요되는 작업시간을 이 작업에 대한 최소의 수행시간으로 나누어 해당 작업에 대한 각 작업장의 지수를 구한다. 따라서 각 작업에 있어 작업수행시간이 최소인 작업장의 지수는 1이 된다. 또 1보다 큰 지수는 이 작업장에 작업부하를 할 경우 기회손실이 발생하게 됨을 의미한다.

3 단계: 각 작업을 지수가 1인 작업장에 할당한다. 이 결과는 [표 13-2]에 표시되어 있다. 각 사업장에서 이용가능한 생산능력, 즉 가용시간과

| 표 13-1 | 작업수행시간

작 업	작 업 장		
	#1	#2	#3
A	100	150	125
B	200	100	220
C	25	50	20
D	40	30	—
E	60	50	70
가용시간	160	110	150

작업할당시간을 비교하여 만약 작업할당시간이 가용시간을 초과한 작업장에 대해서는 할당된 작업 중에서 특정의 작업을 선정하여 다음으로 가장 낮은 지수를 갖는 작업장에 할당한다. 이러한 절차를 반복하여 모든 작업장이 여유능력을 갖는 상태에 이르렀을 때, 그것이 바로 구하고자 하는 해가 된다.

[표 13-2]를 보면 작업장 2에서 초과시간이 70시간 발생하므로 작업 D를 이 작업장에서 수행할 수가 없다. 그렇다고 이 작업을 작업장 3에서 수행할 수는 없으므로 이 작업은 작업장 2에서 작업장 1로 옮길 수밖에 없을 것이다. 그러나 [표 13-3]에서와 같이 아직도 작업장 2에 초과시간 40시간이 발생하고 있으므로 작업 E를 다음으로 지수가 낮은 작업장 1로 옮겨야겠으나, 이럴 경우 작업장 1에서 초과시간이 발생하게 되므로 결국 작업 E는 작업장 3으로 옮겨야만 할 것이다. 그 결과는 [표 13-4]와 같다.

이제 각 작업장에서 부하된 작업을 수행하는 데 충분한 가용시간을 보유하고 있으므로 이것이 곧 실현가능한 해가 됨을 알 수 있다. 물론 지수법을 통하여 총생산시간을 최소화하는 최적해가 산출된다는 보장은 없지만 비교적 바람직한 작업부하결과를 가져올 수 있다. 그러나 작업의 성

| 표 13-2 | 지수의 계산

작 업	작업장					
	#1		#2		#3	
	시간	지수	시간	지수	시간	지수
A	(100)	1.00	150	1.50	125	1.25
B	200	2.00	(100)	1.00	220	2.20
C	25	1.25	50	2.50	(20)	1.00
D	40	1.33	(30)	1.00	—	—
E	60	1.20	(50)	1.00	70	1.40
할당시간	100		180		20	
가용시간	160		110		150	
초과시간	−60		70		−130	

| 표 13-3 | 작업 D를 작업장 1로 옮긴 결과

작업	작업장 #1		작업장 #2		작업장 #3	
	시간	지수	시간	지수	시간	지수
A	(100)	1.00	150	1.50	125	1.25
B	200	2.00	(100)	1.00	220	2.20
C	25	1.25	50	2.50	(20)	1.00
D	(40)	1.33	30	1.00	—	—
E	60	1.20	(50)	1.00	70	1.40
할당시간	140		150		20	
가용시간	160		110		150	
초과시간	−20		40		−130	

| 표 13-4 | 작업 E를 작업장 3으로 옮긴 결과

작업	작업장 #1		작업장 #2		작업장 #3	
	시간	지수	시간	지수	시간	지수
A	(100)	1.00	150	1.50	125	1.25
B	200	2.00	(100)	1.00	220	2.20
C	25	1.25	50	2.50	(20)	1.00
D	(40)	1.33	30	1.00	—	—
E	60	1.20	50	1.00	(70)	1.40
할당시간	140		100		90	
가용시간	160		110		150	
초과시간	−20		−10		−60	

격에 따라서 특히 생산준비비용이나 준비시간이 큰 비중을 차지하지 않는 작업의 경우에는 하나의 작업을 두 개 이상의 작업장에 나누어 부하시킬 수도 있다는 사실을 지수법에서는 고려하지 못하고 있다.

3) 할 당 법

선형계획법의 일종인 할당법(assignment method)은 비용, 성과, 시간 혹은 생산능률 등을 고려하여 가장 경제적인 방법으로 작업들을 작업장에 할당하기 위한 기법이다. 할당법을 이용하기 위해서는 각 작업을 반드시 하나의 작업장에만 할당해야 한다. 즉 작업분할(job splitting)은 허용되지 않는다. 따라서 작업의 수(n)와 작업장의 수(m)는 일치($m=n$)해야 하며, 만약 $m \neq n$일 경우에는 더미(dummy)변수를 사용하여 행과 열을 일치시킨다. 예를 들면 작업을 기계에 할당하는 문제, 판매요원을 판매지역에 할당하는 문제 및 작업자를 직무에 할당하는 문제 등에 대해서는 할당법을 적용하는 것이 좋다. 이때 현실적으로 어느 한 작업을 특정의 작업장에 할당할 수 없는 경우는 매우 큰 페널티 정수(penalty integer), 즉 M이나 999…를 부여하여 그 작업장에는 작업을 할당하지 못하게 한다.

할당법의 대표적인 형태로 헝가리법이 있는데 이는 간트 도표나 지수법 등에 의해서는 산출이 불가능한 최적해를 도출할 수 있으며 컴퓨터의 도움이 없이도 신속하고 용이하게 이용할 수 있는 방법이다.

작업순서의 결정

일단 작업이 작업장별로 할당되면 주어진 각 작업장에서 처리되어야 할 작업의 우선순위(priority)를 결정해야 한다.

작업우선순위의 결정(job-shop sequencing)이란 어떤 주문품목을 제일 먼저 기계나 작업장에 배정할 것인가를 결정하는 것을 말한다. 우선순위결정의 목적은 제품별 작업소요시간이나 납기, 주문접수의 순서 등을 기준으로 대기중인 주문(작업) 로트의 처리순서를 결정함으로써 이용가능한 작업장에서 다음에 처리되어야 할 주문 로트에 관하여 미리 효과적인 의사결정을 내리는 데에 있다. 이때 하나의 주문공장은 대기행렬의 네트워크에서와 같이 긴급도에 따라 상대적 우선순위가 항상 변화한다는 사실을 유의해야 하며, 작업이 진행되는 동안 생산자원의 부족 등 다른 작업들과의 우선순위결정에 영향을 미칠 수 있는 제약조건들을 고려해야만 한다.

작업순서를 결정할 때에는 먼저 작업의 수(n)와 작업장의 수(m)를 파악해야 한다. 일반적으로 작업의 수와 작업장의 수가 증가함에 따라 작업 순위를 결정하는 일은 더욱 복잡해진다. 왜냐하면, 가령 n개의 작업을 단 두 개의 작업장($m=2$)에서 수행하더라도 작업순위에 관한 대안은 $n!$개나 되기 때문이다.

작업우선순위를 결정하는 기법으로는 간트 도표, 단순우선순위결정원칙(simple priority rules), 긴급률법(critical ratio method), 존슨의 법칙(johnson's rule) 및 시뮬레이션 등을 들 수 있다.

1) 단순우선순위결정원칙

단순우선순위결정원칙은 이해하기 쉬운 간단한 기준을 사용하여 작업순서를 결정하는 탐색적 기법이다. 가장 일반적으로 사용되고 있는 단순우선순위결정원칙을 나열하면 다음과 같다.

① **선입선출법**(first come, first served): 먼저 도착한 작업을 먼저 수행한다.

② **납기기준법**(due date): 납기일이 가장 빠른 작업부터 수행한다.

③ **최단 · 최장공정시간기준법**: 공정시간이 가장 짧거나 가장 긴 작업부터 수행한다(SPT/ LPT: shortest/longest processing time).

④ **최소여유시간기준법**(least slack time remaining): 납기에서 잔여공정에 소요되는 시간을 뺀 값, 즉 여유시간이 가장 작은 것부터 수행한다.

⑤ **무작위법**(random selection): 작업자가 임의로 작업순서를 결정한다.

⑥ **선호고객주문기준법**(preferred customer order): 기업이 선호하는 고객의 주문을 먼저 처리한다.

⑦ **대기율기준법**(queue ratio): 여유시간을 작업대기시간으로 나누어 대기율(QR)이 가장 낮은 것부터 수행한다.

하나의 작업장($m=1$)에 n개의 작업들을 할당하는 경우에는 단순우선순위원칙 중 주로 최단 공정시간(SPT)원칙이 이용된다. SPT는 납기일을 무시하고 평균공정시간, 평균완료시간 및 평균대기시간이 가장 짧은 작업

| 표 13-5 | 작업순서

작업	공정시간 (일)	납기일	여유시간 (slack time)
A	6	8	2
B	4	7	3
C	1	2	1
D	3	3	0
E	2	4	2

FCFS	*DD*	*SPT*	*LPT*	*LST*
A	C(2)	C(1)	A(6)	D(0)
B	D(3)	E(2)	B(4)	C(1)
C	E(4)	D(3)	D(3)	A(2)
D	B(7)	B(4)	E(2)	E(2)
E	A(8)	A(6)	C(1)	B(3)

부터 처리한다는 원칙이다. 그러나 모든 상황에 대하여 어느 한 원칙만이 최선의 방법은 될 수 없으며 우선순위원칙을 평가할 때에는 각 작업장의 작업부하량을 고려해야만 한다. 특히 공정시간의 평균이나 분산, 평균작업지연일, 평균재공품량 등이 주요 평가요인이 된다. 작업자는 이러한 여러 변수를 고려하여 최적원칙을 선정해야만 할 것이다.

위에서 언급한 단순우선순위결정원칙에 따라 다음과 같은 공정시간과 납기일을 갖는 5개 작업의 순서를 결정하면 [표 13-5]와 같다.

2) 긴급률법

긴급률법(critical ratio method)은 앞에서 기술한 단순작업순위결정원칙과는 달리 한 번 결정된 작업순서를 수요와 작업내용의 변화에 따라 재평가하고 수정할 수 있다는 점에서 동태적(dynamic)인 우선순위결정원칙이라고 할 수 있으며, 흔히 자재소요계획(materials requirement planning)과 병행하여 이용되는 방법이다. 이는 납기예정일과 현재의 작업진도에 비추어 가장 긴급하게 생산되어야 하는 작업부터 처리한다는 것을 기본 내용으로 한다.

이 기법에서 우선순위의 결정기준으로 사용하는 긴급률은 작업완료예정일과 납기일 및 현재의 시점을 기준으로 산출하며 그 공식은 다음과 같다.

$$\text{긴급률}(CR) = \frac{\text{납기일} - \text{현재일}}{\text{작업완료예정일} - \text{현재일}}$$

$$= \frac{\text{납기일} - \text{현재일}}{\text{잔여작업일}}$$

여기서 만약 CR값이 1이면 계획된 일정대로 작업이 완료될 수 있음을 의미하며, 이것이 1보다 크면 계획된 일정보다 빨리 생산되고 있음을, 1보다 작으면 예정보다 생산이 지연되고 있음을 의미한다. 따라서 긴급률이 작은 작업일수록 다른 작업보다 우선적으로 처리되어야 한다. 즉 긴급률법을 통한 작업순서결정원칙을 계획대로 진행되는 작업과 계획보다 빠르거나 늦은 작업을 평가함으로써, 다음으로 미루어도 되는 작업과 생산능력의 보강으로 처리속도를 증대시켜야 할 작업을 결정해 주는 기법이다.

그러면 긴급률법을 이용하여 현재의 생산시점이 제43일인 다음과 같은 5개 작업에 대한 우선순위를 결정해 보기로 한다.

작업	납기예정일	잔여작업일
A	50	3
B	45	2
C	44	2
D	53	5
E	46	4

작업	긴급률(CR)
A	(44−43)/2=0.50
B	(46−43)/4=0.75
C	(45−43)/2=1.00
D	(53−43)/5=2.00
E	(50−43)/3=2.33

위 표에서 볼 수 있는 바와 같이, 각 작업의 납기예정일에서 현재 생산일(43)을 차감한 값을 잔여작업일로 나누어 산출된 수치, 즉 긴급률이 가장 낮은 작업부터 그 우선순위를 결정하면, 아래의 순서와 같다.

C → E → B → D → A

3) 존슨의 법칙

2개의 작업장($m=2$)에 n개의 작업이 할당되는 경우에는 최소작업완료시간을 기준으로 최적해를 도출하는 존슨의 법칙(Johnson's rule)이 사용된다. 이 기법은 재공품재고의 문제가 없고 모든 작업이 동등한 중요성을 가지고 있을 때 유용한 방법이다. 이 기법을 적용할 경우 모든 작업들이 작업장 1에서 작업장 2로 동일한 순서를 따라 수행된다면 두 개의 작업장에서의 총유휴시간은 최소가 되며 그것은 바로 최적해가 된다.

존슨의 법칙을 적용하여 작업순서를 결정하는 절차는 다음과 같다.

① 두 개의 작업장에서 처리되는 각 작업의 작업시간을 나열한다.

② 모든 작업의 작업시간 중에서 최소작업시간을 선정한다.

③ 최소작업시간이 작업장 1의 것이면 이 작업을 가장 먼저 수행하고 작업장 2의 것이면 이를 맨 나중에 수행한다.

④ 전체적인 작업순서가 완성될 때까지 ②와 ③의 단계를 반복시행한다.

가령, 두 개의 작업장에서 처리되는 작업들의 작업시간이 다음과 같다고 하고 존슨의 법칙을 적용하여 작업순서를 결정해 보기로 하자.

작업장 \ 작업	A	B	C	D	E	F
$m1$	30	30	60	20	35	45
$m2$	45	15	40	25	30	70

먼저 최소작업시간은 작업 B를 작업장 2에서 수행하는 것이므로 작업 B를 맨 나중에 수행하는 것으로 하고, 그에 따라 작업 B는 고려의 대상에서 제외시킨다.

					B

다음, 나머지 A, C, D, E, F 중 최소작업시간은 작업 D를 작업장 1에서 수행하는 것이므로 작업 D를 가장 먼저 수행하는 것으로 한다.

↓

D					B

이와 같은 절차를 반복 시행하여 최적해를 도출하면 작업순서는 D→

A→F→C→E→B이고, 이때의 총작업시간은 180시간이며, 어떠한 작업 순서를 택하더라도 이보다 작업시간이 짧아지지는 않는다.

최적작업순서

D	A	F	C	E	B

0 20 50 95 135 165 180
(누적시간)

4) 시뮬레이션

실제의 생산시스템에서는 자재흐름의 변동과 작업장의 고장 및 파손, 재작업(rework), 긴급주문, 자재 및 장비부족, 결근, 주문손실 등의 문제가 발생하기 때문에 작업일정계획을 수립하고 통제하기가 어려워지며 작업자의 수가 많아짐에 따라($m>2$) 작업순서를 결정하는 문제는 복잡하게 된다. 이와 같은 경우에 최적해에 대한 근사적인 접근방법의 하나로 시뮬레이션(simulation)기법이 이용되고 있다.

13.5 프로젝트 일정계획

생산활동 중에는 작업규모가 크고 내용이 복잡하여 한 번으로 완료되는 프로젝트(project)들이 많이 있다. 예를 들면 신제품 개발을 비롯하여 선박건조공사, 빌딩 건설공사, 항공사업 및 토목공사 등은 공사규모도 크고 공사착수부터 종료까지 수많은 단계의 공정을 거치지만 이들의 대부분은 1회의 공사로 사업이 완료되는 것들이다.

일반적으로 프로젝트는 시간이나 자원이 소비되는 과정인 생산활동과 생산활동의 시종을 표시하는 단계(event) 및 작업순서결정에 영향을 미치는 제약요인(restrictive factor)들로 구성되어 있다. 비반복적 성격을 갖고 있는 이와 같은 프로젝트 활동은 제품이나 서비스의 특성, 노동 및 설비이용률 그리고 생산자원의 종류 및 수량 등의 여러 변수에 따라 일정계획이 수립되며 또한 통제된다.

프로젝트 일정계획(project scheduling)을 수립하는 목적은 프로젝트를 완료하는 데 발생하는 시간이나 비용을 최소화하기 위하여 애로공정(bottleneck line)의 생산활동을 통제함으로써 전체적인 균형을 유지시키는 데에 있다. 또한 각 생산활동의 수행시간이 불확실한 경우에는 주어진 마감기일 내에 작업이 완료될 확률을 구하는 데에도 일정계획의 목적이 있다.

프로젝트의 경우 처음에는 간트 도표를 작성하여 일정계획이 수립되어 왔으나, 사업규모와 비용이 점차 증가함에 따라서 오늘날에는 CPM(critical path method)과 PERT(project evaluation & review technique) 등의 네트워크 기법을 이용하는 것이 보통이다. PERT/CPM이란 전작업을 부분작업으로 분해하고 이 부분작업의 수요예측시간과 모든 부분작업 상호간의 공정순서를 정하여 이를 네트워크라는 도표로 작성한 후 일정계획을 수립하고 통제하는 기법을 말한다. 프로젝트의 일정계획을 네트워크로 작성할 경우 이는 각 작업장간의 공정순서 및 연결성 등을 일목요연하게 파악할 시작시간과 종결시간 등의 일정표를 완성하여 최단시간 내지 최소비용이 소요되는 주공정과정(critical path)과 각 공정의 여유시간(slack time)을 파악함으로써 자원배분 및 작업장가용시간 등을 파악하는 데 사용된다.

PERT/CPM에 대해서는 이 책의 제14장에서 자세히 다루고 있으므로 여기서는 더 이상의 설명을 생략하기로 한다.

Chapter 14 프로젝트의 일정계획

제14장

프로젝트의 일정계획

14.1 프로젝트 관리의 개념

본 14장에서는 프로젝트(project)의 일정계획 및 통제를 살펴보기로 한다. 프로젝트란 빌딩, 댐(dam), 교량 등의 건설공사나 항공기, 선박, 대형 기계 등의 제작과 같이 어떤 유일한 제품을 단일단위로 생산하는 데 관련된 일련의 작업이나 활동(activity)으로 정의된다. 즉, 프로젝트는 어떤 특정 목적을 달성하기 위해 상호 연관된 수많은 작업이나 활동으로 구성된다. 일반적으로 프로젝트는 비반복적이며 1회적인 성격을 가진다. 그리고 프로젝트형 생산에서는 제품의 흐름이 없다. 프로젝트의 다양한 예를 들어 보면 [표 14-1]과 같다.

프로젝트관리(project management)란 프로젝트의 시간, 비용 및 기술적 제약조건을 충족시키도록 자원(인력, 장비, 자재 등)을 계획, 지휘 및 통제하는 모든 관리활동을 말한다. 본장에서는 이 가운데서도 특히 프로젝트의 시간적 측면, 즉 프로젝트의 일정계획 및 통제에 중점을 두고 이에 관

표 14-1 프로젝트의 예

• 빌딩, 교량, 댐, 고속도로 등의 건설공사 • 선박, 항공기, 대형기계 등의 제작 • 새로운 공장의 건설 • 대형 기계설비의 설치 • 신제품 개발 • 컴퓨터시스템의 설계 • 각종 연구개발(R&D)사업 • 영화 제작 • 우주선 발사

련된 각종 개념과 기법을 살펴보기로 한다. 프로젝트의 일정계획은 다음과 같은 두 가지 기본적인 문제를 다룬다.

① 프로젝트의 최단완료시간(minimum completion time)은 얼마인가?

② 프로젝트의 최단완료시간을 지키기 위해서는 어떤 활동들이 반드시 계획대로 정확히 수행되어야 하는가?

일반적으로 하나의 프로젝트는 선행관계(precedence relationship) 또는 선후관계로 상호연관된 수많은 활동들이 있기 때문에 각 활동에 소요되는 시간이 주어지더라도 프로젝트의 최단완료시간은 체계적인 방법에 의하지 않고서는 구하기가 힘들다. 일단 프로젝트의 최단완료시간이 결정되면 이를 지키기 위해 반드시 예정대로 수행되어야 하는 일련의 활동, 즉 주공정(主工程; critical path)을 찾는다. 주공정에 속하는 활동들이 계획보다 지연되면 전체 프로젝트의 완료시간도 지연되므로 이들 활동들이 중점적으로 통제되어야 한다.

14.2 프로젝트의 구조

프로젝트의 작업분할구조(work breakdown structure)를 살펴보면 목표를 보다 작은 구성부분으로 연속적으로 분할하는 것이 시스템을 명확하게 규정하고 이해하며 시스템의 성공에 기여하는 것이다.

전통적으로 작업분할구조는 다음과 같이 위에서 아래로 내려갈수록 규모가 작아지는 개념들로 구성된다.

① 프로그램(program)
② 프로젝트(project)
③ 과업(task)
④ 하위과업(subtask)
⑤ 작업 패키지(work package)

먼저 계획된 작업이 거대한 것일 경우에는 이를 프로그램이라고 하는데 프로젝트와 프로그램은 유사한 개념으로 혼용되고 있다.

프로그램은 가장 복잡하고 완성기간이 수 년간 소요될 수 있으며 많은 조직들에 의해서 수행되어야 하는 상호관련된 프로젝트로 구성되어 있다. 예를 들면 미사일 시스템 하나를 개발하는 일은 프로그램이라고 부르는 것이 타당할 것이다. 가난한 사람들을 위한 새로운 보건진료 시스템을 도입하는 것은 하나의 프로그램인 것이다.

프로젝트는 프로그램과 비슷하지만 프로그램에 비해 비교적 덜 복잡하고 수행기간이 짧다. 미사일 시스템을 구축하는 일은 프로그램이지만 유도통제장치부분을 개발하는 것은 프로젝트이다.

모든 가난한 사람에게 보건진료를 제공하려는 프로그램에서는 자격있는 수혜자를 등록하는 일이 하나의 프로젝트이고 보건진료제공자들을 위한 진료제공시스템을 개발하는 일도 또 다른 하나의 프로젝트가 된다.

과업은 프로젝트를 세분한 것으로 보통 수 개월 이상 지속하지 않으며 한 집단 또는 한 조직에 의해서 수행된다. 하위과업(task)은 과업을 더욱 세분하여 나누려 할 때 사용할 수 있는 개념이다.

작업 패키지(work package)는 단일의 조직단위에 맡길 수 있는 결합된 일련의 활동들이다. 이 작업 패키지는 프로젝트 관리의 대상이 되는 것으로써 특정한 정의가 가능하고 측정가능한 산출물(output)을 제공하며 착

수 및 완성의 시기가 정해져 있는 것을 말한다. 작업 패키지에는 해야 할 일을 기록한 것, 완성 및 착수, 예산, 성과의 측정방안, 시간이 진행됨에 따라 중간 중간에 성취해야 할 일들이 포함되어 있다.

훌륭한 작업분할구조가 되기 위해서는 모든 구성요소들의 독립적인 수행관리가 가능하도록 적정한 규모를 가져야 하며, 프로그램 수행의 권한이 부여되어야 하고, 프로그램의 통제와 측정이 가능해야 하며 필요한 자원을 제공할 수 있도록 되어야 한다.

14.3 PERT와 CPM

대규모 프로젝트를 효율적으로 계획·통제하기 위해 개발된 기법이 네트워크 모델(network model)이며, 특히 PERT(program evaluation and review technique)와 CPM(critical path method)은 네트워크 모델 중 가장 많이 이용되는 기법들이다. 원래 PERT는 1958년 미해군이 포라리스(Polaris) 미사일 프로젝트를 위해 부즈, 알렌 및 해밀턴(Booz, Allen and Hamilton) 경영자문회사와 록히드(Lockheed) 항공사의 도움으로 개발한 기법이며, CPM은 1957년 듀퐁(Dupont)사의 워커(Mr. Walker)와 레밍톤 랜드(Remington Rand)사의 공동연구로 개발된 기법이다.

PERT와 CPM은 기본적인 접근방법에 있어서는 별 차이가 없으나 모든 활동을 완료하는 데 필요한 시간의 추정방법이 다르다. PERT의 경우는 기대활동완료시간(expected activity completion time)과 그 분산(variance)을 산출하기 위해 세 종류의 시간추정치(time estimates)를 사용한다. 따라서 PERT는 확률적 기법(probabilities technique)에 속하며 이 기법을 이용하여 주어진 기간 내에 전체 프로젝트를 완성하게 될 확률을 구할 수 있다. 반면에 CPM은 확정적 기법(deterministic technique)으로 간주되는데 이 기법에서는 각 활동에 대해 정상완료시간(normal completion time)과 속성완료시간(crash completion time)이라는 두 종류의 시간추정치를 사용한다.

PERT와 CPM을 적용할 때 사용되는 절차는 다음과 같다.

첫째, 프로젝트에 포함되는 모든 활동을 규정한다.

둘째, 활동의 순서를 결정한다.

셋째, 모든 활동을 연결하는 네트워크(network)를 작성한다.

넷째, 각 활동에 소요되는 시간 및 비용을 추정한다.

다섯째, 주공정(主工程; critical path)을 발견한다.

여섯째, 해당 프로젝트를 계획, 조정 및 통제하는 데 네트워크를 이용한다.

어떤 프로젝트를 통제하는 데 있어 주공정을 발견하는 일은 가장 중요한 작업 중의 하나이다. 주공정상의 활동들은 전체 프로젝트에 여유시간(slack time)이 있을 경우 각 활동의 여유시간을 결정하는 기준이 된다. 경영자들은 비주공정상의 활동들을 검토하여 인력과 자원의 재계획 및 재배치를 실시함으로써 작업진행에 있어서 융통성을 부여할 수 있다.

14.4 PERT/CPM 네트워크

먼저 프로젝트에 포함된 모든 활동의 내용을 구체화하고 각 활동들의 선후관계를 결정한 다음 이를 토대로 네트워크를 작성한다.

네트워크(network)란 모든 활동과 단계의 상호관계를 그림으로 표시한 것이다. 여기서 활동(activity)이란 완료하는 데 일정한 자원과 시간이 소요되는 작업을 말한다. 네트워크에서는 활동을 화살표(→)로 표시한다. 또한 단계(event)란 일정한 시점에 있어서의 작업의 완료를 의미한다. 이 단계는 다만 활동의 시작이나 완료를 나타내므로 시간이나 자원의 소요와는 관계가 없다. 단계는 원으로 표시하는데, 원 안에는 단계의 위치를 나타내기 위해 숫자를 기입한다. 따라서 네트워크는 몇 개의 화살표로 연결된 숫자가 기입된 원들로 구성된다. 일반적으로 이 원은 결합점 혹은 마디(node)라고 하며 마디를 연결하는 화살표는 가지(branch)라 부른다.

간단한 예로서 G사는 사내 공장에 대기오염 · 예방시설을 설치하는

| 표 14-2 | G사 프로젝트의 모든 활동

활 동	작업내용	실제생산량
A	내부설비	
B	지붕 및 바닥개조	
C	집연기 설치	A
D	바닥 콘크리트 및 골격공사	B
E	고온 연소기의 설치	C
F	오염 통제장치의 설치	C
G	매연가스 여과기의 설치	D, E
H	검사 및 실험	F, G

데 따른 지출비용의 절감문제로 고심하고 있다. 한편 지역사회의 자연보호 단체에서는 최근 들어 이 회사를 상대로 16주 이내에 매연여과장치를 공장 굴뚝에 설치하도록 요청하였다. G사는 이 단체로부터 해당 기간 내에 이 장치를 설치하지 않을 경우 공장폐쇄를 면치 못할 것이라는 통보를 받았다. 따라서 이 회사는 해당 기간 내에 여과장치의 설치공사를 완료하기 위한 방안을 강구하게 되었다.

G사는 여과장치 설치공사를 분석한 결과 이 프로젝트가 [표 14-2]와 같이 8개의 활동으로 구성되었음을 알 수 있었다.

[표 14-2]에서 어떤 활동의 선행활동이란 그 활동을 시작하기 전에 끝마쳐야 되는 활동을 말한다. 이 표를 보면 집연기 설치(활동 C)를 하기 전에 먼저 내부설비(활동 A)를 해야 하기 때문에 활동 A는 활동 C의 선행활동이 됨을 알 수 있다. 마찬가지로 활동 D와 활동 E는 활동 G에 앞서 수행되어야 한다.

이와 같은 활동들은 복잡하고 난해한 것처럼 보이지만 이들을 하나의 네트워크로 연결시켜 보면 상당히 간단하고 이해하기도 쉽다.

[표 14-2]의 활동 A를 네트워크로 표시하면 다음과 같다.

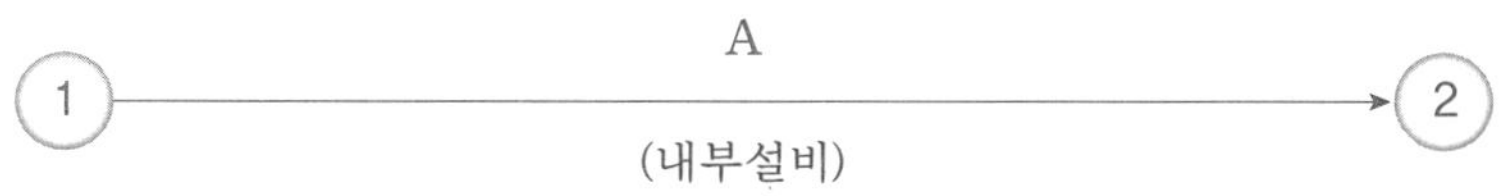

위의 네트워크는 활동 A가 단계 1에서 시작하여 단계 2에서 완료됨을 나타내고 있다. 한편 활동 A는 활동 C의 유일한 선행활동인데 이 관계를 네트워크로 표시하면 다음과 같다.

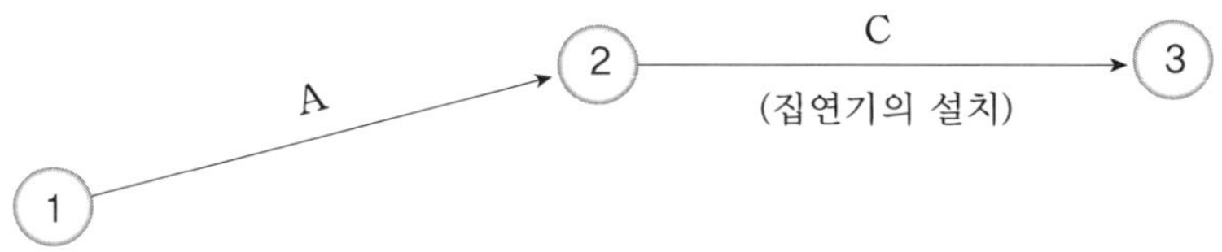

원 안에 기입된 숫자의 크기는 별 의미가 없으며 다만 활동의 시작이나 완료 및 전체 활동들의 선후관계를 보다 효과적으로 나타내는 데 이용된다.

이제 이상과 같은 과정을 반복하여 전체 네트워크를 작성하면 [그림 14-1]과 같다.

| 그림 14-1 | 오염예방 프로젝트의 네트워크

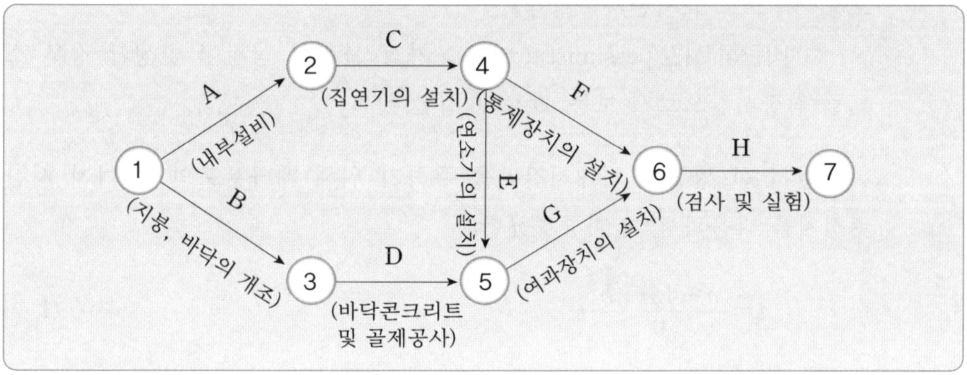

14.5 PERT

PERT에서의 활동시간(activity time)의 추정

PERT 기법을 사용하기 위해서는 이미 작성한 네트워크를 중심으로 각 활동을 완료하는 데 소요되는 시간을 추정해야 한다.

그런데 프로젝트의 각 활동이나 처음 시도하는 작업에 대하여 시간추정치(time estimates)를 부여한다는 것은 그리 쉬운 일이 아니다. 과거의 확실한 자료가 없이는 활동시간에 대한 정확한 추정이 불가능하기 때문이다. 이와 같은 이유 때문에 PERT의 창안자들은 각 활동에 의해 다음과 같은 세 가지 시간추정치를 기초로 하여 하나의 확률분포를 채택하였다.

① **낙관적 시간**(optimistic time): 모든 상황이 순조롭게 진행될 경우 소요될 최단시간으로서 보통 'a'로 표시한다.

② **최빈시간**(most likely time): 정상적인 조건하에서 가장 흔히 발생하는 활동시간으로서 모든 확률분포의 최빈값(mode)에 해당하는 시간이며 보통 'm'으로 표시한다.

③ **비관적 시간**(pessimistic time): 가장 불리한 상황이 발생할 경우 소요될 최장시간으로서 보통 'b'로 표시한다.

먼저 한 활동에 기대시간(t)을 구하기 위해 베타분포의 세 가지 시간추정치를 다음과 같이 가중평균한다.

$$t=\frac{a+4m+b}{6} \qquad \cdots\cdots (1)$$

그리고 이 기대시간 추정치의 분산을 구하기 위해 (1)의 식을 이용한다.

$$\text{분산}=\left(\frac{b-a}{6}\right)^2 \qquad \cdots\cdots (2)$$

[표 14-3]에는 G사 프로젝트의 각 활동에 대한 낙관적 시간, 최빈시

| 표 14-3 | **G사 프로젝트의 활동시간 추정**

활 동	낙관적 시간 a	최빈시간 m	비관적 시간 b	기대시간 $t=[(a+4m+b)/6]$	분산 $[(b-a)/6]^2$
A	1	2	3	2	$\left(\frac{3-1}{6}\right)^2=\frac{4}{36}$
B	2	3	4	3	$\left(\frac{4-2}{6}\right)^2=\frac{4}{36}$
C	1	2	3	2	$\left(\frac{3-1}{6}\right)^2=\frac{4}{36}$
D	2	4	6	4	$\left(\frac{6-2}{6}\right)^2=\frac{16}{36}$
E	1	4	7	4	$\left(\frac{7-1}{6}\right)^2=\frac{36}{36}$
F	1	2	9	3	$\left(\frac{9-1}{6}\right)^2=\frac{64}{36}$
G	3	4	11	5	$\left(\frac{11-3}{6}\right)^2=\frac{64}{36}$
H	1	2	3	2	$\left(\frac{3-1}{6}\right)^2=\frac{4}{36}$

간 및 비관적 시간이 제시되어 있으며 식 (1)과 (2)를 이용하여 각 활동에 대한 기대시간과 분산이 계산되어 있다. 위에서 구한 기대시간의 추정치를 가지고 G사의 프로젝트의 네트워크를 그리면 [그림 14-2]와 같다.

| 그림 14-2 | **G사의 프로젝트 네트워크**

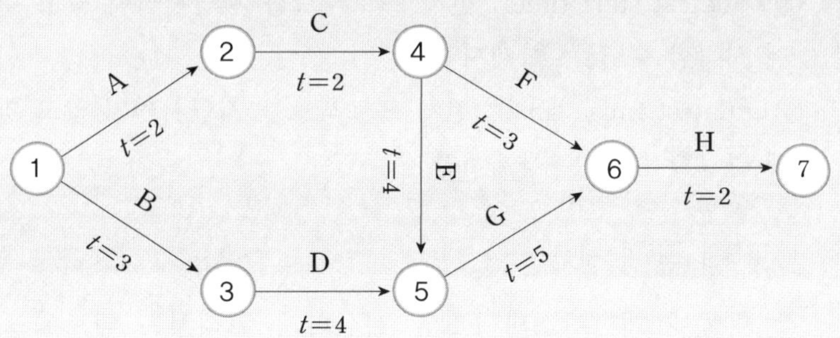

주공정결정

일단 각 활동의 기대시간이 산출되면 PERT에서는 이것을 해당 활동의 실제수행시간으로 받아들인다.

[표 14-3]을 보면 프로젝트에 포함된 여덟 개의 활동에 대한 총기대시간이 26주로 되어 있으나 [그림 14-2]에서 알 수 있듯이 몇 가지 작업을 동시에 수행할 수 있기 때문에 전체 프로젝트 완료시간은 이보다 단축될 수 있다. 한 프로젝트를 완료하는 데 어느 정도의 시간이 소요될 것인가를 추정하기 위해서는 네트워크에 대한 주공정분석(critical path analysis)을 수행해야 한다.

주공정(critical path)이란 네트워크상의 모든 활동을 완료하는 데 소요되는 시간이 가장 긴 경로를 의미한다. 만일 G사가 프로젝트의 완료시간을 단축시키기 위해서는 이 주공정상에 있는 어느 활동의 완료시간을 단축시킬 수밖에 없다. 반대로 주공정상의 어느 활동이 지연될 경우 전체 프로젝트의 완료에 지연을 초래하게 된다.

이와 같은 PERT에 있어 중요성을 띠고 있는 주공정을 발견하기 위해서는 네트워크의 각 활동에 대해 다음과 같은 값을 계산해야 한다.

① ES(earliest start time): 선행활동의 요구조건을 충족시키면서 활동을 가장 빨리 착수할 수 있는 시간

② EF(earliest finish time): 선행활동의 요구조건을 충족시키면서 활동을 가장 빨리 완료할 수 있는 시간

③ LS(latest start time): 전체 프로젝트를 지연시키지 않고 활동을 가장 늦게 시작할 수 있는 한계시간

④ LF(latest finish time): 전체 프로젝트를 지연시키지 않고 활동을 가장 늦게 완료할 수 있는 한계시간

1) ES와 EF의 계산

각 활동에 대한 ES와 EF를 계산하기 위해서는 네트워크의 원점

(origin)인 단계 1에서부터 출발해야 한다. 원점에서의 출발시간은 항상 0으로 놓는다. 활동 A의 기대시간은 주이므로

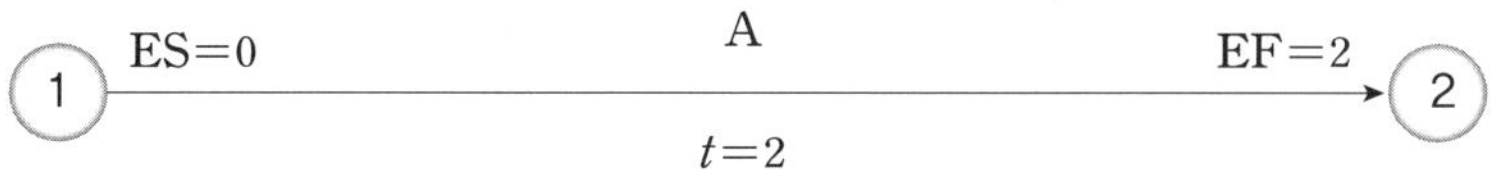

이 활동의 EF는 위의 그림에서 보는 바와 같이 2가 된다.

EF는 다음 식에 따라 계산된다.

$$\text{EF}=\text{ES}+\text{기대시간}(t) \qquad \cdots\cdots (3)$$

네트워크의 모든 활동에 대한 ES와 EF를 계산하는 데는 지켜야 할 한 가지 기본원칙이 있다. 즉 각 활동을 시작하기 위해서는 먼저 선행활동들이 모두 완료되어야 한다. 다시 말하여 ES를 구하기 위해서는 그 활동에 최장기경로(the longest path)를 찾아야 한다. 예를 들어 활동 C의 ES는 다음 그림에서 보는 바와 같이 2주일인데 이는 활동 C의 선행활동이 활동 A 하나뿐이며 활동 A의 EF가 2주일이기 때문이다.

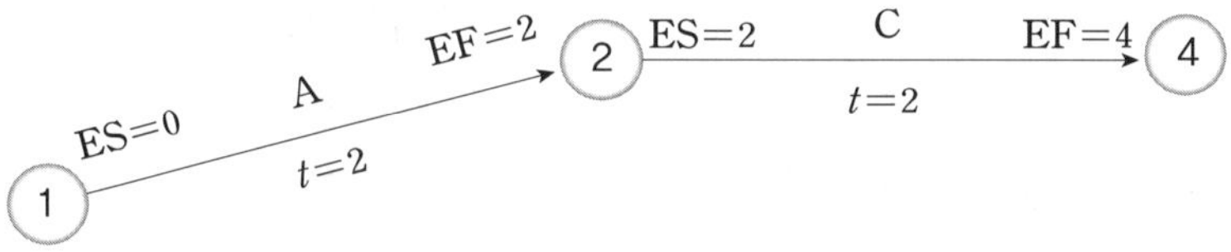

그러나 활동 G에 대한 ES 경우는 활동의 C의 경우와는 다르다. 즉, 활동 G는 D와 E 두 가지의 선행활동을 가지고 있는데, D의 EF는 7주일이고 E의 EF는 8주일이다. 따라서 활동 G를 가장 빨리 착수할 수 있는 시간은 프로젝트 개시 후 8주일이며 활동 G의 ES는 8임을 알 수 있다.

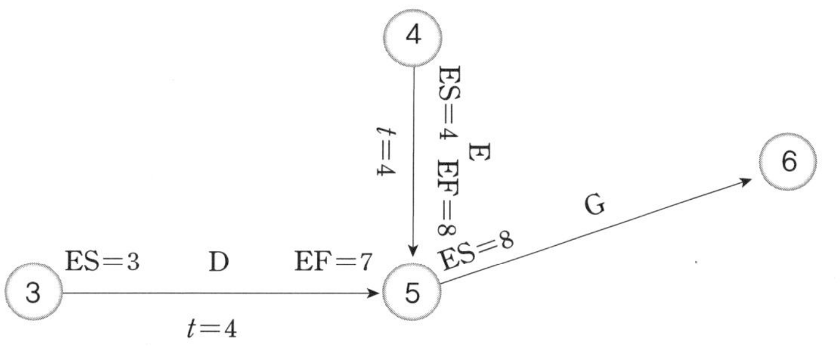

그림 14-3 G사 프로젝트의 ES 및 EF

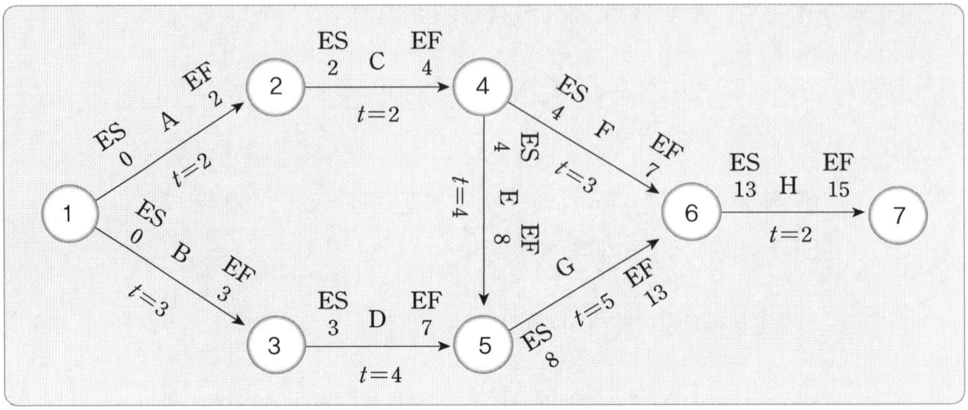

모든 활동에 대한 ES와 EF를 구하는 데에는 네트워크의 원점에서 출발하여 종점을 연결하는 소위 전진적 연산(forward-pass)의 개념이 이용된다.

[그림 14-3]은 이 개념의 적용결과를 나타내고 있다. 이 그림은 각 단계마다 EF=ES+t가 성립함을 보여주고 있다. 여기서 전체 프로젝트를 가장 빨리 완료할 수 있는 시간은 15주라는 사실을 알 수 있다. 이것은 프로젝트 개시 후 13주일이 될 때까지는 활동 H를 시작할 수 없으며(ES=13) 또 이 활동의 기대완료시간이 2주일이기 때문이다(즉, EF=13+2=15주).

2) LS와 LF의 계산

주공정을 발견하기 위한 다음 단계는 각 활동에 대해서 LS와 LF를 구하는 일이다. 이 작업은 네트워크의 최종활동에서 출발하여 최초활동으로 거슬러 올라가는 소위 후진적 연산(backward-pass)이라는 개념을 적용한다. 먼저 최종활동에 15주의 LF를 부여한 다음 LS와 LF를 구하기 시작한다. 여기서 최종활동의 LF에 부여된 15는 최종활동의 EF값이다.

앞에서 언급한 바와 같이 LF란 전체 프로젝트를 지연시키지 않고 어떤 한 활동을 가장 늦게 완료할 수 있는 한계시간을 의미하며 LS란 어떤 활동을 가장 늦게 시작할 수 있는 한계시간을 의미한다.

일단 LF가 산출되면 다음의 식을 이용하여 LS를 계산할 수 있다.

$$\begin{aligned} \text{LS} &= \text{LF} - \text{기대시간} \\ &= \text{LF} - t \end{aligned}$$

예를 들어 활동 H에 대한 LF가 15이므로 이 활동에 대한 LS는 13주 (LS=15−2)가 된다. 일반적으로 각 활동에 대해서 LS와 LF를 계산할 때에는 어떤 한 단계에서 출발하는 모든 활동에 대한 LS 중 최소의 것을 그 활동에 대한 LF로 한다는 기본원칙에 따르게 된다. 따라서 다음 그림에서 보는 바와 같이 단계 4에서는 출발하는 두 활동(EF)의 LS인 4와 10 중 4를 활동 C에 대한 LF로 결정한다. 이것은 활동 C를 프로젝트 개시 후 적어도 4주 말까지는 완료해야 함을 의미한다. 또한 활동 E의 LS가 4이고 활동 F의 LS가 10이므로 활동 E는 늦어도 5주 초에 그리고 활동 F는 늦어도 11주 초에 시작해야 전체 프로젝트를 지연시키지 않고 완료할 수 있다.

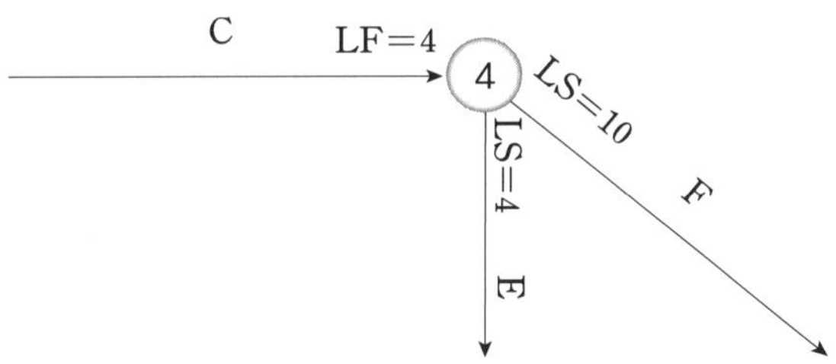

이상과 같은 방법으로 G사 프로젝트에 포함된 모든 활동에 대한 LS와 LF를 계산하면 [그림 14-4]와 같다.

3) 여유시간 및 주공정 산출

일단 모든 활동에 대해서 ES, LS, EF 및 LF가 산출되면 다음에는 각 활동에 대해 여유시간을 계산한다. PERT에서 여유시간(slack time)이란 전체 프로젝트의 지연을 초래하지 않고 각 활동을 지연할 수 있는 시간을 의미한다. 여유시간을 식으로 나타내면 다음과 같다.

| 그림 14-4 | G사 프로젝트의 LS와 LF

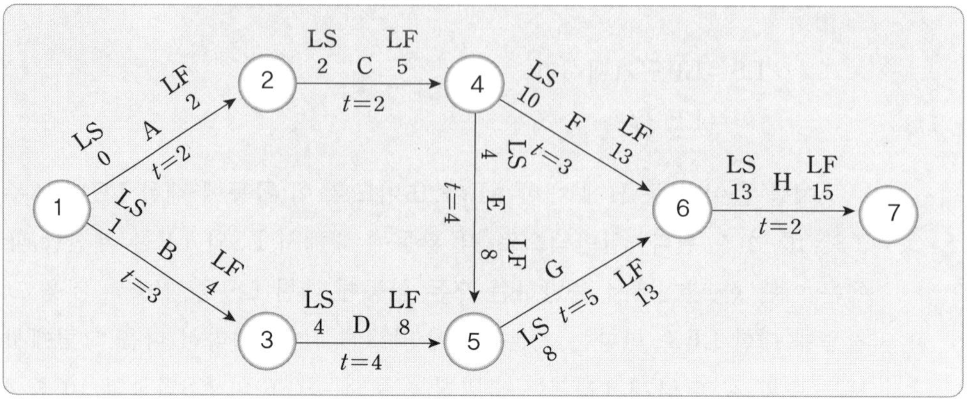

$$여유시간=LS-ES 또는$$
$$=LF-EF \qquad \cdots\cdots (4)$$

[표 14-4]는 프로젝트의 모든 활동에 대해 ES, EF, LS, LF 및 여유시간을 계산한 것이다. 예를 들어 활동 B의 경우 LS−ES=1−0=1 혹은 LF−EF=4−3=1이므로 이 활동의 여유시간은 1주일이 된다. 이는 활동 B가 1주일간 지연된다고 해도 전체 프로젝트는 예정기간 내에 완료될 수

| 표 14-4 | G사 프로젝트의 일정계획

활동	ES	EF	LS	LF	여유시간 (LS−ES)	주공정상에 있는지의 여부
A	0	2	0	2	0	**Yes**
B	0	3	1	4	1	No
C	2	4	2	4	0	**Yes**
D	3	7	4	8	1	No
E	4	8	4	8	0	**Yes**
F	4	7	10	13	6	No
G	8	13	8	13	0	**Yes**
H	13	15	13	15	0	**Yes**

| 그림 14-5 | G사 프로젝트의 주공정

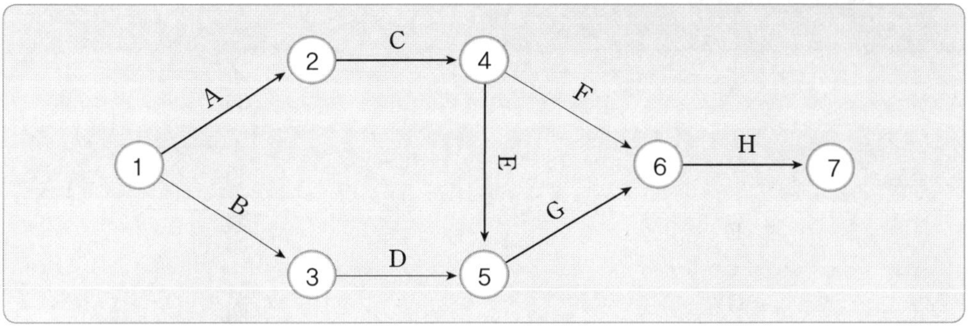

있음을 의미한다.

한편 활동 A, C, E, G 및 H는 여유시간이 전혀 없으며 따라서 이 중 어느 하나의 활동이 지연되면 그 결과 반드시 전체 프로젝트의 지연을 초래하게 된다. 때문에 이와 같은 활동들을 주공정활동(critical path activity)이라 하고 이 활동들이 이루어진 경로를 주공정(critical path)이라 한다.

[그림 14-5]에서는 G사 프로젝트의 주공정(A-C-E-G-H)이 네트워크 형태로 나타나 있다. 이 주공정에 따라 프로젝트를 진행할 경우 전체 프로젝트의 완료시간은 15주일로서 이는 [표 14-4]에서 EF 혹은 LF의 최대치와 일치한다.

프로젝트의 특정기간 내 완료확률

주공정분석을 통해서 프로젝트의 기대완료시간이 15주일임을 알았다. 그러나 G사는 만약 프로젝트를 16주 이내에 완료하지 못할 경우 자연보호단체로부터 공장폐쇄의 압력을 받게 될 것임을 잘 알고 있다. 또한 이 회사는 일부 활동에 대한 시간추정치상에 상당한 변동이 있을 것으로 예상하고 있다. 특히 주공정상의 활동들에 시간변동이 있을 경우 이는 전체 프로젝트의 완료에 심각한 영향을 미칠 수 있으므로 G사는 이와 같은 사태의 발생여부에 큰 관심을 가지고 있다.

| 표 14-5 | 주공정활동들의 분산

주공정활동	분 산
A	$\frac{4}{36}$
C	$\frac{4}{36}$
E	$\frac{36}{36}$
G	$\frac{64}{36}$
H	$\frac{4}{36}$

PERT에서는 전체 프로젝트의 완료에 대한 분산(variance)을 구하기 위해 주공정활동들의 분산을 이용한다. 다시 말하여 프로젝트의 분산은 다음과 같이 주공정활동들의 분산을 단순히 합한 것과 같다.

$$\text{프로젝트의 분산} = \sum \text{주공정활동의 분산} \qquad \cdots\cdots (5)$$

[표 14-5]에 나타나 있는 바와 같이 각 주공정활동의 분산은 다음과 같다.

따라서 프로젝트의 분산은

$$\text{프로젝트의 분산} = \frac{4}{36} + \frac{4}{36} + \frac{36}{36} + \frac{64}{36} + \frac{4}{36} = \frac{112}{36} = 3.111$$

이며, 프로젝트의 표준편차는

$$\text{프로젝트의 표준편차}(\sigma_T) = \sqrt{\text{프로젝트의 분산}} = \sqrt{3.111} = 1.76(\text{주})$$

가 된다.

이제 이러한 자료를 이용하여 프로젝트를 예정대로 끝마칠 확률을 구해 보자. 프로젝트의 완료시간과 관련하여 PERT에서는 다음 두 가지의 기본 가정을 설정하고 있다.

| 그림 14-6 | **프로젝트 완료시간에 관한 확률분포**

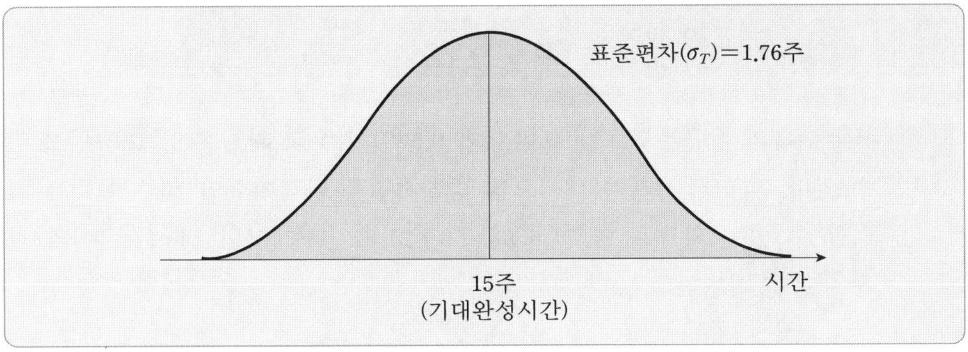

① 전체 프로젝트의 완료시간은 정규분포를 따른다.

② 활동시간들은 통계적으로 상호 독립이다.

이 가정들이 성립할 경우 [그림 14-6]의 종형곡선(bell-shaped curve)을 프로젝트 완료시간의 추정에 이용할 수 있다. 이 그림에 의하면 주어진 프로젝트를 예정기일인 15주 이내에 완료할 확률과 15주 이후에 완료할 확률은 각각 50%임을 알 수 있다.

G사가 프로젝트를 마감기한인 16주 이내에 끝마칠 확률을 구하기 위해서 이 기간에 해당하는 정규분포곡선 아래의 면적을 구해 보면 이를 위해 먼저 다음과 같이 표준정규방정식(standard normal equation)을 이용하여 z값을 구해야 한다.

| 그림 14-7 | **G사가 프로젝트를 16주 이내에 완료할 확률**

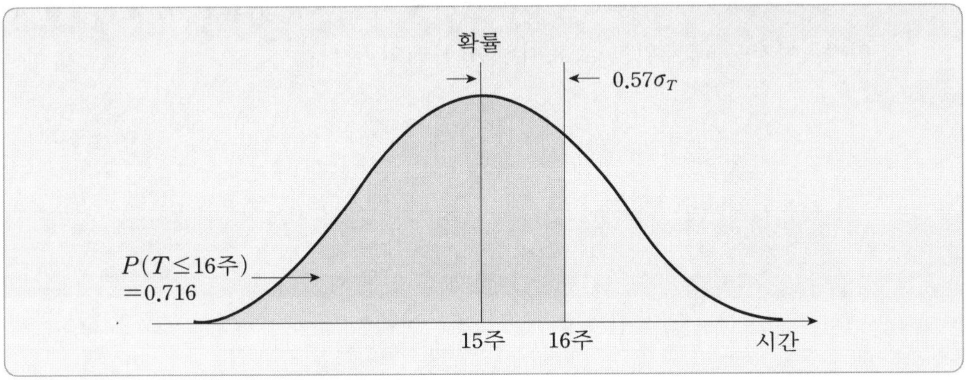

$$z=\frac{\text{마감기한}-\text{기대완료시간}}{\sigma_T}$$

$$\therefore\ z=\frac{16-15}{1.76}=0.57$$

부록의 정규분포표를 보면, z가 0.57일 경우의 확률은 0.21567임을 알 수 있다. 따라서 G사가 대기오염 방지시설을 마감기한인 16주 이내에 설치할 수 있는 확률은 약 71.6%(=50+21.6)이다. [그림 14-7]은 이와 같은 내용을 설명하고 있다.

PERT에서의 가상활동

지금까지 PERT에 관한 일반적인 내용을 살펴보았으나, 또 한 가지 지적하고 넘어가야 할 사항은 네트워크를 작성하는 데 있어 가상활동(dummy activity)의 도입이 필요할 경우도 있다는 점이다. 가상활동이란 시간을 전혀 소비하지 않는 가상적인 활동으로서 단지 네트워크가 논리적 선행관계를 유지하기 위한 목적으로 도입된다.

가상활동에 대한 이해를 돕기 위해 가령 G사의 대기오염 방지시설을 설치하는 문제에 또 하나의 제약조건이 있다고 하자. 앞에서 원래의 네트워크에서는 활동 D의 선행활동이 활동 B 하나뿐이었는데, 만일 활동 D를 착수하기 전에 활동 B와 함께 활동 A도 완료되어야 한다면 어떻게 될 것인가? 이러한 경우에는 활동 C와 활동 D가 동일한 시작단계와 완료단계를 갖게 된다. 즉 활동 C와 D는 동시에 활동 A를 완료한 뒤에 시작할 수 있다. 이것을 네트워크로 표시하면 아래와 같다.

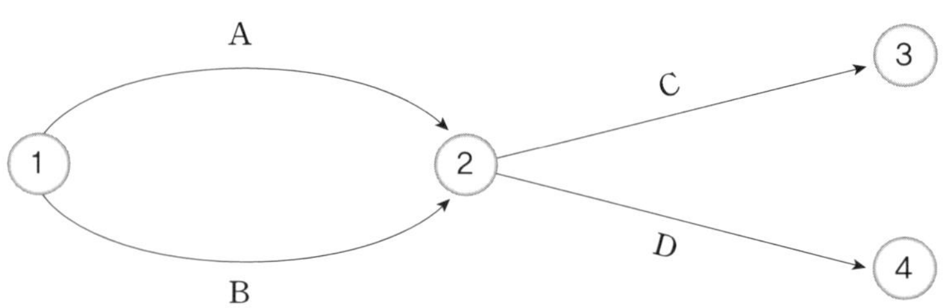

| 그림 14-8 | 네트워크에서의 가상활동의 예

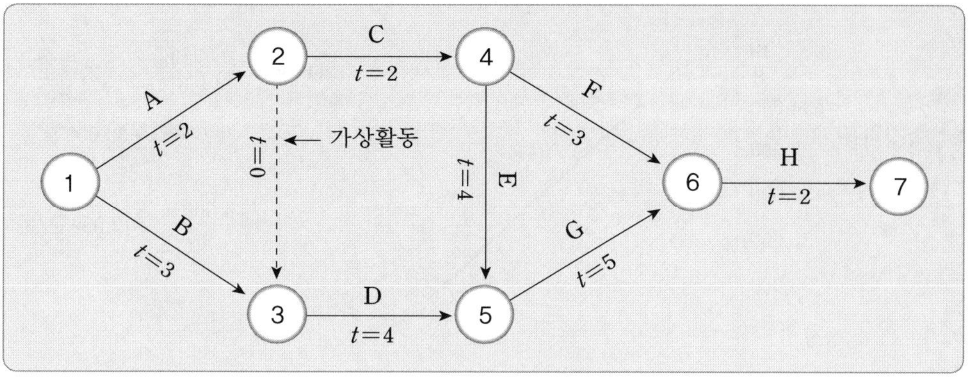

이 네트워크는 활동 A와 B를 선행활동으로 하는 활동 D에게는 아무런 문제가 되지 않지만 활동 A만을 선행활동으로 하는 활동 C에게는 문제가 된다.

이와 같은 경우에 활동 A와 B가 동일한 시작 및 완료마디를 갖지 못하도록 하고 활동과 단계가 정확한 순서를 갖도록 하기 위해 가상활동을 삽입한다. 이것을 네트워크로 표시하면 [그림 14-8]과 같다. 여기서 점선은 가상활동을 나타낸다.

14.6 시간과 비용의 보상관계

지금까지 설명한 PERT는 활동을 완료하는 데 소요되는 시간만을 고려하여 프로젝트를 계획하고 일정계획(scheduling)을 수립하며 통제하였다. 그러나 프로젝트를 완료하는 데는 시간 외에 비용도 고려하여야 한다. 왜냐하면 노동력, 시설 및 자재 등의 자원을 추가로 투입하여 어떤 활동을 단축시키면 결과적으로 프로젝트의 완료시간을 단축시킬 수 있기 때문이다.

이와 같이 활동시간의 단축에는 활동비용이 추가되므로 시간과 비용 사이의 보상관계(trade-off)를 검토함으로써 최소비용으로 프로젝트의 기간을 단축할 수 있는 방법을 모색해야 한다.

그림 14-9 활동의 시간-비용관계

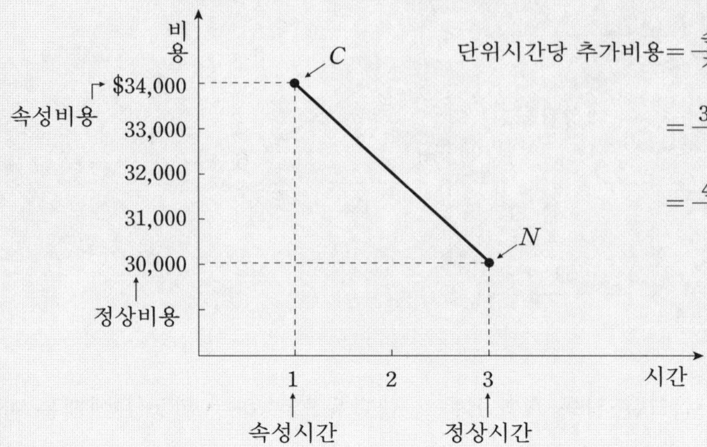

$$\text{단위시간당 추가비용} = \frac{\text{속성비용} - \text{정상비용}}{\text{정상시간} - \text{속성시간}} = \frac{34{,}000\text{원} - 30{,}000\text{원}}{3-1} = \frac{4{,}000\text{원}}{2\text{주}} = 2{,}000\text{원/주}$$

비용분석에 있어서 활동시간과 비용에 대하여 ① 정상시간(normal time)과 정상비용(normal cost), ② 속성시간(crash time)과 속성비용(crash cost)의 추정치가 필요하다. 정상시간이란 정상적인 조건에서 활동을 수행하는 데 소요되는 시간으로서 PERT에서는 최빈시간(m) 또는 기대시간에, CPM에서는 활동시간의 점추정치에 해당된다. 정상비용은 활동을 정상시간에 완료하는 데 소요되는 비용을 말한다. 속성시간이란 특정활동을 수행하는 데 필요한 최소한의 시간을 의미하며 속성시간으로 활동을 완료하는 데에 소요되는 비용을 말한다.

[그림 14-9]는 시간과 비용과의 관계를 표시하고 있는데, 이 시간과 비용의 관계는 편의상 선형이라고 가정한다. [그림 14-9]의 C점은 활동의 속성시간과 속성비용을 그리고 N점은 정상시간과 정상비용을 나타낸다. 시간-비용의 직선, 즉 CN의 기울기는 시간과 비용의 보상관계를 설명한다. 즉 이 직선의 기울기는 한 활동의 완료시간을 한 단위 단축하는 데에 얼마의 추가비용이 소요되는가를 제시해 준다. 그러므로 단위시간의 단축에 필요한 추가비용 I는 다음 식을 적용하여 산출할 수 있다.

$$I = \frac{\text{속성비용} - \text{정상비용}}{\text{정상시간} - \text{속성시간}} \quad \cdots\cdots (6)$$

예를 들어 G사 프로젝트에서 활동 B의 정상시간이 3주일, 정상비용이 3,000만원이며, 속성시간은 1주일, 속성비용은 3,400만원이라 하면, 이 활동 B에 추가로 자원을 배정할 경우 완료시간을 2주일 단축할 수 있으며 이때 추가되는 비용은 400만원이다. 따라서 1주일을 단축하는 데는 평균 200만원의 추가비용이 소요된다.

이러한 비용분석의 목적은 정상비용 이상으로 추가해야 할 비용을 최소화하면서 프로젝트 완료시간을 최대로 단축시키는 방안을 찾는 데 있다. 여기서 프로젝트의 완료시간을 단축시키기 위해서는 주공정활동들의 완료시간을 단축시키면 된다.

프로젝트 완료기간의 단축

그러면 프로젝트 완료시간을 단축시키기 위한 절차에 대해 구체적으로 살펴보기 위해 앞서의 G사 문제를 예로 들어 보자. G사는 각 활동에 대해서 정상 및 속성시간과 정상 및 속성비용 그리고 완료시간 단축을 위한 주당 추가비용 등을 추정하여 [표 14-6]과 같이 정리하였다.

| 표 14-6 | 각 활동에 대한 시간, 비용 및 주당 추가비용

활 동	시간(주)		비용(만원)		주당 추가비용	주공상에 있는 지의 여부
	정 상	속 성	정 상	속 성		
A	A	1	2,200	2,300	100	Yes
B	B	1	3,000	3,400	200	No
C	C	1	2,600	2,700	100	Yes
D	D	3	4,800	4,900	100	No
E	E	2	5,600	5,800	100	Yes
F	F	2	3,000	3,500	500	No
G	G	2	8,000	8,600	200	Yes
H	H	1	1,600	1,900	300	Yes
합계	합계		30,800	33,100		

| 그림 14-10 | 정상시간, 속성시간, 주당 추가비용이 표시된 G사 프로젝트의 네트워크

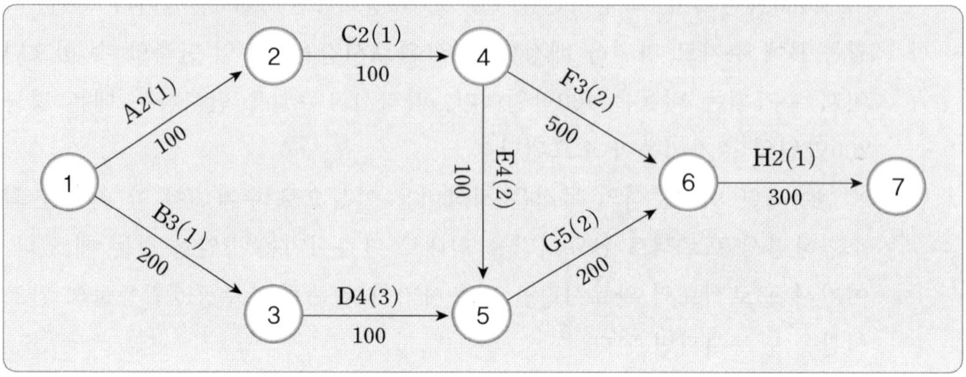

[그림 14-10]은 이를 네트워크로 표시한 것이다. 화살표 위의 괄호 속에 있는 숫자는 활동의 속성시간을, 괄호가 없는 숫자는 정상시간을 각각 나타낸다. 또한 화살표 밑에 있는 숫자는 주당 추가비용을 나타낸다.

단축방안 탐색의 첫단계는 정상시간 및 속성시간을 적용하여 각각의 주공정을 찾는 것이다. 정상시간에 의한 주공정은 A-C-E-G-H(15주)이고, 속성시간에 의한 주공정은 A-C-E-G-H와 B-D-G-H(7주)이다. 정상시간에서의 프로젝트 비용은 30,800만원인 데 비해 [표 14-6], 모든 활동을 단축했을 때의 비용은 33,100만원이다. 이 프로젝트는 아무리 많은 자원을 투입한다 해도, 착수 후 7주 이전에는 완료할 수 없다. 즉 정상시간보다 최대한 8주를 단축한다 해도 적어도 7주가 경과해야 이 프로젝트는 완료가 가능하다.

둘째 단계는 단축대상이 될 활동을 선정하기 위해 정상시간에 의한 주공정상에 있는 활동들 중 최소의 주당 추가비용을 갖는 활동을 찾아야 한다.

[그림 14-10]을 보면 활동 A, C, E가 가장 적은 비용(100만원)을 가지므로 이 활동들을 단축대상으로 삼아야 한다. 단축시킬 수 있는 최대의 시간은 모두 4주이지만 활동 A의 1주만을 단축시킨다. 왜냐하면 4주를 단축시킨 경우 공정 A-C-E-G-H는 주공정이 아니고 공정 B-B-G-H가 새로운 주공정이 되기 때문이다. 1주를 단축시키면 이 프로젝트는 14주에

| 그림 14-11 | 활동 A가 단축된 후의 네트워크

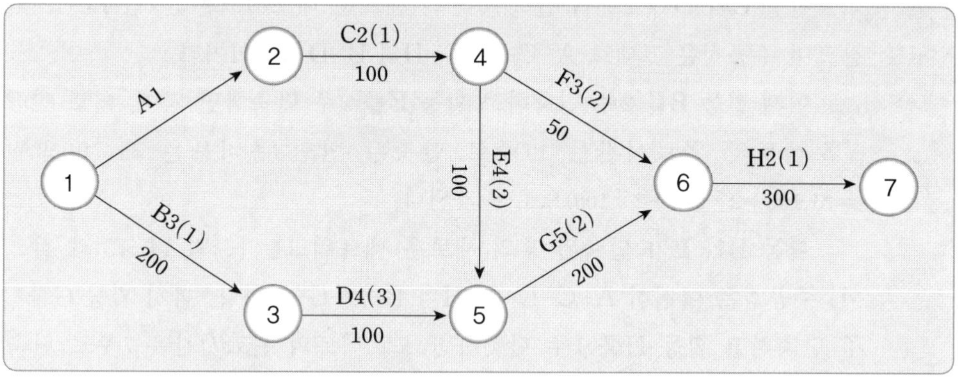

완료할 수 있으며 추가비용 100만원을 포함한 프로젝트 총비용은 30,900만원(=30,800+100)이 된다.

다음에는 단축된 활동에 대한 완료시간을 수정하여 새로운 네트워크를 작성하고 공정시간에 의한 주공정을 찾아 낸다. 그 결과가 [그림 14-11]에 표시되어 있다.

이제 공정 A-C-E-G-H와 공정 B-D-G-H가 동시에 주공정이 되었다. 이와 같이 주공정이 2개 이상인 경우에는 각 주공정을 동시에 동일 기간 단축시켜야 하기 때문에 활동 C를 1주 단축하고 활동 D를 1주 단축해야 한다. 이렇게 함으로써 프로젝트의 완료시간은 13주로 감소되고 총

| 그림 14-12 | 활동 C와 D가 단축된 후의 네트워크

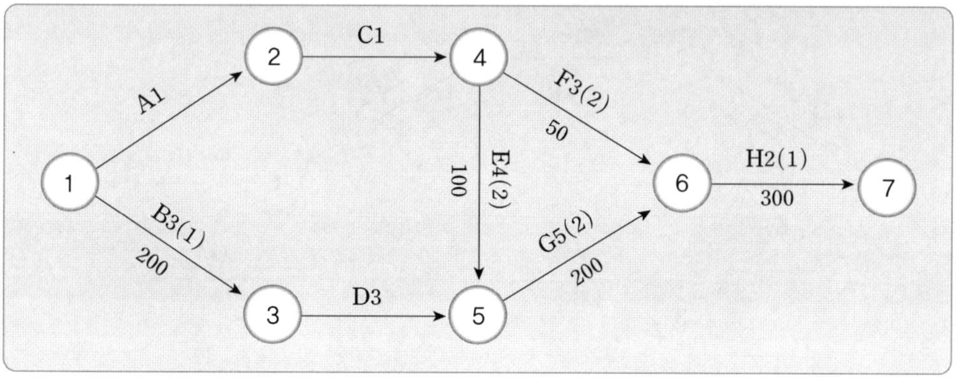

비용은 31,100만원(=30,900+1×100+1×100)으로 증가된다.

활동 C와 D가 1주씩 단축된 후의 새로운 네트워크는 [그림 14-12]와 같으며 주공정은 그대로 A-C-E-G-H와 B-D-G-H이다.

이제 활동 B를 2주 단축하고 활동 E를 2주 단축하면 되며, 이로 인해 프로젝트의 완료시간은 11주로 단축된 반면 총비용은 31,700만원(=31,100+2×200+2×100)으로 증가된다.

활동 B와 E가 단축된 후의 새로운 네트워크는 [그림 14-13]과 같으며, 주공정은 여전히 A-C-E-G-H와 B-D-G-H이다. 다시 활동 G를 3주 단축하고 활동 H를 1주 단축하면 프로젝트의 완료시간은 7주로 단축

| 그림 14-13 | 활동 B와 E가 단축된 후의 네트워크

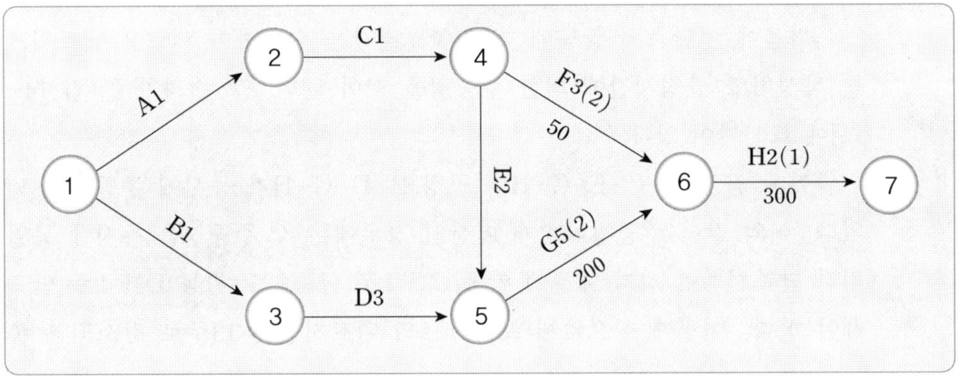

| 그림 14-14 | 활동 G와 H가 단축된 후의 네트워크

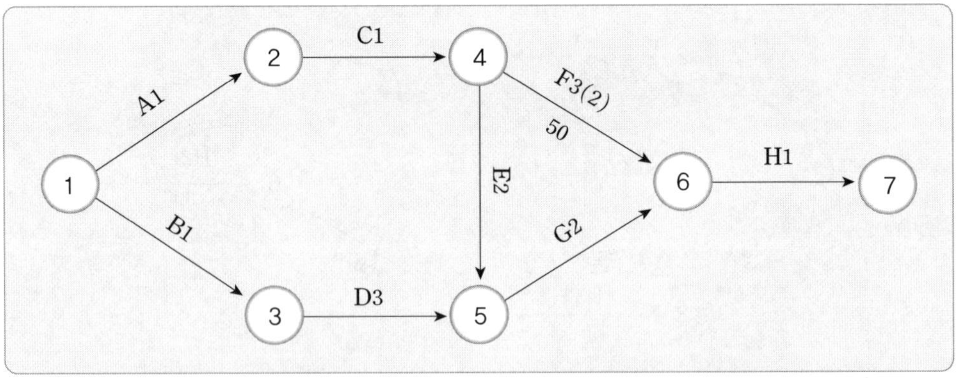

| 표 14-7 | 가능한 모든 활동을 단축한 후의 결과

주공정활동	단축기간(週)	추가비용	정상비용	활동비용
A	1	100	2,200	2,300
B	2	400	3,000	3,400
C	1	100	2,600	2,700
D	1	100	4,800	4,900
E	2	200	5,600	5,800
F	0	0	3,000	3,000
G	3	600	8,000	8,600
H	1	3000	1,600	1,900
		1,800만원	30,800만원	32,600만원

된 반면 총비용은 32,000만원(=31,700+3×200+1×300)으로 증가된다. 활동 G와 H가 단축된 후의 네트워크는 [그림 14-14]와 같으며, 주공정은 여전히 A-C-E-G-H와 B-D-G-H이다. 이렇게 함으로써 G사 프로젝트의 완료시간 단축문제는 종료되었다. 그런데 여기서 한 가지 유의해야 할 점은 주공정상에 있는 모든 활동의 완료시간이 최대한으로 단축된 이상, 주공정활동이 아닌 기타 활동들의 완료시간을 단축하기 위해 더 이상의 비용을 추가한다는 것은 아무런 의미가 없다는 사실이다. 즉, 이 프로젝트는 7주 이전에는 완료할 수 없으므로, 활동 F를 단축하더라도 추가비용만 발생할 뿐 프로젝트 완료시간을 더 이상 단축시킬 수 없는 것이다. 결국 이 프로젝트는 정상비용 30,800만원을 투입하면 정상시간 15주에 완료할 수 있으나 정상비용 30,800만원에 추가비용 1,800만원을 투입하면 7주에 완료할 수 있음을 알 수 있다. 이상의 결과 정리하면 [표 14-7]과 같다.

프로젝트 단축과 간접비용

이제까지 프로젝트 완료시간의 단축을 위해 고려한 비용은 직접비용

| 표 14-8 | 각 기간별 직접비용, 간접비용, 총비용

기간(주)	직접비용	간접비용	총비용
15	30,800만원	30,000만원	60,800만원
14	30,900	29,750	60,650
13	31,100	29,500	60,600
12	31,400	29,250	60,650
11	31,700	29,000	60,700
10	31,900	28,750	60,650
9	32,100	28,500	60,600
8	32,300	28,250	60,550*
7	32,600	28,000	60,600

* 최적값임.

이었으나 원래는 간접비용도 고려하여 의사결정을 하여야 한다. 직접비용(direct cost)은 프로젝트 완료시간에 반비례하는 비용으로서 임금과 자재비 등을 포함하며 간접비용(indirect cost)은 이자, 설비사용료, 보험료 및 경영자 봉급 등 사업수행에 간접적으로 필요한 경비로서 이들은 프로젝트 완료시간과 비례한다.

앞서의 G사 프로젝트에 간접비를 고려하면 프로젝트의 각 기간별 총비용은 [표 14-8]과 같이 된다. 여기서 간접비는 매주 250만원씩 발생한다고 가정한다. [표 14-8]에서는 보는 바와 같이 간접비를 고려할 경우 G사 프로젝트는 8주에 완료할 때 가장 적은 비용(60,550만원)이 소요된다.

Chapter 15 품질경영

제15장

품질경영

15.1 품질과 품질경영의 개념

품질(Quality)의 의미

품질(Quality)은 이제 기업의 경쟁적 우위를 차지하기 위하여 선택하는 하나의 사치스러운 요소가 아니라, 기업의 생존을 위한 필수적인 요소이다. 품질은 기업과 국가의 경쟁력을 결정하는 핵심적인 요소이며, 조직의 유형이나 규모 또는 목표에 관계없이 상당히 중요한 전략적 요소이다. 그래서 Akers(1991)는 오늘날처럼 경쟁이 심한 글로벌 환경에 있어서 기업생존의 가장 기본적인 요소가 품질이라고 하였다. 또한, Ferdows & De Meyer(1990)는 "모래성 이론을 이용하여 품질이 어떤 요소보다도 기업의 기본적인 토대가 되어야 한다"고 하였다. 그리고 Juran(1994)은 "20세기는 생산성의 시대이지만, 21세기는 품질의 시대가 될 것"이라고 선언하였다.

가격과 품질

10년 전에는 10명 중 9명만이 제품을 구매할 때 가격보다는 품질을 중요시 하거나 또는 가격과 품질을 동등하게 보고 있다고 했지만 지금은 3-4명만이 그렇다고 하였다. 이렇게 가격에 비해 품질이 더욱더 중요하게 되었다. 이런 현상을 Feigenbaum(1994)은 '품질스트라이크(quality strike)'라고 불렀다. 물론, 가격과 품질 둘 다 기업의 경쟁력을 강화하는 중요한 요소이다. 사실 시장에서 경쟁력이 가장 강한 기업은 고품질의 제품과 서비스를 경쟁자에 비하여 낮은 가격으로 판매하는 기업일 것이다. 그러므로 기업은 품질과 비용의 두 가지 요소를 동시에 고려하여야 한다. 여기서 우리가 분명히 알아야 할 점은 가격과 품질 중에서 경쟁자가 쉽게 모방할 수 있는 것이 무엇인가 하는 점이다.

품질의 중요성

국제화의 추세에 따라 한 나라의 제품은 다른 나라의 초일류기업의 제품과 비교 · 평가된다. 품질경쟁은 이제 지역적인 것이 아니라 범세계적이다. 이제는 꾸준한 품질개선만이 급변하는 세계경제 속에서 고객만족과 시장점유를 통해 매출액을 증가시키고 원가절감과 생산성 향상을 통해 이윤을 증대시키는 유일한 길임을 모든 나라의 초일류기업들이 보여주고 있다.

품질에 관한 새로운 사고를 갖고 품질에 대한 새로운 접근방법이 성공적으로 실행됨에 따라, 원가는 절감되고 생산성은 증대된다는 증거들이 나타나고 있다.

- 미국의 모토롤라(Motolora)사: 품질향상으로 원가의 25-30% 절감 효과
- 쥬란(J. M. Juran): 미국경제의 1/3은 불량품질에 따른 재작업(재가공)에 소비
- 파이겐바움(A. V. Feigenbaum): 미국 제품의 제조비용 가운데 15-

40%는 재작업, 검사, 폐기물, 수리, 보증 등 낭비

• 제품책임(product liability)의 증대에 따른 책임비용도 상당한 수준

• 데밍(W. E. Deming): 직접비용은 모든 기업의 실질비용의 일부분에 해당할 뿐이고 불량품질에 의한 소비자의 불만족과 경쟁기업으로의 고객상실과 같은 간접비용은 막대하다고 주장

이러한 이유들로 인해 기업들은 과거에 비해 품질을 점점 더 중요하게 보고 있다.

① 국민소득수준의 향상으로 소비자는 점점 품질이 더 우수한 제품이나 서비스를 원한다.

② 최근 소비자는 더 비싸지만 더 우수하고, 신뢰성 높고, 오래 사용할 수 있는 품질 좋은 제품을 구입하려고 한다. 이런 현상을 투자구매(investment buying)현상이라고 한다.

③ 아무리 초기 구입비용이 낮다 하더라도 유지비용이 높으면, 그 제품의 가격이 낮다고 볼 수 없다. 이 현상을 '제품수명구매(life-cycle buying)현상'이라고 한다.

④ 제품의 신뢰성이다. 기술의 발전으로 부품이 많아져 고장이 날 가능성이 과거보다 높아졌다. 그래서 소비자는 고장이 잘 나지 않는 품질 좋은 제품을 요구하게 되었는데, 이러한 현상을 '품질신시대(the new era of quality)'라 부른다.

품질이 기업과 국가경제에 미치는 영향

① 품질은 기업의 명성에 절대적인 영향을 끼친다.

② 불량이 있을 때 기업은 소비자에게 손해배상을 해야 한다. 기업의 이런 책임을 제품책임 또는 제조물책임(PL: product liability)이라 한다.

③ 불량은 기업의 생산성을 저하시킨다.

④ 품질은 시장점유율을 향상시킨다.

⑤ 품질은 기업의 수익성을 향상시킨다.

그림 15-1 품질의 연쇄반응

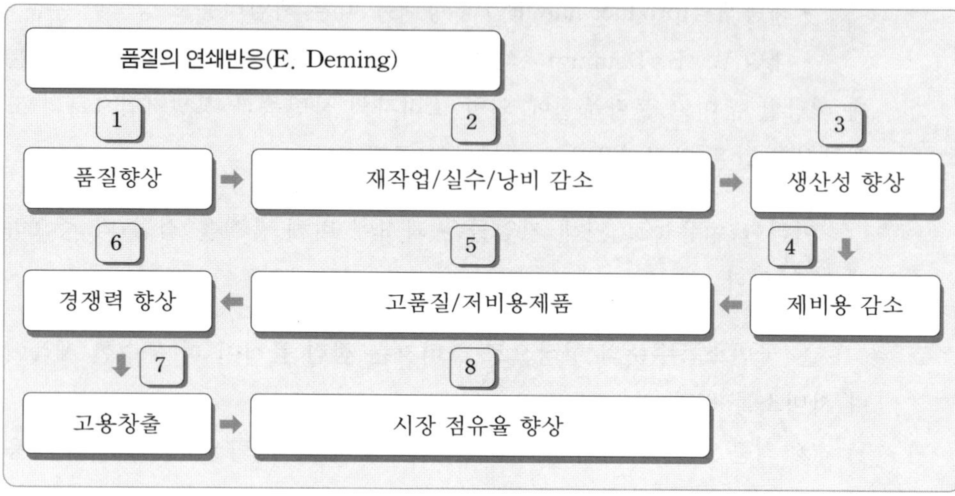

⑥ 품질은 조직원의 사기를 향상시킨다.

⑦ 품질은 생산능력을 확장시킨다.

⑧ 품질은 비용을 감소시킨다.

⑨ 품질은 조직을 변화시킨다.

⑩ 품질은 주가를 상승시킨다.

결론적으로 품질은 기업의 경쟁력을 강화시킨다.

그림 15-2 품질향상이 기업경영에 미치는 영향

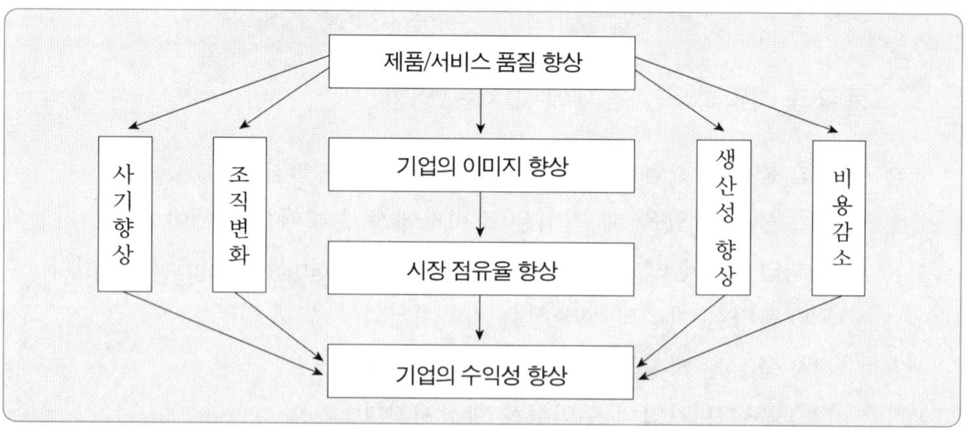

15.2 품질의미의 변화

품질이란 용어는 라틴어로 'of what'을 뜻하는 'qualitas'에서 유래하였다. 그러나 품질의 속성이 너무 다양하고, 고객의 욕구가 수시로 변하기 때문에 품질을 한두 마디로 정의하기는 상당히 어렵다. 품질의 의미는 또 제품이나 서비스의 유형에 따라 달라진다. 그래서 등급, 소재, 또는 가격에 의해 제품과 서비스의 품질이 결정되기도 한다. 또한, 품질은 시대에 따라 의미가 변한다. 20세기 초 품질은 검사를 의미하였고, 1940년대는 SQC, 1950년대는 TQC, 그리고 1960년대는 ZD, 그리고 1970년대는 CWQC, 그리고 21세기 현재에는 TQM과 6시그마를 의미하고 있다. TQM에 있어서 품질은 궁극적으로 고객만족을 의미한다. 고객이 만족하지 않는 제품과 서비스의 품질은 좋지 않은 품질이다. 그런데 6시그마는

표 15-1 제품과 품질

제품의 속성	품 질
1. 핵심제품(core product): 제품이 주는 핵심적인 혜택 및 서비스	1. 기능적 품질 (functional quality) (1) 목적효용(utility of purpose), 성능 (2) 신뢰성(reliability)－예상수명기간 중 성능을 발휘할 가능성 (3) 인적 요인(human factors) ① 안전(safety) ② 안락(comfort) ③ 편리(convenience)
2. 형식제품(formal product): 외관, 스타일, 상표	2. 비기능적 품질(nonfunctional quality) (1) 외관 및 스타일 (2) 소비자의 심리적 프로필 (3) 포장
3. 확장제품(augmented product): B/S, A/S, 보증, 유통, 설치	3. 기타 품질 (other quality)－서비스의 품질

그림 15-3 품질의 주관적 특성과 객관적 특성

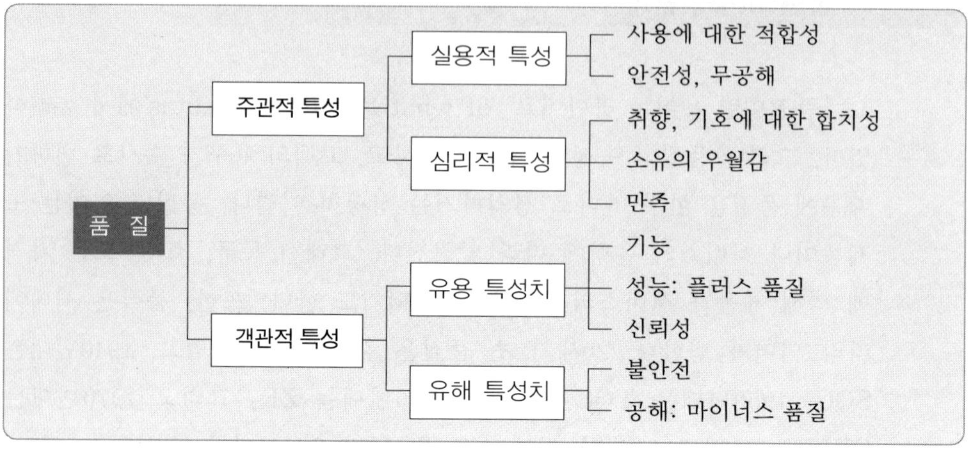

품질을 단순한 고객만족이 아닌 고객과 기업의 가치부여를 동시에 만족시키는 것으로 보고 있다. 이렇게 품질의 의미가 역사적으로 바뀌는 것을 알 수 있다. 품질은 단순한 제품검사에서부터 출발하여, 프로세스 개선, 많은 부서들이 품질에 대한 책임, 그리고 이제는 시스템과 조직의 품질을 중요시하게 되었다. 즉 제품의 품질은 조직의 품질이며, 시스템 품질의 산물인 것이다. 그래서 이제 품질은 경영품질을 의미한다.

설계품질

설계표준은 기업이 목표로 하는 제품의 특성을 측정할 수 있도록 규정한 수치적인 목표로서, 제품이 생산되기 이전에 분명하게 명시되어야 한다. 이렇게 설계품질(quality of design)은 기업이 원하는 제품이나 서비스 품질의 목표이며, 품질목표로부터 결정된다. 그리고 설계품질은 단순히 기업의 능력 이외에 고객의 욕구와 경쟁제품의 가격 및 품질수준 등을 고려하여 결정되어야 한다. 설계품질은 또 제품과 서비스에 포함할 특성과 포함하지 않을 특성을 결정한다. TV의 경우 크기, 채널 수, 형태, 그리고 소재와 같은 결정은 전부 설계품질에서 이루어진다. 설계품질에서는 또 소비자의 다양한 욕구를 충족시키기 위해 제품과 서비스의 등급을 결정한다.

제조품질

생산한 제품이나 서비스가 설계표준에 적합하면 품질이 좋다고 할 수 있다. 여기에서 품질은 바로 제조품질을 말한다. 제조품질(quality of conformance)이란 생산한 제품이나 서비스가 설계표준에 얼마나 잘 적합하게 만들어졌는가를 측정하는 것이다. 제조품질은 완성품질 혹은 적합품질이라고도 한다. 서비스에서도 역시 설계표준을 설정하고 제조품질을 측정하여야 한다. 만약 생산된 제품이 설계표준에 적합하지 않다면, 이 제품은 비적합한 제품이다. 그러나 비적합한 제품이 반드시 사용가치가 없다고 말할 수는 없다. 비적합성의 정도가 너무 심해 그 제품이 본래의 기능을 발휘할 수 없을 때 그 제품은 불량품이다. 그러나 제조품질은 여러 문제점을 지니고 있다. 생산자의 입장에서 소비자가 좋아하지 않는 제품도 설계표준에 적합하면 양질의 제품으로 간주된다. 이렇게 볼 때 제조품질은 생산자의 입장에서 보는 품질이다. 그러므로 생산자는 좋은 품질의 제품을 생산하는 데 기업의 수익성은 떨어질 수도 있다. 이렇게 제조품질은 소비자의 욕구를 무시하고 있다. 물론 설계표준은 고객의 욕구에 의해 작성된다. 그러나 고객의 욕구와 기호는 수시로 변한다. 그러므로 기업은 제조품질이 고객의 욕구를 만족시키고 있는지를 수시로 확인하여야 한다.

사용품질

소비자는 자기의 욕구를 만족시켜 주는 제품과 서비스를 구매하길 원한다. 그러므로 품질은 소비자의 욕구를 충족시켜야 한다. Ryan(1992)은 고객의 욕구를 가장 초기에서부터 만족시키는 것이 품질이라고 하였다. 이렇게 사용품질(fitness for use)은 제품과 서비스가 소비자의 기대와 욕구를 충족시키는 것을 말한다. 품질을 사용품질로 보는 대표적인 사람으로 Juran과 Deming을 들 수 있다. 사용품질은 상당히 중요한 개념이다. 제조품질은 품질을 생산자의 입장에서 본다. 그러나 이제 품질을 결정하는 사람은 생산자가 아닌 소비자이다. 그러므로 사용품질은 그 의미가 상당히

| 그림 15-4 | 품질(Quality)의 구분

설계품질	1. 제품기획(product planning) - 제품의 성능, 수명, 안정성, 가격 등에 관한 계획 단계 2. 제품설계(product design) - 기획에서 정해진 내용을 가질 수 있도록 하는 제품의 개발설계 3. 공정설계(process design) - 설계된 제품을 만들어 내기 위한 제조공정의 설계
제조품질	4. 생산(production) - 공정설계에 따라 작성된 설계품질의 제품을 생산하는 활동
사용/서비스 품질	5. 판매(sales) - 생산된 제품을 소비자에게 파는 활동 6. 애프터서비스(after-service) - 소비자가 제품을 사용하면서 발생되는 문제에 대한 서비스 활동

중요해졌다. 소비자는 사실 생산방법에 그리 큰 관심이 없다. 소비자의 주요 관심은 원하는 제품과 서비스의 가격과 품질이다. 기업의 목적도 불량품이 없는 제품과 서비스를 생산하는 것이 아니라, 고객의 욕구를 충족시키는 제품과 서비스를 생산하는 것이다. 이렇게 볼 때 품질의 초점을 소비자의 관점에서 보는 것이 중요하다. 그러나 사용품질은 절대적인 개념이 아닌 상대적인 개념이다. 그러므로 기업은 고객의 사용품질을 정확하게 파악하여야 한다.

15.3 서비스 품질의 의미

제품은 전부 유형재화인 데 비해 서비스는 유형과 무형의 재화로 구성되어 있다. Gronroos(1983)는 서비스 품질을 기술품질과 기능품질로 구분하였다. 기술품질(technical quality)은 고객에게 공급되는 서비스의 결과이며, 기능품질(functional quality)은 서비스가 고객에게 공급되는 프로세스에서 발생하는 품질이다. 즉, 서비스 품질은 서비스 자체의 품질과 서비스가 고객에게 전달되는 과정에 의한 품질에 의해 이루어진다고 보고 있다. 식당을 예로 들어 보자. 음식은 기술품질이고, 음식을 가져오는 종업원의 태도와 언행은 기능품질이다. 제품에 비해 서비스 품질은 여러 가지 다른 특성들을 지니고 있다.

① 소비자는 서비스를 받기 전 소비자의 기대감과 서비스를 실제로 받은 후의 경험을 비교하여 서비스 품질을 판단한다.

② 서비스 품질은 서비스를 받는 동안 소비자가 느끼는 경험과 서비스를 받은 후 소비자가 느끼는 결과에 의해 결정된다.

③ 서비스 품질은 소비자가 정상적으로 서비스를 받는 품질수준과, 또 서비스에 대한 문제가 발생하였을 때 기업이 그 문제를 어떻게 해결하는가 하는 두 가지에 의해서 결정된다.

④ 고객과의 접촉이 그리 많지 않은 서비스 업체에도 품질에 문제가 발생하면 고객과의 접촉이 많아진다.

⑤ 사이클타임과 고객만족이 서비스 품질비용을 결정하는 중요한 두 가지 요소이다.

이런 점에서 서비스 품질은 사실 제조업체에서의 품질보다 더 확대된 의미를 지녀야 한다. 그래서 서비스 품질은 단순히 표준과의 적합성뿐만 아니라 시시각각 변하는 고객의 감정을 만족시키는 창의적인 요소까지 포함하여야 한다.

15.4 품질의 역사와 품질경영상

품질의 역사적 변천

① **작업자 품질관리**(operator quality control): 최초의 품질관리는 생산을 담당하고 있는 작업자가 자신의 작업 결과물에 대한 품질까지도 담당

② **직(조)장 품질관리**(foremen quality control): 생산성 향상의 요구에 따라 작업자는 생산만 하고 품질검사는 직장(조장, 반장)이 담당하는 시대로

넘어옴

③ 검사자 품질관리(inspection quality control): 생산량 증대에 따라 반장이 품질검사 및 작업감독을 동시에 하기에는 벅찬 일이므로, 품질검사만을 전담하는 검사자에 의한 품질관리의 시대가 도래

④ 통계적 품질관리(statistical quality control): 완제품에 대한 검사는 불량의 원인을 발견하는 데 그리 유용하지 못하였다. 검사는 단지 검사일 뿐이지, 제품의 품질을 향상시킬 수 없었다. 즉, 품질은 검사에 의해서 달성되는 것이 아니고, 프로세스의 개선에 의해서 달성된다. 또 생산량의 급격한 증가는 이제 생산량 전체에 대한 검사가 불가능하게 되었다. 1924년 벨 전화연구소의 Walter A. Shewhart 박사가 개발하여 1940년대에 이르러서는 관리도와 샘플링검사법과 같은 SQC가 많은 기업체들에 의해 사용되었다. SQC는 검사원의 수를 감소시켰을 뿐만 아니라, 불량의 변동을 제거하여 품질을 향상시켰다. 그리고 이 방법들은 대량생산체제하에서 품질을 효과적으로 관리할 수 있게 하였다. 또한 SQC로 인해 검사부의 명칭이 품질관리부로 바뀌게 되었다. 그러나 품질관리부의 탄생은 문제점을 가져왔다. 최고경영자는 이제 품질은 최고경영자가 아닌 품질관리부에서 전적으로 책임질 문제라고 생각하게 되었다. 이렇게 되자 최고경영자는 품질에 대한 결정을 품질관리부에 완전히 이전시켜 버렸고, 품질은 생산에서 점점 더 멀어지게 되었다. 그래서 생산관리부는 품질보다는 생산성 향상에 더 치중하게 되었다.

⑤ 종합적 품질관리 시대(TQC: total quality control): 1951년 GE의 품질 책임자였던 Feigenbaum이 종합적 품질관리라는 개념을 제창하였다. 종합적(total)이란 품질이 어떤 한 부서에만 국한되는 것이 아니라, 기업의 전부서와 종업원들에게까지 확대되는 것을 말한다. 그래서 Feigenbaum(1988)은 TQC를 다음과 같이 정의하였다. "TQC란 기업 내에 있는 다양한 그룹들이 품질을 개발하고, 유지하고, 개선하는 활동을 통합하는 효과적인 시스템이다. 그래서 마케팅, 엔지니어링, 생산, 그리고 서비스 부서들이 협력하여 고객만족을 가장 경제적으로 달성하도록 하는 시스템이다."

⑥ **무결점 시대**(ZD: zero defect): 무결점운동은 1962년 미국의 Martin-Marietta사의 Orlando 사업부에서 미사일의 신뢰도 향상과 원가절감을 목적으로 전개된 품질향상 기법이다. 무결점운동은 인간은 완전함을 바라는 욕구를 가졌다는 전제 아래 종업원으로부터 품질에 대한 완전성을 추구하는 개념이다. 결점은 반드시 어떤 원인에 의해서 발생하기 때문에 이러한 원인을 조직적이고, 체계적으로 제거하는 이른바 ECR(Error Cause Removal)이 무결점운동의 요체이다. 즉, ECR은 결점의 원인을 파악하고, 그 원인을 제거하는 것이다. 무결점운동을 효과적으로 추진하려면 다음의 네 가지 요건을 충족시켜야 한다. 첫째, 작업자에게 제품품질의 중요성을 확실하게 인식시켜야 한다. 둘째, 작업자로 하여금 결점을 스스로 찾고 제거하는 노력을 하도록 한다. 셋째, ECR을 적극적으로 활용하도록 노력한다. 넷째, 표창제도를 실시한다.

⑦ **전사적 품질관리 시대**(CWQC: company-wide quality control): 수십 년 동안 품질을 중요하게 생각하고 강화해 온 일본의 노력이 우수한 일본 제품으로 나타나기 시작한 것이다. 일본은 품질을 향상시키기 위해 1970년대 초에 CWQC를 개발하였다. 즉, CWQC는 Feigenbaum의 TQC 개념을 일본식으로 확장시킨 것이다.

⑧ **품질경영 시대**(QM: Quality Management): 1970년대 말 미국의 경영자들은 경쟁력을 강화하기 위한 노력을 구체화하기 시작하였다. 이때 나온 방안 중의 하나가 품질의 강화이었으며, 여기에서 나온 개념이 바로 품질경영인 QM (Quality Management)이다. QM은 고객만족을 목표로 품질변동의 원인을 파악하고 프로세스를 개선하고자 하였다. 그래서 제품과 서비스의 품질을 개선하고자 하였다.

⑨ **경영품질 시대**(MQ: Management Quality): 품질경영의 개념을 더욱 확대시킨 것이 미국의 MBNQA(Malcolm Baldrige National Quality Award)이다. MBNQA는 품질을 전략적으로 승화하였고, 최고경영자의 강력한 리더십 아래 전사적인 참여가 필요하다고 하였다. 또 기업의 성과를 중요시하게 되었다. 그래서 단순한 제품의 품질이 아닌 시스템의 품질을 향상시키는 것이 중요하다는 것을 인식하였다. 이렇게 해서 QM의 개념을 확

| 그림 15-5 | 품질경영의 발전과정

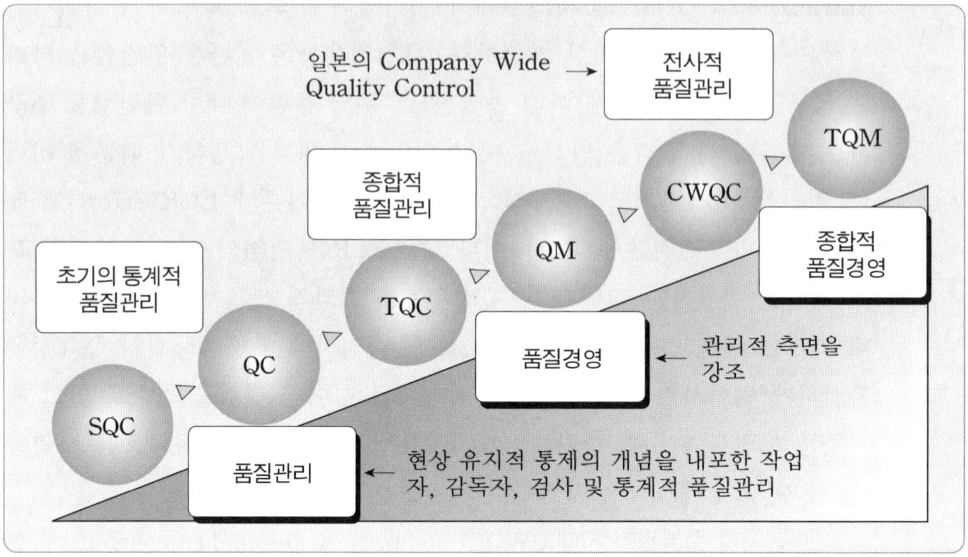

대시킨 TQM(Total Quality Management)이 나오게 되었다. TQM은 품질의 초점을 기술적이고 통계적인 방법에서 보다 관리적인 면으로 전환시켰다. TQM은 기업의 기본적인 전략으로써 품질을 기업의 최우선 순위에 두는 개념이며, 고객을 중요시하고, 고객의 욕구를 파악하고 만족시키는 개념이다. 한편, 불량률을 획기적으로 개선하고자 하는 노력이 1987년도에 미국의 Motorola에서 개발되었다. 이것이 바로 6시그마이다. 6시그마는 경영의 전반적인 프로세스를 개선함으로써 수익성을 획기적으로 개선하여 기업의 경쟁력을 강화하는 경영혁신 전략이다. 6시그마는 GE의 Jack Welch 회장에 의해서 그 우수성이 입증되어 세계의 많은 기업들에 의해 도입되기 시작하였다. 이전 기법들과는 달리 6시그마는 획기적으로 수익성을 증가한다는 것이다.

품질경영상

품질의 중요성을 일깨우고, 품질개선과 생산성향상을 고취시켜 경쟁력을 강화시키기 위한 자극제로서 각 나라들은 품질경영상을 수여하기 시작했다.

1) 한국 품질대상

1975년부터 품질관리상 제도를 채택하여 기업으로 하여금 종합적 품질관리시스템을 체질화하도록 유도하여 왔다. 1993년부터 품질경영상으로 이름을 바꾸고, 품질경영활동을 효율적으로 추진하여 체질개선은 물론 품질향상, 원가절감 및 생산성향상에 현저한 성과를 올린 기업에 수여하고 있다.

1994년부터 한국품질대상제도를 채택하여 품질경영상 수상 후 3년 이상 품질경영활동을 지속적으로 추진하여 최상의 품질과 완벽한 품질경영시스템을 확립함으로써 기업의 체질강화와 고객만족 및 사회적 책임수행에 모범적인 기업을 선정하여 포상하고 있다.

2) 데밍상(Deming's Prize)

데밍(W. E. Deming)이 일본 산업계에 통계적 품질관리기법을 전파시킨 공적을 기리기 위해 1951년부터 데밍상을 제정하여 전사적 품질관리의 수행에 뛰어난 성과를 이룩한 기업에 수여하고 있다. 이는 다음과 같은 3개 분야로 나누어 수여한다.

① 통계적 품질관리 이론과 응용에 괄목할 공헌을 한 일본에 체류하는 개인
② 품질관리를 통해 뛰어난 성과향상을 기록한 일본 내 기업
③ 일본기업에 적용한 똑같은 기준을 충족한 외국기업

3) 말콤 볼드리지상(Malcolm Baldridge Award)

미국 상무성이 1987년 공법 100-107을 제정하여 1988년부터 제조업, 서비스업, 중소기업 등 세 분야로 구분하여 각 분야별로 매년 두 기업까지 말콤 볼드리지상을 수여하고 있다. 이는 미국 기업들로 하여금 품질향상 노력을 자극하고, 품질개선 노력의 평가기준을 제공함으로써 품질전략을 보급하는 것이 목적이다.

심사기준으로는 리더십, 정보와 분석-벤치마킹, 전략적 품질계획, 인

적자원 활용, 제품과 서비스의 품질보증, 품질결과, 고객만족 등 7개 분야로 구성되어 있다.

4) 유럽품질상(European Quality Award)

1992년부터 유럽품질경영재단(Europe Foundation for Quality Management)에서 주관하여 종합적 품질경영활동에서 최고의 성과를 거둔 유럽기업에 수여하고 있다.

심사항목은 회사정책 및 전략, 리더십, 종업원관리, 자원, 종업원만족도, 고객만족도, 사회기여도, 활동성과 등이다.

15.5 통계적 품질관리

품질의 변동원인

관리도는 통계적 품질관리의 중추적인 역할을 담당하고 있어, 공적관리의 주요한 도구가 되고 있다. 1924년에 슈하트(W. A. Shewhart)에 의해서 창안된 관리도(control chart)는 생산공정에 대한 목표나 표준을 설정하는 과정에서 설정된 목표달성을 위한 공정관리수단으로서, 또 설정된 목표가 어느 정도나 달성되었는지를 평가하는 수단으로서 관리도가 효과적으로 활용될 수 있다는 것을 제시하였다. 이러한 품질변동의 원인은 크게 ① 우연원인(chance cause) ② 이상원인(assignable cause)으로 분류할 수 있다.

① 우연원인(chance cause): 생산조건이 엄격하게 표준화된 상태하에서 제조되었음에도 불구하고 어느 정도의 불가피한 품질변동이 생기는 이른바 피할 수 없는 원인이다. 이러한 원인으로는 작업자의 숙련도 차이, 작업환경의 차이, 구별되지 않을 정도의 원자재 및 생산설비 등의 제반 특성의 차이 등이 있다. 이러한 원인들을 불가피 원인 또는 만성적 원인이라고도 부른다.

② **이상원인**(assignable cause): 작업자의 부주의, 불량자재의 사용, 생산설비상의 이상 등 제조조건을 갖추지 못하여 일어나는 원인들로서 산발적으로 발생하여 품질변동을 일으킨다. 이것을 우발적 원인 또는 가피원인이라고도 부른다.

이 두 가지 원인 때문에 제조공정이나 제품품질을 나타내는 데이터의 산포에도 두 종류의 산포가 나타난다.

표준화된 제조조건에서 생산되는 경우, 우발원인으로 말미암아 제품집단의 품질특성치는 다른 분포형을 갖는 수도 있지만 보통은 대개 정규분포를 이룬다. 이것을 가리켜 관리된 산포(controlled variability)라고 하며, 관리된 산포를 나타내는 공정의 상태를 안정상태 또는 관리된 상태(controlled state)라고 한다([그림 15-6] 참조). 이에 반하여 제조조건에 이상원인이 있으면 제품의 품질 특성치는 이상하게 나타난다. 이것을 관리되지 않은 산포(uncontrolled variability)라고 하며, 이러한 산포의 결과를 나타내는 공정의 상태를 관리되어 있지 않은 상태(uncontrolled state)라고 한다.

이처럼 관리도는 제조공정의 관리상태와 품질의 이상 유무를 동태적으로 밝혀 품질의 추이를 나타내는 추이그래프로서, 품질의 산포를 관리하기 위하여 합리적으로 정한 선, 즉 관리한계선이 있는 그래프라는 특색을 갖는다.

관리도의 원리

관리도는 우연원인에 의한 품질변동에 대응하는 확률분포를 기초로 하여 관리한계(control limit)을 정해 두고 생산된 제품에 대한 품질검사를 하여 그 측정결과를 타점했을 때 점이 관리한계선 안으로 들면 생산공정이 안정된 상태 또는 관리된 상태(under control)로 보고, 점이 선 밖으로 나가면 이상원인이 작동하고 있다고 보아 관리되지 않은 상태(out of control)로 보고 그 원인을 찾아 공정을 안정상태로 유지되도록 통제활동에 힘써야 한다.

| 그림 15-6 | 관리도의 원리

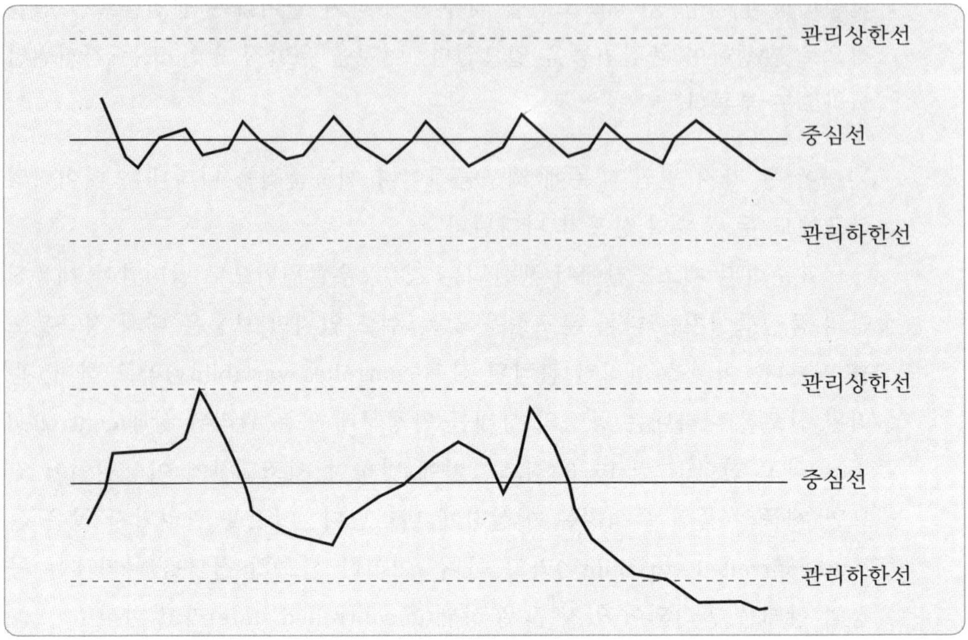

이와 같은 제조공정이 안정된 상태에 있는지 여부를 조사한다든가, 혹은 공정을 안정된 상태로 유지하기 위해서 사용하는 것이 관리도이다. 이 경우 그 용도에 따라 전자를 공정해석용 관리도, 후자를 공정관리용 관리도라 한다. 공정이 안정된 상태에 있을 경우에 품질변동의 분포는 정규분포를 이룬다. 품질데이터의 분포가 정규분포를 그릴 경우, 그 공정상태가 안정된 경우 데이터의 평균치로부터 3배의 표준편차 범위($\overline{X}\pm3\sigma$) 안에 들어가는 확률은 0.9973으로, 바꾸어 말해서 이 범위를 벗어나는 확률은 0.0027이다.

따라서 품질특성치의 표본평균이 일정한 범위($\overline{X}\pm3\sigma$)를 벗어나가는 확률은 0.0027이므로, 이 범위를 벗어나갔을 때 그 로트(lot)는 품질적으로 다른 것으로 생각하여도 무방하다는 것이다. 이 원리를 '슈하트의 3σ법'이라고 부른다. 이것은 관리한계선을 결정하는 데 사용되는 중요한 원리이기도 하다.

| 표 15-2 | 표준편차의 구간과 비율

구　간	구간 내에 들어가는 비율	구간 밖으로 나오는 비율
$\overline{X}\pm1\sigma$	68.27%	31.73
$\overline{X}\pm2\sigma$	95.45	4.55
$\overline{X}\pm1.96\sigma$	95.00	5.00
$\overline{X}\pm2.58\sigma$	99.00	1.00
$\overline{X}\pm3\sigma$	99.73	0.27

관리도의 종류

관리도는 작성되는 데이터의 종류에 따라 계량형 관리도와 계수형 관리도로 나뉘어진다. 즉 이용되는 데이터가 길이, 무게, 강도, 성분 등으로 계량치이면 계량형 관리도이고, 불량품 수(불량률) 또는 결점 수 등으로 계수치이면 계수형 관리도가 된다.

1) 계량형 관리도

계량형 관리도(control chart for variables)는 계량치의 품질특성에 관한 관리도로서, 온도, 압력, 인장강도, 중량, 치수 등이 양적으로 표현 가능한 대표적인 계량치라고 하겠다. 계수치와 비교할 때 계량치는 측정대상이 되는 품질특성에 대한 보다 많은 정보를 얻을 수 있는 장점이 있다. 그러나 측정기구나 장치의 구입유지비가 많이 들고, 측정에 필요한 인력과 시간이 많이 요구되는 것이 단점이라고 하겠다. 따라서 일반적으로 계량형 관리도에서 취급되는 표본의 크기는 계수형 관리도에서 요구되는 표본의 크기보다 매우 작다.

계량형 관리도에는 $\overline{X}-R$관리도, $\overline{X}-\sigma$관리도, $\overline{X}-R$관리도, X관리도 등이 있으며, 이들 중 가장 널리 사용되는 대표적인 것은 $\overline{X}-R$관리도이다. 이들 계량형 관리도는 정규분포이론을 적용한다.

2) 계수형 관리도

계수형 관리도(control chart for attributes)는 품질특성이 측정 불가능하여 불량 · 양호 또는 등급별로 분류되는 계수치에 적용되는 관리도이다. 계수형 관리도의 장점은 데이터의 수집이 용이하고 비용 및 시간이 적게 들며 생산공정 전반에 걸친 품질수준을 파악하는 데 효과적이고 여러 관리항목을 동시에 관리할 수 있다는 것이다. 그러나 계량형 관리도에 비하여 공정의 변화를 탐지하는 면에서는 그 민감도가 떨어지는 단점을 갖는다.

계수형 관리도에는 P관리도, Pn관리도, C관리도, U관리도 등이 있으며, 이들 중 가장 대표적인 것은 P관리도이다. 이들은 품질특성에 따라 P관리도와 Pn관리도는 이항분포의 이론을 적용하며, C관리도와 U관리도는 포아송분포의 이론을 적용한다.

관리도의 적용절차

관리도는 공정의 해석이나 관리에 사용됨으로써 큰 효과를 올려주고 있음은 앞에서도 말하였다. 관리도를 사용하여 공정을 관리하는 절차는 다음과 같다.

① 관리특성치, 즉 관리항목(제품 혹은 중간제품의 품질특성일 수도 있고 아닐 때도 있다)을 결정한다.

② 사용할 관리도의 종류를 결정한다.

③ 데이터를 수집하여 관리도를 작성한다.

④ 공정관리를 위한 관리용 관리도의 결정을 한다.

⑤ 데이터를 타점한다.

⑥ 공정을 관리한다.

⑦ 관리선을 재계산한다.

샘플링검사(acceptance sampling)

샘플링검사란 로트로부터 임의로 하나 또는 그 이상의 표본을 추출하여 검사한 다음, 그 검사결과에 따라 전체 로트의 수용 여부를 결정하는 통계적 품질관리기법이다. 이러한 유형의 검사는 고객이 공급자가 품질규격을 충족시키고 있는지를 확인하기 위하여 사용할 수도 있고 또한 생산자가 제품을 출하하기 전에 제품이 품질표준을 충족시키고 있는지를 확인하기 위해 사용하기도 한다.

샘플링검사는 계수치에 의한 계수형 샘플링검사(acceptance sampling by attributes)와 계량치에 의한 계량형 샘플링검사(acceptance sampling by variables)로 구분된다.

1) 계수형 샘플링검사

① **1회 샘플링검사**: 1회 샘플링검사법(single sampling plan)에서는 크기 N의 로트로부터 표본크기 n의 표본을 1회만 추출하여 검사한 다음, 그 결과에 의하여 로트의 합격 · 불합격 여부를 결정한다. 즉,

n=표본의 크기($n \leq N$)
c=합격판정개수(acceptance number)
x=표본에서 발견되는 불량품의 수로 정의하면 의사결정은 다음과 같이 이루어진다.

만일 $x \leq c$ 면 그 로트는 합격이고,
$x > c$ 면 그 로트는 불합격이다.

예를 들어, 10,000개로 이루어진(즉, N=10,000인) 어떤 로트에서 무작위로 100개(n=100)를 샘플로 뽑아 검사하였더니 불량품이 3개(x=3)였다고 하자. 만일 합격판정개수가 c=2개라면 $x=3>c=2$이므로 이 로트는 불합격이 된다.

1회 샘플링검사법은 n과 c의 값에 의해 완전히 규정되므로 문제는 n

과 x의 값을 어떻게 결정하느냐이다. n과 x의 값은 제품의 생산자와 소비자의 목표를 계량적으로 나타내는 4개 요인의 상호작용에 의해 결정된다.

생산자의 목표는 좋은 품질의 로트가 불합격되는 확률이 낮도록 샘플링검사계획을 수립하는 것이다. 여기서 로트는 불량률이 미리 정해진 합격품질수준(AQL: acceptable quality level) 이하이면 좋은 것으로 정의된다. 그러나 전수검사가 아닌 샘플링검사에서는 로트의 불량률이 AQL이하일 때도 불합격될 수가 있다. 이와 같이 좋은 품질의 로트가 불합격될 확률을 α라 하며, 이는 좋은 로트가 불합격될 위험이므로 생산자위험(producer's risk) 또는 제1종의 오류(type I error)라고 한다. 즉, α는 다음과 같이 정의된다.

α=불량률이 AQL일 때 로트를 불합격시킬 확률

한편 소비자의 목표는 품질이 나쁜 로트를 합격시킬 확률이 낮도록 샘플링검사계획을 수립하는 것이다. 로트는 불량률이 미리 정해진 로트허용불량률(LTPD: lot tolerance percent defective) 이상이면 나쁜 것으로 정의된다. 따라서 로트의 불량률이 LTPD 이상이면 불합격되어야 한다. 그러나 전수검사가 아닌 샘플링검사에서는 로트의 불량률이 LTPD 이상이더라도 합격될 가능성이 있다. 이와 같이 나쁜 품질의 로트가 합격될 확률을 β라고 하며, 이는 다음과 같이 정의된다.

β=불량률이 LTPD일 때 로트가 합격될 확률

β는 제2종의 오류(type II error) 또는 나쁜 로트가 합격될 확률이므로 소비자위험(consumer's risk)이라고도 한다.

다음의 [표 15-3]은 1회 샘플링검사법에서 $\alpha=0.05$, $\beta=0.10$일 때 AQL과 LTPD에 따른 n과 c의 값을 나타내고 있다.

AQL, α, LTPD 및 β의 값은 경제적 고려에 의하여 결정된다. 즉, 좋은 로트를 불합격시키는 비용이 크면 제1종의 오류를 통제하기 위해 값을 작게 해야 하며, 반면에 나쁜 로트를 합격시키는 비용이 크면 제2종의

오류를 통제하기 위해 β값을 작게 해야 한다.

AQL, α, LTPD 및 β의 값이 주어지면 통계적 이론을 이용해 표본크기 n과 합격판정개수 c의 값을 구할 수 있다. 현실적으로는 통계적 방법을 적용하여 미리 만들어 놓은 표를 이용하여 n과 x의 값을 구한다. 예를 들면, [표 15-3]은 일반적으로 많이 사용되는 $\alpha=0.05$, $\beta=0.10$일 때의 n과 c의 값을 찾는 표이다.

이 표를 이용하여 n과 x의 값을 구하는 예를 하나 들어 보자.

한국전자(주)는 자사의 생산제품에 들어가는 인쇄회로기판(PCB: Printed circuit board)을 한 업체로부터 납품을 받고 있다. 이 업체는 AQL=2%로 PCB를 생산하고 있으며, 생산자위험 $\alpha=0.05$를 감수하고 있다. 한국전자(주)는 납품을 받을 때 1회 샘플링검사법에서 LTPD=8%, $\beta=0.10$을 규정하고 있다. 이 납품업체로부터 대규모의 로트로 납품이 되었을 때 1회 샘플링검사의 n과 c의 값을 구하라.

이 문제의 경우 $\alpha=0.05$, $\beta=0.10$이므로 [표 15-3]에서 AQL=2%가 속하는 행과 LTPD=8%가 속하는 열이 만나는 값을 읽으면 $n=100$,

표 15-3 | 1회 샘플링검사법에서 $a=0.05$, $b=0.10$일 때 AQL과 LTPD에 따른 n과 c의 값

LTPD(%)	4.51-5.60		5.61-7.10		7.11-9.00		9.01-11.2		11.3-14.0		14.1-18.0		18.1-22.4	
AQL(%)	n	c	n	c	n	c	n	c	n	c	n	c	n	c
0.451-0.560	80	1	60	1	60	1	50	1	15	0	15	0	10	0
0.561-0.710	100	2	80	1	50	1	50	1	40	1	10	0	10	0
0.711-0.900	100	2	80	2	50	1	40	1	40	1	30	1	7	0
0.901-1.12	120	3	80	2	60	2	40	1	30	1	30	1	25	1
1.13-1.40	150	4	100	3	60	2	50	2	30	1	25	1	25	1
1.41-1.80	200	6	120	4	80	3	50	2	40	1	25	1	20	1
1.81-2.24	300	10	150	6	100	4	60	3	40	2	30	2	20	1
2.25-2.80			250	10	120	6	70	4	50	3	30	2	25	2
2.81-3.55					200	10	100	6	60	4	40	3	25	2
3.56-4.50							150	10	80	6	50	4	30	3
4.51-5.60									120	10	60	6	40	4

$c=4$가 된다. 따라서 서진전자(주)는 납품업체로부터 들어오는 PCB의 로트에서 100개를 샘플로 추출하여 검사한 후 불량품의 수가 4개 이하이면 그 로트를 합격시키고 그렇지 않으면 불합격시키면 된다.

② **2회 및 다회 샘플링검사**: 2회 샘플링검사법(double sampling plan)에서는 첫 번째 표본을 추출하여 검사한 다음 불량품의 수가 미리 정해진 하한 이하이면 그 로트를 합격시키고, 불량품의 수가 미리 정해진 상한 이상이면 불합격시키며, 불량품의 수가 하한보다는 크고 상한보다는 작으면 두 번째 표본을 추출한다. 두 번째 표본의 검사 결과 누적불량품의 수(즉, 첫 번째와 두 번째 표본에서 나온 총불량품의 수)가 미리 정해 놓은 판정개수 이하이면 합격, 이를 초과하면 불합격시킨다.

따라서 2회 샘플링검사법에서는 첫 번째 표본의 크기(n_1), 첫 번째 표본의 합격판정개수(c_1) 및 불합격판정개수(r_1), 두 번째 표본의 크기(n_2) 그리고 양 표본에 대한 총허용불량품수(c_2)가 결정되어야 한다. 예를 들어, $n_1=25$, $c_1=1$, $r_1=4$, $n_2=20$, $c_2=4$라고 하자. 그러면 이 2회 샘플링검사법은 다음과 같이 운용된다. 먼저 첫 번째 표본으로 25개를 로트에서 추출하여 검사한 다음 불량품이 1개 이하이면 그 로트를 합격시키고 불량품이 4개 이상이면 불합격시킨다. 만약 불량품의 수가 2개 또는 3개이면 두 번째 표본으로 20개를 뽑는다. 이 두 번째 표본을 검사한 다음 첫 번째 표본과 두 번째 표본에서 나온 총불량품의 수가 4개 이하이면 합격, 4개보다 크면 불합격시킨다.

2회 샘플링검사법의 원리는 그대로 3회, 4회, …… 등의 다회 샘플링검사법(multiple sampling plan)에 확장 적용될 수 있다. 다회 샘플링검사법에서는 매회의 표본의 크기와 누적불량품 수의 상·하한을 정한다. 다만 최종회에 대해서는 단 하나의 판정기준이 되는 누적불량품의 수만 정한다. 다회 샘플링검사법에서는 매회 표본을 추출하여 검사한 다음 그 때까지의 누적불량품의 수가 그 표본까지에 해당하는 하한 이하이면 그 로트를 합격시키고, 상한 이상이면 더 이상 표본을 추출하지 않고 그 로트를 불합격시키며, 하한보다는 크고 상한보다는 작으면 다음 회의 표본을 추출한다. 따라서 최악의 경우에는 정해진 최종회까지 표본을 추출하여 합격 · 불합격

여부를 판정하게 된다.

③ **축차 샘플링검사:** 축차 샘플링검사법(sequential sampling plan)은 파괴검사나 고가품 및 공급부족품의 검사시 정확도를 유지하면서도 가장 적은 수의 제품을 검사하는 방법이다.

축차 샘플링검사법에서는 로트로부터 한 번에 한 개씩 추출하여 검사해 나간다. 따라서 이 검사법에서는 매번 한 개씩의 검사결과가 누적되며, 의사결정은 다음과 같다. ① 누적불량품의 수가 누적검사개수에 대한 일정한 상한(불합격영역)에 도달하면 불합격, ② 누적불량품의 수가 누적검사개수에 대한 일정한 하한(합격영역)에 도달하면 합격, ③ 누적불량품의 수가 누적검사개수에 대한 불합격판정 수보다는 작고 합격판정 수보다는 크면 검사를 계속한다.

축차 샘플링검사법에서 합격 · 불합격을 판정하는 영역의 한계선은 생산자위험(α), 소비자위험(β), 그리고 특정한 검사결과를 얻고자 하는 제품의 품질수준이 주어지면 통계적 이론에 의해 결정된다.

2) 계량형 샘플링검사

계량형 샘플링검사는 측정치가 연속적인 값을 갖는다는 점만 제외하면 계수형 샘플링검사와 원리는 마찬가지이다. 즉, 표본에 포함되는 모든 품목들의 품질특성치를 측정한 다음 이들의 평균치를 계산한다. 이 표본평균치가 미리 정해진 기준치를 충족시키면 그 로트를 받아들이고 그렇지 않으면 거부하게 된다. 품질이 연속변수로서 측정되는 경우에는 계량형 샘플링검사가 적합한 기법이 된다.

Chapter 16

보전 관리

제16장

보전관리

16.1 보전관리의 의의 및 목적

현대기업의 생산시스템에서 자동화와 컴퓨터를 활용하는 기계화가 확산됨에 따라 제조공정이 보다 다양해지고, 설비투자 및 정보의 누출이 심하여 생산의 보호와 공장의 기계를 유지하고 보수하는 것이 더욱 중요하게 부각되었다. 설비보전(maintenance)은 기계설비 및 기타 자산들을 정상적인 상태로 유지하는 활동을 말하는 것으로, 설비의 효율적인 관리는 고장나기 이전에 계획적으로 복원시키는 것을 원칙으로 하여 경제적인 효과를 낼 수 있는 관리체계를 수립하여 실행하는 것이라 할 수 있는 것이다.

설비에 대한 보전이 완전하지 못하면 제조업체에서의 작업이 불완전하게 되고 기계의 고장과 효율성이 떨어지게 되어 불량된 제품을 생산하고 기업으로 하여금 막대한 비용과 신뢰의 결여문제가 발생하게 된다. 보전이라는 의미는 제조업체에서의 생산공정에 사용되는 기계설비만을 고려하기 쉬운데, 인적자원도 소모되고 고장을 일으킬 수 있으므로 보전활동이 필요하게 된다.

보전관리(maintenance management)란 생산시설 및 장비를 바람직한 운용 상태로 유지시켜 나가려는 모든 노력이다. 또한 생산활동에 필요한 장비를 정상적으로 운영해 나가기 위해서는 정비가 필요한데 정비에는 예방정비와 수리정비로 나누어진다.

설비의 보전은 좋은 품질의 제품을 생산하는 데 매우 중요하다. 또한 제품의 신뢰도는 품질을 결정짓는 한 요소이다. 또한 보전(maintenance)이란 설비 또는 기타 자산들을 잘 가동될 수 있는 상태로 유지하기 위한 제반 활동을 말한다. 잘못 보전된 설비는 가동시 고장의 위험이 클 뿐만 아니라 지체, 유휴시간, 제품의 불량 등을 초래하여 많은 비용을 발생시킨다. 흔히 보전이라 함은 설비의 정비, 낡은 부품의 교체, 긴급수리 또는 건물의 유지 · 보수를 연상시킨다. 물론 이들이 보전의 주된 내용이긴 하지만 인적자원 역시 소모되고 고장을 일으킬 수 있으므로 보호와 보전이 필요하다. 휴가, 교육 프로그램, 사내 의료시설 등은 모두 인적 자원에 대한 보전활동인 것이다. 따라서 본질적으로 보전활동이란 어떤 자산을 만족스러운 가동상태로 유지하거나 복원시키는 것을 목적으로 하는 제반 활동을 모두 포함한다. 한편 보전관리의 목적으로는 다음과 같이 나타낼 수 있다.

① 장비의 상태가 좋지 못함에 따른 생산시간 및 비용 손실의 최소화
② 정비 노력에 따른 생산시간 및 비용 손실의 최소화
③ 정비 요원 및 장비의 효율적인 활용
④ 투자자본을 지키고 투자효과 증대를 위해 자산의 수명 연장이 보전관리의 목적이라고 말할 수 있다.

16.2 예방보전과 고장보전

보전활동은 보통 예방보전(preventive maintenance)과 고장보전(breakdown maintenance) 혹은 수리정비(corrective maintenance)로 구분된다.

예방보전이란 고장이 나기 전에 실시하는 일상적인 검사나 서비스와 같은 보전활동을 말한다. 예방보전은 큰 가동문제를 사전에 방지할 수 있도록 잠재적인 고장요인들을 파악하여 소폭의 조정이나 수리를 하도록 계획된다.

고장보전이란 보통 긴급의 성격을 띠며, 설비나 장비를 고장이 날 때까지 사용하고 고장이 나야만 수리, 교체 또는 완전 분해수리를 하는 보전활동을 말한다.

따라서 설비가 고장이 나기 전에 보전을 하느냐(예방보전), 또는 고장이 난 후에 수리를 하느냐(고장보전)가 중요한 의사결정이 된다.

예방보전

예방보전(preventive maintenance)이란 장비를 바람직한 운용 상태로 유지하고 고장 가능성을 줄이기 위해 고장 발생 전에 이루어지는 정비활동을 말한다. 또한 예방정비는 생산정비(productive maintenance)라고도 하며, 다음과 같은 활동들이 포함된다.

① 요구되는 신뢰도를 갖는 장비 및 시스템의 설계, 선정 및 설치

② 고장을 피할 수 있도록, 시설 및 장비의 상태를 점검하는 주기적 검사 및 기록 유지

③ 운용상태의 유지를 위해서 적절한 윤활유 주입, 페인팅, 청소 및 조정

④ 고장이 없어도 주기적 · 반복적인 정비(servicing), 수리 또는 분해검사 (overhaul)

고장보전 혹은 수리정비

고장보전(breakdown maintenance) 혹은 수리정비(corrective maintenance)란 시설 및 장비가 고장이 난 후에 정상적인 운용 상태로 복구하려는

노력들을 말한다. 또한 고장보전(breakdown maintenance)을 치유정비(remedial mainte-nance)라고도 한다.

그리고 효과적인 예방보전을 위해서는 잘 훈련된 보전인력, 정기적인 검사와 서비스, 그리고 정확한 기록시스템이 요구된다. 경영자는 보전활동(연간, 월간 또는 일간)의 일정계획을 수립함으로써 숙련된 보전기술자를 잘 활용할 수 있을 뿐만 아니라 생산시간의 손실도 줄일 수 있다. 검사기록시스템에는 반드시 설비의 명세, 검사항목, 수리빈도, 비용 및 예비부품의 유무에 관한 정보가 포함되어야 한다. 오늘날에는 전산화된 자료파일(data file)을 이용함으로써 이러한 기록들을 보다 완벽하게 할 수 있고 또한 이러한 기록들에 쉽게 접근할 수 있다.

16.3 보전비용

설비의 고장은 작업자와 기계의 작업을 중단시켜 생산시간의 손실 및 생산일정의 지연을 초래하며 많은 수리비를 발생시킨다. 이러한 설비의 고장에 따르는 비용을 고장보전비용(breakdown maintenance cost)이라 한다. 한편 검사, 서비스, 사전에 계획된 수리 및 정비 등 예방보전에 따르는 비용을 예방보전비용(pre-ventive maintenance cost)이라 한다.

[그림 16-1]에서 보는 바와 같이 예방보전활동이 커짐에 따라 예방보전비용은 증가하지만 고장보전비용은 감소한다. 따라서 예방보전활동의 최적정도는 고장보전비용과 예방보전비용을 합한 총보전비용의 최소점에서 결정된다([그림 16-1]에서 M점).

예방보전활동의 최적수준은 이론적으로는 쉽게 정의되지만, 현실적으로 최적수준을 찾기 위해서는 예방보전활동과 고장보전활동에 관련된 여러 가지 비용에 대한 상당히 많은 정보가 필요하다. 이러한 정보에는 고장의 발생확률과 소요되는 수리시간이 포함된다. 비록 이러한 자료는 언제나 쉽게 얻어질 수 있는 것은 아니지만 좋은 보전기록은 고장의 확률분포와 수리시간을 추정하는 데 상당히 도움이 된다.

| 그림 16-1 | 보전관리비용곡선

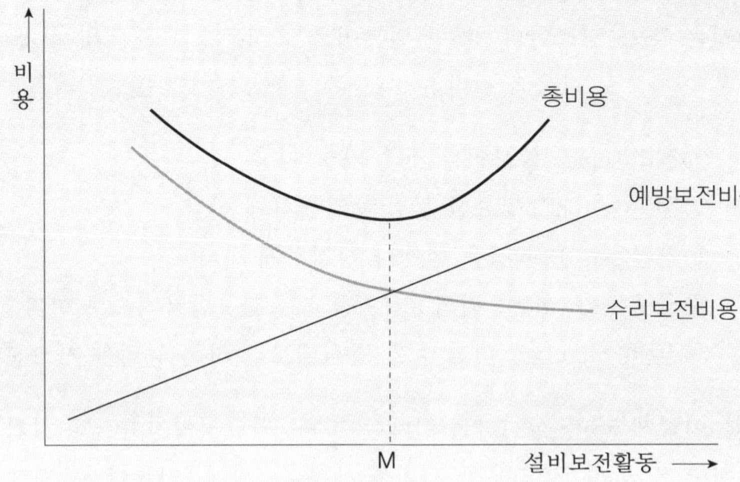

16.4 TPM의 의의

TPM이란 총체적 예방정비(TPM: total preventive maintenance) 혹은 총체적 생산정비(total productive maintenance) 접근법이라고도 하는데 작업자 중심의 접근법으로부터 출발한다. 작업자(operator)들이 기계 및 공정의 주인의식을 갖도록 하자는 개념이다. 그리고 정비부는 기계의 보다 기술적인 전문 진단, 분해검사(overhaul)의 실행 및 감사 등을 담당하면서 뒤를 받쳐주는 후원자의 역할을 한다. 또한, 전사적 품질관리는 설비의 고장을 사전에 예방 · 방지에 주력하는데, 이것을 일본에서는 TPM이라고 한다. 즉, TPM은 전원참가의 설비보전을 말한다.

일본 공장보전협회는 TPM을 다음과 같이 정의하고 있다. "TPM이란 설비의 전체 내용 연도에 관련된 예방적인 종합적 보전시스템에 의해 설비의 유효성을 최대한으로 하는 것을 목표로 한다." 또, Ho(1994)는 TPM의 기본적인 기능을 다음과 같이 설명하였다. 장비의 고장을 줄이고, 양적 · 질적으로 장비의 능력을 제고시키고, 안전 · 보건 · 환경요인을 개선하여 질과 이윤을 높이고, 소그룹의 활동과 예방을 활용하는 것이다. 그리고 TPM의 목표는 공장과 설비의 생산성을 높이는 데 있다. 또한, TPM에서는 5S를 강조한다. 5S란 일본어로 표시된 5개 단어의 첫 글자를 따서 나온 이름으로 다음과 같다.

① 정리(seiri): 쓸모없는 것은 버린다.
② 정돈(seiton): 필요한 물건을 간결하게 한다.
③ 청결(seiso): 직장을 언제나 청결하게 한다.
④ 표준화(seisuke): 위의 3가지를 지속적 · 반복적으로 한다.
⑤ 훈련(shitsuke): 따라야 할 방식대로 일하는 능력을 가르친다.

이렇게 5S를 실시하는 단계는 첫째, 최고경영자를 참여시키고 자신을 준비한다. 둘째, 촉진운동 계획을 세운다. 셋째, 기록한다. 넷째, 5교육을 시킨다. 다섯째, 평가한다.

또한 이렇게 TPM을 실시하는 목적은 ① 철저한 예방정비 ② 분해검사 ③ 고장배제를 추구한다.

16.5 작업자중심 정비

작업자중심 정비(operator-centered maintenance)는 TPM 접근법의 핵심이다. 작업자가 정비부의 임무를 떠맡는다. 작업자들은 윤활유는 어디에 주입하고, 어떤 윤활유를 사용해야 하며, 얼마나 자주 주입하여야 하는가 등 장비의 일상점검 사항을 교육받는다. 그리고 정비를 위한 간단한 기계점검 방법 및 수리 등을 배운다.

① 수리를 외부전문가에 의존하게 되면, 자기가 사용하는 장비를 잘 이해하지 못하게 되어 단순한 수리조차도 못하고, 품질 저하를 가져오는 장비의 성능악화의 징후도 깨닫지 못하게 된다. 장비가 고장이 나면 정비요원이 올 때까지 기다려야 하고, 그 동안 생산은 중단된다. 적시생산에서

는 더욱 그렇다.

② 작업자중심 정비는 자동화 및 로봇의 경우에도 더욱 보편화될 것이다.

16.6 정비부

종업원이 정비에의 관여도가 높다 하더라도, 정비부는 여전히 필요하다. 정비부는 순수 정비기능뿐만 아니라 생산자원 수명주기상의 다른 세 단계(획득, 전개 및 처분)도 수행한다. 주요 세 기능은 계획(planning), 설계(design) 및 운영(operations)이다.

또한 정비기능에는 보호서비스, 예방정비, 수리(분해검사 포함), 그리고 기계장치 정비 및 간단한 제작 등의 네 가지 유형으로 구성된다. 앞의 두 기능은 정기정비(periodic maintenance)의 범주에 속하고, 뒤의 두 기능

그림 16-2 정비부(maintenance department)의 조직

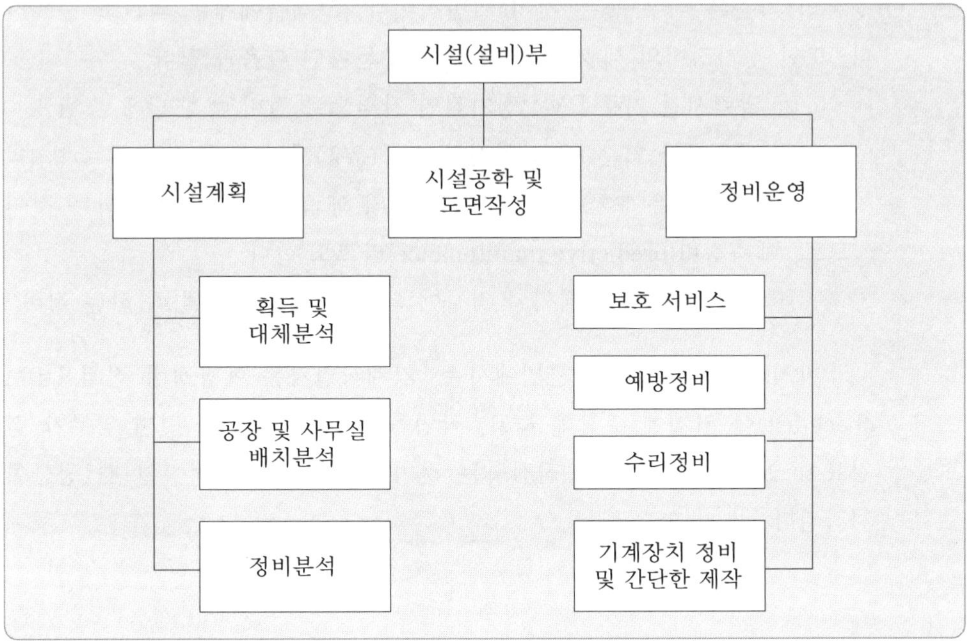

은 비정기 정비(irregular maintenance)에 속한다.

16.7 정기정비

수리정비는 필수이지만 예방정비를 주기적으로 시행하는 정기정비(periodic maintenance)는 선택이다. 정기정비는 반드시 수행되어야만 하는 것이 아닐지라도, 적어도 다음 두 가지 이유로 인해 가치가 있다.

① 정기정비는 수행할 사람의 가용성에 맞게 일정계획을 세울 수 있다. 그러나 고장수리는 정비요원을 압도할 정도로 무더기로 나타날 수 있다.

② 정기정비는 작업중단을 미리 막아줄 수 있다.

• 정기정비의 한 형태인 보호 서비스(custodial services)는 일반적으로 정비부서 내에 속한다. 어떤 기업들에서는 TPM 개념에 기계작업자와 조립작업자가 그의 작업장을 청소하도록 하는 것까지 포함된다. 제품품질과 기계작업이 오물과 오점으로 더렵혀지지 않도록 하기 위해서, 청결과 정돈의 기준은 매우 높은 것이 일반적이다. 고객들에게는 외관도 중요하다. 또한 정기정비의 세 가지 유형을 예로 든다면 다음과 같다.

㉮ 달력시간 기준 PM: 정기적인 간격으로 정비(예 한 달에 한 번 등)

㉯ 이용시간 기준 PM: 일정한 가동(운용)시간 후에 정비(예 주행거리 5,000㎞마다 윤활유 교환). 고장이나 마모의 예측시간 전에 정비하는 것이므로, 예측정비(predictive maintenance)라고도 한다.

㉰ 검사기준 PM: 계획된 검사에 의해 이상이 발견될 때 하는 정비

마지막으로 TPM 접근법에서는, 기계작업자는 예방정비 점검표(PM check-list)를 기계에 부착해 놓고, 작업을 시작할 때의 첫 번째 임무가 점검표에 있는 모든 항목을 점검하는 것이다. 모든 것이 정상일 때 생산이 시작된다.

16.8 속도조절

기계도 사용자가 원할 때 제대로 작동하려면, 무리해서 가동해서는 안 되고, 점검하고 수리할 시간을 가져야만 한다. 그리고 TPM 원리는 기계 및 생산라인을 평가된 능력보다 낮은 수준으로 또는 일반적인 운용조건보다 나은 상태에서 가동하는 것이다. 이 원리를 속도조절(derating)이라 한다.

16.9 예방정비시간

TPM에서는 속도를 낮추는 것 외에도 기계를 점검하고 수리할 수 있는 충분한 예방정비시간이 필요하다. 기계를 밤낮으로 가동한다면, 예방정비 요원들은 장비를 점검하고, 닦고, 조이고, 기름치며, 부품을 교체하고, 청소하는 등의 예방정비를 할 시간을 가질 수 없다.

아주 고가의 기계라면, 정비시간도 없이 밤낮으로 완전 가동하려는 경향이 있다. 장치산업의 경우에도 그렇다. 제철소에서는 재가열 비용이 지대하기 때문에 일상정비를 위해 용광로를 끌 수가 없다. 이런 특별한 경우를 제외하고는 단지 한 시간만이라도 일상정비를 위해 가동을 중단하는 것이 보편화되고 있다.

16.10 집단교체

예방정비(preventive maintenance)와 수리정비(corrective maintenance)의 수준 결정에 있어서 교체부품의 경우에 이러한 결정은 비용분석을 통해서 이루어질 수 있다. 즉, 주기적으로 전체의 구성품을 교체하는 집단교체(group replacement)의 비용과 고장날 때 하나씩 교체하는 비용을 분석한다. 그리고 기계를 교체하는 것은 자본획득의 문제이지만, 기계의 부품을 교체하는 것은 정비의 문제이다.

고장의 발생양상

구성품의 운용수명 중에 나타나는 보편적인 고장확률의 세 가지 유형은 아래의 [그림 16-3]과 같다.

그림 16-3 구성품의 수명기간 중 고장확률

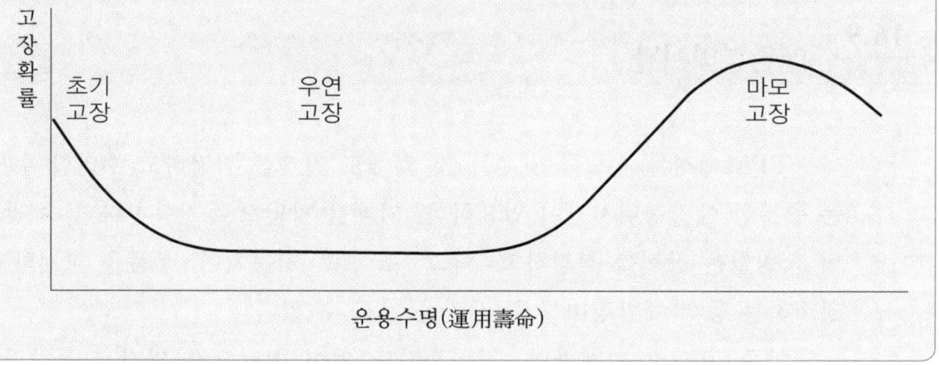

16.11 예비장비

만일의 경우에 대비하여, 예비부품이나 예비시설(standby equipment)을 유지해야만 한다. 그리고 시간당 기계의 고장 건수는 포아송분포(Poisson distribution)를 따르는 확률변수라고 알려져 있다.

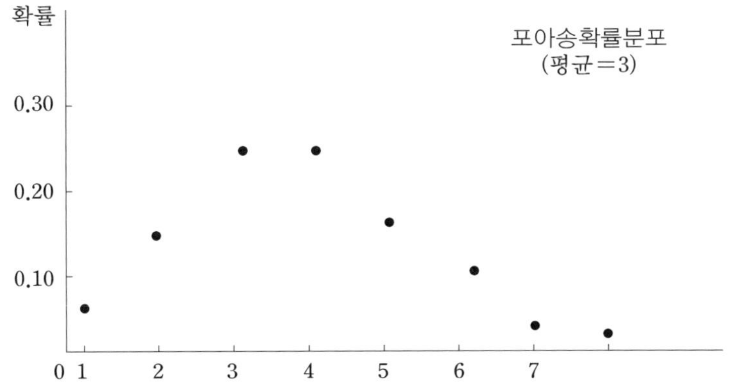

확률
포아송확률분포
(평균=3)
0.30
0.20
0.10
0 1 2 3 4 5 6 7

Chapter 17

JIT (적시생산시스템)

제17장

JIT(적시생산시스템)

본 장에서는 반복생산에 적용되는 일본의 적시생산시스템(JIT: just-in-time production system)을 살펴보기로 한다. JIT시스템은 단순한 재고통제의 차원을 넘어 반복생산의 전체 시스템과 관련되기 때문에 일종의 생산이념 내지는 생산철학이라고 할 수 있다. 한마디로 말해, JIT시스템은 적정한 부품을 적시 · 적소에 제공함으로써 생산활동에 있어 모든 낭비의 근원을 제고하고자 하는 생산관리시스템이다. 따라서 부품은 생산요구에 맞추어 적시에 생산된다. 이에 따라 JIT시스템은 재고의 감소, 비용절감 및 품질향상을 가져온다.

본 장에서는 먼저 JIT시스템의 이념과 구성요소들을 상세히 살펴본 다음, JIT시스템을 MRP시스템과 비교해 보기로 한다. 물론 JIT시스템은 단순한 재고관리의 차원을 넘는 넓은 개념이지만 본 장에서는 MRP시스템의 대안으로서 JIT시스템을 설명하고자 한다. 또한 본 장에서는 JIT시스템에서 얻어지는 구체적인 결과들과 JIT시스템으로부터 최대한의 혜택을 얻기 위한 JIT시스템의 실행방법도 설명될 것이다.

17.1 적시생산시스템의 이념

JIT시스템은 일본의 도요타자동차 회사에 의해 개발되어 1970년대 중반 일본에서 보편화되었으며, 미국에서는 1980년대에 들어와 자동차 및 전자산업에 도입되기 시작하였다. 우리나라 기업의 경우에도 자동차 및 전자업계를 중심으로 JIT시스템의 일부 요소(예를 들면, 부품 및 재공품의 라인 직접공급방식, 라인스톱제, 혼류생산 등)가 도입되어 있다.

JIT시스템의 뿌리는 일본이 처한 환경에서 비롯된다. 국토가 좁고 천연자원이 부족하기 때문에 일본인들은 낭비를 줄이려고 노력하게 되었다. 일본인들은 폐기물(scrap)과 재작업(rework)을 낭비로 생각하며, 따라서 완전한 품질을 추구한다. 그들은 또한 재고는 공간의 낭비를 가져오며 유용한 자재를 묶어 두는 것이라고 생각한다. 한마디로 제품의 가치에 공헌하지 않는 것은 모두 낭비라고 보는 것이다.

낭비의 제거뿐 아니라 JIT시스템은 작업자의 능력을 최대한 이용한다. JIT시스템에서 작업자는 다음 생산공정에 필요한 좋은 품질의 부품을 적시에 생산할 책임을 지고 있다. 만일 이 책임을 수행할 수 없는 사정이 발생하면 작업자는 곧 생산공정을 중단시키고 도움을 요청해야 한다. 작업자는 이와 같은 생산에 있어서의 책임뿐만 아니라 생산공정을 개선할 책임도 아울러 지고 있다. 품질분임조(quality circle), 제안제도(suggestion system) 및 기타 형태의 참여를 통하여 작업자들은 생산공정의 개선을 꾀한다. 따라서 전통적인 생산관리시스템과는 달리 JIT시스템은 작업자에게 훨씬 더 많은 능력을 요구한다.

JIT시스템의 궁극적인 목적은 비용절감, 재고감소 및 품질향상을 통한 이익과 투자수익률의 증대에 있다. 이러한 목적은 낭비를 제거하고 작업자를 생산공정에 더 많이 참여시킴으로써 달성된다. 어떻게 낭비를 제거하고 작업자를 생산공정에 더 많이 참여시키는가는 다음에서 보다 상세히 설명될 것이다.

JIT시스템은 주로 반복생산에 사용된다. 반복생산이란 표준화된 제품을 대량으로 생산하는 생산형태이다. 물론 JIT시스템의 일부 개념들은 비반복적인 소규모 개별로트생산(job lot production)에도 적용이 가능하나, JIT시스템의 주요 적용분야는 자동차, 전자제품, 기계, 기구, 오토바이(motorcycle) 등과 같은 반복생산형태를 취하는 산업이다.

17.2 적시생산시스템의 요소

JIT시스템을 상세히 고찰하기에 앞서, 우선 이 시스템이 전체적으로 어떻게 운용되는지를 주일정계획으로부터 시작하여 생산공정과 납품업자(vendor)에 이르기까지 간단히 살펴보기로 한다.

JIT시스템에서 주일정계획 또는 최종조립계획(final assembly schedule)은 작업장과 납품업자들이 나름대로의 작업계획을 세울 수 있도록 향후 1개월에서 3개월까지의 기간을 대상으로 수립된다. 그리고 매월의 주일정계획은 일(日) 기준으로 균등화된다. 즉, 주일정계획은 각 제품이 1개월 동안 매일 동일한 양씩 생산되도록 수립된다. 더욱이 주일정계획은 자체공장과 납품업자의 부하가 매일 정정하도록 작은 로트(로트크기가 1인 경우가 가장 이상적임)로 수립된다. 이와 같이 주일정계획을 수립함으로써 모든 하위작업장과 납품업자에 대한 수요가 거의 일정하게 된다.

JIT시스템에서는 생산허가와 자재이동을 위한 방법으로서 칸반시스템(kanban system)을 사용한다. 칸반시스템은 두 종류의 카드(card), 즉 생산칸반과 인출칸반, 그리고 컨테이너(container)로 구성된 단순한 생산통제시스템으로서 본 장의 뒤에서 보다 상세히 설명될 것이다. 이 시스템에서는 한 작업장에서 생산되는 부품들은 조그만 컨테이너에 담겨지며, 단지 일정한 수의 컨테이너만이 사용된다. 모든 컨테이너가 채워지면 기계의 가동을 중지하고, 다음 작업장이 가져간 부품을 생산하지 않는다. 따라서 재공품재고는 사용되는 총 컨테이너의 수에 의해 제약되며, 부품은 단지 필요할 때에만 공급된다. 이와 같은 방식으로 부품은 최종조립계획에 의한 생산요구에 따라 한 작업장에서 다음 작업장으로 적시에 흘러가게 된다.

만일 기계고장이나 품질문제로 어떤 생산공정이 중단되면 모든 선행생산 공정도 부품컨테이너가 모두 채워지며 자동적으로 생산을 중단하게 된다.

JIT시스템에서는 될 수 있는 대로 로트크기를 줄이려고 하며, 이상적으로는 로트크기 1로 생산하고자 한다. 로트크기를 축소하기 위해서는 고정비의 성격을 가진 생산준비비용(set-up cost)을 줄여야 한다. 이를 위해 JIT시스템에서는 생산준비시간(set-up time)을 최대한(이상적으로는 0까지) 줄인다. 생산준비시간이 단축되면 경제적 로트크기와 생산소요시간(production lead time)이 줄어들며, 이에 따라 재고수준도 줄어들게 된다. 이와 같이 기계의 생산준비시간의 단축은 JIT시스템의 성공에 필수적인 요소이다. 짧은 생산소요시간과 낮은 재공품재고로 JIT시스템은 주일정계획의 변경에 훨씬 더 유연성을 갖게 된다.

JIT시스템에서는 신속한 생산교체와 작은 로트를 위해 다기능작업자가 요구된다. 작업자를 기계간에 전환배치하고 작업자 스스로 기계의 가동준비와 정비를 할 수 있도록 작업자를 여러 분야에 걸쳐 교육시킨다. 즉, JIT시스템은 전통적인 제조방식에 비해 작업자에게 보다 넓은 범위의 기술을 요구한다. 나아가 JIT시스템에서는 문제를 덮어 줄 수 있는 재고가 없기 때문에 JIT시스템은 작업자에게 다양한 기술뿐만 아니라 보다 강한 팀워크(teamwork)와 조정을 요구한다. 따라서 JIT시스템에서는 생산시스템 전체가 작업자에 의해 보다 면밀히 조정되어야 한다.

JIT시스템에서는 재고를 공정 사이의 저장실에 보관하지 않고 현장바닥에 두기 때문에 공장의 설비배치가 상당히 다르다. 재고는 다음 공정이 쉽게 이용할 수 있도록 바로 현장에 놓여진다. JIT시스템에서는 재고수준이 (단지 몇 시간분 정도로) 낮기 때문에 필요한 저장공간이 줄어들고 따라서 공장의 크기도 작아지게 된다.

품질은 JIT시스템에 있어서 절대적으로 중요한 요소이다. 불량은 낭비를 초래할 뿐만 아니라 생산공정을 중단시킨다. 실수를 덮어 줄 재고가 없기 때문에 JIT시스템은 완전한 품질을 요구한다. 그러나 불량은 다음 공정에서 빨리 발견되므로 JIT시스템은 매우 좋은 품질을 가져오게 한다. 문제가 발생하면 생산라인이 중단되므로 품질문제는 즉시 공장 전체적은 관심을 모은다. JIT시스템은 재고로 문제를 덮어 두기보다는 문제를 노출시켜 바로 시정되도록 설계되어 있다.

결과적으로 JIT시스템은 납품업자와의 관계를 근본적으로 변화시킨다. 납품업자들은 완전한 품질의 부품을 생산라인에 자주(하루에 4번 정도) 배달해야 한다. 이를 위해 납품업자들은 모기업(母企業)의 공장 근처에 입지해야 하며, 공장 내 작업장과 마찬가지로 칸반과 컨테이너를 받는다. 한마디로 JIT시스템에서는 납품업자를 자사공장의 연장으로 생각한다. 즉, 납품업자를 적대관계가 아닌 파트너(partner)로 생각한다.

이상에서 살펴본 바와 같이 JIT시스템은 일정계획, 로트크기, 노사관계, 설비배치, 품질, 납품업자와의 관계 등 공장운영 전반에 영향을 미친다. JIT시스템의 효과는 광범위하며, 잠재적인 이득 또한 크다. 구체적으로 JIT시스템은 연간 50-100에 이르는 높은 재고회전율, 우수한 품질, 15-35%의 비용감소 등을 가져오는 것으로 알려져 있다. 하지만 JIT시스템의 궁극적인 목적은 같이 투자수익률을 증대시키는 것이다. 투자수익률의 증대는 수익의 증가, 비용절감 및 적은 투자에 의해 달성된다. JIT시스템은 품질향상과 고객에 대한 납품서비스(delivery service)의 향상에 의해 수익을 증가시킨다. 여기서 납품서비스의 향상은 고객의 요구에 빨리 부응할 수 있도록 조달기간을 단축하고 약속한 납기를 보다 정확히 지킴으로써 이루어진다. 비용절감은 재료비절감(폐기물과 재작업을 줄임으로써), 고용인력의 감소 및 간접비절감을 통해 달성된다. 끝으로 투자는 재고감소와 공장 및 설비의 산출고증대를 통해 감소된다. 그러나 무엇보다도 중요한 것은 경영자와 작업자의 문제해결활동이 전체 JIT시스템을 움직여 간다는 점이다.

17.3 칸반시스템

칸반(kanban)은 JIT시스템에서 생산허가와 자재이동을 위한 방법이다. 일본어로 칸반은 연속된 공정을 거치는 작업의 순서를 통제하는 데 사

| 그림 17-1 | 칸반시스템의 개념도

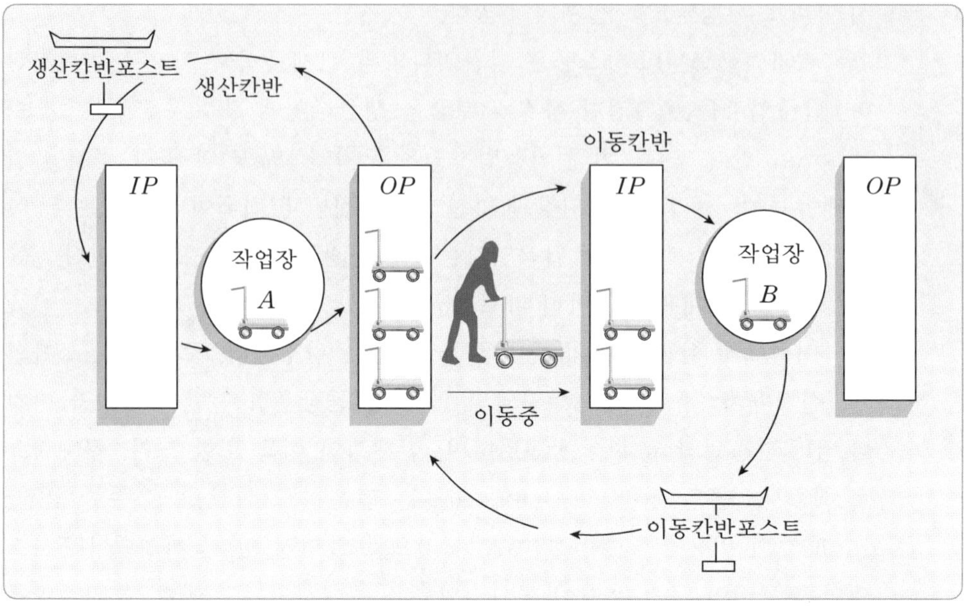

용되는 카드(card)를 의미한다. 칸반은 JIT시스템의 하위시스템이며, 두 용어는 동의어가 아니다.

칸반시스템의 목적은 부품이 더 필요하다는 신호를 보내고 그 부품이 다음 공정에 지장을 초래하지 않도록 적시에 생산되어야 함을 알리는 데 있다. 이는 최종조립라인으로부터 각 생산공정을 거꾸로 거슬러 올라가며 연속적으로 부품을 견인함으로써 이루어진다. 오로지 최종조립라인만이 생산계획부서로부터 일정계획을 전달받으며, 이 일정계획은 매일매일 거의 비슷하다. 모든 다른 작업장과 납품업자는 후속공정으로부터 칸반카드에 의해 생산주문을 받는다. 만약 후속공정에서 생산이 일시적으로 중단되면 선행공정은 칸반카드를 받지 못하므로 역시 생산을 곧 중단하게 된다.

컨테이너의 이동을 통제하기 위하여 두 가지 유형의 칸반카드가 사용되는데, 하나는 생산칸반(production kanban)이고, 다른 하나는 인출 또는 이동칸반(withdrawal or conveyance kanban)이다. 이와 같은 칸반카드들은 생산을 허가하고, 컨테이너에 들어 있는 부품을 확인하는 데 사용된다. 칸반카드는 종이, 금속, 또는 플라스틱으로 만들어지며, 일반적으로 [그림 17-1]

| 그림 17-2 | 칸반시스템에서의 두 작업장간의 카드의 이동경로

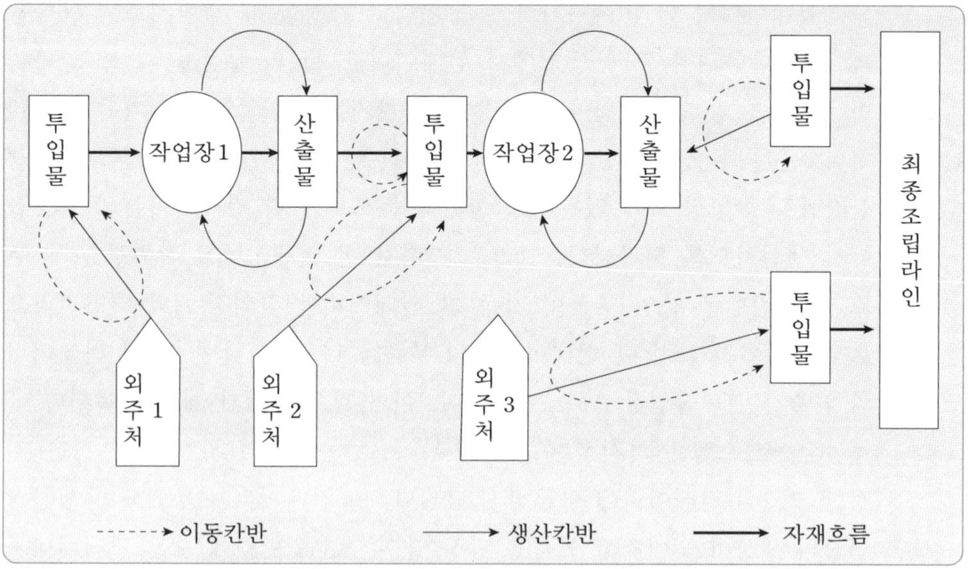

| 그림 17-3 | 칸반카드의 예

이동간판

부품번호:
17395−74A

부품명:
Rocker Arm

컨테이너 용량	컨테이너 유형	발행번호
20	Pallet Container	4/8

선행작업장: 선반 작업장 A−1
후속작업장: 천공 작업장 A−3

생산간판

부품번호:
17395−74A

부품명:
Rocker Arm

컨테이너 용량	컨테이너 유형	발행번호
20	Pallet Container	선반

저장장소: A−10P

과 같은 정보를 포함하고 있다.

컨테이너가 한 번에 1대씩 이동된다고 가정할 때 칸반시스템은 다음과 같이 운용된다. 작업장 B에서 컨테이너 1대분의 부품을 다 쓰고 나면 빈 컨테이너와 인출칸반을 작업장 A로 가지고 간다. 부품이 가득찬 컨테이너에 부착된 생산칸반을 떼어 내고 대신 인출칸반을 붙인다. 떼어 낸 생산칸반을 작업장 A에 있는 칸반걸이에 둠으로써 한 컨테이너분의 부품을 다시 생산하도록 허가한다. 그리고 가져간 빈 컨테이너를 작업장 A에 두고, 인출칸반을 붙인 부품이 가득 찬 컨테이너를 작업장 B의 투입지역으로 끌고 온다. 다시 한 컨테이너분의 부품을 다 쓰고 나면 이 빈 컨테이너와 인출칸반을 작업장 A로 가져 간다. 이와 같은 주기가 계속 반복된다.

칸반시스템은 가시적(可視的)인 특성을 가지고 있다. 모든 부품은 일정한 크기의 컨테이너에 깔끔하게 담긴다. 빈 컨테이너가 누적되면 생산작업장의 생산이 늦어지고 있음을 당장 알 수 있다. 반면에 모든 컨테이너가

그림 17-4 칸반시스템에 의한 생산흐름의 통제

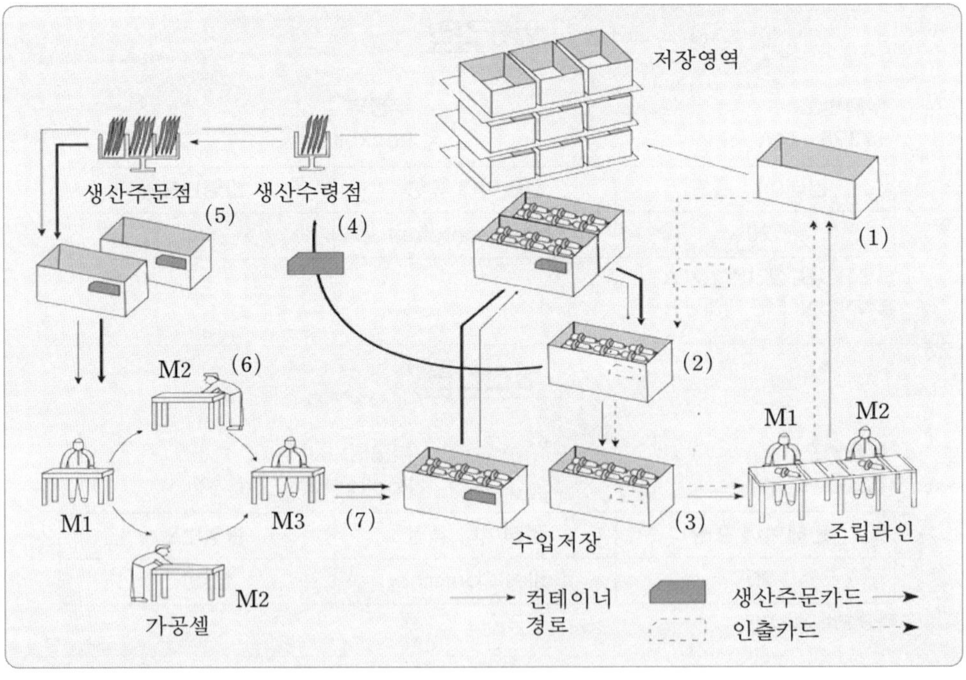

채워지면 생산이 중단된다. 생산로트의 크기는 정확하게 컨테이너 1대분의 부품이다.

17.4 작업자에 대한 영향

JIT시스템은 다기능작업자를 요구한다. JIT시스템에서 각 작업자는 필요한 부품을 만들기 위해 한 기계에서 다음 기계로 옮겨 다니면서 여러 기계를 운전할 수 있어야 한다. 즉, 부품의 생산은 필요하지 않으면 중단되어야 하므로 작업자는 기계의 가동을 멈추고 부품생산이 필요한 다른 작업장으로 옮겨 작업을 할 수 있어야 한다. 또한 작업자는 기계의 가동준비, 일상적인 기계정비 및 부품의 품질검사도 할 수 있어야 한다. 이를 위해서는 작업자에게 여러 분야에 걸쳐 다양한 기술을 교육시켜야 한다.

이와 같은 작업인력의 유연성을 확보하기 위해서는 보수시스템과 보상제도가 바뀌어야 한다. 보수는 통상 연공서열과 작업기술 수준에 의해 결정된다. 그러나 JIT시스템에서는 작업자가 수행할 수 있는 작업의 수에 따라 보수가 결정되는 새로운 보수시스템이 요구된다. 이렇게 함으로써 작업자들로 하여금 더 많은 기술을 배우고 보다 유연성을 갖도록 자극할 수 있다.

JIT시스템에서는 작업자와 엔지니어들을 문제해결활동에 적극적으로 참여시킨다. 이를 위해 JIT시스템에서는 품질분임조(QC circle)와 제안제도가 사용된다. 모든 종업원들이 생산현장에서 발생하는 문제들을 해결하는 데 적극적으로 공헌할 수 있도록 참여하는 분위기가 조성되어야 한다.

JIT시스템은 작업자들의 충분한 이해와 협조가 없이는 실행될 수 없다. 경영자는 작업자들이 자신들의 새로운 역할을 이해하고 생산에 JIT시스템방식을 받아들이도록 해야 한다. 지금까지 설명한 바와 같이 JIT시스템은 많은 변화를 요구하므로 모든 관리자와 작업자의 능동적이고도 전폭적인 지지가 없이는 성공할 수 없다. JIT시스템은 단순히 하나의 프로그램(program)이 아니라 생산에 대한 완전히 새로운 접근법이다.

17.5 납품업자

JIT시스템은 납품업자(vendor)들에 대해서도 변화를 요구한다. JIT 시스템에서 납품업자들은 사내의 작업장과 거의 비슷하게 취급된다. 납품업자는 칸반카드와 특수한 컨테이너를 받으며, 다음 생산단계에 적시에 자주 부품을 배달해야 한다. 납품업자는 외부공장 내지는 생산팀의 일원으로 간주된다.

JIT시스템에서 동일지역에 있는 납품업자의 경우에는 보통 하루에 4번 정도 부품을 배달해야 한다. 멀리 위치한 납품업자는 지역창고로 한꺼번에 많은 양의 부품을 보낸 다음, 이를 여러 번으로 나누어 고객에게 배달할 수 있겠지만 이 방식은 결코 바람직하지 않다. 왜냐하면 배급라인에 너무 많은 재고가 쌓이게 되고 반응시간(reaction time)이 너무 길기 때문이다. 따라서 JIT시스템에서는 조달기간이 짧은 동일지역 내의 납품업자가 바람직하다.

JIT시스템에서 납품업자는 선적일보다는 특정 배달시간을 통보받는다. 예를 들면, 오전 8시, 오전 10시, 정오 및 오후 2시에 각각 부품을 배달하도록 요구된다. 매번 배달할 때마다 납품업자는 빈 컨테이너와 인출 칸반카드를 회수해 간다.

그리고 빈 컨테이너의 숫자에 해당하는 만큼의 부품을 다음번에 배달한다. 배달은 수납이나 품질검사 없이 바로 생산라인으로 이루어진다. 따라서 납품업자의 품질은 완전히 신뢰할 수 있어야 한다. 또한 이렇게 함으로써 서류작업, 조달기간, 재고수준, 수납지역의 수 및 저장공간이 크게 줄어들게 된다.

운송비용이 너무 많이 들어 하루에 여러 번 배달하는 것이 어려운 경우에는 납품업자들은 연합하여 공동으로 배달하기도 한다. 예를 들면 한 납품업자가 자기의 납품량과 다른 3명의 납품업자의 납품량을 한데 묶어 오전 8시에 배달하고, 오전 10시에는 두 번째 납품업자가, 정오에는 세 번째 납품업자가, 오후 2시에는 네 번째 납품업자가 각각 나머지 납품업자들의 물량까지 함께 배달하는 방식이다. 이 방식을 이용하면 소(小)로트 배달에 있어서 수송비를 상당히 절감할 수 있다.

JIT시스템에서는 일반적으로 어떤 부품에 대해 하나의 납품업자와 장기계약을 맺어 품질향상과 가격안정을 도모한다. 이렇게 함으로써 고객과 납품업자는 장기적인 신뢰관계를 구축할 수 있게 된다.

17.6 JIT시스템과 MRP시스템의 비교

JIT시스템과 MRP시스템 간에는 많은 차이점이 있다. 가장 중요한 몇 가지 차이점을 살펴보면 다음과 같다.

MRP시스템은 계획의 개념을 사용하며, 따라서 타당한 자재계획의 수립과 실행에 중점을 둔다. 반면에 JIT시스템은 낭비의 제거와 생산현장의 통제를 강조하며, 이는 재고의 감소, 문제의 노출, 공장 전체에 걸친 연속적인 자재의 견인 등에 의해 이루어진다. MRP시스템은 공장을 주어진 그대로 받아들이지만, JIT시스템은 공장의 변화를 요구한다.

MRP시스템이 컴퓨터와 정교한 정보처리를 이용하는 데 비해, JIT시스템은 단순한 가시적인 통제시스템을 이용한다. MRP시스템은 공장을 통제하기 위해 제조주문, 구매주문, 예외보고서 및 많은 양의 서류를 만들어 낸다. 이에 비해 JIT시스템은 재사용이 가능한 칸반카드에 의해 제조주문이나 구매주문을 한다. 비록 JIT시스템과 관련하여 컴퓨터가 사용될 수도 있지만 JIT시스템은 서류작업을 최소화하고, 계산도 필요로 하지 않는다.

JIT시스템은 매일 혹은 매시간 일정한 안정된 주일정계획을 요구한다. 이에 비해 MRP시스템은 매우 변화가 심한 주일정계획도 무방하다. 물론 MRP시스템은 JIT시스템 유형의 주일정계획에도 사용될 수 있지만 이 경우에는 컴퓨터를 사용할 필요가 없게 된다.

JIT시스템은 작은 로트를 경제적으로 생산하기 위해 생산준비시간을 단축하려고 한다. 이에 비해 MRP시스템은 생산준비시간을 주어진 것으

| 표 17-1 | MRP시스템과 JIT시스템의 비교

MRP시스템	JIT시스템
• 계획에 기초한 시스템 • 자재소요 계획의 수립시 lead time을 사용(대기시간) • 주어진 여건하에서 최적생산 추구 • 수요가 이산적이고 불규칙하게 발생하는 상황에서는 비효과적	• 사용자가 필요에 따라 공급자로부터 물품을 인출하는 풀 시스템 • 인도 선행 시간의 상쇄로부터 오는 문제가 발생하지 않음 • 생산의 평준화 • 공급자와 장기적인 동반자 관계

로 받아들인다. 따라서 MRP시스템에서 로트크기는 생산준비비용과 재고유지비용간의 상충관계를 고려하여 결정된다.

JIT시스템은 납품업자를 자사의 생산시스템의 일부로 간주한다. 또한 JIT시스템은 납품업자와의 장기적인 관계를 추구하며, 납품업자에 대해 잦은 배달을 요구한다. MRP시스템에서는 납품업자를 보통 적대관계로 생각하며, 다수의 납품업자를 서로 경쟁시켜 가장 저렴한 공급가격을 추구한다.

JIT시스템에서 작업자들은 다음 공정에 필요한 좋은 품질의 부품을 적시에 생산해야 할 책임을 지고 있다. 또한 작업자들은 문제해결에 참여하며, 생산성 제고와 품질향상을 떠맡고 있다. MRP시스템에서 작업자는 시스템의 일부이며, 단일작업에 전문화되어 있다. 작업자의 역할은 단순히 수립된 계획을 따라가는 것이다.

이와 같이 MRP시스템과 JIT시스템은 거의 모든 면에서 서로 다르다. MRP시스템과 JIT시스템의 차이점을 요약해 보면 [표 17-1]과 같다.

MRP시스템과 JIT시스템은 각각의 사용영역이 있는데, JIT시스템은 JIT시스템이 요구하는 환경조건(안정된 주일정계획, 협력적인 납품업자, 다기능작업자 등)만 충족되면 반복생산에 최상의 결과를 가져온다. 이에 비해 MRP시스템은 생산이 비반복적인 성격을 갖는 개별주문생산(job shop) 또는 소규모 배치생산에 최상의 결과를 가져온다.

하지만 반반복적(半反復的; semirepetitive)인 생산의 경우에는 JIT시스템과 MRP시스템이 결합된 시스템이 가장 효과적이다. 이 경우 MRP시스템이 사전에 자재계획을 수립하는 데 사용되고 JIT시스템은 생산현장을 통제하는 데 사용된다.

이와 같이 MRP시스템과 JIT시스템이 결합된 형태를 Syncro MRP 시스템이라고 하며, 이는 일본의 야마하자동차 회사에 의해 개발되었다.

17.7 적시생산시스템의 실행

JIT시스템을 최초로 그리고 가장 성공적으로 적용한 기업은 일본의 도요타자동차 회사였다. 미국에서는 1980년 Nebraska주에 있는 Kawasaki U. S. A에서 JIT시스템을 처음으로 도입·설치한 이래 많은 기업에서 도입하여 실행하고 있다. 우리나라 기업들도 최근에 와서 JIT시스템의 일부 요소들을 도입하여 실행하고 있다.

JIT시스템의 완전한 효과는 아직 알려져 있지는 않지만, 자동차산업의 경우 재고회전율이 전통적인 생산방식을 채택했을 때의 10-20%에 비해 JIT시스템에서는 50-100%에 이르며 오토바이 생산의 경우 재고회전율은 전통적인 생산방식을 취하는 기업의 3-5%에 비해 JIT시스템은 약 20%라고 한다. 이 밖에도 JIT시스템은 품질향상, 비용감소 및 유연성의 향상을 가져온다고 한다.

그러나 JIT시스템의 도입 및 실행은 상당히 어려운 과제이다. JIT시스템의 실행을 촉진하기 위한 접근방법은 다음과 같다.

① 최고경영층의 지지를 얻는다. JIT시스템은 도입되면 어떠한 변화가 요구되는지를 최고경영층에게 알려 주고, JIT시스템의 채택에 최고경영층이 리더십을 발휘해 줄 것을 확약받는다. 그런 다음 JIT시스템의 실행을 위한 계획을 준비한다.

② 작업자들의 협조를 얻는다. JIT시스템이 운용되기 위해서는 생산

현장에 강한 리더십이 필요하다. 작업자에게 안정된 고용을 보장하고, 훈련에 참가하도록 하며 참여를 권장한다. 문제해결에 모든 종업원을 참여시키기 위해서는 품질분임조와 같은 소그룹활동을 이용한다. 작업자들을 여러 분야에 걸쳐 교육시켜 다기능작업자로 만든다.

③ 최종조립라인부터 시작한다. 매일 거의 비슷하게 생산을 평준화시킨다. 여러 제품모형들이 혼류 생산될 수 있을 때까지 생산준비시간을 줄인다. 부품용 표준컨테이너를 사용하고, 이 컨테이너들이 조립라인에 쉽게 접근할 수 있도록 한다.

④ 최종조립라인으로부터 거꾸로 거슬러 올라가며 최종조립의 로트크기에 알맞도록 모든 작업장의 생산준비시간과 로트크기를 줄인다. 저장실로부터 재고를 꺼내어 생산현장의 바닥에 둔다.

⑤ 최종조립의 생산율에 맞추어 제작률(fabrication rate)의 균형을 취한다. 이를 위해서는 생산능력 부족을 시정해야 한다. 모든 작업장에 예비생산능력을 제공하여 만약 생산이 뒤떨어지면 이 예비생산능력을 사용하도록 한다.

표 17-2 생산시스템의 유형과 생산통제

리드타임 가변성		통제단계		
		자재계획	주문발송	현장관리
낮음 ↑	풀(pull): 연속흐름	JIT	생산을 기준 (rate based)	JIT-풀(pull)
리드타임 가변성	혼합형(hybrid) 푸시(push)-풀(pull): 배치, 반복적	JIT-MRP	풀(pull) 혹은 MRP	풀(pull)
	혼합형(hybrid) 푸시(push)-풀(pull): 배치, 가변적	MRP	MRP	풀(pull) 혹은 주문처리일정
↓ 높음	푸시(push): 고객주문 설계	MRP	주문처리일정	작업일정

⑥ JIT시스템을 납품업자에게까지 확대 적용한다. 우선 그들의 납품계획을 안정시킨 다음, 자주 부품을 배달하도록 한다. 납품업자의 품질을 향상시켜 자사의 품질요건에 맞도록 도와준다. 납품업자와 장기계약을 체결한다.

Chapter 18 서비스운영관리 기법

18.1 서비스의 개발 및 설계

18.2 서비스운영관리 기법(대기행렬이론)

제18장

서비스운영관리 기법

18.1 서비스의 개발 및 설계

서비스의 개발과 설계과정은 유형의 제품개발 및 설계과정과 매우 유사하다 할 수 있다. 서비스의 유형에 따라 약간 특수한 문제가 있기는 하지만, 서비스의 개발 및 설계과정은 먼저 아이디어의 창출, 개발대상 또는 개발할 서비스의 선정, 예비설계, 서비스의 내용 및 과정의 수정, 최종 설계 등의 다섯 가지 단계를 거치는 것이 일반적이다.

특히 서비스는 무형성으로 인해 개발과정에서 평가 또는 판단이 어려우며, 제품설계와 공정설계가 확연하게 구분되어지는 유형의 제품과는 다르게 대개는 서비스의 설계와 과정설계는 함께 이루어진다는 특징을 지니게 된다.

소비자들이 필요로 하는 적절한 서비스를 제공하면서 서비스 제공기업이 성장 · 발전하기 위해서는 다음의 몇 가지 사항들을 고려해야만 한다. 서비스 설계의 첫 번째 단계로서 제공할 서비스의 내용과 범위를 결정하는 것을 들 수 있다. 예를 들어, 보험회사가 자전거를 대상으로 하는 보험서

| 그림 18-1 | 서비스 개발 및 설계과정

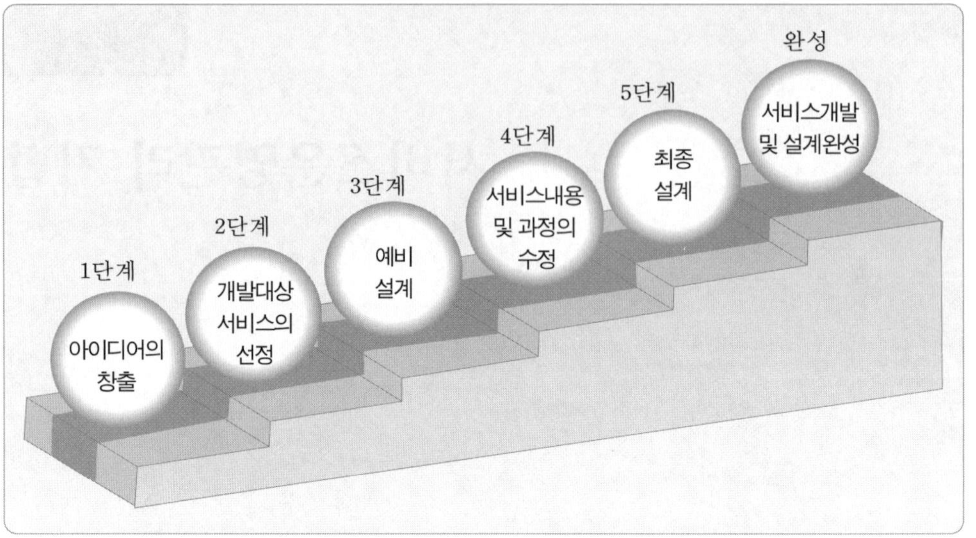

비스 상품을 개발한다고 가정하자. 자전거를 타는 사람만을 대상으로 하는 상품을 개발할 것인가 아니면 인적 피해와 함께 자전거라는 물적 보상을 포함하는 보험을 개발할 것인가 등의 서비스에 포함될 내용을 정하는 것이 매우 중요하게 된다.

둘째, 충분한 시장조사와 면밀한 고객분석을 통해 새로운 서비스의 개발기회를 탐색할 필요가 있다. 새로운 서비스 개발은 시장에서의 고객의 요구사항에 부응하기 위해서일 것이다. 시장에서의 고객의 요구수준(needs)은 계속적으로 변모하고 있으며, 서비스를 제공하는 기업은 고객의 다양한 요구와 변화를 적극적으로 수용해야만 할 것이다.

셋째, 무조건 새로운 서비스 상품만을 개발할 것이 아니라 기존 서비스 상품에 대한 재설계 기회를 포착하여야만 한다. 지속적인 시장에서의 고객 변화 분석을 통해 현재 제공되어지는 서비스의 강점과 단점 등을 면밀하게 분석하여 서비스 재설계의 필요여부를 판단하고 이에 대비하여야만 한다.

마지막으로 부적절한 서비스 상품의 폐기를 들 수 있다. 서비스에 대한 재설계 과정을 통해 소비자의 욕구충족이 어렵거나 혹은 경쟁상 불리할 경우 기존의 서비스 상품을 폐기하는 것을 고려해 보아야 할 필요가 있다.

| 그림 18-2 | 서비스 상품 개발시 고려사항

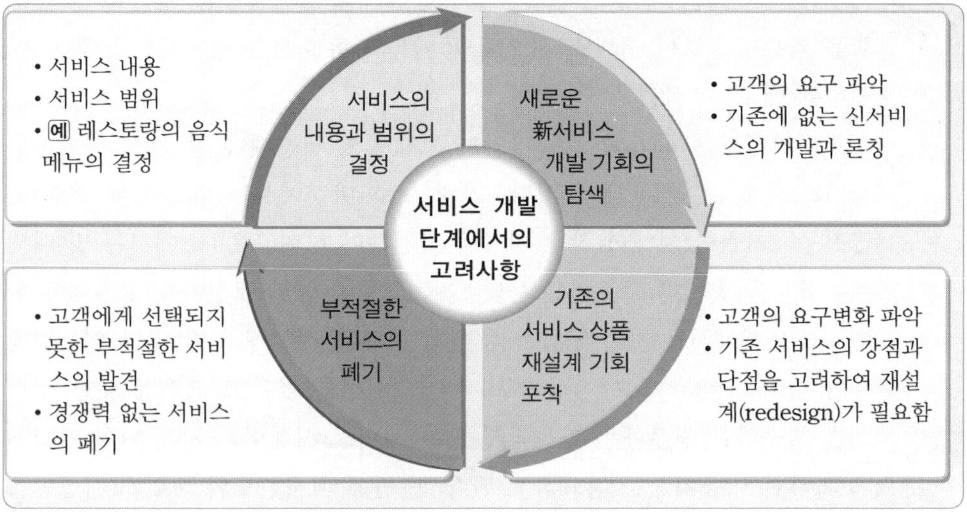

18.2 서비스운영관리 기법(대기행렬이론)

현대적 의미의 생산관리에서는 생산의 개념에 유형의 재화를 생산하기 위한 물적 처리과정뿐만 아니라 무형의 서비스를 제공하기 위한 서비스 활동까지를 포함하고 있다. 더욱이 산업이 고도화되면서 서비스 부문은 제조업 부문에 비해서 그 영역이 상대적으로 확대되고 있는 추세이다.

각종 서비스 시스템에서 서비스를 제공받는 경우에 서비스 시스템이 쉬고 있을 때는 도착 즉시 서비스를 받을 수 있지만 그렇지 않은 경우에는 대기행렬(待期行列)에서 차례를 기다려야 한다. 예를 들어 슈퍼마켓, 주유소, 은행, 병원, 자동차서비스공장, 공항 등에서 이와 같은 대기행렬은 도착수(arrivals), 서비스(시설)(service facility) 및 실제의 대기행렬(queue) 등 세 가지 기본 요소에 의해서 그 특성이 결정된다.

대기행렬에 관한 연구는 20세기 초 네덜란드의 얼랭(Erlang)이 전화시설문제를 분석함으로써 시작되었다. 그 후 제2차 세계대전 말에는 초기의 대기행렬이론이 보다 일반적인 문제에까지 확장되었으며, 오늘날 기업경영문제에 광범위하게 응용되고 있다.

본 장에서는 서비스 시스템에서 발생하는 대기행렬에 관한 제분석 모형을 검토함으로써 서비스 시스템의 비용과 유효성을 평가하는 방법을 이해하는 데 그 목적을 두고 있다.

대기행렬문제의 핵심은 기업이 고객에게 제공해야 할 가장 이상적인 서비스 수준을 찾는 데에 있다. 가령, 슈퍼마켓에서는 계산대에 몇 대의 금전등록기를 설치해야 할 것인가를 결정해야 하며, 주유소에서는 몇 대의 주유펌프를 설치하고 종업원은 몇 명을 고용해야 할 것인가를 결정해야 한다. 또 은행에서는 시간대별로 몇 개의 창구를 개설해야 할 것인가를 결정해야 한다. 만일, 필요 이상으로 서비스 시설을 갖추고 고객에 대한 서비스를 제공하는 경우에는 가동되지 않는 서비스 시설이 생기게 되어 기업에게 과다한 비용지출을 강요하게 된다. 반면에 최저한도의 서비스 시설만을 보유하게 되면 비용절감을 도모할 수는 있지만 결과적으로 고객의 불만족을 초래하게 되어 구매포기 혹은 재구매의 억지를 유발하게 된다. 따라서 경영자들은 서비스에 수반되는 비용과 고객의 대기로 인한 비용간의 보상관계(trade-off)를 검토하여 적절한 서비스 수준을 유지해야 한다.

[그림 18-3]은 이와 같은 내용을 잘 설명하고 있다. 즉, 기업이 서비스 시설을 평가하고 적절한 서비스 수준을 유지하기 위해서는, 기대서비스

그림 18-3 대기행렬 비용 및 서비스 수준

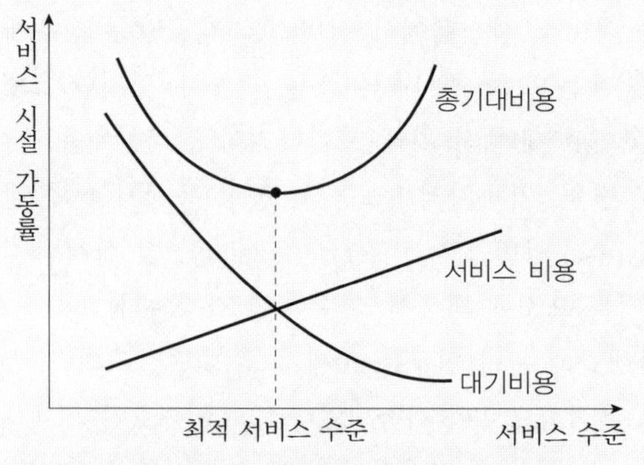

| 그림 18-4 | 대기행렬 모형의 요소

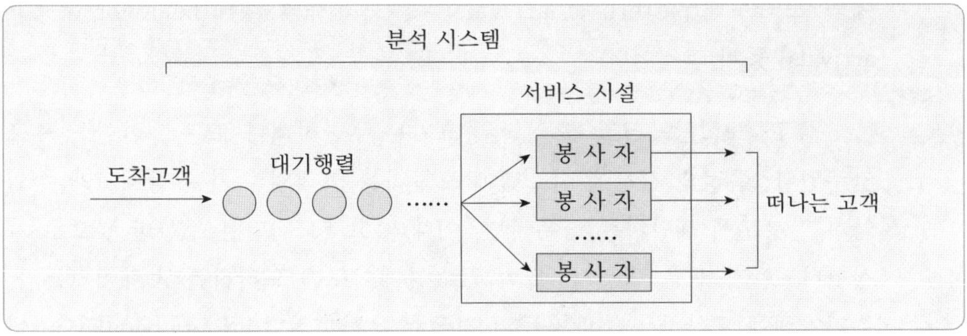

비용(expected service cost)과 기대대기비용(expected waiting cost)을 합한 총기대비용(total expected cost)을 최소로 하는 시스템을 설계해야만 한다.

대기행렬 모형을 구성하는 요소로서 고객의 도착형태, 봉사자의 봉사형태, 봉사창구의 수, 대기행렬 규칙, 대기행렬 용량 그리고 투입요소 등에 의해 이루어진다.

대기행렬 시스템의 특성

일반적으로 어느 한 대기행렬 시스템은 반드시 다음과 같은 세 가지의 기본 요소로 구성되어 있다.

① 시스템에의 도착(arrivals) 또는 투입(inputs)[1)]
② 대기행렬(queue)
③ 서비스 시설(service facilities)

이 절에서는 이 세 가지 기본 요소와 관련하여 대기행렬 시스템이 어떠한 속성을 갖는가에 대해 고찰하고자 한다.

1) 도착에 관한 특성

어느 서비스 시스템에 고객을 도착하게 하는 투입요소는 크게 세 가지

1) 경우에 따라서는 이를 calling population이라 하기도 한다.

의 주요 특성을 가지고 있다. 고객모집단(calling population)의 크기, 시스템에의 도착형태(pattern of arrivals) 및 도착자의 행태(behavior of the arrivals) 등이 그것이다.

① **고객모집단의 크기**: 모집단위 크기는 무한하거나 또는 유한한 것으로 간주된다. 특정의 시간에 시스템에 도착하는 고객의 수가 총잠재고객 수의 극히 일부분에 해당하는 경우라면, 이때의 고객모집단은 무한한 것으로 가정한다. 알기 쉬운 예로서, 고속도로 톨게이트에 도착하는 차량이라든가, 슈퍼마켓에 도착하는 구매자들의 경우는 무한모집단(infinite population)에 해당한다. 대기행렬모형의 대부분은 이와 같이 모집단이 무한한 것으로 가정한다. 이처럼 모집단이 무한한 것으로 가정할 수 없는 경우에는 대기행렬문제의 모형화가 훨씬 복잡해진다. 예컨대 고장가능성이 있고 수선을 요하는 기계 8대만으로 운영되는 작업장과 같은 경우는 유한모집단(finite population)의 좋은 예라고 볼 수 있다.

② **시스템에의 도착형태**: 고객들은 어느 정도 일정한 간격으로 서비스 시설에 도착하거나(예 환자가 검진을 받기 위해 15분마다 병원에 도착하는 경우, 혹은 학생이 상담을 하기 위해 30분마다 교수연구실에 도착하는 경우) 아니면 무작위로(randomly) 도착한다. 도착자들이 상호 독립적이며, 또 도착의 발생을 정확하게 예측할 수 없는 경우에는 이를 무작위도착(random arrival)으로 간주한다.

대기행렬문제에 있어서는 단위시간당 도착고객의 수를 추정하기 위해 포아송분포(Poission distribution)를 가정하는 것이 보통이다. 주어진 도착률(arrival rate)에 대하여(예 시간당 2명의 고객, 분당 4대의 트럭), 다음과 같은 공식을 이용, 이산적(discrete) 포아송분포를 유도할 수 있다.

$$P(x) = \frac{\lambda^x e^{-\lambda}}{x!} \quad for,\ x=0,\ 1,\ 2,\ 3,\ \cdots$$

단, $P(x)$ =도착 수, x의 확률, x =단위시간당 도착 수, λ =평균 도착률, e =2.7183

[그림 18-5]는 도착시간의 분포를 보여주는 것으로 일반적으로 지수

| 그림 18-5 | **도착시간의 분포**

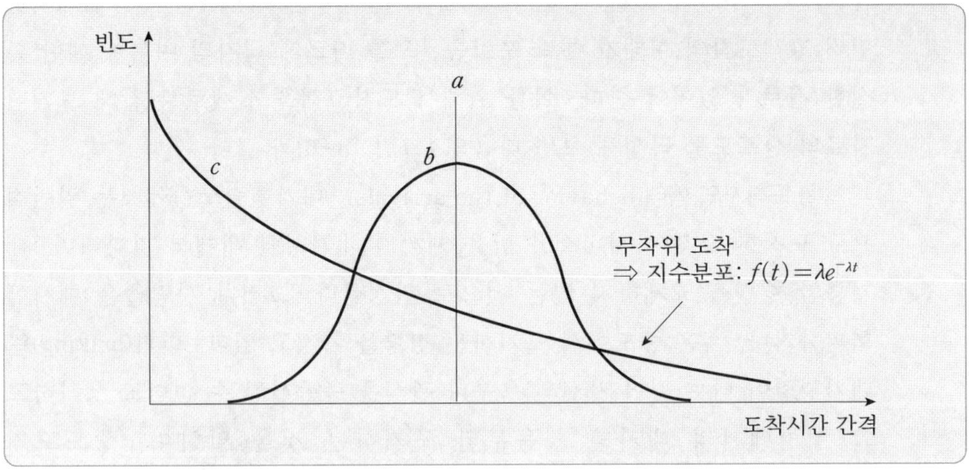

분포의 형태를 띠게 된다. [그림 18-6]은 이러한 도착시간을 $\lambda=2$ 및 $\lambda=4$인 포아송분포를 도시한 것이다. 이는 평균도착률(시간당 고객 수)이 $\lambda=2$일 경우에 주어진 임의의 시간에 도착하는 고객 수가 0일 확률은 약 13%, 1일 확률은 약 27%, 2일 확률은 약 27%, 3일 확률은 약 18%, 4일 확률은 약 9% 등임을 나타내고 있다. 또한 시간당 평균도착 수가 9 이상일 확률은 0에 가깝다는 것을 알 수 있다.

| 그림 18-6 | **도착시간에 대한 포아송분포**

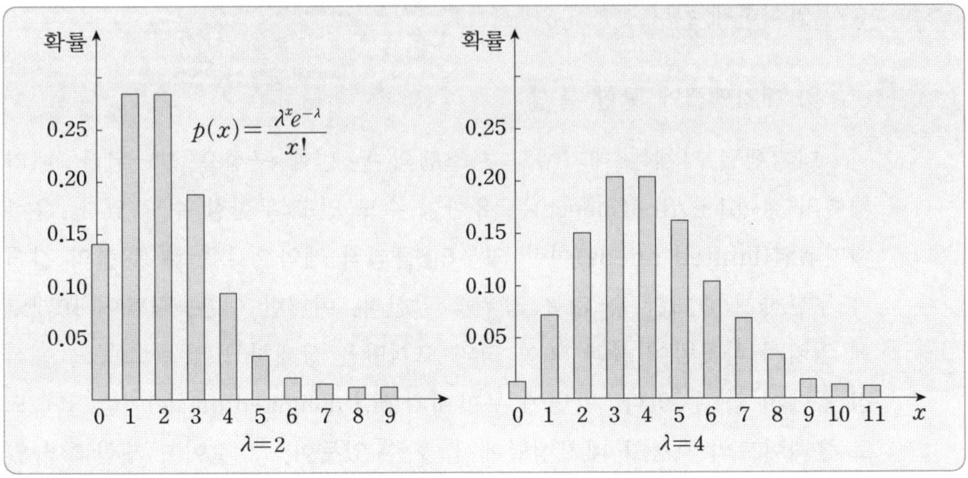

물론, 고객의 도착 수가 항상 포아송분포를 따르는 것은 아니며 때로는 다른 특수한 분포를 따를 수도 있다. 포아송분포를 가정하기 위해서는 먼저 고객도착의 형태가 대략 포아송분포를 따르게 될지의 여부에 대한 확실한 검토가 있어야 한다. 이를 위해서 도착고객을 실제로 관찰해 보거나 자료의 산포도를 작성해 보면 다음의 [그림 18-6]과 같다.

③ 도착자의 행태(behavior of the arrivals): 대기행렬모형에서는 일반적으로 도착한 고객이 서비스를 받을 때까지 대기행렬 내에서 기다리며, 대기중인 행렬을 교체하지 않는 것으로 가정한다. 그러나 사람들은 매사에 회피하거나, 혹은 중도에서 포기하는 경향을 가지고 있다. 회피(balking)란 대기행렬이 너무 길어 자신의 욕구나 관심을 충족시킬 수 없다고 생각하고 그 행렬에서의 대기를 처음부터 포기하는 것을 말하며, 중도포기(reneging)란 일단 대기행렬에는 들어갔으나 끝까지 견디지 못하고 서비스를 받기 전에 그 행렬을 떠나는 것을 말한다. 이와 같은 두 가지 상황으로 인하여 대기행렬이론(queuing theory) 혹은 대기행렬분석(waiting line analysis)에 대한 필요성이 더욱 절실하게 되는 것이다.

대형마트에서 우리는 생활용품이 가득한 시장바구니를 안고 있는 가정주부가 대기행렬이 너무 길다는 이유로 구매행위를 포기하는 사례를 종종 볼 수 있다. 이와 같이 자기 점포에 큰 손실을 초래하는 사태가 발생함으로 인하여 경영자들은 대고객 서비스 수준에 대한 의사결정의 중요성을 깊이 인식하게 된다.

2) 대기행렬에 관한 특성

대기행렬 자체는 대기행렬 시스템의 두 번째 구성요소가 된다. 대기행렬의 길이(length of queue)는 유한할 수도 있고 무한할 수도 있다. 유한대기행렬(limited queue)이란 외부의 물리적 제약으로 인해 행렬의 길이가 무한하게 증대할 수 없는 경우를 말한다. 이러한 예는, 식탁이 10개밖에 없어서 하룻밤에 불과 50여 명의 고객만을 상대하고 있는 소규모 음식점 등에서 볼 수 있다. 반면에 무한대기행렬(unlimited queue)이란 고속도로 톨게이트의 자동차 대기행렬에서 볼 수 있듯이, 그 길이가 제한되어 있지 않은 경우를 말한다. 본 장에서는 무한대기행렬의 가정하에서 대기행렬 모형을 다루고자 한다.

대기행렬의 두 번째 특성은 대기행렬규칙(queue discipline)에 관한 것으로서 이는 행렬 내의 고객이 서비스를 받고자 하는 경우에 적용하게 되는 규칙 내지 원칙을 말한다. 대부분의 시스템에서는 선입선출법(first-in, first-out), 즉 FIFO라고 알려진 대기행렬규칙을 적용한다.[2] 그러나 병원의 응급실이나 슈퍼마켓의 긴급계산창구에서는 특별히 결정된 우선순위로 인해 선입선출법의 원칙이 배제되는 경우도 있다. 즉, 병원의 경우, 응급환자를 일차적으로 치료하고 있으며, 슈퍼마켓에서도 소량의 구매자들을 우선적으로 계산해 주고 있다. 기업의 컴퓨터 이용 시스템은 예정된 우선순위원칙에 따라 운용되는 대기행렬 시스템의 또 다른 예에 해당한다. 대부분의 대기업에서는 전산화된 급료명세서를 주어진 날짜에 정확히 발행해야 하기 때문에, 급료 프로그램은 다른 프로그램들보다 우선적으로 처리된다.

서비스 시설에 관한 특성

대기행렬 시스템의 세 번째 구성요소는 서비스 시설이다. 여기서는 서비스 시스템에 관한 두 가지의 기본 속성, 즉 ① 서비스 시스템의 유형(the configuration of the service system)과 ② 서비스 시간의 분포(service time distribution)에 대해서 살펴보고자 한다.

1) 서비스 시스템의 유형

서비스 시스템은 일반적으로 동일한 서비스를 제공하는 서비스 시설, 즉 서비스 창구(channel)의 수와 서비스가 완료될 때까지 고객이 거쳐야 하는 서비스 단계(phase)의 수에 따라 구분된다. 서비스 시설이 하나인 단

2) FIFO 대신에 FIFS(first-in, first-served)라는 용어를 쓰기도 한다. 또 하나의 대기행렬원칙, LIFS(last-in, first-served)가 있는데, 이는 원재료를 산적해 놓고 윗부분의 원재료부터 먼저 사용하는 경우에 볼 수 있다.

| 그림 18-7 | 대기행렬 시스템의 네 가지 유형

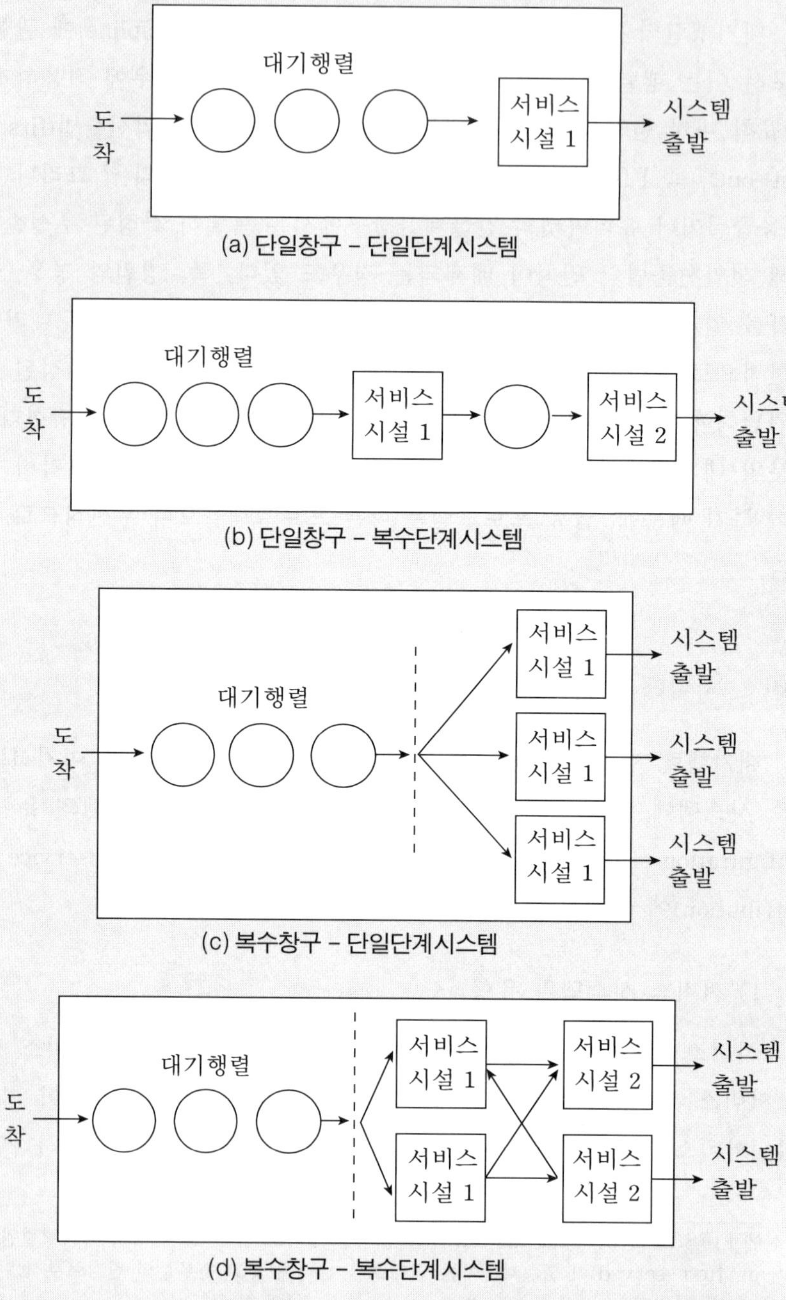

(a) 단일창구 – 단일단계시스템

(b) 단일창구 – 복수단계시스템

(c) 복수창구 – 단일단계시스템

(d) 복수창구 – 복수단계시스템

일창구시스템(single-channel system)은 극장의 매표창구라든가 고속도로 톨게이트 등에서 그 전형적인 예를 볼 수 있다. 반면에 복수의 창구가 개설되어 있고 고객들이 도착순서대로 대기행렬에서 대기하고 있는 경우에는 이를 복수창구시스템(multiple-channel system)이라고 한다. 오늘날 은행이나 대규모 이발소 및 여행사 등은 대부분 복수창구 시스템을 이루고 있다.

단일단계시스템(single-phase system)은 고객이 단 한 곳의 서비스 제공장소에서 서비스를 받고 그 시스템을 떠나는 서비스 시스템을 말한다. 예를 들어, 종업원 한 사람이 주문을 받고 음식을 제공하면서 요금까지 받는 음식점의 경우는 이 시스템에 해당한다. 그러나 음식점이 한 곳에서 주문을 받고 다른 곳에서 식사요금을 접수하고도 다른 곳에서 음식을 제공한다면 이는 복수단계시스템(multi-phase system)이 된다.

그러므로 대기행렬 시스템은 서비스 창구와 서비스 단계의 수에 따라 단일창구 · 단일단계시스템, 단일창구 · 복수단계시스템, 복수창구 · 단일단계시스템 및 복수창구 · 복수단계시스템이라는 네 가지 유형으로 나누어질 수 있다.

[그림 18-7]은 이와 같은 네 가지 유형의 대기행렬 시스템을 알기 쉽게 도시한 것이다. 본 장에서는 네 가지의 유형 중 비교적 간단한 모형이라 할 수 있는 단일창구 · 단일단계시스템과 복수창구 · 단일단계시스템을 다루고 있다.

2) 서비스 시간의 분포(service time distribution)

서비스에 소요되는 시간도 고객의 도착형태와 마찬가지로 일정하거나 확률적일 수 있다. 서비스 시간이 일정할 경우에는 각 고객의 서비스에 소요되는 시간은 동일하다. 그 대표적인 예로서 자동차세차장과 같은 기계식 서비스 시스템을 들 수 있다. 그러나 서비스 시간은 확률분포를 이루는 것이 보통이며 확률적 서비스 시간은 특히 음의 지수확률분포(negative exponential probability distribution)를 따르는 것으로 가정한다. 이는 도착률이 포아송분포를 따르는 경우와 마찬가지로 수학적으로 매우 편리한

그림 18-8 서비스 시간에 대한 지수분포의 예

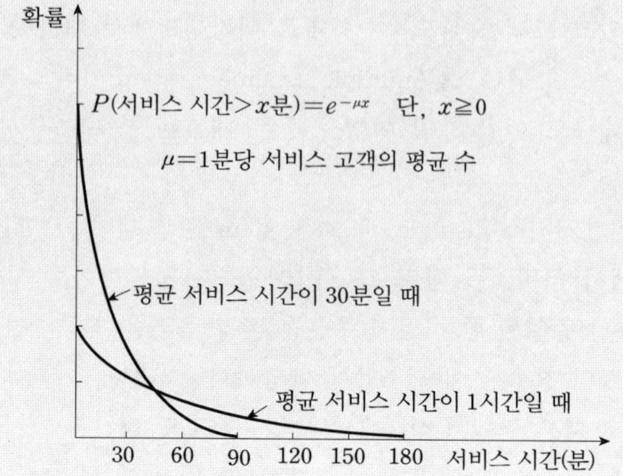

가정이다.

[그림 18-8]는 서비스 시간이 지수분포를 따른다고 할 때 어느 서비스에 소요되는 시간이 장시간일 확률이 매우 낮음을 보여주고 있다. 가령 평균 서비스 시간이 30분일 때 고객이 서비스 시설에서 90분 이상의 서비스를 요구할 확률은 사실상 0이며, 평균 서비스 시간이 1시간일 때는 고객에 대한 서비스 시간이 180분 이상일 확률은 사실상 0임을 알 수 있다.

지수분포는 수학적 대기행렬모형의 유도과정에 매우 유용한 확률분포인데 이는 대부분의 모형들이 포아송분포에 의한 도착과 지수분포에 의한 서비스라는 가정에 그 이론적 기초를 두고 있기 때문이다. 그러나 의사결정자들은 이 분포를 적용하기에 앞서 서비스 시간이 진정으로 지수분포를 따르는지를 확인하기 위해 서비스 시간에 관한 실제의 자료를 관측, 수집 및 도시해 볼 필요가 있다.

참고문헌

[국내문헌]

강금식, 생산 · 운영관리, 박영사, 1993

강병서, 생산경영론, 무역경영사, 1996

강성수 역, 생산시스템 운영관리, 사이텍미디어, 2001

강종열 역, 생산운영관리, MCGRAWHILL, 2007

김남영, 서비스경영, 한경사, 2008

김병태, 경쟁우위를 위한 전략적 생산운영관리, 명경사, 2006

김성대, 서비스 경영론, 대왕사, 2006

김성철, 디지털 시대의 생산운영관리, 시그마프레스, 2005

김연성 · 유석천 · 정승환 · 주상호, 생산관리, 한경사, 2005

김용철, 서비스 기업경영, 대경, 2006

김인구 · 김형준 · 문덕중, 생산운영관리, 문영사, 2003

김제홍 외, 생산운영관리, 두남, 2004

김홍준, 생산운영관리, 문영사, 2006

박오성, 고객만족을 위한 서비스경영론, 한국학술정보, 2008

박형호 · 노춘섭 · 김영대 · 조건 · 최기, 제품 · 서비스 운영관리, 청람, 2007

신용백, 생산운영관리(최신이론과 실제), 범한, 2004

안영진, 생산운영관리(개정판), 박영사, 2005

유영목, 서비스 품질경영, 양서각, 2007

이경환, e-Service 생산관리, 두남, 2002

이정학, 서비스 경영, 기문사, 2006

이명호, 최신 생산 · 운영관리, 무역경영사, 1996

이상범, 현대 생산운영관리(제 3 판), 명경사, 2007

이종관, 서비스 품질경영 추진전략 측정 실무, 제3공간, 2001

김태웅, 생산운영관리의 이해, 신영사, 2007

임재석 · 엄명철, 생산관리, 형설출판사, 2004

양종택, 생산 · 운영관리, 법문사, 2001

조선배 외, 서비스경영론, 석학당, 2004

조재립, 서비스 경영, 청문각, 2009

정남기 · 유철수, CALS 시대 생산관리, 창문각, 1997
정익준, 관광서비스경영론, 형설출판사, 2004
정충영, 생산관리, 무역경영사, 2000
최성용, 서비스 경영론, 삼영사, 2006
하대용, 서비스 경영론, 무역경영사, 2006
형성우, 생산관리, 형설출판사, 1995

[국외문헌]

Barlow, J., *Excel Models for Business and Operations Management*, 2th ed., Wiley, 2005

Chase, R, Jacobs, F. R., Aquilano, N., *Operations Management for Competitive Advantage*, 11th ed., McGraw-Hill/Irwin, 2005

Christian, G., *Service Management and Marketing-A Customer Relationship Management Approach-*, John Wiley & Sons Inc., 2000

Collier, D. A. and Evans, J. R., *Operations Management: Goods, Service, and Value Chains*, 2th ed., South-Western College Pub., 2006

Gronroos, *Service Management and Marketing*, 3th ed., Wiley, 2007

Fitzsimmons , *Service Management*, 6th ed., McGraw-Hill, 2008

Heizer, J. and Render, B., *Operations Management*, 8th ed., Prentice Hall, 2006

Jay, H. and Render, B., *Operations Management, Flexible Version*, 9th ed., 2008

Johnston, *Service Operations Management*, 3th ed., Prentice Hall, 2003

Martin, K. S., *Foundations of Production And Operations Management*, Cengage Learning, 2006

Meredith, J. R. and Scott M. Shafer, *Introducing Operations Management*, Wiley, 2002

Nahmias, S., *Production and Operations Analysis*, 5th ed., McGraw-Hill/Irwin, 2004

Norman, R., *Service Management-Strategy and Leadership in the Service Business -*, John Wiley & Sons Inc., 2001

Ritzman, L. P. and Krajewski, L. J., *Foundations of Operations Management*, Prentice Hall, 2002

Schroeder, R. G., *Operations Management: Contemporary Concepts and Cases*, 4th ed., Irwin/McGraw-Hill, 2008

Slack, N., Chambers, S., *Johnston, R. Operations Management*, 5th ed., Prentice- Hall.

Stevenson, W. J., *Production Operations Management*, McGraw-Hill, 2008

Ⅰ. 정규분포표

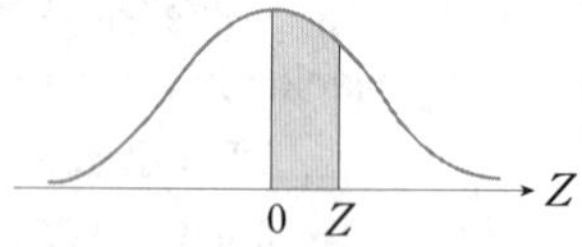

Z	.00	.01	02	.03	.04	.05	.06	.07	.08	.09
.0	.0000	.0040	.0080	.0120	.0160	.0199	.0239	.0279	.0319	.0359
.1	.0398	.0438	.0478	.0517	.0557	.0596	.0636	.0675	.0714	.0753
.2	.0793	.0832	.0871	.0910	.0948	.0987	.1026	.1064	.1103	.1141
.3	.1179	.1217	.1255	.1293	.1331	.1368	.1406	.1443	.1480	.1517
.4	.1554	.1591	.1628	.1664	.1700	.1736	.1778	.1808	.1844	.1879
.5	.1915	.1950	.1985	.2019	.2054	.2088	.2123	.2157	.2190	.2224
.6	.2257	.2291	.2324	.2357	.2389	.2422	.2454	.2486	.2517	.2549
.7	.2580	.2611	.2642	.2673	.2703	.2734	.2764	.2794	.2823	.2852
.8	.2881	.2910	.2939	.2967	.2995	.3023	.3051	.3078	.3106	.3133
.9	.3159	.3186	.3212	.3238	.3264	.3289	.3315	.3340	.3365	.3389
1.0	.3413	.3438	.3461	.3485	.3508	.3531	.3554	.3577	.3599	.3621
1.1	.3643	.3665	.3686	.3708	.3729	.3749	.3770	.3790	.3810	.3830
1.2	.3849	.3869	.3888	.3907	.3925	.3944	.3962	.3980	.3997	.4015
1.3	.4032	.4049	.4066	.4082	.4099	.4115	.4131	.4147	.4162	.4177
1.4	.4192	.4207	.4222	.4236	.4251	.4265	.4279	.4292	.4306	.4319
1.5	.4332	.4345	.4357	.4370	.4382	.4394	.4406	.4418	.4429	.4441
1.6	.4452	.4463	.4474	.4484	.4495	.4505	.4515	.4525	.4535	.4545
1.7	.4554	.4564	.4573	.4582	.4591	.4599	.4608	.4616	.4625	.4633
1.8	.4641	.4649	.4656	.4664	.4671	.4678	.4686	.4693	.4699	.4706
1.9	.4713	.4719	.4726	.4732	.4738	.4744	.4750	.4756	.4761	.4767
2.0	.4772	.4778	.4783	.4788	.4793	.4798	.4803	.4808	.4812	.4817
2.1	.4821	.4826	.4830	.4834	.4838	.4842	.4846	.4850	.4854	.4857
2.2	.4861	.4864	.4868	.4871	.4875	.4878	.4881	.4884	.4887	.4890
2.3	.4893	.4896	.4898	.4901	.4904	.4906	.4909	.4911	.4913	.4916
2.4	.4918	.4920	.4922	.4925	.4927	.4929	.4931	.4932	.4934	.4936
2.5	.4938	.4940	.4941	.4943	.4945	.4946	.4948	.4949	.4951	.4952
2.6	.4953	.4955	.4956	.4957	.4959	.4960	.4961	.4962	.4963	.4964
2.7	.4965	.4966	.4967	.4968	.4969	.4970	.4971	.4972	.4973	.4974
2.8	.4974	.4975	.4976	.4977	.4977	.4978	.4979	.4979	.4980	.4981
2.9	.4981	.4982	.4982	.4983	.4984	.4984	.4985	.4985	.4986	.4986
3.0	.4987	.4987	.4987	.4988	.4988	.4989	.4989	.4989	.4990	.4990

국문 찾아보기

영문 찾아보기

[공저자약력]

이왕돈

경영학 박사
일리노이 대학(어베나, 샴페인 소재) 객원교수
경영학과 학과장, 상과대학 부학장
대학원 경영학과 주임교수
교육대학원 상업교육전공 주임교수
정보과학대학원 경영정보 주임교수
한국생산관리학회 이사
한국정보전략학회 부회장
전북대학교 부설 산업경제연구소 소장 역임
현 전북대학교 경영학부 교수

윤영선

산업디자인학 석사, 경영학 박사
(주)GN퍼블릭디자인 대표
현 전북대학교 경영학부 겸임부교수

개정판
생산운영관리

2009년 8월 30일 초판발행
2011년 1월 20일 개정판인쇄
2011년 1월 30일 개정판발행

공저자 이왕돈 · 윤영선
발행인 안 종 만
발행처 (株) 博 英 社
서울특별시 종로구 평동 13-31번지
전화 (733)6771 FAX (736)4818
등록 1959. 3. 11. 제300-1959-1호(倫)

www.pakyoungsa.co.kr e-mail: pys@pakyoungsa.co.kr

정 가 22,000원 ISBN 978-89-6454-099-2

본 저서는 2011년도 전북대학교 저술장려연구비 지원에 의하여 연구되었음.